吴式颖　李明德

丛书总主编

外国教育通史

第九卷

18 世纪的教育

（下）

王保星　李福春　王　立

本卷主编

GENERAL HISTORY OF
FOREIGN EDUCATION

北京师范大学出版集团
BEIJING NORMAL UNIVERSITY PUBLISHING GROUP

北京师范大学出版社

图书在版编目(CIP)数据

外国教育通史：全二十一卷：套装／吴式颖，李
明德总主编. -- 北京：北京师范大学出版社，2025.1.
ISBN 978-7-303-30486-8

Ⅰ. G519

中国国家版本馆 CIP 数据核字第 20251WL437 号

WAIGUO JIAOYU TONGSHI：QUAN ERSHIYI JUAN：TAOZHUANG

出版发行：北京师范大学出版社 https://www.bnupg.com
　　　　　北京市西城区新街口外大街 12-3 号
　　　　　邮政编码：100088

印　　刷：北京盛通印刷股份有限公司
经　　销：全国新华书店
开　　本：787mm×1092mm　1/16
印　　张：684
字　　数：9000 千字
版　　次：2025 年 1 月第 1 版
印　　次：2025 年 1 月第 1 次印刷
定　　价：4988.00 元(全二十一卷)

策划编辑：陈红艳　鲍红玉　　　　　责任编辑：赵鑫钰
美术编辑：焦　丽　　　　　　　　　装帧设计：焦　丽
责任校对：陈　民　　　　　　　　　责任印制：马　洁

目 录 | Contents

第一章 18 世纪德国的教育 …………1

  第一节 社会背景 …………2

  第二节 初等教育 …………18

  第三节 中等教育 …………27

  第四节 泛爱主义教育运动 …………31

  第五节 新大学运动 …………37

  第六节 普鲁士国王的教育改革 …………55

第二章 18 世纪德国的教育思想 …………60

  第一节 沃尔夫的教育思想 …………60

  第二节 巴西多的教育思想 …………65

  第三节 康德的教育思想 …………69

  第四节 歌德的教育思想 …………97

  第五节 席勒的教育思想 …………102

第三章 18 世纪意大利的教育 …………109

  第一节 社会背景 …………109

  第二节 初等教育 …………110

  第三节 中等教育 …………112

  第四节 高等教育 …………114

第五节 职业与成人教育 …………118

第六节 维柯的教育思想 …………120

第四章 18 世纪俄国的教育 …………136

第一节 社会背景 …………137

第二节 彼得一世的教育改革 …………146

第三节 俄罗斯科学院的设立 …………157

第四节 莫斯科大学的创办 …………163

第五节 叶卡捷琳娜二世的教育政策 …………171

第五章 18 世纪俄国的教育思想 …………184

第一节 普罗科波维奇的教育思想 …………189

第二节 塔季谢夫的教育思想 …………192

第三节 波索什科夫的教育思想 …………195

第四节 罗蒙诺索夫的教育思想 …………201

第五节 别茨科伊的教育思想 …………207

第六节 诺维科夫的教育思想 …………210

第七节 拉吉舍夫的教育思想 …………214

第六章 18 世纪美国的教育 …………224

第一节 社会背景 …………224

第二节 初等教育 …………229

第三节 中等教育 …………234

第四节 高等教育 …………238

第五节 家庭教育与社会教育 …………252

第七章 18 世纪美国的教育思想 …………257

第一节 富兰克林的教育思想 …………257

第二节 杰斐逊的国民教育思想 …………270

第三节 华盛顿的联邦主义教育思想 …………278

第四节 韦伯斯特的民族主义教育思想 …………285

第八章 18 世纪日本的教育 …………292

第一节 社会背景 …………292

第二节 江户时期德川幕府的"教化"政策 …………300

第三节 幕府直辖学校的改革 …………309

第四节 藩校 …………315

第五节 寺子屋 …………327

第九章 18 世纪日本的教育思想 …………341

第一节 新式教育观念的萌芽 …………341

第二节 怀德堂和石门心学教育实践中的新思想 …………353

第十章 18 世纪印度的教育 …………362

第一节 社会背景 …………363

第二节 初等教育 …………368

第三节 中等教育 …………371

第四节 高等教育 …………373

第五节 教育观念 …………376

结 语 …………386

参考文献 …………399

第一章

18 世纪德国的教育

18 世纪是德意志地区发生深刻变革的时期，经三十年战争（1618—1648 年）和战后和平合约的缔结，神圣罗马帝国的权力影响式微，德意志地区境内大大小小的三百多个独立邦国事实上走上了各自为政、独立发展的新时期。经济领域，农业、手工业和商业逐渐恢复并有所发展。思想文化领域，发端于英国、法国的启蒙运动开始影响并贯穿于 18 世纪的德国社会。以哈勒大学（1694 年创建）和哥廷根大学（1737 年创建）的教授、柏林的市民知识分子和魏玛的官员为代表的德国启蒙思想家，在古典人文主义大潮的推动下，通过启蒙运动、狂飙突进运动和古典主义运动的方式，对所在地区的政治制度和社会生活产生了直接影响，并导致开明专制制度的实行。受启蒙思想的影响，普鲁士等地的君主对三十年战争以后形成的君主专制制度进行了改革，从而确立了开明专制制度。

经济、思想文化和政治领域的深刻变革，孕育了教育变革的种子。初等教育领域，得益于宗教改革家马丁·路德（Martin Luther，1483—1546）的义务教育和普及教育思想的影响，德意志地区各邦国重视发展初等教育，从 16 世纪初期开始先后颁布了一系列义务教育法令，推动初等教育的普及化发展。18 世纪，普鲁士的几任"开明君主"通过颁布法令的方式，将初等教育纳入国家的管理范畴，初步建立了国民教育制度。初等学校的教学内容与方法也在渐渐发生着改变。受卢梭(Jean-Jacques Rousseau，1712—1778)启蒙思想的影响，教育家巴西多(Johann Bernhard Basedow，1724—1790)及其追随者在德国德绍(Dessau)等地掀起了一场轰轰烈烈的泛爱主义教育运动。他们以创办的泛爱学校为阵地，以人类互爱的精神和人文主义世界观引领儿童，用直观教学、游戏、对话和参观等新式教学方式来培养儿童。泛爱主义教育运动开德国教育实验的先河，不仅深刻影响了德国学校教育的发展，也在一定程度上影响了欧洲的学校教育理念。中等教育领域，作为德国中等教育典型的文科中学仍然墨守成规，但也出现了以实科学校和骑士学院为代表的新型中等教育机构。高等教育领域，在时代新精神的引领下，德国出现了新大学运动，哈勒大学和哥廷根大学先后创设并引领大学发展，耶拿大学、特里尔大学等大学也进行了改革，为19世纪德国大学的发展奠定了基础。

第一节 社会背景

欧洲三十年战争后，《威斯特伐利亚和约》的缔结，奠定了18世纪德国发展的基础，统治德意志地区数百年的神圣罗马帝国的皇权进一步被削弱。神圣罗马帝国皇帝徒有其名，甚至连德意志邦国的盟主都称不上，仅仅是以奥地利为中心的哈布斯堡君主国的统治者。整个德意志地区形成了以勃兰登堡—普鲁士、奥地利、巴伐利亚、萨克森、汉诺威、符腾堡、梅科伦堡等为代表的三百多个独立的大小邦国。各邦国独立自主，各自为政。从此以后，名义上的神圣罗马皇帝和帝国无力也无意恢复传统的一统权力。18世纪，德国事实上结束了皇帝和帝国的时代，开始了邦国独立发展的新时期。

一、18 世纪德国经济的发展

17 世纪末 18 世纪初，德意志农业、手工业和商业三大传统行业基本恢复到三十年战争以前的水平。但是，在政治分裂、邦国专制的前提下，直到 18 世纪末，德国各地的经济发展很不平衡，并在整体上落后于英国、法国和荷兰等欧洲强国。[①]

18 世纪初，传统的农业在德国仍然占据优势地位，农业的重建与发展很长时期在中世纪的轨道上进行。[②] 18 世纪中期后，一定的发展势头开始表现出来，主要体现在以下方面。一方面，在德国北部、东北部、西南部等实行农奴制的地区，农业人口增加。一些自由民在天灾人祸中失去了土地、家畜、种子和生产工具，被一些在战争中获得不义之财的贵族束缚在新建立的庄园中，成为农奴。没有实行农奴制的地区，以普鲁士为开端，普遍出现了减轻自由民赋税和徭役的做法，在一定程度上刺激了民众从事农业生产的热情。出现这种情况的主要原因在于世界市场上粮食价格的上涨。18 世纪初期，随着人口数量的增长，粮食价格也迅速上涨。18 世纪中叶以后，人口数量和粮食价格差不多齐头并进，呈直线上升之势。另一方面，农业经营方式有了很大的改进，普遍采用三圃轮作制，不仅冬季作物、夏季作物和休耕地有节制地轮作，而且粮食作物、饲料作物和经济作物得到了同样的重视，林牧业、啤酒和烧酒酿制也得到了极大程度的推广。[③] 尽管如此，直到 18 世纪末，德国在欧洲仍处于相对落后的地位。

1713 年以后，在不断增加的王室领地的影响下，王室管理的国家逐渐地

---

① 刘新利、邢来顺：《德国通史　专制、启蒙与改革时代(1648—1815)》第三卷，192 页，南京，江苏人民出版社，2018。

② [德]马克斯·布劳巴赫、[德]瓦尔特·彼得·福克斯、[德]格哈尔德·厄斯特赖希等：《德意志史　从宗教改革至专制主义结束(1500—1800)》第二卷上册，陆世澄、王昭仁译，644 页，北京，商务印书馆，1998。

③ 刘新利、邢来顺：《德国通史　专制、启蒙与改革时代(1648—1815)》第三卷，193 页，南京，江苏人民出版社，2018。

转变为遍布手工工场的国家。这一时期也是胡格诺派教徒迁入后德意志的第一次经济繁荣时期。[①] 18 世纪上半叶，一些自然科学发明推动了生产的发展。比如，1718 年发明的大车平准器，1712 年和 1722 年在卡塞尔和维也纳应用的英国的蒸汽机，1754 年由克莱斯特发明的莱顿电瓶。此外，数学的进步及在生产技术中的推广也推动了生产的发展。18 世纪下半叶，德国传统的手工作坊开始向集中的手工工场转型。与手工作坊相比，手工工场不受或很少受行会限制，拥有数十甚至上千名工人，内部施行分工劳作，极大地提高了生产效率，具有资本主义性质的萌芽。到 18 世纪末，德国的普鲁士、萨克森等地都有了规模较大的手工工场，涉及纺织、羊毛加工、金属加工、采矿、皮革、天鹅绒等行业。为了提高生产效率、传播科学知识，1734—1754 年，64 卷的"科学和艺术大百科全书"在莱比锡出版，工业上也引进了新生产工具和制造技术，如荷兰的巨大纺车、英国的脚踏织机。1760 年后，德国到处制造纺织机。因此，18 世纪 80 年代，资本主义萌芽在德国发展起来。借助英国工业革命的成果，德国出现了最先在纺织行业发挥重要作用的机器生产，在萨克森，利用英国专家发明的珍妮纺织机建立起德国国内第一家纺织厂；1784 年，冶炼工厂第一次炼取焦煤；1788 年，在银矿中使用了英国人制造的蒸汽机。

在商业贸易方面，德意志诸邦国在《威斯特伐利亚和约》的保障下独自为政，每个邦国都在边疆设置收税关卡。特别是大河流经的邦国，如易北河流经的勃兰登堡和萨克森、威悉河流经的汉诺威和黑森—卡塞尔、莱茵河流经的三大教会选帝侯区和符腾堡、多瑙河流经的巴伐利亚和奥地利等，均设置了严格的收税关卡，将征收过境税作为邦国政府的重要事务。随着各大邦国

---

① [德]马克斯·布劳巴赫、[德]瓦尔特·彼得·福克斯、[德]格哈尔德·厄斯特赖希等：《德意志史 从宗教改革至专制主义结束(1500—1800)》第二卷上册，陆世澄、王昭仁译，658 页，北京，商务印书馆，1998。

的发展，过境税额不断提高。比如，在勃兰登堡的柏林，1700 年过境税为 9.2 万塔勒，1740 年增加至 29.5 万塔勒，1748 年更是增加至 31.8 万塔勒。[1] 这种情况不仅进一步加剧了德国政治的分裂，而且严重阻碍了德国统一市场的形成，限制了资本主义工商业的发展。

由此可见，德国的现代化落后于西欧的先进国家，它的现代化启动是艰难的。[2] 但自 18 世纪下半叶开始，德国资产阶级迅速发展。工业的发展不仅加快了企业主阶层的形成，而且促进了一批出身资产阶级和代表资产阶级利益的知识分子的出现。他们在古典人文主义大潮的推动下，通过启蒙运动、狂飙突进运动和古典主义运动的方式，活跃于德国的思想领域。18 世纪德国的教育正是在这样的社会历史背景中展示其独特魅力的。

二、18 世纪德国的思想文化运动

作为一场文化运动，欧洲的启蒙运动于 17 世纪中期在英国兴起，于 18 世纪前期在法国达到高潮，并于 18 世纪后期在德国进入尾声。德国的启蒙运动是整个欧洲启蒙运动的一个重要侧面。启蒙运动精神贯穿于 18 世纪的整个德国社会。

(一)德国启蒙运动的肇始

德国的启蒙运动，或称德意志启蒙运动，可以 1688 年哈勒大学法学教授克里斯蒂安·托马西乌斯(Christian Thomasius，1655—1728)自编自撰《月谈》为开始的标志；18 世纪中叶，以莱辛(Gotthold Ephraim Lessing，1729—1781)为代表的一批启蒙思想家的代表性作品出现，将德意志启蒙运动推向高潮；然后在 70 年代左右开始遭到猛烈批判，再加上其内部观点纷争，遂成没落之

---

① 刘新利、邢来顺：《德国通史　专制、启蒙与改革时代(1648—1815)》第三卷，195 页，南京，江苏人民出版社，2018。

② 陆世澄：《德国文化与现代化》，9 页，沈阳，辽海出版社，1999。

势，这时它转而对自身进行批判性反思，康德(Immanuel Kant，1724—1804)代表作《什么是启蒙?》的发表可以看作启蒙运动终结和古典人文主义新时代开始的标志。

德国启蒙运动的主要参与者是哈勒大学和哥廷根大学的教授、柏林的市民知识分子和魏玛的官员。启蒙教育家巴西多，启蒙哲学家托马西乌斯，启蒙哲学家莱布尼茨(Gottfried Wilhelm Leibiniz，1646—1716)，启蒙哲学家沃尔夫(Christian Wolff，1679—1754)，启蒙文学家莱辛，启蒙盛期哲学家康德等人是启蒙运动中的代表性人物。启蒙运动的场地多在大学课堂、定期刊物社、读书俱乐部和沙龙、家宅客厅；运动的思想载体通常是书信、译作等；运动的影响直接触及所在地区的政治制度和社会生活，导致开明专制的现实。

英国启蒙思想强调怀疑主义，重视科学与方法、经验与实证，并重视工业；法国启蒙思想具有强烈的批判性，向权威、教条及封建制发起挑战。德国启蒙思想与之不同的是，它重内省性和内向性，强调对人的生命价值做出较深沉的思考和反省。整体而言，"德意志的启蒙思想趋向宗教化、道德化和内在化"[1]。莱辛在 1780 年，即在他去世前一年出版了他的《论人类教育》。在此部著作中，他把全部人类历史都看作人被启示、被教育而成长的历史。无论哪一种宗教，都被他设定为人类接受启示和教育的历史中的一个阶段。莱辛把宗教理解为一个历史过程，把宗教的历史和人的成长密切联系起来，这就是他的教育论中宗教观的体现。莱辛完成了一项宏伟的任务，即说明了全人类的教育(其中，个人教育只是一个微观缩影)是随着一个接一个的宗教经验和道德修养的阶段而完成的。[2] 概括而言，18 世纪的德国启蒙运动主要

---

① 郭少棠:《权力与自由:德国现代化新论》，23 页，上海，华东师范大学出版社，2001。

② [英]A. 古德温:《新编剑桥世界近代史 美国革命与法国革命:1763—1793 年》第 8 卷，中国社会科学院世界历史研究所组译，196 页，北京，中国社会科学出版社，1999。

包含两方面的内容：一方面是自由的思想活动，注重个人的、理性基础上的道德自由，认为传统权威与政治专制等都属于"遮蔽"的、常给人带来黑暗的事物，天赋理性的光明能够使人透过黑暗，看清真相；另一方面是知识性的教育开化，注重普通民众通过理性能力获得知识的过程，认为这一过程是社会进步或人民幸福的必由之路。无论是思想自由还是教育开化，这里的"启蒙"，指的都是一场文化运动。①

（二）"魏玛古典四星"及其对启蒙运动的超越

魏玛是德国启蒙运动的发展中出现超越的地方。1552 年，萨克森公国将魏玛建设为首都。之后，经过文艺复兴和巴洛克时代，魏玛已经被建设成为一个很有影响力的文化都城。在卡尔·奥古斯特（Karl August，1757—1828）公爵统治时期，这里是德国启蒙运动的重镇。被后世誉为"魏玛古典四星"的四位文化名人——维兰德（Christoph Martin Wieland，1733—1813），赫尔德（Johann Gottfried von Herder，1744—1803），歌德（Johann Wolfgang von Goethe，1749—1832），席勒（Friedrich Schiller，1759—1805）来到魏玛，进入"缪斯女神宫廷"。② 他们在这里或长期居住，或短期逗留，共同开创了启蒙运动的鼎盛时代。

维兰德被称为魏玛古典主义的开拓者、"魏玛古典主义第一人"和"德意志的伏尔泰"。他是一位多产的作家，一生创作了《阿迦通的故事》（1766—1767年）、《金镜》（1772 年）、《奥博龙》（1780 年）等近 70 部作品，还将莎士比亚（William Shakespeare，1564—1616）的 22 部剧本翻译成了德文（1762—1766年）。他创造了德国文学史上很多个第一：他创作了德语文学史上第一部不押韵的诗剧《约翰娜·格雷女士》、第一部长篇启蒙教育小说《阿迦通的故事》，

---

① 刘新利、邢来顺：《德国通史 专制、启蒙与改革时代（1648—1815）》第三卷，155 页，南京，江苏人民出版社，2018。

② ［德］彼得·克劳斯·哈特曼：《神圣罗马帝国文化史 1648—1806 年 帝国法、宗教和文化》，刘新利、陈晓春、赵杰译，438 页，北京，东方出版社，2005。

也是德国第一个用德语大量翻译莎士比亚作品的人。他创办了德国启蒙运动时期影响最大的文学杂志《德意志信使》(*Der Teutsche Merkur*)，吸引了赫尔德、歌德和席勒等文学巨匠参与其中，并在杂志上发表了一系列文章。在启蒙运动中，维兰德在小说创作方面的成就是最高的。他的《阿迦通的故事》和歌德的《维廉·麦斯特的学习时代》一样，开启了欧洲成长教育小说的先河。这部作品描写了阿迦通(意思为"好人")从脱离现实的理想世界转向现实生活，并决心为公众事业献身的发展过程。在这里，维兰德提出了"和谐的人"的思想，认为只有有了"好人"，才会有"好的时代"。这一思想成为他一生的主导思想。他秉持人类普遍进步的观念，赞同澄明的理性和有节制的情感，传扬人道主义思想，为德国启蒙运动时期文学和文学知识的繁荣做出了重大贡献。但由于维兰德一生仰仗宫廷生活，作品自觉或不自觉地迎合宫廷贵族的趣味，因此在他的作品中，从内容到形式都掺杂了贵族思想的成分。

赫尔德出生在东普鲁士的一个虔敬派教师家庭，1762 年入柯尼斯堡大学研习文学和哲学，并深受康德影响。1764 年，他进入里加(Riga)一所教会中学当教师。1770 年，他在斯特拉斯堡会见青年歌德，在艺术和文学上给予了歌德深远的影响。1776 年，他前往魏玛，担任萨克森公国的宫廷牧师及掌管教育和宗教事务的总监察。从此，他定居魏玛，以教学、传教和著述为终身职业。他在德国 18 世纪启蒙运动中扮演了极为重要的角色，被认为是德国浪漫主义的先驱。主要著述有《当代德国文学之片稿》(1767 年)、《评论文集》(1769 年)、《我在 1769 年的游记》(1769 年)、《论语言的起源》(1772 年)、《关于人类教育的另一种历史哲学》(1774 年)等。赫尔德从世界历史的角度对启蒙理性主义进行了批判，认为世界历史由内在的各种矛盾构成；人类历史的进步以矛盾冲突为基础和推动力量；人类的社会结构类似于个体的肌体组织，不同的社会具有不同的表达方式，因而形成不同的文化；不同的文化不可以抽象、简化为某种共同的、普遍的理想；一个社会或一个民族，其历史深层的内容赋予自身文化独特的语言、天才和思考形式，因此，思想家的方法论必须借助直觉和想象机能，而不仅仅依靠理性。从这个角度来说，赫尔德反对将历史学、哲学、美学、艺术等的创作价值，简约成普通的理性法则。他主张在充满多样性和丰富性的人类生活中，真实地表达人们的个体存在和社会存在，描述其具体的体验状况。①

歌德出生在美因河畔法兰克福的一个富裕市民之家，曾先后在莱比锡大学和斯特拉斯堡大学学习法律，大学毕业后曾短时期当过律师。1774年，青年歌德发表成名作《少年维特之烦恼》，一年后，受维兰德推荐，到魏玛担任萨克森公国高级文官，后升任财政大臣、文化大臣。歌德是一位非常多产的作家，创作了囊括抒情诗、无韵体自由诗、组诗、长篇叙事诗、牧童诗、历史诗、历史剧、悲剧、诗剧、长篇小说、短篇小说、教育小说、书信体小说、自传体诗歌、散文等各种体裁的文学作品。最著名的是书信体小说《少年维特之烦恼》（1774年）、诗体哲理悲剧《浮士德》（1774—1831年）和长篇小说《维廉·麦斯特的学习时代》《维廉·麦斯特的漫游时代》（1775—1828年）。歌德认为人类知识是有限度的，人类不可能超越生存其间的自然界的知识和法则，不可能凭借理性和感觉获得对事物本质和历史进程的知识；人类进步的力量正在于可以获得的知识，知识能够带来财富、安全与和平，获得知识是人类不受意志或理性控制的自然力量；人类的进步路线，也因内在诸般因素的对立变化而向前螺旋上升式地延展。歌德对纯粹主观性的批判、对人性升华的追求，以及关于人类与自然具有密切关系的信念等，表达了启蒙运动的最高理想。

席勒出生在符腾堡一个信仰路德宗的市民家庭，曾在符腾堡军事学院学习医学和哲学，21岁开始做随军医生，1789年担任耶拿大学历史学教授。1787—1789年间和1799—1805年间，他曾逗留魏玛，与歌德合作。席勒作为

---

① 刘新利、邢来顺：《德国通史　专制、启蒙与改革时代（1648—1815）》第三卷，170页，南京，江苏人民出版社，2018。

著名的剧作家、诗人、文学批评家和历史学家，其主要作品有《强盗》(1777年)、《阴谋与爱情》(1784年)、《欢乐颂》(1785年)、《唐·卡洛斯》(1787年)、《玛丽亚·斯图亚特》(1801年)、《奥里昂的姑娘》(1801年)、《墨西拿的新娘》(1803年)、《威廉·退尔》(1803年)等。不难看出，德国启蒙运动在魏玛宫廷的支持下，不仅不限于学术讨论，不限于阐发言论，而且在很多地方实际性地尝试实现启蒙运动的理想。席勒与歌德、赫尔德等人一起，把德国启蒙运动推向了高潮。启蒙运动迅速地超越了自身的"命令"(imperativ)，理性结合情感首先在文学领域引发狂飙突进，进而将德国的思想史推向了新的历程。①

狂飙突进运动是继文艺复兴和启蒙运动之后德国文化史上的第三次运动。它兴起于18世纪60年代和70年代之交。在非理性主义反抗运动的推动下，赫尔德和歌德、席勒开启了狂飙突进运动。1770—1771年，青年时期的歌德在斯特拉斯堡学习时期，与赫尔德相识，他俩的相识与合作标志着狂飙突进运动的开端。这一运动具有反抗暴虐、反对封建专制主义统治、反对反动宗教权威的革命性质，是一次富有政治意义的文学运动。狂飙突进运动的宗旨有四个方面，即推崇卢梭的民主主义思想、继承德意志的民族意识、宣扬"天才"论和宣扬理性与情感的融合。② 狂飙突进运动的代表人物是赫尔德、歌德和席勒。赫尔德被奉为狂飙突进运动的理论家，歌德和席勒被奉为狂飙突进运动的旗手。

(三)康德及其对德国古典人文主义的开创

在德国的这场思想文化运动中，不能忽视身在柯尼斯堡的启蒙哲学家康德。在许多方面，康德是德国乃至欧洲启蒙运动的总结者，是德国古典人文

---

① 刘新利、邢来顺：《德国通史 专制、启蒙与改革时代(1648—1815)》第三卷，168~171页，南京，江苏人民出版社，2018。

② 杜美：《德国文化史》，124~130页，北京，北京大学出版社，1990。

主义的开创者。康德在德国精神和文化史上起着划时代的作用，以至于有学者将18世纪中后期的德国称为"康德时代"①。康德认为："启蒙就是人类摆脱咎由自身的不成熟状态的过程。不成熟状态是指不经他人的引导就不能使用自己理性；咎由自身是说不是因为缺乏理性，而是因为缺乏决心和勇气导致不经他人的引导就不能使用自己的理性的状态。Sapere aude！拿出勇气，使用自己的理性！这就是启蒙的座右铭。"②康德不仅为启蒙运动进行了定义，而且至少在两个主要的方面对启蒙运动进行了总结。一方面，对于人类各类知识的来源，在法国式理性主义、英国式经验主义以及德国莱布尼茨—沃尔夫哲学的基础上，康德认为人类具有产生于心灵形式结构的、不是心理习惯的先天观念。先天观念被感觉材料激活的过程，实际上是人类心灵参与知识创造的过程。这个过程不仅是先天的分析和后天的综合，而且主要还是先天综合判断；这种判断使我们能够根据心理结构中包含的某些观念，改造并拓展取自感觉材料的知识。人类的知识来源不是单一的。然而，人的认识只能达到现象界，"纯粹的人类知识其范围止于现象世界"③。另一方面，他认为科学描述的自然界是现象世界，自在物世界是科学不能完全描述的；超自然的自在物，其存在是为了适应人的道德需要。人在道德上是自主的，人的行为虽然受客观因果的限制，但道德上的自由能力能够使人超越因果。这样，人类行为的道德要求就与自然的目的性联系了起来。康德的学说将德国启蒙思想推上了最高峰，德国的思想文化从此进入了新的时期——古典人文主义时期。④

就古典人文主义的特征而言，第一，它是德意志的，是文化民族主义的，

---

① 丁建弘、李霞：《普鲁士的精神和文化》，187页，杭州，浙江人民出版社，1993。

② 刘新利：《德意志历史上的民族与宗教》，438~439页，北京，商务印书馆，2009。

③ ［德］彼得·克劳斯·哈特曼：《神圣罗马帝国文化史　1648—1806年　帝国法、宗教和文化》，刘新利、陈晓春、赵杰译，486页，北京，东方出版社，2005。

④ 刘新利、邢来顺：《德国通史　专制、启蒙与改革时代（1648—1815）》第三卷，167~168页，南京，江苏人民出版社，2018。

古典人文主义努力摆脱对别国文化亦步亦趋的模仿，创立一种以民间传统和民间灵感为基础的德意志文化；第二，古典人文主义运动是资产阶级性质的，时代的诗歌和哲学中表现出来的博爱、克制、节俭、责任、服务等观念，是资产阶级观念和资产阶级道德行为的典型反映；第三，它在文化和精神领域内对猥琐、偏狭和市侩作风的反抗，实际上就是对封建专制主义的反抗；第四，古典人文主义者都强调历史上人的因素的重要性和人的理智的支配地位，以人道对抗神道，以人权对抗王权，把个性的自由发展和充分实现视为社会之最高目标，并确信人是能够凭着理性、通过自强不息来改善和拯救自己的；第五，提倡精神和物质的分离。

(四)文化民族主义的形成

18世纪是德国文化光辉灿烂的时期，启蒙运动蓬勃发展，狂飙突进运动如火如荼。18世纪还堪称德国的音乐世纪。如果说莱辛、歌德和席勒是从启蒙文学到古典主义文学的杰出代表，莱布尼茨，康德，黑格尔(Georg Wilhelm Friedrich Hegel，1770—1831)是那个时期的哲学代表；那么，巴赫(Johann Sebastian Bach，1685—1750)，亨德尔(Georg Friedrich Händel，1685—1759)，贝多芬(Ludwig van Beethoven，1770—1827)就是由巴洛克音乐走向古典主义音乐的音乐大师。

理性主义和情感主义(浪漫主义)是18世纪下半叶德意志时代精神主旋律的两个声部。理性和情感的主体——人，开始以自己世俗的思想方式通过上帝、耶稣等来反思自己的存在，或者以情感和直觉来体验和顿悟自己的存在。需要指出的是，在宗教方面，普鲁士古典人文主义促成了从宗教和来世的价值标准到世俗和现世的重大转变，为普鲁士思想界的世俗化做出了贡献。古典人文主义者否定以神为中心的世界观，反对教会权威和封建迷信，力图把人的精神从长期的宗教禁锢中解放出来。

当18世纪法国启蒙思想家在反封建、反专制的启蒙运动中形成了近代民族主义政治含义时，在德意志，面对分裂割据以及封建专制残暴统治的现实，软弱的德意志资产阶级未能勇敢地掀起波澜壮阔的启蒙运动，从政治意义入手寻求德意志的统一与强大，而是始终把思想的触角伸向文化层面，把德意志民族视为一个自然的文化有机体。精神文化上统一而国家处于分裂割据状态的德意志，形成了对外来文化入侵的愤恨、对德意志民族的歌颂和赞扬以及对德意志统一的期望的文化民族主义思潮。在这种思潮中，最具代表性的思想家是莫泽尔（Möser）和赫尔德。莫泽尔针对法国文化在德意志的狂热，第一次提出了"民族精神"的概念。在他看来，德意志民族需要一种民族精神。他写道："我们是一个民族，有着相同的名字和语言，有着一个共同的领袖，和同一种决定我们的政府形式、权力和职责的法律，我们团结在伟大的共同自由之中，并且团结起来是为了加强已经一个多世纪的民族议会的基础，国家的权力，使德意志成为欧洲第一帝国和使德意志王朝的皇冠放射出灿烂光芒。"①

　　这种概念提出后，18世纪德意志的民族主义迅速带有一种倾向，即强调各个民族的独特性，强调民族禀赋和创造力。赫尔德被称为德意志文化民族主义的缔造者。他的文化民族主义理论是整个18世纪德意志文化民族主义思潮的集中体现与代表。他认为，民族是建立在人们的自由结合之上的一种共同体，民族共同体应该是有机的、自然的，它的基础是精神的和文化的。赫尔德文化民族主义理论的一个基本观点是，民族精神是一个民族有机体的中心和根本，民族精神的存在使得每个民族有机体成为一个单独的存在、一种独特的个体。一个民族必须保持并发展自己的民族精神、民族特性。德意志必须是一个统一的民族国家，是一个自然的、有机发展起来的民族国家，是一个有着自己的民族文化、民族特性和民族精神的国家。这样的民族国家不

_____

① 转引自李宏图：《西欧近代民族主义思潮研究——从启蒙运动到拿破仑时代》，119页，上海，上海社会科学院出版社，1997。

服从于任何人工设计的限制,也不模仿和臣属于任何别的国家。莱辛告诫德国的作家们不应庸俗地模仿法国古典主义戏剧中的呆板程式,应该向莎士比亚的戏剧学习,在吸取外国文学长处的同时,创造和发展具有德意志民族风格、民族内容的现实主义戏剧,演出充满德意志民族感情的作品。莱辛因此成为德国民族文学的先驱,其独辟蹊径的文学作品以其浓烈的民族色彩镌刻在世界文学史册上。启蒙思想家沃尔夫在大学任教时,一律用德语写作和讲授课程,以表明自己是德国人。他曾经写道:"我发现,我们的语言用在科学上要比拉丁文更好,而且用纯粹的德语所作的表述若换成拉丁语的话,其声音听起来就十分粗俗。"①沃尔夫的行为带动了其他德国学者运用本民族的语言写作和讲课,从而促进了德国民族语言的发展。尽管18世纪后半叶文化民族主义成为在德意志占主流的思想流,但到"18世纪末,以康德、歌德、席勒等古典作家为代表的德意志文化复兴,其视野是世界主义的"②,它主张个性培养和美感教化。法国大革命使德国人敏锐地意识到"国家"的力量和尊严,拿破仑(Napoléon Bonaparte,1769—1821)的肢解和割裂激活了德意志人强烈的国家意识和高涨的民族热情,于是,文化民族主义转向了政治民族主义,而这是19世纪的历史使命了。与此相关的德国教育思想和实践在19世纪具有了政治民族主义的特质。

三、德意志邦国的开明专制

开明专制是启蒙运动在德国不同于在英国和法国的独有结果,是德国启蒙运动思想文化在政治上的重要实践。作为一种强调人的理性能力、反对传统权威的时代思潮,启蒙精神在德国得到几位具有影响力的专制统治者的追捧,如普鲁士国王、奥地利皇帝以及巴伐利亚、萨克森和汉诺威等地的邦君。

① 邢来顺:《德国精神》,10页,武汉,长江文艺出版社,1998。
② 单世联:《反抗现代性:从德国到中国》,65页,广州,广东教育出版社,1998。

他们在启蒙运动思想的推动下，在政治、社会或文化等不同方面对三十年战争以后形成的君主专制制度进行了政治改革，从而确立了开明专制制度。其中，以普鲁士的开明专制为典型代表。①

18世纪，随着普鲁士王国的崛起、奥地利帝国和神圣罗马帝国的分离，启蒙的或开明的、关于人类进步和合理政府的理想一步一步地与已经形成的君主专制相结合，保障臣民的利益更重于保护臣民的安全逐渐成为国家政治的口号。在邦国内实行独裁统治的专制君主，将启蒙运动思想理论中的人道主义、功利主义以及自由主义理念，部分地转换成现实中的政策和措施，从而使自身转换成开明专制君主。

普鲁士王国的开明专制时期，大致以1713年国王腓特烈·威廉一世（Frederick William Ⅰ，1688—1740）发布《王室领地谕令》、废除王室领地的农奴制为开始，并以1794年公布《普鲁士民法典》、表明王国实行法治统治为结束。其间，专制君主采取了基本符合启蒙观念的统治措施，致力于改善农民状况、鼓励工商业发展、改革政府行政机构和司法、推行开启民智和提高人民素质的教育措施。

废除农奴制是普鲁士专制政府最早采取的开明措施。1713年，国王腓特烈·威廉一世发布《王室领地谕令》，宣布霍亨索伦统治家族的王室领地为王国土地，王国土地不可分割、不可转让、拥有永久的完整性。为扩大王国的控制力，增加王国的收入，王国政府在1719—1723年间连续发布多个政令，宣布在占全国土地约三分之一的王国土地上废除农奴制。王室土地上的农民基本上成为自由的王室佃农。腓特烈二世（Frederick Ⅱ，1712—1786，又称腓特烈大帝）即位后，曾一度想将先王废除农奴制的做法推广至整个普鲁士王国，但遭到了容克贵族的强力反对。在这种形势下，退而求其次，腓特烈二

① 刘新利、邢来顺：《德国通史　专制、启蒙与改革时代（1648—1815）》第三卷，196页，南京，江苏人民出版社，2018。

世通过发布敕令的方式，改善农民状况。在旧有的村庄，他关注农户帮工、雇农和女仆的生活和待遇，使他们在变更雇主的时候有进行选择的可能性；在新开垦的土地上，他鼓励自由农民定居和耕种，并采取诸如延长租佃期、减免赋税、免服兵役、补助资金等优惠政策，鼓励外来的农业移民。他要求在王国的任何地方，不允许对农产品进行暴利经营。继任者腓特烈·威廉二世(1786—1797年在位)继续执行前两任国王的农民政策，不仅维持王室领地上农民自由租佃的经营方式，而且特别在新获得的东普鲁士地区实施保护农民的措施。整体而言，普鲁士前后三任的开明专制君主在人道主义原则下采取了一些限制压榨农民的措施，在一定程度上改善了农民的生活境遇；但为了巩固王权，保证容克贵族对王国政府的支持，王国政府无论是在主观意愿上还是在具体实践上都没有按照启蒙精神的自由、平等观念给予农民真正的人身自由。

基于重商主义理念促进王国经济发展是开明专制的又一重要措施。从18世纪初起，诸如鼓励农产品出口、限制奢侈品进口、储备货币、减缓行会束缚、引进工商业专门人才等早期重商主义经济措施，在王国得到了普遍的实行。1713年，刚刚即位的腓特烈·威廉一世就下令设置"财政总署"，作为重商主义经济制度下的实施机构，全面负责王国的经济政策制定和管理事务。腓特烈·威廉一世在位期间，制定了一系列诸如限制外国布料进口，禁止本国原材料出口，促进国内生产、出口贸易和过境贸易，引进外国资金和经验，以及服务军事与外交的经济政策。腓特烈二世统治时期，国王还亲自出任商贸—经济大臣职务，监督王国内的手工工场、商业和制造业事务，直接推动了工商业发展政策的实施。他采取的相关措施概括起来主要有两个方面：一方面，细化经济管理部门，促使经济管理部门进一步专业化；另一方面，强化经济政策实施，促使经济发展的领导权进一步地集中于国王本人。这些开明专制君主采取的强有力的经济政策促使普鲁士王国在18世纪后期走上了近似工业化的道路。

在政治领域，进行集中君权的行政机构改革、谋求王国利益的司法和法权改革是普鲁士开明专制的重要措施。在君主专制时期，中央集权行政改革中的重要表现是实行以君主为首的贵族合议制度。而开明专制的相应改革是弱化甚至取消贵族的参议权，代之以君主独言专制。如前所述，为了促进工商业发展，增加国库收入，1713年腓特烈·威廉一世下令设置"财政总署"，并在1722—1723年将其扩建为王国"财政—军事—王室领地总执行局"，直接对国王负责，统筹整个王国的财政和军事事务，很大程度上凌驾于传统的贵族参政合议机构"宫廷枢密财政局"。腓特烈二世即位之后，推行进一步的行政机构改革，在"财政—军事—王室领地总执行局"原有行政机构框架的基础上，增加了第五部、战争或军事部、货物过境税和关税部、采矿冶金部和森林部。不仅如此，对于新占领的西里西亚地区，国王特派大臣管理，其直接对国王负责。这样，以专业管理部门为基础，以特派大臣为代理的"直接对国王负责"的行政管理制度就在普鲁士确立起来了，与贵族合议制度相伴随的政治统一基本结束。伴随着行政机构改革的是谋求王国利益的司法和法权改革。普鲁士的司法和法权改革主要是在著名的自然法学家科赛基（S. Cocceji，1679—1755）的主持下完成的。早在腓特烈·威廉一世时期，科赛基就受命担任王国司法大臣，主持王国的司法改革工作。在国王的直接支持下，科赛基将王国原有的各类司法机构，包括民事的、刑法的、教会的以及等级的法庭等均集中在一座建筑物——王国司法办公大楼内，由他统一领导，在全国范围内推行司法改革。整体而言，科赛基的司法改革主要包括两个方面：一方面，确立王室法院为全国最高上诉机构，同时设立两级地方法院；另一方面，采取考试、考核等严格措施，提高法官及律师的业务水平和社会地位。腓特烈二世即位后，继续支持和保护科赛基推行改革。经过五年的努力，到1746年，普鲁士不仅取消了传统的、所有人的"绝对不可上诉权"，而且确立了新的、针对所有法官的考试考核和固定薪资制度。1749 年和 1751 年，科赛基连续两次提出编撰全国通用法——腓特烈王国法典的建议，但由于在一定程度上会限制国王等王宫政要的权力，直到去世都没有得到国王的批准。1780 年，科赛基的建议受到觉悟后的腓特烈二世的重视，腓特烈二世遂命冯·卡默尔（J. H. von Carmer，1721—1801）落实法典的编撰工作。这一工作持续了十多年，直到腓特烈二世去世六年后才完成。1794 年，威廉二世宣布《普鲁士民法典》生效。作为普鲁士开明专制的突出成就，法典的主要特征体现在三个方面：国家利益取代王室利益成为至高无上的利益；普鲁士为法治国家，国王不得任意罢免官员、侵犯私人法权，全面监督民众的精神和经济生活；普鲁士仍然是等级制国家，贵族处于第一等级，经济活动和职业选择仍然受传统的等级社会的约束。

伴随着开明专制的施行，经过几代统治者的一贯努力，到 18 世纪末法国大革命爆发之前，从土地面积、人口数量、王国收入，以及在欧洲国际政治中的地位等各方面来说，普鲁士已经进入欧洲大国之列。[①]

第二节 初等教育

18 世纪德国的初等教育比较发达。宗教改革以后，受路德思想的影响，德意志境内诸公国、侯国非常重视初等教育，从 16 世纪开始先后颁布了一系列义务教育法令，推动初等教育的普及。比如，早在 1559 年，威丁堡公国首次在德意志境内颁布义务教育法令，规定每个村庄必须设立德语学校，为适龄儿童提供免费的初等教育，要求家长送子女上学。在推动初等教育法制化、

---

① 刘新利、邢来顺：《德国通史 专制、启蒙与改革时代(1648—1815)》第三卷，231 页，南京，江苏人民出版社，2018。

义务化的过程中，以普鲁士最为典型。在18世纪，普鲁士的几任"开明君主"通过颁布法令的方式，将初等教育纳入国家的管理范畴，初步建立了教育制度。与此同时，初等学校的教学内容与方法也在渐渐发生着改变。

一、普鲁士初等教育制度的确立

18世纪，普鲁士在人类初等教育发展史上最大的贡献和创新之处是将初等教育从宗教事务转变为国家事务，初等教育的宗教性逐渐被世俗性和国家性取代。这一转变，是借助普鲁士几个著名的教育法令的颁布与实施而完成的。

（一）1717年《普鲁士义务教育令》

《普鲁士义务教育令》于1717年由国王腓特烈·威廉一世颁布，又称"劝告上谕"。这是普鲁士制定的实施强迫初等义务教育的第一个法令。其主要内容包括以下方面。

①父母有送5~12岁子女入学的义务。考虑到当时德国家庭，特别是农村地区的家庭在夏季有让儿童做家务和干农活的传统，学校教育将课程主要安排在冬季，要求学生冬季每日入学，夏季每周至少入学1天。

②每个学生每周需交5个分尼①，但贫困家庭子女可从地方穷人救济金中支取。② 这是普鲁士第一次从法律上明确了维持学校运行的学费来源问题，确立了德国近代初等教育的义务但不免费的原则。

③学习宗教、阅读、书写、计算及一切足以增进他们幸福与福利的课程。

法令是由普鲁士政府发布的，而非通过宗教团体的途径发布，这是普鲁士政府尝试把学校从教会手里夺过来，明确教育管理权的初步尝试。它明确了初等教育是国家事务而非宗教或地方事务的属性。这为初等教育的发展、

---

① 德国货币单位，1分尼＝0.01马克。

② 杨捷：《外国教育史》，146页，开封，河南大学出版社，2010。

义务教育的普及奠定了基础。① 不过,由于当时学校事务主要把控在教会手里,法令的实施,包括视学等教育管理的进行,王国政府仍不得不求助于僧侣阶层。

（二）1737 年《普鲁士一般学校令》

1737 年,腓特烈·威廉一世颁布《普鲁士一般学校令》。他声明,"国王满怀遗憾地看到,在本王国的某些地区,青年们生长在背弃信仰和无知识的黑暗之中"。② 他还反复发出指示,以补救教育的缺失。尽管不能立即起效,但他仍坚持认为,竭尽全力,将各地青少年置于有识之士的指导之下是当务之急,并下令为从事教育的工作者提供一切生活之必需。国王非常高兴并且郑重地拿出 5 万银币,作为王国的永不削减的基金。这笔资金的利息用于为那些不能保证教师生活费用的学校提供适当的帮助,或者为那些因意外事故而不能这样做的学校提供资助,或者为重建因遭受火灾而焚毁的校舍提供资金。这笔资金由王国大臣委托专人管理,利息由教区和学校的负责人支配。该法令要求学校任用合格的教师,在当时教师相当匮乏的情况下,允许商人充任教师。此外,该法令还有不少关于校舍建设的资金、教师薪酬的具体规定。③

该法令后来成为普鲁士学校教育的基本法律。由于该法令的实施,当时普鲁士新建了 1800 多所小学。

（三）1763 年《普通学校规章》

"皆因我们对全体忠顺臣民的福利所负之责,导致我们于 1763 年 8 月 12 日发布法令,以改善管理不当的我国学校。"④基于这种考虑,国王腓特烈二

---

① [日]阿部重孝:《欧美学校教育发达史》,廖英华译,2 页,上海,商务印书馆,1934。

② [美]E.P. 克伯雷:《外国教育史料》,华中师范大学、西南师范大学、西北师范大学、福建师范大学教育系译,511 页,武汉,华中师范大学出版社,1991。

③ 夏之莲:《外国教育发展史料选粹》上册,414 页,北京,北京师范大学出版社,2001。

④ [美]E.P. 克伯雷:《外国教育史料》,华中师范大学、西南师范大学、西北师范大学、福建师范大学教育系译,521 页,武汉,华中师范大学出版社,1991。

世颁布了《普通学校规章》(以下简称《规章》，又称《一般地方学校令》)，对初
等学校的教育目的、入学要求与保障、学时与学期、教学内容与统一教材、
学费与贫困学生资助、教师资格与责任等进行了全面而详尽的规定。

1. 教育目的

《规章》认为，普鲁士的教育被缺乏教育经验的神职人员和教师把持，使
得青少年在愚昧和无知中成长。因此，国家有必要对青少年进行以敬畏上帝
或其他目的为宗旨的智育和基督教教育，以减少或完全消除无知，培养出更
有智慧和德行的臣民。

2. 入学要求与保障

《规章》要求，当男女儿童年龄达到 5 岁时，对其负有教育责任的家长、
监护人就应当送他们到学校上学，并督促儿童每天上学直至 13 或 14 岁，使
他们懂得基督教的基本教义，掌握读写能力和宗教审定教材中的所有知识。
适龄儿童的家长、监护人要为儿童接受教育提供良好、充分的条件，不得无
故让儿童辍学。否则，除了要继续支付该学期的全部学费外，还将被处以 16
分尼的罚款。为避免夏季学期儿童因放牧而无法上学，《规章》还要求各地(包
括城镇和农村)的行政官员、负责人设置专职牧人代替儿童放牧。

3. 学期与学时

学校每年分冬、夏两个学期，没有假期。冬季学期从米迦勒节开始，到
复活节结束(9 月 29 日至次年 4 月上旬)，每周必须上课六天。上午 8 时至 11
时、下午 1 时至 4 时为上课时间(周三下午和周六下午除外)，每节课 1 小时。
夏季学期只在上午上课，每天上课 3 小时，上课开始、结束时间可由当地牧
师安排，每节课半小时。学校必须按上述规定时间上课。

4. 教育内容与统一教材

宗教教育是主要的教育内容，同时，学生兼学读写算知识。学校使用政
府批准的教材，不得使用其他书籍。所用统一教材包括《新约全书》，《祈祷练

习》，《哈勒圣经》或《柏林圣经》，路德的《教义问答》，圣经书籍索引，基督教教义合订本，《柏林拼读课本》和《柏林读本》，关于上帝、世界和人类知识的读物，以及专为儿童编写的包罗各种有用基本知识的小册子。教材由教堂和社区出资购买，保证学生人手一册。教材属于学校财产，不允许学生带回家。

5. 学费与贫困学生资助

学费根据学期和学生学习阶段而定。冬季学期，学生在学会阅读前，每周交 6 便士；会读不会写时，每周交 9 便士；既会读又会写后，每周交 1 分尼。夏季学期，不同学习阶段的学费是冬季学期同阶段的三分之二。那些家境贫寒不能支付学费的学生可向市政当局申请学费资助，学费则从教堂或市政基金中支出。

6. 教师资格与责任

贵族和士绅拥有选拔教师的权力。教师必须参加考试，获得教师合格证后才能在学校就职。教师的上级是牧师，教师必须接受牧师的管理和监督。一名教师不仅要掌握教学必需的知识，而且平时的一言一行也应成为学生学习的对象。在工作期间，教师不得渎职，不得从事其他与教学无关的事务或安排学生为自己服务。

《规章》是整个王国的第一部系统的学校大法。这部学校章程再次明确了义务教育的"义务"，统一规定了教学时间、内容和教材，加强了对学校及教师的管理和监督，初步勾画了普鲁士国家初等教育制度的蓝图。它的颁布标志着普鲁士初等教育体制形成的真正开始。虽然该章程对富家聘请家庭教师教育子弟的做法网开一面，为德国初等教育的"双轨制"埋下了隐患，而且在实践中由于种种原因并未得到全面落实；但是，它的实施为德国公立初等教育的兴起奠定了基础，在一定程度上可视为德国近代公立初等教育兴起的重要标志。①

---

① 夏之莲：《外国教育发展史料选粹》上册，394 页，北京，北京师范大学出版社，2001。

（四）1794 年《普鲁士民法典》

作为普鲁士开明专制突出成就的《普鲁士民法典》，其编制从腓特烈二世在位时着手，在其侄子威廉二世在位时完成。其中的第 12 章专门对教育做出了规定，明确了教育机构是国家机构序列中的一部分。其中的第一、第二、第九条的具体内容如下：

第一条 学校和大学都是国家公共机构，这些机构把有价值的科学知识传授给下一代。

第二条 只有得到国家认可和批准，才能开办学校。

第九条 所有公立学校和教育机构都应该接受国家的监管，随时接受国家考核和检查。①

根据这一民法典的规定，即使是仍由教会办理、管辖的学校，或由政府和教会共同管辖的学校，也得按照国家的立法行事。如果遇到争执，那么决定权在政府。虽然该民法典并非专门的教育法规，但对教育来说，这一法规却是非常重要的。它从法理上真正确立起包括初等教育内的教育的国家属性，将包括初等教育机构在内的教育机构纳入国家公共机构系统，使其成为国家管理和监督的对象，将对学校的支持划为国家和全社会的共同责任。因此，在德国，一般把这部民法典视为普鲁士世俗教育的"大宪章"。这充分说明了这部民法典在推动德国教育向世俗化发展进程中所起的作用，也表明了到 18 世纪末期，德国的学校教育向世俗化方向前进了一大步。

这一系列国家教育法令的颁布与实施，使得普鲁士的初等教育发生了极大的变化。"这时期的主要变革是初等学校的管理由教会转移到政府手中……

---

① Colonel Francis Parker, *History of Modern Elementary Education*, Boston, Ginn and Company, 1912, p.223.

在十六世纪以前，初等学校无异于教会的附属机构。到十八世纪末，德国的初等学校已不再是教会的组织，而成了政府的机构。政府掌握管理学校的全权，尽管僧侣在政府的委托下仍以国家名义，在很大的限度内，对学校行使管理权。"①

二、初等教育教学内容与教学方法变革

这一时期，初等教育的教学内容整体上依然延续旧制，以读、写、圣经和圣歌教育为主，和 16 世纪没什么两样。学校的教师很少，所能教学的内容也比较少，乡村小学，甚至是一些办学条件较好的城市小学，仍然进行宗教教育。学校要求背诵路德的简本《教义问答》。在考试背诵时，教师通常以两个学生为一组，一人背诵《教义问答》中的问，另一人则逐一作答。然后，这两个学生互换角色。针对程度比较高的学生，以引人入胜的方式，讲授最必要和最有用的知识，主要包括地理、宗教史和政治史等。此外，还要讲授有关市政和农业、商业和手工业、宗教和政府机构、教会法和民法等方面的知识，以及有关日历、新闻报纸和其他常用的知识。

1765 年，普鲁士征服西里西亚地区。为当地制定的教育法令——《西里西亚天主教学校法规》中对教学内容的表述，基本体现了这一时期对教学内容的具体要求。

> 因为大城市学校一般都有二、三名教师，我们规定他们中书写最好的一位教最初入学的小学生，其他教师教高年级学生。

> 初入学新生的教学包括：第一、字母、拼写和简单的阅读。字母要在一月内学会，由于城市中每月都有新生入学，所以字母课要重复进行。儿童每月在拼写练习本中写六种不同类型的音节。在第

① [德]弗·鲍尔生：《德国教育史》，滕大春、滕大生译，92 页，北京，人民教育出版社，1986。

三月，从第一月开始学习了字母的儿童，可开始学习阅读，但难字还要按照拼音规则拼写。每月必须让他们学习一遍儿童课本中的字母表。第二、在书写练习中，教师要首先依照印刷体教给学生书法规则，然后让他们练习，直到掌握了草写体德语书写方法为止。也要按上述指示练习拉丁文字母的书写……第三、算术教学中，教师要依照为西里西亚学校编写的五个简明运算表进行；在简单数的比例运算中，应当教给学生快速计算的技巧。第一个月内，教师应当教完计数表，儿童要学会读出和写出不超过八、九位数的任何数。加法和乘法要在两个月内学完。为时半年的学期中，其余的三个月学习减法和除法并巩固其他运算法。

做了这些准备的儿童将进一步接受另一位教师的教导。在他们能流利地朗读大写字母表之后……在书写中，要让他们了解格式和间隔距离。从第一位教师那里学得的字母应当符合新教师的书写法。教师不必为他们写字帖，但要让他们抄写课本中的章节或其他有益处的材料。要使所有学生的写法都遵循书法表中的规则。教师还要教给学生缀字法，不仅通过抄写教，而且要时常通过听写教，以便学生学会流畅地书写，并了解他们对缀字法规则的掌握情况。教师应当教年长一些的儿童学习作文，特别是书信、行文等日常生活中应用最广的文体……他应当参考格特舍的语法书。在算术中，儿童应当学习带分数的四则混合运算，比例的各种应用题，如有人要求，还可教以"意大利式斜体数字"。有时，特别是对那些即将离校去做书记工作为生的学生，教师应给他们各种票据和帐册，教给他们如何填写和复核。

如果学校里还有第三位教师，如在大城市学校，他的任务是教法语和拉丁语基础，一般历史和专门历史，理解和使用地图，按专门印发的表格学习地理和按照百科词典上的地名寻找在地图上的位置。为使儿童了解与国家的繁荣、人民的幸福有关的事物，我们还授意编纂了一本包含有用的物理知识和关于与艺术、手艺和制造有关的物品的基本知识的小课本。使学生了解这种课本的内容，也是大城市学校中第三位教师的任务。①

这一时期的教学，受教育家夸美纽斯(Johann Amos Comenius，1592—1670)和特拉克(Wolf Ratke，1571—1635)的影响，几乎所有学校的规章都建议依据直观教学原则进行教学，教室中悬挂着黑板，也收集了标本。与此同时，受教育家夸美纽斯和梅兰希顿(Philipp Melanchthon，1497—1560)的影响，采取班级授课制，所有的学生共同上课。但由于合格教师的缺乏和师范教师培训的缺失，初等教育的质量并不高。大量的乡村教师通常都是教士和手工业者，大部分是裁缝和鞋匠。这些人在本职工作之余，将教育儿童作为副业，以赚取额外的收入，改善生活条件。直到1738年，普鲁士还把乡村教师享有包揽本村缝制衣服工作的专利权，作为改善教师经济状况的办法。1779年，腓特烈二世还下了一道命令，要把大部分学校教师的位置留给那些领取养老金的退伍残疾军人。这样，他就可以不必为退伍残疾军人和学校支付任何费用了。这些人知识贫乏，只能教简单的读写，最多再教些简单的算术。教学方法是体罚与死记硬背。因此，大部分地区的教学水平始终没能超过启蒙时期。儿童长年辛苦的最终成绩，只不过是会背诵《教义问答》，熟记了一些《圣经》摘句和几首赞美诗歌而已。②

---

① [美]E.P. 克伯雷：《外国教育史料》，华中师范大学、西南师范大学、西北师范大学、福建师范大学教育系译，523~525页，武汉，华中师范大学出版社，1991。

② [德]弗·鲍尔生：《德国教育史》，滕大春、滕大生译，95~96页，北京，人民教育出版社，1986。

第三节　中等教育

18世纪，德国中等教育墨守成规的程度不亚于初等教育。虽然行政的需要和国家影响力的加强，使得中等教育的主要目标从训练未来的牧师转变到培养德国各封建公国的官吏和为大学输送学术人才；但作为德国中等教育典型的文科中学仍然固守古典主义传统，以拉丁语和希腊语的教学为主要的教学内容。随着经济和社会的发展，在启蒙运动和理性主义的影响下，德国开始出现了以实科学校和骑士学院为代表的新型中等教育机构。

一、实科学校

在近代德国，虽然资本主义发展比较缓慢，资产阶级也比较软弱，但工商业的发展推动着资产阶级逐步形成。在这种情况下，一方面，贵族独享中等教育的现象对资产阶级的成长和资本主义工商业的发展极为不利；另一方面，专门训练贵族子弟的文科中学又根本不能适应和满足工商业对教育提出的要求。而资产阶级的经济活动范围和性质则要求一种既具有普遍教育性质，又具有职业教育性质的新型学校出现。这种学校是超出原有初等教育内容的新型学校，不同于原有的以升学为目标的文科中学，以为学生提供现代生活实际需要的知识和技能为宗旨。"我们大多数学校的共同错误就在于学校仅仅为那些打算成为所谓从事专业的学者的人作准备；因此不加区别地要求所有的青年都完全通晓拉丁语。相反地，那些在共同的市民生活中、在艺术和职业中、在法庭和战争……中所不可缺少、至少是有用的东西，却大部分被忽视了。一所组织完善的文科中学应该正相反，使不同出身、年龄、性格和差异的青年安排得井井有条，都可以在那儿得到好处，而且为了共同的利益而受教育。"①这种新型的中等学校就是实科学校,它的建立,是德国启蒙运动中路德新教的虔信派在教育领域的一项特殊功绩。

早在18世纪前期,德国路德新教就开始尝试建立实科学校。其中的虔信派主张虔诚笃信上帝,实践基督教义,拯救人类灵魂,为此要求为社会各个阶层和各种年龄的儿童开办教育机构,强化宗教教育,加强实用知识的教学,以期通过宗教教育和"实利实学"的知识、技能的传授,培养具有虔敬的态度和实际生活必需的智能的善良的基督教徒。主要代表人物有弗兰克(August Francke,1663—1727),席姆勒(C. Zemmler,1669—1740),赫克(Johann Julius Hecker,1707—1768)等。

1702年,弗兰克在哥达公国哈勒市以一所贵族拉丁文法学校为基础,建立了一所针对高年级学生的寄宿学校——哈勒学园。它打破了传统的、死板的班级制度,改用学科分班的新办法。在教学内容上,仍然以拉丁语为主要学科,在此基础上增设了两种现代语文——德语和法语;在科学课程方面,学园设有数学和自然科学,以及历史、地理等现代学科。在教学方法上,采用直观教学,重视实物教学和实际应用。作为新旧教育过渡时期的典范,哈勒学园重视将旧的古典学科与现代语和现代科学综合起来,它的建立促进了德国中等教育的发展,成为18世纪德国教育革新的旗帜。②

与弗兰克关系密切的哈勒学园副主教席姆勒,1708年在哈勒市创办了"数学机械学经济学实科学校",教授数学、物理学、机械、天文、地理、法律、制图及宗教学科,试图为成年人学习自然科学知识和手工工艺提供帮助。席姆勒在1739年以此学校为基础,发表了《关于哈勒市的数学、机械与农业实科学校》的论文,在论文中首次使用了"实科学校"(real school)一词。这所学

---

① [美]E.P. 克伯雷:《外国教育史料》,华中师范大学、西南师范大学、西北师范大学、福建师范大学教育系译,396页,武汉,华中师范大学出版社,1991。
② [德]弗·鲍尔生:《德国教育史》,滕大春、滕大生译,85~87页,北京,人民教育出版社,1986。

校也可以说是学习班，开办时仅有 12 名学生。尽管有市政府的支持，但它存在的时间非常短，并没有成为长久性的教育机构。

1747 年，哈勒学园的肄业生、虔敬派教徒赫克在柏林考克斯特拉斯（Kochstrasse）开办了"经济学数学实科学校"。根据 1747 年该校规划书中提供的材料，这所学校设置的课程更为广泛。学校除了进行基础宗教教育外，还开设了德语、法语和拉丁语等学科，后来又增设了历史、地理、几何、机械、建筑和绘画等学科。除此之外，这所学校还附设了各种工业学习班，以及培养实科教师的师资训练班。这所学校办得很成功，影响很大，后成为其他各地争相效仿的楷模。18 世纪后期，德国的威登堡（1756 年）、赫尔伯斯特（1764 年）、布津斯罗（1765 年）等城镇都建立了一些六年制的实科学校，毕业生受到实业界的普遍欢迎。

整体而言，实科学校是一种新型的中等学校，这种学校不再以升入大学为目标，而是以为学生提供现代生活实际需要的知识和技能为宗旨。它重视数学、地理、历史、自然科学和农业。通过直接观察来学习，是这种学校最显著的特征。实科学校的出现是一种历史的进步，它比传统的文科中学更接近实际生活，排除了教学科目、课程内容的纯古典主义倾向，着重讲授实际生活和工商业经济必需的实用知识。它在通往新的教育革命的道路上迈出了成功的一步。法国教育社会学家爱弥尔·涂尔干（Émile Durkheim，1858—1917）在《教育思想的演进》一书中曾这样引述莱布尼茨的认识：我愿向意大利人和法国人，向利奥十世和弗朗索瓦一世致敬，感谢他们恢复了人文科学，但有一个前提，他们本身也认识到，处理现实的学问几乎无一例外地肇始于德国。[①] 18 世纪中期，德国创立了第一批实科学校，并就此揭开了文科中学和实科学校斗争的序幕。这既反映了新的自然科学知识和旧的古典科目的较

---

①　[法]爱弥尔·涂尔干：《教育思想的演进》，李康译，401 页，上海，上海人民出版社，2003。

量，也折射出资本主义生产方式与封建生产方式的争斗。不过，在整个18世纪，实科学校的力量较文科中学要弱小得多，其社会地位也远低于文科中学，长期未能获得与文科中学同等的地位。

二、骑士学院

骑士学院是德国教育发展过程中产生的一种特有的贵族教育机构。骑士学院的目标是为包括王子在内的贵族子弟提供政治教育，以培养他们在军队或政府机关中的任职能力为核心要务。这种教育机构起源于16世纪末，17世纪后期初步发展，18世纪迅猛发展，盛极一时并盛极而衰，19世纪完全消失。1589年在杜宾根所建的依拉斯特学会(Collegium Illustre)和1599年在卡塞尔所建的毛里田纳姆学会(Collegium Mauritianum)是这类学校的先驱。《威斯特伐利亚和约》缔结之后，这种学校逐渐增多起来，18世纪达到鼎盛。柯尔堡于1653年、吕内堡于1655年、哈勒于1680年、沃尔芬比特尔于1687年、埃尔兰根于1699年、勃兰登堡于1704年、柏林于1705年、黎格尼兹于1708年、埃托尔于1711年、西尔德布尔格豪森于1714年、布伦兹维克于1745年、维也纳于1746年，都先后建立了骑士学院。斯图加特于1775年建立的高等卡尔斯学校是最晚建立的一所骑士学院。①

骑士学院主要是为了满足贵族接受文雅的现代教育而建的，教学既具有一定的现代性，又具有较强的功利性。从教育内容上看，除了旧的文科中学开设的传统古典学科课程外，主要教授现代语言、自然科学知识以及有关贵族阶层的特定知识。在语言学习方面，为了满足德国贵族的需要，法语、意大利语、西班牙语、英语等的重要性超过了拉丁语；在学术素养教育方面，既具有学术价值又具有应用价值的数学和自然科学取代了经验哲学，成为教

---

① [德]弗·鲍尔生：《德国教育史》，滕大春、滕大生译，76页，北京，人民教育出版社，1986。

学的重点，此外还设有德国史、法制史、政治学和地理学等新学科；有关贵族阶层的特定知识，如王族家庭谱系学、功勋荣典学等，也被视为有用的学科，至于公法、私法、道德哲学和自然法则等知识，则被视为有助于精通世故的有用知识；骑马、跳跃、击剑、跳舞、网球等骑士和宫廷的游戏运动以及风度、仪表等，也被理所当然地列入教学内容之中。[①] 所有这些教学内容，对形成与提升贵族的文化素养，规范上层社会的行为举止，都产生了重大影响。在一定程度上，可以说骑士学院是德国贵族青年的道德培训机构。

尽管如此，多数骑士学院在德国存在的时间并不长。由于资本主义的迅速发展和资产阶级的壮大，特别1789年法国大革命以后，贵族的特权地位受到资产阶级的强有力挑战，德国也不例外。贵族在政治上、社会和教育上享有的特权也被取消。因此，到19世纪，专为贵族而设的骑士学院也就不复存在了。原有的骑士学院，有的倒闭，有的改办为专门培养军事人才的军校，还有少数骑士学院，如哈勒、埃尔兰根等地的骑士学院适应时代发展需要进行了转型，发展成为面向社会各阶层开放的大学。

第四节　泛爱主义教育运动

泛爱主义教育运动，是在卢梭启蒙思想的影响下，更重要的是在德国自身社会发展和启蒙运动的推动下开展的一场教育革新运动。

泛爱主义教育运动的发起人是德国著名教育家巴西多。1768年，受卢梭《爱弥儿》的影响，巴西多发表了《为学校、学科及其对于公众福利之影响，敬向志士仁人呼吁书》，抨击了当时学校存在的众多弊端，认为学校无法培养国家公民，呼吁对整个教育事业进行根本改造，并着重陈明了出版包罗各种学

---

① ［德］弗·鲍尔生：《德国教育史》，滕大春、滕大生译，78页，北京，人民教育出版社，1986。

科基础知识、适于教学的初级课本的重要意义。呼吁书深受当时开明的王侯大臣的嘉许，并得到了当时德国启蒙运动的领军学者莱辛、康德、歌德等人的大力支持。1770年，他又先后发表了《父母教学法手册》《要素课本》《方法论》。1774年，给巴西多带来广泛声誉的四卷本儿童读物《初级读本》问世。这是自1654年夸美纽斯的《世界图解》问世以来，出版给孩子们使用的，附有一百多幅插图的儿童教科书。该书实为写给儿童的名副其实的百科全书，将所有有关自然科学、道德、商业、社会义务等最值得了解的一切都包罗其中，并提供了一种"建立在经验之上，既不生厌又不费时太多的教育儿童的不可比拟的方法"①，被誉为德国18世纪的《世界图解》。

在出版了多部著作后，巴西多又试图通过教育实践来证明自己教育思考的可行性。在歌德等人的推荐下，巴西多受邀到德国北部的德绍地区去改良当地的教育。1774年，巴西多在德绍建立了一所新型的、示范性的学校，将其命名为泛爱学校(Philanthropinum)，又称"一视同仁"学校。

泛爱学校招收6~8岁的儿童，不分贫富，不管宗教派别。学校采取寄宿制，设1个寄宿儿童班、2个低龄儿童班和1个大龄儿童班。学校进行小组教学，各班均有详细的作息时间表。

巴西多指出，教育的目的是培养富有道德的公民，而不是教徒。泛爱学校的教育目标是通过以下六个步骤来改革教育系统的基础：①为未来教师提供实际训练，不仅要通过讲授的形式，更要为他们克服教育教学中的困难提供指导性的意见；②将教学建立在良好规划的课程的基础上；③清除所有艰涩难懂、生硬和翻译的教育用语；④培训贵族家庭雇佣的家庭教师，以使上层阶级具有远见和高尚的品德；⑤使世俗教学和宗教教学相分离；⑥改善拉

---

① [美]E.P.克伯雷：《外国教育史料》，华中师范大学、西南师范大学、西北师范大学、福建师范大学教育系译，490页，武汉，华中师范大学出版社，1991。

丁语的教学，以使这门对所有有教养的人来说都十分有用的语言更易学习。①

泛爱学校试图以人类互爱的精神和人道主义世界观教育儿童，使其成为幸福的、身体健康的、对社会有用的人。巴西多指出，教育要使人幸福，促进社会利益，因此，要根据社会和个人的需要改造传统的课程和教学，去除传统教育中脱离实际的内容，增加实用的内容。他主张率先进行商业教育，主要学习成功经商的必要技能。在他看来，个人通过自己的努力创造财富，有利于国家，有利于他人的幸福。只有在大家都得到幸福的情况下，他本人才能获得真正的幸福。② 基于这种思想，泛爱学校的课程重视自然科学、实用技术、语言和体育。自然科学主要包括数学、物理、化学、人体科学、历史、天文、地理等科目；实用技术包括车工、木工、刨工、制图设计等科目；语言包括德语、法语、英语、希腊语、拉丁语等科目；体育包括舞蹈、骑马、击剑、游泳、跳远、滑冰、平衡木和爬梯等。此外，泛爱学校还重视对儿童的训育，注意培养儿童温良、谦逊的态度，互助互爱的精神。泛爱学校不回避宗教教育，认为宗教教学要超越一般宗教纷争，超越特定宗教的教义问答，按照理性的原则加以实施。

在教学方法上，巴西多的泛爱学校具有浓厚的卢梭自然主义教育色彩，强调遵循儿童的天性，根据儿童的心理特征组织教学，使儿童在轻松愉快的氛围下进行学习。重视直观教学法，强调儿童从直接经验和直接实例中获得知识；重视苏格拉底式的启发教学，提倡理解教学，反对机械灌输和死记硬背；重视奖励和榜样的作用，惩罚从宽，严禁体罚；重视教学形式的多样化，强调使用演出、舞蹈、远行等作为教学的重要手段。

泛爱学校的革新措施令人耳目一新。1776年，德绍的泛爱学校第一次向

---

① Randall Curren, *A Companion to the Philosophy of Education*, Oxford, Blackwell Publishing Ltd., 2003, p.118.

② 彭正梅：《德国教育学概观：从启蒙运动到当代》，21页，北京，北京大学出版社，2011。

公众开放，接受公众的检验，受到了当时大多数教育家的赞扬。泛爱学校因此蜚声德国内外。

事实上，巴西多是一个伟大的宣传者，却不是一个杰出的管理者和合作者。他邀请当时的著名教育家卡姆佩(J. H. Campe, 1746—1818)来德绍任教，并在1776年将泛爱学校的管理权委托给他，却在一年后与他发生冲突，最终导致卡姆佩出走汉堡，建立了自己的泛爱学校。后来，他又排挤走合作者沃尔克(C. H. Wolke, 1741—1825)。1784年，由于领导者和教师的经常变换，泛爱学校的教育工作基本陷于停顿。公众满怀期待的德绍泛爱学校最终在1793年，即巴西多去世三年后停办了。

尽管德绍的泛爱学校停办了，但泛爱主义教育事业并未停止。在德绍泛爱学校教师卡姆佩，萨尔茨曼(C. G. Salzmann, 1744—1811)，特拉普(E. C. Trapp, 1745—1811)，罗霍(F. E. von Rochow, 1734—1805)等人的推动下，巴西多的泛爱学校成为当时整个德国的教育模式典范，从而使得泛爱主义成为一种教育运动。

卡姆佩自德绍出走后，在汉堡继续自己的泛爱主义教育事业，除管理自己在特里多弗的泛爱学校外，还编撰了16卷本的包含洛克(John Locke, 1632—1704)和卢梭的著作译文在内的集合当时著名教育家著作的教育丛书(该丛书又名"实践教育协会对所有的学校和教育事业的全面修订")，成为继巴西多后的泛爱主义教育运动的领军人物。卡姆佩认为，所有人都拥有不可放弃的权利和天然的使命去发展自己所有的力量；但这并不意味着所有人必须在一定范围内，对着同一对象、以一种方式来发展这些力量。人必须以不同的方式，为了不同的目的来发展和增强自己。他计划根据理性原则，从儿童早期开始就把人类的养育和教学制度化，将教育建立在人类学和心理学的基础之上。他的泛爱学校是其教育计划的试验田，在具体的实施上，他仍然秉持卢梭的自然主义教育原则，采取和德绍的泛爱学校基本相同的教学内容和方法。

萨尔茨曼于 1781 年受巴西多之邀至德绍任教，后因在学校管理方面与巴西多意见不合，于 1784 年在哥达附近的施内普芬塔尔建立了一所泛爱学校（该校一直存续至 20 世纪 20 年代），并著书立说，出版了《蟹之书》（又译作《对于不合理的儿童教育之忠告》，1780 年出版），《蚁之书》（又译作《对于合理的教员养成上之忠告》，1806 年出版）和《教育余论》等书。他希望建设以教育为主要任务的社会，以培养"健康，快乐，善良，富为理解力，且令自己与人类同臻于幸福"的人为泛爱学校的教育目标。[①] 他的泛爱学校距离城市较远，风光明媚，采取家庭式的教育管理方式，由校长一人掌握统一的管理监督权。学校重视学生观察能力的培养、智力及道德的发展；重视体育和手工劳动的教育和教学；重视直观教学，由远及近、从具体到抽象、从可见到不可见，循序渐进地启发引导学生；强调学生的做、尝试、失败、观察、思考、经验和洞见。[②] 除此之外，萨尔茨曼还特别重视教师的素养。他提出，教师要保持健康，须常愉快；要不断地进行自我教育；要掌握与儿童谈话和交流的技巧；要时常对照儿童的一般缺点和陋习反观自身。[③]

特拉普是一位重要的泛爱主义理论家。他于 1777 年到德绍的泛爱学校任教，1779 年获得德国第一个教育学讲座教授的职务，主持教师养成所，尝试从观察和实验的角度促进教育的科学化，著有《一种教育学建构尝试》等书。特拉普的泛爱主义教育思想，以增进个人幸福为主旨。他认为，教学的任务是培养促进个体社会化的必需智能，主张以人性为基础，对儿童的身体、智力、道德进行"陶冶性的研究"[④]。他认为，泛爱学校的教材包含以下五种类型：①技能方面的，如读书、写字、算术、绘画及日常应知的事务等；②事

---

① 雷通群：《西洋教育通史》，211~212 页，北京，东方出版社，2007。
② 彭正梅：《德国教育学概观：从启蒙运动到当代》，22 页，北京，北京大学出版社，2011。
③ 雷通群：《西洋教育通史》，213 页，北京，东方出版社，2007。
④ 雷通群：《西洋教育通史》，213 页，北京，东方出版社，2007。

理方面的，如对原因、结果、目的、方法等的理解；③品行陶冶方面的，如宗教、道德、历史等；④健康方面的，如生理卫生、身体养护等；⑤为人处世方面的，如法律常识、社交礼仪等。①

罗霍出身于德国贵族家庭，早年参军负伤返乡，因受巴西多精神感召从事泛爱主义教育事业，有力地推动了泛爱主义在初等教育领域的普及。他主张，以进步的眼光整理教材，使教材符合儿童身心发展的阶段，由易到难，先感官后抽象；教学科目应包括宗教、唱歌、阅读、书写、算术、语言、作文、自然科学以及必备的生活技能，特别注重教材间的联系；训育上以宗教的、道德的陶冶为主，惩罚从宽。②

巴西多等人领导的泛爱主义教育运动在18世纪的德国甚至整个西欧都产生了广泛的影响。泛爱学校作为在一定程度上开创先河、打破常规的实验学校，成为当时风靡整个德国的新教育模式。泛爱主义教育运动的鼎力支持者、巴塞尔市政厅官员伊色林(Isaak Iselin，1728—1782)总结道：新教育的任务就是使人类幸福；这种努力赋予了启蒙时代泛爱主义的特征，并使之成为教育的时代。人类的幸福和尊严体现在在其能力和环境允许的范围内，做尽可能多的善事，思考尽可能多的伟大和美好的事情。把人引向此处，使之准备好行使自己的伟大使命，教育他成为人。这就是教育，这就是所能给予人类的最伟大的益处。③ 伊色林的评论反映了当时德国民众对教育的热切期盼，期望通过对学校系统的改革来改善社会、国家和教会的理想。泛爱主义教育运动的开展，以及培养富有道德的公民的尝试，满足了崛起中的专制德国的国家需要和民众期待。

泛爱主义教育强调人的自由和尊严，崇尚理性和道德，强调生活的世俗

---

① 雷通群：《西洋教育通史》，214页，北京，东方出版社，2007。
② 雷通群：《西洋教育通史》，214~215页，北京，东方出版社，2007。
③ Randall Curren, *A Companion to the Philosophy of Education*, Oxford, Blackwell Publishing Ltd., 2003, p.118.

化，强调教育应面向个体幸福和社会功用，但没有深入思考教育应培养公民还是人的问题。泛爱主义教育也主要是一种公民教育，缺少历史的穿透力。因此，泛爱主义逐渐被主导学校和教学的赫尔巴特主义和新人文主义取代。[①]正如康德所言："教育也要靠实验，没有哪一代人能制定出一个完美的教育计划。"在某种程度上开创先河、打破常规的实验学校就是德绍的泛爱学校。"人们应该让它享有这样的声誉，虽然它可能会有很多可指摘的地方；人们尝试所得的一切结果都会包含错误，但也正因为如此，才要不断地进行实验。"[②]

第五节 新大学运动

德国大学洋溢着时代的新精神。这比任何其他因素都更有助于使大学在文化生活和社会生活中占有前所未有的重要地位。[③] 这种"时代的新精神"在18世纪德国高等教育领域的具体体现，即18世纪德国新大学运动的开展及所取得的教育成就和发挥的历史影响。

简言之，作为一场高等教育革新运动，18世纪德国新大学运动是在继承德国大学传统的基础上，为满足18世纪德国社会政治、经济与文化发展对新型人才培养的需要，在普鲁士等德意志邦国政府的支持下，一些怀有新型大学理念的教育家、哲学家和神学家选择自上而下的发展路径，通过新设大学以及对传统大学的现代性改造，积极践行学术自由和科学研究等现代大学理念，广泛接纳并采用现代哲学与现代科学知识[④]，持续推进大学革新事业，逐

---

① 彭正梅：《德国教育学概观：从启蒙运动到当代》，26页，北京，北京大学出版社，2011。

② ［德］伊曼努尔·康德：《论教育学》，赵鹏、何兆武译，12页，上海，上海人民出版社，2005。

③ 夏之莲：《外国教育发展史料选粹》上册，413页，北京，北京师范大学出版社，2001。

④ 按照德国教育家鲍尔生(Friedrich Paulsen, 1846—1908, 亦译"包尔生""保尔森")的理解，18世纪属于德国高等教育发展的"现代大学萌芽时期"。该时期"以现代哲学与科学被接纳采用，学术自由的新原则被广泛接受为特征"。［德］弗里德里希·包尔生：《德国大学与大学学习》，张弛、郄海霞、耿益群译，34页，北京，人民教育出版社，2009。

步提升德国大学的社会地位，不断完善德国大学的社会职能。

18 世纪德国新大学运动的主要内容具体包括：哈勒大学(1694 年)和哥廷根大学(1737 年)的创设及引领性发展，使德国大学向现代哲学和科学以及现代启蒙思想和文化敞开了大门①；耶拿大学、特里尔大学等对大学与政府的关系处理、大学教师学术自由权利的保障的讨论，以及对改革方案的提出等，为 19 世纪德国大学的发展奠定了历史基础。

一、哈勒大学的创设与发展

(一)哈勒大学创设与发展前的德国大学

在德国高等教育发展史上，德国大学从中世纪大学向现代大学转型事业的启动肇始于 1694 年哈勒大学的创办。哈勒大学在教育教学实践中遵循学术自由原则，为此后创办哥廷根大学、柏林大学及进行创新性高等教育实践奠定了历史基础。德国著名教育家鲍尔生将哈勒大学视为享有欧洲第一所现代大学声誉的大学，认为该大学"不仅是德国的而且是欧洲的第一所具有现代意义的大学"。②

哈勒大学的创立与发展，是继承中世纪大学、文艺复兴与宗教改革时期德国大学的发展传统，并接受早期启蒙运动思想影响的结果。在办学实践中，哈勒大学则以直接满足政府对具有行政管理才能人才的需要为目的。

相较于意大利、法国等较早出现中世纪大学的国家而言，德国属于后来者。截至 14 世纪末，德国境内的主要大学有海德堡大学(1386 年)、科隆大学(1388 年)和埃尔福特大学(1392 年)。

15 世纪至 16 世纪初，德国新设大学主要包括莱比锡大学(1409 年)、罗

---

① [德]弗里德里希·包尔生：《德国大学与大学学习》，张弛、郄海霞、耿益群译，45 页，北京，人民教育出版社，2009。

② [德]弗·鲍尔生：《德国教育史》，滕大春、滕大生译，79 页，北京，人民教育出版社，1986。

斯托克大学(1419年)、格赖夫斯瓦尔德大学(1456年)、弗赖堡大学(1457年)、巴塞尔大学(1460年)、因戈尔施塔特大学(1472年)、特里尔大学(1473年)、美茵茨大学(1477年)、图宾根大学(1477年)、威登堡大学(1502年)等。

在十六七世纪，德国新教地区设立的大学主要包括黑森大学(1527年)、柯尼斯堡大学(1544年)、耶拿大学(1558年)、黑尔姆施泰特大学(1576年)、阿尔特多夫大学(1622年)、基尔大学(1655年)等；德国天主教地区设立的大学主要包括迪林根大学(1549年)、帕德博恩大学(1614年)和班贝格大学(1647年)等。

18世纪之前的德国大学在教育教学实践中表现出不同程度的宗教色彩。"早期德国大学是在基督教会的控制下生存下来的，教会的教义是大学教学的基本原则，教会的通用语言也是大学的语言。经院哲学支配着探求学问的方法，各科知识都是用经院哲学中久已沿用的公式和语言进行讨论的。大学师生多数都是享受'僧侣生活待遇'的在职人员或预备人员；大学讲座多数都享有不必强迫居住寺院的僧侣的俸给。"[1]

(二)哈勒大学创设与发展的文化基础和社会基础

在文化基础层面，哈勒大学的创设与发展是接受法国启蒙运动理性主义和自由主义思想影响的结果。正是在德国大学的社会声望日渐低落，在文化生活和道德观念上，大学越发丧失吸引力之时，法国启蒙运动催生的理性主义、自由主义思想成为德国上层知识分子津津乐道的话题。德国上层社会对法国的语言与教育、法国贵族的生活方式，以及法国君主政体均表现出不同程度的吸收与引入。

值得提出的是，由于18世纪德意志邦国特殊的社会情况，启蒙运动在德国的开展表现出一种自上而下的发展模式。"普鲁士的启蒙运动，与其说解放

---

[1]　贺国庆：《德国和美国大学发达史》，15页，北京，人民教育出版社，1998。

的是人民大众的思想，还不如说解放的是专制统治者的思想。正因为如此，是专制统治者，而不是人民大众，成为了普鲁士启蒙运动最大的直接受益者……而在普鲁士，是'启了蒙的'专制君主面对着'未真正启蒙的'人民大众，要将这个社会推向前进，走'自上而下的'改革道路便同样成为一种非常自然的选择。"①这一自上而下的发展模式决定了18世纪德国大学主要由邦国政府设立，普鲁士等邦国政府将大学制度建设纳入国家主义的社会实践之中，进而为哈勒大学的创立与发展提供了直接的社会基础。

在社会基础层面，哈勒大学等新式大学承担着新的社会责任。伴随着德意志民族国家意识的逐步成熟，以及国家绝对主义观念在政府管理事务中的渗透，新式大学被要求满足政府对培养越来越多的具有行政管理才能的官员的需要。②"大学开始成为政府的统治工具，成为帮助后者培养教会和世俗官员的职业学校。所有政府都在努力确保自己的大学进入规范化的轨道，其首先要做的，就是要保障整体的教学水平，也即是说要使大学的教学与教会组织的信条标准相一致；其次，就是要将世俗官员的培养掌握在自己的手中；最后，就是要让自己的臣民不必再到国外去上大学，以防止金钱外流。"③

(三)哈勒大学创设与发展的历史实践

1694年哈勒大学的设立，主要缔造者为持有新教立场的托马西乌斯、德国虔敬派神学家弗兰克和理性主义者沃尔夫，并在实践中获得了国王的首肯与支持。哈勒大学前身为一所骑士学院，具有虔敬派倾向的神学院和具有相对进步色彩的法学院的增设，使其成为哈勒大学。

持温和理性主义立场的托马西乌斯，在确保新成立的哈勒大学发生现代

---

① 李工真：《普鲁士的启蒙运动》，载《武汉大学学报(人文科学版)》，2001(4)。

② Willis Rudy, *The Universities of Europe, 1100-1914: A History*, Cranbury, N.J., Associated University Presses, Inc., 1984, p.89.

③ [德]弗里德里希·包尔生：《德国大学与大学学习》，张弛、郄海霞、耿益群译，37页，北京，人民教育出版社，2009。

性转向方面做出了积极贡献。1655 年，托马西乌斯出生于莱比锡一位大学教授的家庭，早年曾在莱比锡大学讲授法学和哲学。1688 年，托马西乌斯公开提出：大学的教学充斥着过多空疏无用的知识和卖弄学问的技巧，所使用的教学方法和教学语言陈旧不堪。[①] 为显示自己与传统大学决裂的立场，他身着时装而非传统的学术长袍出现在学术场合。在宗教宽容问题上，托马西乌斯为加尔文教及其他非路德教派辩护。1690 年，到柏林避难的托马西乌斯受到了当时的普鲁士国王腓特烈一世（Frederick Ⅰ，1657—1713）的欢迎。1692 年，经腓特烈一世许可，托马西乌斯在哈勒骑士学院为普鲁士贵族青年举办了一系列逻辑学和法学的演讲活动，大获成功。在国王和虔敬派的支持下，托马西乌斯成功地将具有中等教育性质的骑士学院升格为大学，大学于 1694 年获得正式特许状。托马西乌斯凭其在哈勒大学创设过程中发挥的作用，收获"哈勒大学第一位教师"的声誉。

托马西乌斯在新成立的哈勒大学中保持了自己一贯的学术立场和激进的教学风格：课堂讲授语言和论文写作用语非拉丁语。在他和弗兰克的带动下，其他大学教师也开始使用德语授课和写作，并注重讲授实用化的知识和技能。托马西乌斯在哈勒大学讲授哲学、德语演讲、法理学和自然法则学等课程，注重教学内容的实用性。对于传统课程，托马西乌斯采取了一种极富智慧的处理方式，将绅士教育的主要内容，如骑马、击剑、外国语和新科学，与国家对文职官员的教育要求结合起来。对古典语言与古典文学的研究并不完全承袭旧制，而对现代语言、法学与自然科学的学习与探索则受到了更多的重视。[②] 他在讲课中强调实际知识和现实生活，重视对生活有用的科学的学习与运用，使大学教育更接近于现实生活。或许正是哈勒大学重视教学的实用性

---

① Willis Rudy, *The Universities of Europe，1100-1914：A History*，Cranbury，N.J.，Associated University Presses，Inc.，1984，p.90.

② Willis Rudy, *The Universities of Europe，1100-1914：A History*，Cranbury，N.J.，Associated University Presses，Inc.，1984，p.91.

及对合格官员的培养，才使其赢得了当时政府的重视和支持。1727年，普鲁士国王腓特烈·威廉一世下令在哈勒大学设立一个新的教授职位——经济学、行政法学与公共管理学教授。

这一教学内容上的革新促成了哈勒大学现代法学教育的成功实施，哈勒大学得以吸引全德国富裕家庭子弟入校学习，这促使哈勒大学得以收取高于其他高等教育机构的更多的学费。此外，哈勒大学的成功还表明传统大学在保留古典教育的基础上，借助相应的课程改革是能够满足现实的社会需要的。当然，哈勒大学的虔敬主义宗教立场还吸引了一批准备出任牧师和教师的青年人的注意力。

在哈勒大学的创设与早期发展中，虔敬派神学家弗兰克发挥了积极作用。不同于德国路德教派重视理性主义和注重宗教形式，弗兰克等虔敬派成员则更为强调实际信仰和感情信奉。在大学教育职能方面，弗兰克主张大学应承担起"学术研究"的职能，注重通过提升大学课程的实用性回应社会需要，并将专业知识的学习与宗教信仰的养成结合起来。弗兰克的大学教育主张对哈勒大学的教育实践产生了积极影响。弗兰克任哈勒大学教授后，主讲希伯来语、希腊语和神学，成为在哈勒大学发展早期中产生巨大影响的人物之一。①

德国启蒙运动的代表、哲学家沃尔夫，出生于布莱斯劳的一个面包师家庭，始习神学，后转攻哲学，主张破除哲学、数学和自然科学之间的障碍。在哲学思想上，深受笛卡儿(René Descartes，1596—1650)和莱布尼茨哲学思想影响的沃尔夫提倡理性主义，主张把哲学的方法和数学的方法等同起来，同时认为经验的事实会符合理性的演绎，理性和感官知觉均为认识的正当机能。② 除1723年至1740年任教于马尔堡大学外，沃尔夫的主要教学职业生涯

---

① Willis Rudy, *The Universities of Europe*, *1100-1914: A History*, Cranbury, N.J., Associated University Presses, Inc., 1984, p.90.

② 刘延勃、张弓长、马乾乐等：《哲学辞典》，360~361页，长春，吉林人民出版社，1983。

均在哈勒大学度过，讲授内容涉及数学、物理学和哲学。在授课实践中，沃尔夫突破将拉丁语作为教学语言的旧传统，改用德语授课。这一改革既促进了德国民族语言的发展，也是德语语言风格上的一次革命。

在托马西乌斯等一批拥有现代大学理念的教师们的努力下，哈勒大学发展成为德国大学学术自由的发祥地。此前，旧大学的教学须以教会教条为原则，神学、哲学、法学和医学教学均不得违背教会教义。哈勒大学则赋予大学教师适度的学术自由权利，鼓励他们就现代哲学和科学开展创新性的研究。

哈勒大学追求课程与教学内容的实用性。哈勒大学的古典语言和文学教学表现出适度的功利主义色彩，注重结合对普鲁士文职人员的任职要求开展教育，一时间，哈勒大学发展成为当时普鲁士文职人员的重要养成所。哈勒大学还注重开展绅士教育，增设骑马、击剑、外国语和新科学等新兴科目，吸引了大批德国贵族青年到校学习。在哈勒大学创办的最初十年中，它招收的贵族青年也多于德国其他任何一所大学。贵族青年入读哈勒大学主要学习法学，他们给大学带来了较高的声望。在现代科学教育方面，哈勒大学重视将科学知识传授与实践运用结合起来。现代科学教授、"燃素论"的创始者施塔尔（Georg Ernst Stahl，1659—1734），在其教学中即因注重科学知识的实际运用而深受学生喜爱。

18 世纪的哈勒大学发展成为德国境内最重要的大学，甚至成为欧洲大陆最严格的研究机构和专业学习的高等教育机构。其他大学以哈勒大学为榜样进行改革，并取得了突出成就。其中成就卓著者，当数 1737 年开办的哥廷根大学。

(四)哈勒大学的教育成就

哈勒大学的教育成就是显著的。哈勒大学引起了大学科目和方法的完全改变，并且第一次确立了学术自由的原则，这个原则是现代大学生活的重要柱石，进而使其成为欧洲第一所现代意义上的大学。

哈勒大学获此殊荣，主要得益于哈勒大学在办学理念与教学实践中追求一种不同于中世纪大学的现代大学要素：依循学术自由理念，推进大学教育的世俗化进程，从制度上强调科学研究在大学事务中的核心地位。因此，哈勒大学最终完成了学科专门化和教授职业化的改革进程。

首先，在学术自由理念的确立上，哈勒大学的创办者们依据自己对新大学性质的认识，提出大学自身知识探索使命的实现有赖于大学享有较高程度的学术自由。哈勒大学与传统大学的最大区别是，传统大学存在的全部价值建立在传授已经存在的真理之上，教学的管理和监督是为了保证真理传授的正确性和完整性，在于保证大学教师的教学不会逸出神学或其他确定性知识的轨道之外。哈勒大学认为，真理是有待于被进一步发现和完善的，大学教学的责任和使命在于借助对学生接近和发现真理的过程的引导，培养学生独自探索真理性知识的能力。大学的主要目的不仅仅在于传授确定无疑的知识，更在于借助知识的传授，培养学生接近真理的无畏的勇气和从事繁难科学研究工作的精神。由于知识探索是没有止境的，所以在知识探索的事业上不应设立任何人为的禁区和障碍。对于哈勒大学倡导并坚持的这一弘扬学术自由的立校精神，腓特烈大帝曾做出评价：永远不能忘记的是，该大学最早明确认识到学术性教学与自由研究之间存在的必然联系，并意识到二者之间存在的积极的互动关系。在此基础上确立的"研究和教学相统一"已经成为所有德意志大学不可缺少的历史遗产，成为现代大学的重要特征和基本原则。①

其次，哈勒大学还将科学研究理念贯彻到大学实际教学活动之中。受启蒙运动精神的影响，哈勒大学的创办者们以"自由原则"取代了此前有关神学知识占据权威地位的"解释原则"，强调学者们的活动即以大胆的怀疑精神和理性主义信念去怀疑传统，重塑信仰体系。在法学研究中，他们主张对"自然

---

① Friedrich Paulsen, *The Germen Universities and University Study*, London, Longmans, Green &Co., 1908, p.76.

法"的探讨，法律被视为有关公共事务的契约，而非来自上帝的万世不易的律条。哈勒大学倡导的积极的研究活动导致知识体系的变化和扩充，大学教师职业的专业化获得了必要的知识基础，大学教师职业的特殊性在独立的研究活动的推动下越发彰显。尽管神学教学和研究在大学活动中仍占有相当地位，但中世纪大学那种解释神学信条、传授神学知识的做法和神学院高于其他三所学院的至高无上地位，自此受到自由的科学研究活动的巨大冲击，进而导致哈勒大学办学活动的世俗化。

最后，在课程设置上，哈勒大学注重实践的课程设置体系，强调学科教学的教学方式以及对培养经世致用人才的重视，使得哈勒大学表现出较为突出的世俗化色彩。

不过，在哈勒大学的早期发展中，日益趋向保守和正统的虔敬主义与日益激进的启蒙思想之间的强烈冲突，导致刚刚步入盛期的哈勒大学难以将改革彻底进行到底。[1] 1723年哈勒大学开除沃尔夫这一事件表明，哈勒大学仍然掌握在排斥激进启蒙思想的虔敬派信徒手中。不过，哈勒大学的示范性影响并未彻底消失。创设于1737年的哥廷根大学，在很大程度上继承了哈勒大学的现代大学理念。

二、哥廷根大学的创设及革新实践

(一)哥廷根大学的创设及办学理念

哥廷根大学创办于1737年，地处汉诺威王朝辖地。汉诺威王朝政府创办此校的动因之一，在于以此与拥有哈勒大学的霍亨索伦王朝竞争。1714年，汉诺威大公继承汉诺威选帝侯一职后，决议创设一所堪与哈勒大学媲美且有能力与其抗争的大学。尽管在行政归属上，汉诺威王朝隶属英国，但仍非常

---

[1] Charles E. McClelland, *State, Society, and University in Germany 1700-1914*, Cambridge, Cambridge University Press, 1980, p.35.

重视自己在德意志诸王朝中的地位。渴望像普鲁士人拥有哈勒大学那样拥有一所令全体德意志人瞩目的新式大学，成为汉诺威王朝创设哥廷根大学的基本动力。

汉诺威选帝侯创设哥廷根大学还有更为务实的考虑。为王朝培养一批受过良好教育的官员，成为汉诺威王朝创设哥廷根大学的又一动力。18世纪初期，汉诺威王朝政府官员希望接受一种更为务实的大学教育，而这是当时邻近的布龙斯威克—仑恩贝格大学难以满足的。1710年，时任王朝首相的贝沙夫(Benjamin Beischärff)就当时大学教育的空疏无用和不切实际做出描述：贵族青年和聪慧之士，尤其是那些旨在戎马一生的青年人正在虚度光阴，政府能够向他们提供的训练极其有限。法学教育也充满了疏忽和随意，对当时的管理需要而言没有任何具体意义。神学教育也在以一种不切实际的方式进行。① 贝沙夫主张设立"学院"(Academies)以取代大学，提供一种更能适应当时王朝社会发展实际需要的新型大学教育。

在具体办学理念上，哥廷根大学以哈勒大学为蓝本。曾就读于耶拿大学和哈勒大学的明希豪森(Gerlach Adolph von Münchhausen, 1688—1770)，在1737年至1770年任哥廷根大学学监期间，全力借鉴并推行哈勒大学的办学理念与办学实践，确立了"思想宽容"和"研究自由"等现代大学理念，制定并实现了哥廷根大学的培养目标：课程开设及讲授着力体现启蒙精神和应用价值，加强政治科学和历史科学教育，造就合格的政府管理者及政治家。②

(二)哥廷根大学的革新实践

哥廷根大学的革新实践，主要分为以下几个方面。

---

① Charles E. McClelland , *State*, *Society* , *and University in Germany 1700–1914*, Cambridge, Cambridge University Press, 1980, p.36.

② Willis Rudy, *The Universities of Europe*, *1100–1914*: *A History*, Cranbury, N. J., Associated University Presses , Inc., 1984, p.95.

1. 强化对基础学科课程和实用课程的学习

明希豪森等人认识到，尽管在汉诺威王朝政府的资助下，哥廷根大学办学经费充裕，但赢得社会的认可与获得普遍的社会声誉需要长期的大学革新实践的不懈推进，需要大学向学生提供全面、实用的课程和高质量的教育服务。为此，在明希豪森的领导下，哥廷根大学注重对哲学学科课程等大学基础课程的教学，在哲学院开设古代语与现代语、数学、逻辑学、形而上学、伦理学、政治学、物理学、自然史、地理学、艺术学等课程。明希豪森认为，此类课程除体现"自由教育"理念之外，还需要发挥传统的预备课程的功能，为学生后续开展专业类课程学习和学术研究提供必要的基础。

哥廷根大学十分重视对古代经典文化的传授与研究。语言学家格斯纳（J. M. Gesner）和海涅（C. G. Heyne）将希腊文化引入大学讲坛，并在教学实践中展示出一种崭新的古典文化价值："古典研究不再是毫无用处地炫耀博学，也不再是对希腊和拉丁榜样的无谓模仿，而是将古典作家作为艺术与鉴赏的最高范型，与之进行的一种鲜活的文化交流。"[1]古典文化教育自此致力于帮助学生养成一种对文学之美的感受能力与鉴赏能力，致力于使青年人具备创造一种合乎理性和人性的生活的意识和修养。

为满足社会对法学人才的实际需求，哥廷根大学注重加强法学院课程教育的实践性和实用性，强调法学教育与社会事务的结合，注重将社会政治、经济与生活实践中的法律事务作为法学教育的有益补充和必要深化。为实现培养未来政府管理者和政治人才的目标，哥廷根大学还开设了历史学、现代文学、自然科学、医学、冶金学和农学等课程，注重培养学生参与、应对和改造社会实际事务的能力。为满足贵族青年的学习需要，哥廷根大学还开设

---

[1]　[德]弗里德里希·包尔生：《德国大学与大学学习》，张弛、郄海霞、耿益群译，48 页，北京，人民教育出版社，2009。

了舞蹈、绘画、音乐、骑术、击剑等课程。①

2. 践行"思想自由"和"研究自由"的大学原则

明希豪森等哥廷根大学的缔造者和管理者视思想自由和研究自由为大学的根本原则，积极在教学实践中赋予教授们教学的自由和不受检查的权利，教授们拥有对教学内容的选择权以及在应开课程之外自行开设其他课程的权利。哥廷根大学哲学院在其 1737 年颁布的章程中曾规定：所有教授，只要不涉及损害宗教、国家和道德的学说，都应享有教学和思想自由的权利；关于课程中使用的教材及讨论的各家学说，应由他们自己选择决定。②

为避免教派纷争影响大学的教育教学实践，哥廷根大学自设校以来，致力于将宗教宽容观念引入大学。明希豪森为哥廷根大学制定了以宗教宽容为核心的大学政策。

第一，大学以人类一般文化为研究对象，改变神学学科凌驾于其他学科之上的传统局面。在哥廷根大学设校之初，明希豪森为避免哈勒大学发生的虔敬派排挤启蒙主义者的事件重演，明确宣称哥廷根大学完全放弃虔敬派立场，决定把人类的一般文化而不是神学作为大学的研究对象。为避免教派争议干扰大学发展，哥廷根大学禁止教师在课堂上公开争议所谓"异端"观点。在大学教学计划中，神学知识的地位等同于其他学科知识。

第二，坚持宽容、温和的神学教授聘任标准。明希豪森执掌下的哥廷根大学虽为路德教徒的天下，但学校大门仍面向持有天主教神学信仰的青年开放。因此，确立适当的神学教授聘任标准，聘任一批能够引领青年献身于神学经典研究和教义传播的神学教授便显得尤为重要。明希豪森等人在神学教授聘任中逐步确立了神学教授的理想标准：坚持宗教宽容立场，既非极端的

---

① Willis Rudy, *The Universities of Europe*, *1100-1914: A History*, Cranbury, N.J., Associated University Presses, Inc., 1984, p.96.

② 陈洪捷：《德国古典大学观及其对中国的影响(修订版)》，16 页，北京，北京大学出版社，2006。

无神论者，又不持有狂热的宗教立场，在宗教神学领域造诣深厚，能容忍与其持不同的神学观点的神学学者。

3. 提高大学教师的职业尊严

为避免传统大学教师聘任事务中存在的任人唯亲、论资排辈等弊端，在教师选用政策上，明希豪森治下的哥廷根大学主张削弱传统大学教师聘任事务中的行会自治特征，主张将教师选用权掌握在政府及其代理人手中。学院拥有的权力是推荐教授候选人。明希豪森等人还主张在教师聘任中，不仅要重视考查候选人的学术水平，而且还要对其个人道德修养、社会声誉实施相应的甄查。尽管执行如此的教师聘任政策，在一定程度上损害了正处于萌芽状态的大学教师的学术自由权利，但却为哥廷根大学摆脱传统大学教师聘任事务中的缺陷提供了可能。

注重提高教授的社会地位，是哥廷根大学吸引高水平学者到校任教的得力措施。哥廷根大学注重利用汉诺威选帝侯提供的有力的政治支持与经费资助，将教授的社会身份由一般学校雇员提升为国家官员，向教师发放课时费、安家费及住房补贴，切实改善教师的物质待遇与生活水平，提升教师的职业尊严。在教师聘任事务中，明希豪森治下的哥廷根大学注重选聘具有较高的社会声望、突出的研究潜能和著述丰厚的学者到校执教。受哥廷根大学教师聘任政策的吸引，哲学和物理学教授霍尔曼（Samuel Christian Hollmann）、古典语言和考古学教授格斯纳、匈牙利医学教授塞格纳（Johann Andreas Segner）、瑞士医学家哈勒（Albrecht von Haller）等一流学者加入其中，这为哥廷根大学的快速发展奠定了必要的师资基础。

4. 加强大学教学基础设施建设

为保证课程讲授质量，哥廷根大学重视教学基础设施及教学辅助设施的建设，包括图书馆、实验室、天文台、解剖室、植物园、博物馆、大学医院等在内的大学教学设施建设成就斐然。尤其值得一提的是哥廷根大学的图书馆建设。创办后的 20 年间，图书馆藏书总量达到了 6 万册，小册子 10 万册，仅藏书目录就达到了 86 卷。因此，该图书馆成为欧洲最好的图书馆。[①] 这些教学设施不仅极大地满足了课堂教学的需要，而且还为学生的学习提供了广阔的空间，为教师从事开创性的科学研究提供了优越的设施与设备基础。得益于哥廷根大学完善的教学设施和条件，格斯纳教授得以举办以引导学生探索深奥学术问题为目的的哲学"习明纳"（Seminar），皮特（J. S. Pütter）教授得以在德国法的分析和编集方面取得突出成就，哥廷根大学得以在西方古典文化的教学与研究方面领先于其他大学，哥廷根大学医学院得以成为当时最负盛名的医学院。[②]

5. 践行独特的大学管理模式

不同于当时大学创设与发展的一般模式，哥廷根大学的设立承负着具体的政治期望，因而其创设所需经费主要源于政府的直接资助，汉诺威选帝侯乔治二世为大学设立提供了大量经费。大学设立之初，除使用部分寺庙财产外，大学其余经费均来自政府的直接财政拨款，哥廷根大学事实上已经成为"国立大学"。这一经费来源模式决定了哥廷根大学的管理模式迥异于以"学者自治"为特征的中世纪大学管理模式，这标志着这一时期专制君主将大学发展纳入国家主义体系的努力在某种程度上得以实现。在具体管理事务上，哥廷根大学对"大学校务管理工作"与"教学与科研工作"进行了明确区分：政府组建"大学总务处"全权处理一切大学校务管理工作，无须教授参与；教授负责大学的教学与科研工作，力求专心治学，心无旁骛。

---

① Willis Rudy, *The Universities of Europe，1100-1914：A History*，Cranbury，N.J.，Associated University Presses，Inc.，1984，p.96.

② Willis Rudy, *The Universities of Europe，1100-1914：A History*，Cranbury，N.J.，Associated University Presses，Inc.，1984，pp.96-97.

三、耶拿大学、特里尔大学等其他德国大学的改革

在哈勒大学和哥廷根大学的新型大学理念和大学革新实践的引领与示范下，18世纪后期，耶拿大学、特里尔大学等其他德国大学也借助各自开展的大学改革实践，迈出了向现代大学发展的步伐。

在18世纪后期政府加强对大学的管理和控制的背景下，构建大学与政府的良性关系，成为这一时期德国大学改革的主题之一。耶拿大学选择大学教授与政府合作的改革路径。1766年，耶拿大学教授施米德（Achateus L. K. Schmid）在出任政府委员会成员后，即制定出耶拿大学历史上第一份经费预算方案，决定提高教师工资水平，解除教师在教学与科学研究活动中的后顾之忧。

确保大学教师的学术自由权利，也成为18世纪德国大学改革的主题之一。对于大学而言，加强政府管理是一柄双刃剑。加强政府管理的结果，一方面，借助政府的支持与资助，提高教授工资水平，激发大学教授的工作积极性；借助教授的勤奋工作，提升大学的社会声望。另一方面，政府等外部力量对大学事务的过多管理和介入，也可能对大学按照自身的规律运转产生影响，损害教师的学术自由权利。实践证明，政府的过多干预与不当参与，对18世纪前期刚刚萌生的德国大学及大学教师的学术自由权利，无疑是一种限制。1763年，特里尔大学史学家和神学教授霍恩泰因（Nikolaus von Hontheim，1701—1790）匿名出版的《论教会的地位和教皇的合法权力》一书，因提出限制教皇权力的主张而遭禁。如何妥善处理政府的干预，确保大学学术自由，成为18世纪后期德国新大学运动留待解决的问题。

至于18世纪后半期最为激进的德国大学改革方案，当数格布哈德（Pastor J. G. Gebhard）和卡姆佩提出的以"专业学院"或"科学院"取代大学的方案，他们甚至还提议废除大学。格布哈德认为，传统大学教育并不能有效证明自己的价值，在培养学生的专业技能以及提升学生的道德生活水平方面，专业学

院可能比大学做得更好。基于对大学教育的批判和对大学改革的绝望,卡姆佩认为相较于大学,科学院可能更适于从事真理的发现和传播事务。卡姆佩认为,就其善恶功过来说,大学之恶甚于其善。大学毁坏学生的道德,使他们陷于放荡,鲜有廉耻之感,最终使自己和社会蒙受巨大损失。

四、18世纪德国新大学运动的教育成就与历史影响

经历18世纪德国新大学运动的洗礼和涤荡,该时期的德国大学尽管在大学理念和大学实践层面还存在这样或那样的问题,但相对于同一时期的英国大学和法国大学而言,德国大学在向现代大学挺进的过程中取得的教育成就和产生的历史影响均是明确而突出的。

(一)18世纪德国新大学运动的教育成就

相比于以牛津大学和剑桥大学为代表的英国大学的暮气沉沉,以巴黎大学为代表的法国大学脱离社会需要,18世纪以哈勒大学和哥廷根大学为代表的德国大学借助新大学运动的推行取得了明显的成功。这一成功不仅仅体现为这两所大学的改革是在一种新的大学理念的指导下推进的,更为重要的是,在哈勒大学与哥廷根大学的榜样示范下,至18世纪末,包括新教大学和天主教大学在内的德国大学纷纷改革,并取得了较为明显的历史成就。主要表现在以下几个方面。

第一,大学教育职能由主要传授既定人类文化知识的教学职能,逐步转向教学职能与研究职能并重,自由地进行知识探索与创新成为大学教师的教育职责之一。现代哲学和现代科学精神开始融入德国大学的教学实践之中。"以现代科学尤其是数学和物理学为基础的现代哲学,取代了亚里士多德烦琐哲学。"① 大学研究班的日渐兴盛逐步取代了围绕经院哲学的争吵不休,"研究和教学自

---

① [德]弗里德里希·包尔生:《德国大学与大学学习》,张弛、郗海霞、耿益群译,50页,北京,人民教育出版社,2009。

由的原则取代了严苛而僵硬的教学形式"①。研究自由和教学自由成为大学教师从事教学和科学研究事务的基本权利，虽偶尔发生倒退情形，但这些权利已经政府认可成为大学的基本法权。原来在大学结构中处于低级地位的文学院发展成为大学的主导性学院——哲学院，这体现了德国大学教育重视人文学科和人性涵育的发展方向。"18 世纪德国大学的崛起，主要应归因于哲学院的发展，具体而言就是其从低下的奴仆地位上升到了领导地位的结果。"②

第二，大学教学目的从原来的向学生传授确定性的神学信条和不可变易的真理性认识，转变为培养学生独自接近真理的智慧和勇气；大学教学方法也由原来的照本宣科和传统的辩论方法，转变为进行"学术报告"与"课堂辩论"。新大学持有的特殊的知识观导致照本宣科的旧式教学方法逐渐退出大学。因为新知识意味着富有创见的科学研究成果，意味着不同于普通流行的见识，所以，进行学术报告就是要向听众介绍学者自己的研究发现。传统的课堂教学中的辩论，也因不能适应"既定真理教条"不复存在的大学教学现实，逐渐被各类有关学术探讨的课堂辩论代替。

第三，德意志民族语言开始进入大学讲坛。尽管拉丁语仍然是教授在进行哲学报告以及天主教大学神学院在教学时使用的语言，但学术报告会上使用的语言为德语。德语进入大学讲坛意味着德国大学民族性的增强，同时也显示了德国大学在服务政府事务的道路上做出的努力，并预示着 19 世纪德意志大学改革与发展的方向。

第四，大学中古典文学学习的目标发生了较大变化，由原来的进行文学创作转向在新人文主义思想的指导下开展古典文学研究，并借此促进人类文化的发展。大学的古典性质有所减弱，即便古典文学的学习与研究本身，也

---

① ［德］弗里德里希·包尔生：《德国大学与大学学习》，张弛、郇海霞、耿益群译，50 页，北京，人民教育出版社，2009。

② ［德］弗里德里希·包尔生：《德国大学与大学学习》，张弛、郇海霞、耿益群译，49 页，北京，人民教育出版社，2009。

具有了新的时代内涵和目的。

(二)18 世纪德国新大学运动的历史影响

18 世纪德国的新大学运动，注定要在此后德国哲学与科学的发展中以及为民族兴亡提供知识动力的事务中彰显自己的价值。

新的大学理念和大学精神促使德国大学以全新的姿态呈现在世人面前。经历了 18 世纪德国新大学运动的洗礼，洋溢着新时代精神的德国大学在德国文化与社会生活中占据前所未有的重要地位。自此，德国人普遍对大学寄予厚望，不仅仰仗它们来解决科学和哲学方面的问题，而且对于民族兴亡的大事，也期待它们提供解决的方针和解决的动力。[①]

在哈勒大学和哥廷根大学的示范与引领下，18 世纪德国大学系统发生了意义深远的变革，无论是新教势力把持的北部地区，还是天主教势力影响下的南部地区，新的大学理念逐步渗透到大学改革实践中，"至 18 世纪中叶时，遍及所有邦国的整个大学和学校系统的改革已经开展起来。18 世纪末，德意志民族把大学当做了它特别希望从中获得在国家生活各个方面前进动力的机构"[②]。19 世纪初德国柏林大学的创办及其对"教学与科学研究相结合"和"研究自由"等现代大学理念的完美诠释，或可视为 18 世纪德国新大学运动历史影响的集中体现。

不仅如此，18 世纪德国的新大学运动对古典语言与文化尤其是古希腊文化和文明的强调，还在事实上孕育了德国 19 世纪的新人文主义，促进了新人文主义教育思想的兴起，为 19 世纪德国教育通过学习与运用古典文化尤其是古希腊文化，培育民族文化，实现德国人与古希腊人精神生活的统一，培育德国青年的心灵和民族自由主义精神，提供了必要的历史基础和方向指引，

① 夏之莲：《外国教育发展史料选粹》上册，413 页，北京，北京师范大学出版社，2001。

② ［德］弗里德里希·包尔生：《德国大学与大学学习》，张弛、郗海霞、耿益群译，49 页，北京，人民教育出版社，2009。

对19世纪德国教育改革与发展产生了意义深远的影响。

第六节　普鲁士国王的教育改革

18世纪，在推动教育国家化、现代化的过程中，腓特烈·威廉一世、腓特烈二世、腓特烈·威廉二世三位普鲁士国王起到了重要的作用。他们为了富国强兵，促进德国人民意识的觉醒和人民素质的提高，出台了教育法令，采取了强有力的教育措施，极大地推动了这一时期德国教育事业的发展。

一、腓特烈·威廉一世的教育改革

腓特烈·威廉一世是一位性格严厉的国王，他穷兵黩武，在位期间主要致力于普鲁士军队的扩充和国家资源的开发，为普鲁士的扩张奠定了坚实的军队和经济基础，重视发挥教育培养理想人民的作用。

早在1717年，腓特烈·威廉一世就颁布了《普鲁士义务教育令》，规定所有未成年人，不分男女和贵贱，都必须接受教育。在当时的普鲁士，受教育和服兵役一样被视为人民必须履行的义务，而国家则为人民提供免费的初等教育，通过教育，使人民养成忠君爱国、敬畏上帝、勤劳节俭的美德。腓特烈·威廉一世经常到王国的领地里视察，在此过程中，他发现农民们，尤其是里尤利亚的农民们"处于一种极端令人哀怜的愚昧之中"。为此，他要求地方的士绅通力协作，"以最终消除这种愚昧"。为了达到这种目的，他还屡次派遣钦差大臣到此地，为较大的村庄建立学校、配备教师，并赏赐若干"免除租税"的土地用于办学。为了达到开启民智的效果，他还常常修订和补充关于教育的敕谕。

由于普鲁士的国力日盛，吸引了不少别国的移民，腓特烈·威廉一世更加强烈地意识到增加学校的必要性。腓特烈·威廉一世又制定和颁布了《普鲁士一般学校令》，目的在于增加教育的经费，尽可能地促进教育的发展。《普鲁士一般学校令》具体规定了学校发展基金的设立与使用、教师的选聘与薪酬、校舍建设的资金等内容。由于该法令的实施，当时普鲁士新建了1800多所小学。

腓特烈·威廉一世在占领了波美拉尼亚的一部分土地之后，对这一地区教育的发展也十分关心。他发布特别命令保障教师的基本工资，并要求当地实施强迫义务教育，督促学生更加经常地上学，还派遣了几名柏林的实科学校的教师到当地教学，甚至对开设的教学科目都做了一些专门的指示。此外，他还指派学校巡视员去当地做一些反映学校发展情况的调查，特别注重调查学校工作的改进情况，要求当地的教育主管者对改进教学制度做出必要的安排。

1738年，腓特烈·威廉一世应柏林市政当局的要求，发布了关于柏林市区及郊区私立学校教学的通告，就教师的任命、教师的能力和资格、教师的职责、教师的薪酬、学生家长与学校的关系做出了一系列的指示。这些指示得到了教会高级神职人员的赞同。

尽管腓特烈·威廉一世用心良苦且真心实意地关心教育的发展，尽管在他在位期间学校的数目也大大增加了，但教育制度的真正改变还是很不显著的。政府颁布的严格的教育法令，使大众多少理解了国王在教育问题上表明的愿望，从而开始对学校教育事业表现出一定程度上的尊重。然而，作为一个阶层的教师们却机械地从事着自己的工作，在教学上墨守成规，遵循着一些陈规陋习。① 这一时期的普鲁士教育并没有多少改观。

二、腓特烈二世的教育改革

腓特烈二世是德国的开明专制君主，是启蒙时代最具有实践能力的理论家，

---

① [美]E.P.克伯雷:《外国教育史料》，华中师范大学、西南师范大学、西北师范大学、福建师范大学教育系译，512~513页，武汉，华中师范大学出版社，1991。

被称为"哲学家国王"和"头戴王冠的思想者"。他在执政过程中，基本接受了启蒙思想的影响，推行开明专制，将启蒙运动的理想和普鲁士的政治现实结合起来，将富国强兵的现实要求与关心大众福利和教养的启蒙理想联系起来。

作为那个时代最富有启蒙学者气质的统治者，腓特烈二世通晓法语、英语、西班牙语、葡萄牙语、意大利语，能听懂拉丁语、希腊语和希伯来语；擅长演奏，喜欢作曲，甚至能与当时著名的古典音乐家巴赫探讨作曲和长笛音域等问题；勤于思考，热衷于著书立说，撰有《论欧洲政治集团的现状》（1738 年）、《反马基雅维利》（1739 年）、《我所处时代的历史》（1747 年）、《勃兰登堡王室历史回忆录》（1751 年）、《政治遗嘱》（1752 年）、《七年战争史》（1764 年）、《回忆录》（1775 年）、《统治的形式与统治者的职责》（1777 年）、《论德意志文学》（1780 年）等著作，著述内容涉及政治、历史、哲学、文学、艺术、军事等领域。

作为头戴王冠的思想者，腓特烈二世基于理性主义和功利主义原则，大力推动王国的文化教育事业的发展。

为开启民智，提高人民素质，腓特烈二世极为重视初等教育的普及，要求民众掌握基本的阅读技巧和实用知识，希望自己的臣民成为有文化的、开明的人民。在他看来，开明的人民是个人服从共同体的人民，个人思想自由价值应该得到承认，但必须服从国家和社会的共同利益。1740 年 10 月，腓特烈二世宣布继承其父腓特烈·威廉一世在世时定下的一切教育法令。但是，由于贵族阶层认为为其子弟设立学校实属多余，农民阶层也认为送子入学浪费劳动力，腓特烈·威廉一世的教育法令在王国里并没有得到有效贯彻。鉴于这种情况，腓特烈二世于 1741 年 10 月 21 日又发布敕令，命令各地方要认真推行强迫的义务教育，并尽快建设满足学生入学要求的学校。随后数年，他又发布了多个教育敕令，其中最引人瞩目的是 1754 年 4 月委托实科学校的创始人赫克为明登和拉文斯堡制定的地方学校规章。该规章详细规定了入学的义务、学期安排、教师及其培养、视学制度等。但不久，普鲁士卷入七年战争，因必要的教育经费难以保障而使得这一改革计划一度中断。但这一规章，是腓特烈二世在世期间颁布的最为著名的教育法令——《普通学校规章》的原型。《普通学校规章》于 1763 年 8 月 12 日颁布，是当时"规定普鲁士学校制度之一切方面的最初而又是最后的法律"①，是当时普鲁士强迫义务教育法令的典范。1765 年，为了规范经过七年战争从奥地利手里夺取过来的天主教地区西里西亚的教育，腓特烈二世于 11 月 3 日颁布了《西里西亚天主教学校法规》。该法规与 1763 年的《普通学校规章》内容极为相似，但在教师培训、教师生活和工作条件、教士和国家对教学的督导上提出了新的要求。该法规提出：从原有的教会学校中选定一些学校作为教师培训学校，以培养优秀的教师；无论城市还是乡下的学校，都要为教师修建远离教师住宅的专用教室并配备黑板、墨水台等教学设施；条件好的地方要保障教师的基本工资，条件稍差的地方要允许教师在教学之外的地点和时间从事诸如缝纫、纺织之类的活动以获得收入；教士具有监督教区学校教好儿童的责任，国家各级相关官员及驻校视察员定期视察，报告学校的教学情况。②

除了初等教育的普及，腓特烈二世还重视中等和高等教育的发展，注重教育文化事业的繁荣。1744 年，腓特烈二世将 1700 年建立的"勃兰登堡选帝侯科学社"和在柏林新建的"皇家文学院"合并成"普鲁士皇家科学院"，聘请法国著名物理学家和数学家德·莫佩尔蒂(de Maupertuis，1698—1759)为院长，同时制定章程，采取公开有奖征答理论和现实问题的方法，吸引了当时欧洲各地的著名学者，进而掀起了学术研究的高潮。同年起，腓特烈二世还在家族的一处葡萄山上主持修建无忧宫，该宫于 1747 年落成后，吸引了包括

---

① [日]阿部重孝：《欧美学校教育发达史》，廖英华译，5 页，上海，商务印书馆，1934。

② [美]E.P. 克伯雷：《外国教育史料》，华中师范大学、西南师范大学、西北师范大学、福建师范大学教育系译，521~527 页，武汉，华中师范大学出版社，1991。

法国的伏尔泰（Voltaire，1694—1778），狄德罗（Denis Diderot，1713—1784），孟德斯鸠（Charles-Louis de Secondat Montesquieu，1689—1755）和德国的莱辛、维兰德等在内的启蒙思想家来此欢聚。在相当长的时间内，无忧宫是当时欧洲文化界泰斗巨擘的聚会中心。1755年，腓特烈二世起用当时著名的政治家蔡德利茨（K. A. von Zedlitz，1731—1793）来推动王国的各项改革。自1771年以来，蔡德利茨掌管王国的全部文化教育和宗教的管理部门，负责学校和宗教事务，协助腓特烈二世推动普鲁士的教育改革。1787年，受法国教育思想的影响，在蔡德利茨的建议下，腓特烈二世建立了由专家组成的"中央管理委员会"取代原来的"宗教法庭"，领导和管理普鲁士王国所有类型的学校。[1] 这个委员会的成立是普鲁士教育制度形成中的重要事件之一，标志着学校管理权从教会手里转移到国家行政当局手中，标志着普鲁士教会管理学校传统的终结，成为普鲁士学校管理世俗化的开端。但这也仅仅只是一个开端，因为教会并没有因此完全退出对教育的管理，牧师和教会直到19世纪仍然具有对学校进行监督的权利。1788年，在蔡德利茨的主持下，普鲁士王国政府通过了《中学学校规则》，确立了中学毕业会考制度，同时加强校舍建设，改善教师工资待遇。在大学中，自上而下，鼓励思想自由，支持学术创新。蔡德利茨的教育改革活动为普鲁士教育的发展奠定了基础。[2]

腓特烈·威廉二世继位后很大程度上继承了他叔叔腓特烈二世的开明政策，改革税收制度，减轻臣民负担，鼓励贸易，重视德国民族语言，鼓舞民族精神，积极鼓励开办学校，并加强了对发展中的教育制度管理的集权化，这种教育制度导致普鲁士创建了欧洲第一种现代国家学校制度。在推动教育国家化、现代化的过程中，这三位普鲁士国王起到了重要的作用。

---

[1] 钟文芳：《西方近代初等教育特性之历史研究》，博士学位论文，华东师范大学，2004。

[2] 刘新利、邢来顺：《德国通史　专制、启蒙与改革时代（1648—1815）》第三卷，227页，南京，江苏人民出版社，2018。

第二章

18世纪德国的教育思想

在适应18世纪德国社会经济发展和"开明专制"政治变革需要的过程中，在促进德国启蒙运动、狂飙突进运动和泛爱主义教育运动开展的过程中，沃尔夫、巴西多、康德、歌德、席勒等哲学家、文学家、剧作家等从各自的社会观和哲学观出发，基于各自的教育实践，形成了各自的教育思想，丰富和完善了18世纪德国教育思想体系，直接指导了18世纪的德国教育实践，并对此后德国的教育思想和教育实践产生了具有深远意义的历史影响。

第一节　沃尔夫的教育思想

沃尔夫是18世纪德国启蒙理性主义时代很有影响力的一位思想家、哲学家，也是一位研究领域十分广泛的科学家，在数学、物理学、经济学、社会学、法学、心理学、语言学等许多学术研究领域均做出了不同程度的贡献，其中，在哲学和数学领域的贡献尤为突出，享有"德国启蒙运动的代言人"声誉，被认为是介于莱布尼茨和康德之间最杰出的一位哲学家。

在西方哲学史上，沃尔夫致力于哲学本土化发展，是第一位用自己的母语——德语来撰写完整哲学体系的哲学家，对后世影响深远。他还曾是欧洲四大主要科学院——柏林科学院、伦敦皇家学会、巴黎科学院和圣彼得堡帝国学院的成员。

1679 年 1 月，沃尔夫出生于神圣罗马帝国西里西亚公国的布莱斯劳，父亲是个面包师，家境殷实。沃尔夫受洗礼于路德教会，从小兼受新教教育和天主教教育，曾在耶稣会学校和路德派文科中学学习。1699—1702 年，沃尔夫在耶拿大学学习数学和物理学，后又学习哲学。1703 年，获莱比锡大学博士学位，后在莱比锡大学任教。1707 年，沃尔夫获哈勒大学全职教授职位，后结识莱布尼茨，并深受其哲学思想影响。在哈勒大学，沃尔夫起初只专注于数学研究和教学，后来也涉足物理学研究，并很快涉足当时所有主要的哲学学科。在哈勒任教的 15 年间是他的作品多产时期，主要数学著作及哲学体系的开篇之作——著名的《德国逻辑》和《德国形而上学》都是在这一时期完成的。

1723 年，因与哈勒大学虔信派学者发生神学纠纷，沃尔夫遭普鲁士国王腓特烈·威廉一世驱逐而被迫流亡。其间执教于马尔堡大学，并成为那里最受欢迎的老师之一。1740 年腓特烈·威廉一世去世后，受新君腓特烈二世邀请，沃尔夫重返哈勒大学任教，并在 1743 年再次成为哈勒大学校长，直到去世。

一、沃尔夫的哲学观

沃尔夫认为，人类理性应当是全部哲学的基础。这一思想显然深受西方近代理性主义哲学重要代表莱布尼茨的影响。沃尔夫哲学体系也被称为"莱布尼茨—沃尔夫"哲学，这种哲学在康德之前一直在德国占统治地位。莱布尼茨哲学中蕴含的极端唯理主义因素，在沃尔夫那里被进一步系统化，从而发展成为一种形而上学的独断论。这种独断论试图遵循严格的数学形式，通过定义、公理、定理、绎理等推理环节，从形而上学的抽象范畴中直接演绎出整个知识论体系。沃尔夫哲学观点清晰、富有条理，对理性的力量充满信心，坚持用理性认识一切事物，甚至把灵魂不朽和上帝的本质也当作理性认识的对象，认为人类凭借理性能力可以把握有关宇宙、灵魂和上帝的全部知识。尽管这种理性的绝对权威是以一种僵化刻板的独断论方式建立起来的，但对当时在德国思想界占统治地位的信仰至上的虔信主义神学，无疑构成巨大的冲击。从某种意义上说，沃尔夫用他的理性主义独断论击败了信仰主义独断论，从而成为德国启蒙运动的重要推动者之一。[1]

与莱布尼茨一样，沃尔夫对中国文化以及儒家伦理思想抱有极大兴趣，他认真研读过比利时传教士柏应理（Philippe Couplet，1623—1693）编译的《中国哲学家孔子》。1721 年 7 月，他在哈勒大学做了一场关于中国实践哲学的演讲，表达了他对儒家思想的阐释。演讲中，他赞扬了孔子道德教义的纯正性，并以此说明人可以通过自身努力，凭借理性的力量掌握道德真理；他肯定了儒家教育在培养人道德方面的积极作用，指出中国人在没有认识到上帝的前提下，依靠理性建立了自己的实践哲学。总之，他把儒学当成证明自己实践哲学正确性的证据，反过来又通过自己的学说证明了儒学的正确性，并尝试将其还原为一套理性系统。[2] 然而，他站在哲学理性立场上提出这些观点，被指控为散布宿命论和无神论，进而受到了攻击与迫害，这迫使他不得不离开哈勒大学的讲坛。

二、沃尔夫的教育思想

18 世纪，德国自然科学正处在一个兴盛时期，德国大学在社会文化生活中扮演着越来越重要的角色。德国大学不仅逐渐成为学术和教学的中心，而且还成为国家精神的象征。创建于 1694 年的哈勒大学领风气之先，成为普鲁

---

① 赵林：《莱布尼茨—沃尔夫体系与德国启蒙运动》，载《同济大学学报（社会科学版）》，2005（1）。

② 陈猛：《莱布尼茨与沃尔夫的中国观》，载《北方论丛》，2016（6）。

士振兴的"新基石"。这所大学不仅是德国，而且是欧洲第一所具有现代意义的大学。哈勒大学之所以声望昭著，是由于该校的办学实践强调两个方面：一是以现代哲学和现代科学知识为教学内容；二是以思想自由和教学自由为基本原则。① 沃尔夫除1723—1740年任教于马尔堡大学外，其一生大部分时间都在哈勒大学任教，其间积极参与和发起哈勒大学的现代化运动，对促使哈勒大学成为德国主要的近代大学做出了重要贡献。

（一）创建现代哲学体系的意义

沃尔夫是创建现代哲学体系的第一人，被誉为启蒙哲学大师。他将哲学重新定义为可能的科学，并在对人类知识的全面研究中将其应用于当时的学科。他的哲学以数学和自然科学为基础，崇尚理性。这种以数学和自然科学为基础的现代哲学非常适合当时的大学教学。在康德哲学取得统治地位之前，沃尔夫及其学生的哲学思想支配着德国的大学达半个世纪。这种哲学的基本原则同纯理性主义的"无理则无物"的格言完全一致。简言之，没有充分理由则无事物出现，因为因果关系决定一切存在；没有充分理由则无事物的真实性，因为逻辑论证决定一切真实知识。② 沃尔夫理性至上的现代哲学体系鼓舞着哈勒大学的青年依靠科学与人类理性去寻求真理，哈勒大学便逐渐成为德国学术自由的第一个发祥地。沃尔夫哲学体系创建的另一重要历史意义在于，它以独断论的理智哲学击败了实力强盛的虔信主义神学，从而为18世纪中叶以后德国思想界中哲学对神学、理性对信仰的一般性批判开启了先河。而这种哲学对神学、理性对信仰的一般性批判，就是风靡整个欧洲的启蒙运动的基本特征。③

（二）德语写作和教学的价值

18世纪的欧洲大学几乎毫无例外地被中世纪的学术传统笼罩着，讲课用

---

① ［德］弗·鲍尔生：《德国教育史》，滕大春、滕大生译，79页，北京，人民教育出版社，1986。
② ［德］弗·鲍尔生：《德国教育史》，滕大春、滕大生译，81页，北京，人民教育出版社，1986。
③ 赵林：《莱布尼茨—沃尔夫体系与德国启蒙运动》，载《同济大学学报(社会科学版)》，2005(1)。

拉丁语，真理的确定须依赖于对古老历史经典的引证。要清除这种陈腐的崇古学风，推翻迂腐傲慢的学究们，在写作和教学用语上以民族语言德语取代拉丁语的必要性越来越充分。沃尔夫是一位有学术造诣的语言教学和研究者，也是一位以德语为写作和教学用语的提倡者和践行者。尽管他有时也用拉丁语写作，但他的大部分学术作品都是用德语撰写的，包括其颇具代表性的哲学和数学著作。他是第一位为德国人提供以自己的语言编写的完整哲学体系的哲学家，他把哲学的理性内容与德意志的语言形式结合起来，第一次使哲学成为德国本土的东西。他也希望通过撰写德语哲学著作，将哲学从已经沉迷于形式主义、围绕传统定义主题的学科转变为对德国学生真正有用的学科。作为启蒙哲学家，他和他的同事托马西乌斯①合力倡导用德语授课。在哈勒大学的课堂上，沃尔夫用德语替代拉丁语，第一次尝试提出了德语的哲学专业词汇，并举办了德国大学第一场德语数学讲座。

(三)数学教学论领域研究内容

沃尔夫还是德国大学现代数学教育的先驱，是思考和研究数学教育的开拓者之一。1707年，在莱布尼茨的推荐下，沃尔夫成为哈勒大学的数学教授。1710年，他用德语撰写了一本重要的数学学术著作《所有数理科学的基本原理》，在18世纪前半叶的德国，这本书是唯一的德语学术著作。该书分为四个部分，主要内容包括数学教学方法论、数学史、物理学、天文学和地理学。该书开篇第一章介绍了数学方法及数学教学法。沃尔夫在引言中指出：在数学教学中，人们对它的确定性和对矛盾的认识没有给予严格的关注，但是可以通过将其快速应用于其他科学领域来理解数学。此种应用对每个人来说都是足够的，人们一生中无须了解任何数学真理。当你在向学生教授数学并向其推荐数学时，对数学真理的全神贯注很重要。他还提出了许多具体的数学

① 托马西乌斯，哈勒大学的第一任校长，哲学家，启蒙运动的代表，新大学学术的奠基人。他在哈勒大学最先采用德语讲课，打破了拉丁语作为大学教学用语的垄断地位。

教学方法。比如，首先了解定义，继而知晓公理，最后展示定理和实施练习；根据场合的不同，通常会有补充和观察。

18世纪初，沃尔夫对有关数学及数学教学问题的解释，表明了他在数学教育方面的开拓性。他在数学史上的贡献并不在于他在数学上的独创性，而在于他在数学教育领域的开创性。他的《所有数理科学的基本原理》一书在许多欧洲国家广为传播，尤其在德国，18世纪的一些著名数学家或多或少都从沃尔夫的数学教育思想中获得过启发。

沃尔夫是介于莱布尼茨和康德之间最杰出的一位哲学家，其教育思想基于他的理性主义哲学思想。作为德国启蒙运动的代言人和哲学家，沃尔夫的主要贡献在于拆除了哲学、数学和自然科学之间的经院哲学樊篱。在大学教育领域，他发起了哈勒大学现代化运动，也是促使德国科学传播和普及的先驱。正是沃尔夫"帮助哈勒大学成为德国主要的近代大学"。[①] 他提出的哲学观念，在很大程度上为18世纪欧洲启蒙运动提供了一定的思想基础。

第二节　巴西多的教育思想

巴西多，18世纪德国哲学家和教育家，在德绍创办了"泛爱学校"并取得了巨大成功，这使他成为一位颇具影响力的德国教育改革家。

一、生平和教育活动

1724年11月，巴西多出生于汉堡，父亲以造假发为业，自幼对他管教十分严厉，因此他的童年并不快乐。14岁时，因不满父亲的打骂和宗教学校严

---

① 贺国庆、王保星、朱文富等：《外国高等教育史（第二版）》，105页，北京，人民教育出版社，2006。

苛的纪律,他逃离家乡来到荷斯坦(Holstein)做了一名乡村医生的仆人。不久,医生见他智力超群,便将他送回父母那里,并劝说他们将儿子送到汉堡的一所文科中学就读。1744 年,巴西多进入莱比锡大学学习神学和哲学,在此深受沃尔夫"理性哲学"的影响,确立了介于"基督教义和自然主义之间"的思想立场。

1749—1753 年,巴西多担任一个有学习困难的贵族子弟的家庭教师。他根据孩子的情况开发了新的教学方法,以游戏、谈话和体育活动为教学辅助手段,成效显著。1752 年,他根据这一成功经验,撰写了一篇关于教学方法的论文——《关于教育贵族子弟迄今为止的最佳方法》,并提交给基尔大学,从而获得了硕士学位。

1753 年,他被聘为丹麦索勒学院(Soro Academy)的道德哲学和文学教授,有时也应邀讲授神学。他是一位非常受欢迎的老师,但是他无畏地反封建制的观点,以及 1758 年出版了一本阐述非正统宗教观点的《实践哲学》,导致他在学校受排挤,1761 年被迫辞职。后执教于德国北部一所大学,但是不久因与那里的东正教神职人员发生了冲突,他被禁止从事教学工作,但还保留着薪水。1767 年,他彻底放弃了神学而投身于教育事业,构思在德国进行一场全面教育改革的计划。

1768 年,在卢梭教育思想的影响下,巴西多发表了《关于泛爱学校以及人类知识初级读本的构想》,其中提出了对学校进行改革的建议和出版插图教科书的计划。他还建议创办一所实验学校,以他的方法来教育孩子和培训教师。他认为全社会都有责任支持新的教育改革。巴西多向那些他认识的且对帮助他人感兴趣的富人积极推介他的教育理念和改革计划,并很快得到了一些达官显贵的经济支持。获得慈善富人的资助也使巴西多成为德国慈善运动的开创者。1774 年,他编写的附有 100 多幅插图的初等学校教材《初级读本》(共四册)得以出版,这是继 1654 年夸美纽斯的《世界图解》问世之后出版的针对儿童的图画教科书。此外，他还编写了一套《教学方法手册》来协助教师和父母教育孩子。1774 年 12 月，在安哈尔特(Anhalt)王子的大力支持下，他在德绍开办了一所新式学校——泛爱学校。该校第一批学生的出色表现给应邀参观者留下了深刻印象，其中包括康德和歌德，都对该校做过很高评价。

二、自然主义教育思想与教育实践

巴西多的教育思想是在夸美纽斯、洛克、卢梭和拉夏洛泰(Louis-René de Caradeuc de La Chalotais，1701—1785)的影响下形成的。夸美纽斯重视感觉、直观、实用的思想，洛克的唯物主义经验论和功利主义的教育观，卢梭关于追随儿童的自然发展、尊重儿童的天性和兴趣、给予儿童独立活动的自由以及关于劳动教育的思想，拉夏洛泰关于教育应从教会转由世俗政权管辖的思想，构成了巴西多教育思想的主体。

其中，巴西多尤为卢梭的教育思想所折服，主张要以卢梭的自然主义教育理论匡救德国教育的弊端。他创办泛爱学校实际上就是实践自然主义教育思想的一种尝试。依照卢梭的教育观点，巴西多提出了教育重在培养学生博爱、节制和勤劳的美德，要重视体育和劳动教育，教学内容上要注重实用性，教学方法上应充分考虑儿童兴趣，寓教育教学于游戏之中等富有新意的思想，这些主张深受欧洲各界进步人士的欢迎。

1774 年 12 月，巴西多在德绍创办了一所旨在实践卢梭教育理念的"泛爱学校"，该校的办学宗旨是"一切遵循自然"。为了使学生树立人道主义世界观和关注人类的共同利益，该校不分贫富、宗教和阶层，富家与穷人的孩子在一起接受教育。创办之初只有学生 14 人，后来发展到 53 人。该校拥有很多热情的支持者，其中包括哲学家康德，门德尔松(Moses Mendelssohn，1729—1786)和剧作家莱辛。

泛爱学校采用适应自然的教学方式，较当时的文科中学有很大革新。学校开设拉丁语、德语、法语、数学、地理、物理、自然史、手工技艺、音乐、舞蹈、绘画、体育等课程，并注重实用知识的传授。学校还十分注重游戏和体育锻炼，简化改进学生校服，使之更加舒适和适合运动。学校经常组织赛跑、角力、游泳、骑马、户外散步等活动。在教学上，遵循直观性教学原则，多采用谈话、游戏和参观等教学方法，在教学过程中注意激发儿童学习的主动性和积极性，主张在理解的基础上掌握所学内容，反对死记硬背。在道德教育方面，注意培养儿童养成温良谦逊的态度及互助友爱的精神。无论在教学活动还是在管理活动中，均注重正面的鼓励与引导，严禁体罚或以其他惩罚性的方式教育或管理儿童。

泛爱学校的其他革新事项还体现在个人专修科目、团体研究工作、学生助理、夏令营活动、学生自治会、相关科目研究、时事教学和性教育上。对于巴西多及其同事而言，不仅要进行狭义上的教学改革，更要把学校设计为儿童体验生活的场所，因此，对母语、现代外语和实用科目的教学颇为重视。泛爱学校的教育目标是不仅要培养聪慧的个体，更要培养对社会有用的人。巴西多希望借此改革，他的教育理念能成为德国新教育体系的基础。

泛爱学校分三种班级。学术班是为贵族子弟开设的，需自费入学，旨在培养未来官吏，每天学习6小时、劳动2小时。师范班是为有才能的穷人子弟设立的，旨在培养未来的学校教师。侍从班是为才能较次的穷人子弟开设的，旨在为贵族和富人培养服务人员。穷人子弟每天劳动6小时、学习2小时。这种班级划分体现了泛爱学校的鲜明等级性。

巴西多本人缺乏足够的行政管理能力，他的固执脾气使得许多优秀教师流失。1793年，泛爱学校停办。尽管该校开办时间并不长，但其改革影响是巨大的。巴西多和他的同事们曾在泛爱学校实践的基础上撰写了很多重要的教育论文，泛爱学校的教师也散布到欧洲各地。随后，与泛爱学校类似的学校遍布德国及法国、瑞士等国。

巴西多在教育方面的主要贡献在于他能够以实用的方法，达成以往教育家的理念，如"感觉唯实论之父"夸美纽斯和自然主义教育的倡导者卢梭。他也因遵照卢梭自然主义教育思想开办著名的泛爱学校，而被称为"德意志的卢梭"①。他的泛爱学校改革实践是18世纪后期德国教育领域中引人注目的事件。他编写的初等学校教材《初级读本》被誉为"18世纪的《世界图解》""教育史上第二本附有插图的教科书"。到19世纪初，他倡导的实践教学法已被德国的公立学校系统普遍接受。由他率先示范的泛爱主义教育对于德国、法国和瑞士的初等教育改革产生了很大影响，并对此后裴斯泰洛齐（Johann Heinrich Pestalozzi，1746—1827）和谐教育思想的形成以及20世纪欧洲新教育运动的兴起提供了启示。

不过，巴西多的泛爱学校虽以人类互爱精神为指导，教学实践中注重体现人文主义教育观和民主、平等的教育思想，但巴西多在泛爱学校内实施三种班级的划分方式具有明显的等级性，其教育观的民主性和平等性是有限度的，从根本上来说还是维护上层阶级利益的。

第三节　康德的教育思想

在德意志民族史上，伊曼努尔·康德不仅是伟大的哲学家，而且是伟大的教育家。

众所周知，康德一生勤于思考，治学不辍，写出了他那个时代里程碑式的科学著作和哲学著作。以1770年为界，康德的学术生涯可以分为两个时期：前批判时期和批判时期。1770年以前属于前批判时期，他特别注重研究自然科学问题，主要著作有：《对地球从生成的最初起在自转中是否发生过某

---

① 单中惠：《西方教育思想史》，216页，太原，山西人民出版社，1996。

种变化的问题研究》（1754 年），提出了地球自转速度因月球的吸引力引起的潮汐变化而逐渐变得缓慢的假说；《自然通史和天体理论》（1755 年，中译本为《宇宙发展史概论》，1972 年），提出了"星云假说"，说明了宇宙形成的过程；《以形而上学的幻想解释视灵者的幻想》（1764 年）。1770 年，在论文《论感觉世界和理性世界的形式和原理》中，他提出了先验唯心主义学说，这标志着他步入批判时期，致力于人的问题的研究，他也因此论文获得了正教授资格。以后陆续出版的三本著作构成了他的完整的批判哲学体系。《纯粹理性批判》（1781 年）探讨的问题是知识的来源和知识在什么条件下才是可能的，即哲学和形而上学；《实践理性批判》（1788 年）用他的先验唯心主义来研究人的道德问题，说明了道德原则为什么是先天的、先验的，即伦理学；《判断力批判》（1790 年）前一部分讲的是美学，即用他的先验唯心主义来研究"美"的问题，说明了美为什么是先天的、先验的，并且认为只有有天然禀赋的人才能将"美的艺术"创造出来，后一部分讲的是目的论，认为有机体和自然界具有内在的目的性。此时期，康德的另外一些主要著作还有《任何一种能够作为科学出现的未来形而上学导论》（1783 年）、《道德形而上学基础》（1785 年）和《论永久和平》（1795 年）。

康德不仅研究科学问题和哲学问题，对教育问题也十分关注。他不仅在其哲学著作中涉及教育问题，而且在 1776—1777 学年的冬季学期、1780 学年的夏季学期、1783—1784 学年和 1786—1787 学年的冬季学期，在柯尼斯堡大学专门开设了"关于教育学"的课程讲座。在大学课堂专门讲授教育学，属康德首创。这些讲稿经其学生林克（Rink）整理成《康德教育论》一书，于 1803 年由柯尼斯堡的尼科洛维出版社出版。①

作为一代哲人，康德之所以研究教育问题，与其所处的时代背景、成长环境和自身所受的教育密切相关，所有这些铸就了康德教育思想的特色。

康德于 1724 年 4 月 22 日出生在东普鲁士的柯尼斯堡，那里濒临波罗的

---

① 中国学者瞿菊农将英文版本的《康德教育论》翻译成中文版本，1926 年由上海商务印书馆出版。

海，交通方便，商业繁荣，有著名的人文主义大学——柯尼斯堡大学①，且是当年普鲁士王宫所在地，不仅文化深厚、发达，而且交流频繁。所以，康德尽管一生几乎未离开柯尼斯堡，但能尽知天下事，无论是积淀的还是流行的文化无不给他以影响。此外，当地居民的民族成分、宗教信仰和从事的职业多种多样，这为康德从事民俗学、人类学②、心理学考察提供了得天独厚的条件。

康德教育思想受虔敬主义的影响根深蒂固③，这与他从小所受的教育有关系。虔敬主义是虔敬派的教旨。虔敬派是路德宗的支系，产生于德意志的北部和中部。虔敬派认为，讲道的重点不应放在教义上而应放在道德上；只有在生活上做表率的人，才可担当路德宗的牧师；要精读《圣经》，沉思默想，在日常生活中表现出内心的虔敬，反对跳舞、看戏等世俗化娱乐；要信奉社会效益，把国家利益放在中心位置；强调"忍让"和"宽容"，逃避信仰争执。虔敬派的主张既满足了要求自由发展的人们的愿望，如市民和有自由化倾向的贵族，也符合集权主义统治者的利益，如很符合霍亨索伦家族凝聚人心、振兴普鲁士的要求。当虔敬派遭到正统路德宗的排斥和迫害，在北德意志和中德意志邦国无法立足时，勃兰登堡—普鲁士为他们敞开了大门，虔敬主义的神学家、诗人、教育家受到了重用，虔敬主义在普鲁士朝野渗透极深。康德出身于一个较下层的中产阶级家庭。其父是一个小手工业者和小商人，制造并出售马具。康德的父母笃信虔敬主义。他们把康德抚养成人，并在其幼小的心田里埋下了虔敬主义道德的种子。成年之后，康德每当忆及其父母时，

---

① 柯尼斯堡大学建于1544年，受梅兰希顿思想的影响，在世俗政权的领导下，以实现新教教义与人文主义相结合为指导思想。最初招收普鲁士、波兰、立陶宛的学生。三十年战争后，吸收各德语国家的学生，并成为德语国家的文化中心。顾明远：《教育大辞典》第11卷，230页，上海，上海教育出版社，1991。

② 康德教授过多年"人类学"，《康德教育论》一书中多处比较研究了不同民族的教育习俗。

③ 关于此点，瞿菊农有同感，见其译著《康德教育论》第42页译者按："有谓康德受 Pietism 影响极深者，读此而益信。"

总是怀有一种"极度感激的心情"①。康德童年时期在柯尼斯堡郊外的慈善学校读小学，少年时期进腓特烈文法公学读中学。当时，这两所传统学校的虔敬主义之风浓厚，熏陶着康德的赤子之心，为康德日后建立在基于理性的责任感之上的个人宗教信念打下了基础。

作为启蒙运动晚期的杰出代表人物，康德深受早期启蒙文化的影响。18世纪的普鲁士正处于启蒙时代。从腓特烈一世到腓特烈大帝，霍亨索伦家族几代君主励精图治，虽然在政治上采取专制主义，在外交上采取军国主义，在经济上时而重商、时而重农，摇摆不定，但是宗教政策比较宽容，学术政策比较开明，艺术政策比较自由。比如，1696年成立艺术科学院，1700年成立柏林科学研究院。莱布尼茨、沃尔夫等科学家、哲学家相继受到重聘。于是，科学、艺术、哲学等文化领域逐渐形成空前繁荣的景象。普鲁士的启蒙运动是文艺复兴、宗教改革的继续，是"文艺复兴以来全部文化思想发展的最终产物，它以纯理性主义为基础，绝对相信'理性'，认为提高人类生活水平的唯一手段是理性与科学"②。在这场运动中，人们逐渐摆脱了对法国文化长期的盲目崇拜，而视古希腊为真正古典主义的源泉，是西方文明的真正创始者；人们相信已经找到了唯一的、真正的教育，认为具有高尚修养的实际代表不是法国人，更不是仿效法国宫廷的德国宫廷，而是古希腊人；作家、教授逐渐抛弃了用法语说写的旧习，开始用德语说写并以此为荣③，德意志民族意识获得了觉醒，开始形成自己的文化。总之，"启蒙运动所到之处，民族的精神生活都获得了新的和丰富的内容""从此，德国文化向独立和自由方向发

---

① [摩洛哥]扎古尔·摩西：《世界著名教育思想家》第二卷，梅祖培、龙治芳等译，300页，北京，中国对外翻译出版公司，1995。

② [德]弗·鲍尔生：《德国教育史》，滕大春、滕大生译，114页，北京，人民教育出版社，1986。

③ 如果说托马西乌斯是第一位在大学课堂用德语演说的教育家，那么，"康德更是第一位完全使用德文写作的伟大思想家"。[德]弗·鲍尔生：《德国教育史》，滕大春、滕大生译，72页，北京，人民教育出版社，1986。

展的步伐加快了"①。1740 年，康德考入柯尼斯堡大学，接触到牛顿（Isaac Newton，1643—1727），莱布尼茨，沃尔夫等人的学说，可以说，这些学说在康德心里埋下了思想的种子。若干年之后，卢梭的思想点燃了康德启蒙思想的熊熊烈火。

康德早期主要致力于自然科学的研究，认识论则受当时在德国哲学界占统治地位的莱布尼茨—沃尔夫唯理论的影响。随着对自然科学研究的逐步深入，尤其是对牛顿的偏爱和信奉，康德在思维方式上发生了由唯理论向经验论的偏转。尽管如此，康德对理性、科学的权威始终坚信不疑。但是，能够有力揭示自然之谜的理性、科学，在复杂的社会现实面前往往显得一筹莫展。康德面对着自然与人类、科学与社会的种种冲突，陷入了困惑和痛苦之中。正是在这样的背景下，40 岁的康德读到卢梭的著作后激动不已。卢梭对人性的高扬和炽烈追求，对普通人自然良心和道德情感的极力渲染，对封建社会腐败的政治、宗教、文化、教育的猛烈抨击，对人生理想和教育目的的一系列新颖看法都深深地感染了康德。据说，康德日常生活极有规律，不管天晴、天阴，每天下午总是准时出来散步。只有一次忘记了散步，因为看《爱弥儿》入了迷。卢梭的画像是康德客厅里唯一的装饰品。1764 年，康德写道："卢梭是另一个牛顿。牛顿完成了外界自然的科学，卢梭完成了人的内在宇宙的科学，正如牛顿揭示了外在世界的秩序与规律一样，卢梭则发现了人的内在本性，必须恢复人性的真实观念。"②康德还直接谈到卢梭改变了他对人的看法："我生性是一个探求者，我渴望知识，不断地要前进，有所发明才快乐。曾有过一个时期，我相信这就是使人的生命有其真正尊严的，我就轻视无知的群众。卢梭纠正了我。我臆想的优点消失了。我学会了来尊重人，

① ［德］弗·鲍尔生：《德国教育史》，滕大春、滕大生译，88 页，北京，人民教育出版社，1986。
② 转引自李泽厚：《批判哲学的批判——康德述评》，28 页，天津，天津社会科学院出版社，2003。

认为自己远不如寻常劳动者之有用，除非我相信我的哲学能替一切人恢复其为人的共同权利。"①可以说，是卢梭的著作启迪了康德由对自然科学的研究转向了对人的研究。卢梭的自然主义教育思想在一定程度上影响了康德的教育思想。②

康德的教育思想是当时德意志如火如荼的教育改革的产物。德意志很早就重视教育发展及改革。1716年和1717年，普鲁士连续发布了强迫义务教育的法令，在世界上最早实行强迫义务教育。早在1388年，德国就创办了科隆大学；1538年，创办了欧洲第一所文科中学；1694年，创立了德国第一所现代大学哈勒大学；1708年，创办了第一所理科学校。康德生活的18世纪，许多思想者从事教育研究和实验，这一阶段被研究德国教育史的专家们描绘成"教育学的时代"。托马西乌斯是哈勒大学第一位教师和学术奠基人。他用德语讲授哲学、法理学和自然法则学，其"奋斗的唯一目标是粉碎老一辈学究所保持的象等级社会中种姓制度般的使人麻木不仁的魔力，是使科学和大学教育与实际生活紧密地联系起来，是以开明思想和实用知识教育青年，借以清除陈腐的博学和崇古的学风"③。哈勒大学的新学风席卷了普鲁士乃至整个德意志的所有大学。1774年，巴西多在德绍创办了泛爱学校④，根据人类互爱和人道主义精神，有教无类。教育的目的是培养幸福、健康、对社会有用和能够促进人类幸福的人。泛爱学校掀起了泛爱主义教育思潮，在基础教育领域影响广泛。此外，奥地利和巴伐利亚也都自上而下地"奉命开展启蒙运

---

① 转引自[英]康蒲·斯密：《康德〈纯粹理性批判〉解义》，韦卓民译，39页，武汉，华中师范大学出版社，2000。

② 康德关于幼儿养育的思想深受卢梭自然主义的影响，参见上海商务印书馆1926年版《康德教育论》第44页对卢梭关于幼儿养育的建议的引用。

③ [德]弗·鲍尔生：《德国教育史》，滕大春、滕大生译，80页，北京，人民教育出版社，1986。

④ 康德很欣赏巴西多及其实验学校。《康德教育论》第15页引用了巴西多对教育主体的意见，第20页称赞巴西多所办的德绍学校是实验学校的先驱。

动"①。置身于如此火热的教育运动中，康德岂能无动于衷？

康德教育思想的形成还与他自身的教育教学实践经验有关。1745 年大学毕业之后，康德任家庭教师达 9 年之久，先后在 3 个家庭教 12 岁以下的男孩，积累了一些教育教学经验。其间利用业余时间研究哲学。1755 年，康德以论文《形而上学认识第一原理新解》获得了柯尼斯堡大学讲师资格。他教授的课程很广泛，有逻辑学、哲学、数学、物理学、自然地理学和人类学等；同时，他勤奋治学，硕果累累，可谓教学相长。1770 年，康德获得了逻辑学和形而上学正教授职位。1786—1788 年，他还担任了柯尼斯堡大学校长。康德最后一次讲课是在 1796 年，1797 年退休。在近半个世纪的教书生涯中，康德对教育教学有切身体会，这无疑对丰富其教育思想大有好处。

圣人无常师。总之，影响康德教育思想的因素有很多。康德对所有这些因素兼容并包，折中调和②，批判吸收，熔于一炉，自成一家，形成了属于自己、属于全人类的教育思想。

下面从"人为什么要接受教育""人为什么能够接受教育""人怎样接受教育"几个方面系统地阐述康德的教育思想。

一、人为什么要接受教育

何谓"教育"？康德说："所谓教育指保育（儿童之养育），管束，训导，和道德之陶冶而言。"③

---

① ［德］弗·鲍尔生：《德国教育史》，滕大春、滕大生译，101 页，北京，人民教育出版社，1986。

② 列宁指出："康德哲学的基本特征是调和唯物主义和唯心主义，使二者妥协，使各种相互对立的哲学派别结合在一个体系中。"用"折中调和"概括康德教育思想也是恰当的。［苏联］列宁：《唯物主义和经验批判主义》，中共中央马克思恩格斯列宁斯大林著作编译局译，193 页，北京，人民出版社，1950。

③ ［德］康德：《康德教育论》，瞿菊农译，1 页，上海，商务印书馆，1926。

人为什么要接受教育？为了回答这个问题，康德把动物作为人的参照物，以研究"人性"，进而研究动物与教育、人与教育的关系。

何谓人性？康德看来，人性首先包含"动物性"（或称"兽性"）。人与动物之所以还有区别，就在于人性有超越动物性的地方。超越在何处？若说动物性是"本能"的冲动，人性中则含有"理性"的种子；若说动物性是"恶"的冲动，人性中则含有"善"的种子；若说动物依据本能的、恶的冲动为所欲为，人的行为还可能受到"理性""善"的指引。然而，"理性""善"在人性中只是"种子"而已，"本能""恶"是与生俱来的"冲动"。可见，人与动物的区别微乎其微。人要从本质上超越动物，就得看"教育"对人和动物的作用分别是什么了。在这一方面，康德的观点如下。

人需要保育，动物则不需要。康德指出，人类子女在幼年时，需要做父母的施予种种保护，即保育，方能生存。幼小动物天生就具有一种本能，依照一种规定的路径，利用其各种能力存活下来。例如，小燕子刚刚孵化出来时，目无所见，就知道不污损巢穴。又如，儿童呱呱坠地就放声大哭，就会立即得到父母的呵护；假设其他动物刚出生时也有哭声，豺狼等猛兽则循声而至，肆其掠夺。所以，幼儿无保育则亡，幼小的动物无须保育却能生存。当然，小动物也需要喂食，然不能称之为保育。①

人需要管束，动物则不需要。所谓管束，不过是抑制动物性而已。动物终身为其本能所支配，自出生时一切均已安排妥帖。人也有动物性的本能冲动，但是人的目的是"做人"。管束可以防止动物性侵犯人性，防止人类为动物性的冲动所支配而不能达到"做人"的目的；可以使动物的本性转化为人的本性。②

人需要训导，动物则大半不需要。康德认为，小鸟啼鸣是老鸟教的，但

① ［德］康德：《康德教育论》，瞿菊农译，1~2 页，上海，商务印书馆，1926。
② ［德］康德：《康德教育论》，瞿菊农译，2~3 页，上海，商务印书馆，1926。

是一般来说，动物是不需要向它们的前辈学习的。然而，人进入社会需要靠理性做指导，自己为自己打通一条立身行事的道路来；而理性的形成并非靠天生，也并非一蹴而就，需要靠他人训导。

人需要道德陶冶，动物则不需要。康德指出，犬马可以接受训练，人也可以。但是，人的行为是"自觉性"的行为，是受"道德律"支配的，而犬马的行为无论怎么训练，其仍然受本能支配。所以，人需要道德陶冶，动物则不需要也无法进行道德陶冶。

综上所述，康德得出结论："只有人是需要教育的"①，而动物则不需要；"人只有靠教育才能成人"②，才能超越动物界，成为真正意义上的人。所以，人必须受教育。

二、人为什么能够接受教育

康德认为，人需要受教育才可能成为人。那么，人接受教育的可能性何在？从康德的哲学先验论中，我们可以找到肯定的回答。

（一）康德先验主义的认识论为智育可能性奠定了哲学基础

《纯粹理性批判》的中心任务就是解决知识是否可能的问题。这一问题如果得到解决，那么，智育是否可能的问题就迎刃而解了。

康德把知识分为三类：数学知识、自然科学知识以及哲学知识。《纯粹理性批判》的中心内容由两大部分组成。第一部分是"先验感性论"，其中要解决的问题是"数学知识是否可能，如其可能，如何可能"；第二部分是"先验逻辑"，其中分为"先验分析论"和"先验辩证论"。"先验分析论"要解决"自然科学知识是否可能，如其可能，如何可能"的问题；"先验辩证论"要解决"形而上学知识是否可能，如其可能，如何可能"的问题。"先验"一词，在康德那

---

① ［德］康德：《康德教育论》，瞿菊农译，1 页，上海，商务印书馆，1926。
② ［德］康德：《康德教育论》，瞿菊农译，5 页，上海，商务印书馆，1926。

里，是指先于经验的认识形式，以区别于认识的内容和材料。"先验感性论"就是关于感性的先天的认识形式的理论，"先验分析论"就是关于知性的先天的认识形式的理论，"先验辩证论"就是关于理性的先天的认识形式的理论。为了解决这三个问题，康德先对判断进行了分析。

康德把判断先分为"先天的"和"后天的"两大类，然后又分为"分析的"和"综合的"两大类。所谓"先天判断"，是指不来自经验，而独立于经验，甚至独立于感官的一切印象的判断；所谓"后天判断"，是指不独立于具体经验或不独立于感官的一切印象的判断；所谓"分析判断"，是指宾词概念包含在主词概念里面；所谓"综合判断"，是指宾词概念不包含在主词概念里面，虽然主词与宾词确有联系。结合上述两种分类，我们可以得出四种可能的判断：①先天分析判断；②先天综合判断；③后天分析判断；④后天综合判断。

康德认为，分析判断一定有严格的普遍性和必然性，一定独立于经验，不可能是后天的，故此，后天分析判断绝无可能。这就剩下了先天分析判断、后天综合判断和先天综合判断是否可能的问题。康德认为，先天分析判断和后天综合判断的可能性问题不难答复。先天分析判断由于其宾词是从主词概念抽绎出来的，建立于不矛盾律之上，所以，先天分析判断是可能的。在后天综合判断里，其宾词虽不包含于主词概念之中，但是从经验中可以发现宾词与主词是有联系的。在先天综合判断里，宾词既不包括于主词概念中，又因为它是先天的，独立于经验，人们不能从经验中发现它与主词之间的关系。因此，对先天综合判断可能性问题的探讨要比后天综合判断复杂得多。康德认为，分析判断是"说明的判断"，宾词是从主词概念抽绎出来的概念，只能把主词概念弄清楚，对主词无所增益；而综合判断是"扩充的判断"，分析主词概念不能从其中抽绎出宾词概念，宾词概念是对主词概念的扩充和增进。所以，相比于分析判断，综合判断能够增进和扩充我们的知识。故此，先天综合判断要比先天分析判断重要得多。总之，相比之下，对先天综合判断是否可能的问题的研究既复杂又重要。

康德认为，数学中的判断、自然科学中的判断、形而上学中的判断都是先天综合判断，研究的是数学知识、自然科学知识、形而上学知识是否可能的问题。总的来说，知识是否可能的问题，就是先天综合判断是否可能的问题。

为了回答先天综合判断是否可能的问题，康德提出了他的先验唯心主义学说。所谓先验的唯心主义，是说人的认识能力本身就具备一种认识形式。这些认识形式是先于经验的，不来自经验，不依赖于经验，但是一切经验之可能都必须以它为条件或依据才成。康德指出，知识由两种成分配合而成：一种是外来的、感觉的、杂乱无章的质料，另一种是内心的、有条有理的形式。我们的感官接受了"自在之物"①的刺激，一方面产生了表象，另一方面促使我们的知性活动起来。对表象进行比较，把它们联系起来，或把它们分离开来，使感性印象的材料成为"关于对象的知识"，就是所谓的"经验"。从时间序列来讲，我们的知识都是从经验开始的，但是，这并不是说一切知识都是从经验发生、产生的，因为我们的经验的知识，也是由我们感性的印象和我们自己的知识能力本身提供的东西配合而成的，感性的印象不过是引起知识能力的机缘而已。这些加上印象的知识能力本身提供的东西就是康德所谓的"先天的形式"。先天的形式是我们的认识能力本身预先就具备了的、形成了的一套认识形式，不是从经验中得来的，也不是依赖于经验的，而是先于经验的，是先天的意识形式。在没有经验之前，在观察事物之前，我们内心就已经有了这一套现成的形式。因此，在观察事物的时候，我们就会普遍地、必然地把观察到的感觉材料放到这种形式中去。因此，我们从观察得来

---

　①　"自在之物"在康德哲学中有两种含义：第一是不依赖于意识、不依赖于先天直觉形式或先天知性形式(范畴)而客观存在的东西，这是感觉的客观来源，就其性质来说是不可知的；第二是灵魂、世界以及作为两者的统一体的上帝，也就是康德所谓的"超验的客体"。

的知识才具有普遍性和必然性。外来的感觉材料是不成型的、处于混乱状态之中的东西，这种东西只有依靠我们内心固有的一套先天的认识形式才能成为有条理的知识。这就像先有一个模子(形式)，再把银子的溶液(质料)倒进去，才能铸成银圆(知识)一样。

为了具体论证先天综合判断的可能性，康德从先验唯心主义学说出发，分别论证了数学知识、自然科学知识、形而上学知识"是否可能，如其可能，如何可能"的问题。

数学知识如何可能。康德认为数学判断不仅是先天判断，而且是综合判断。例如，算术判断中的"$7+5=12$"，几何判断中的"连接两点间的直线是最短的线"，就都是先天判断，因为它们都有严格的普遍性和必然性。同时，它们也是综合判断，而不是分析判断。因为从"$7+5$"中，我们不能抽绎出"12"来，在"7"以外，我们还必须找出相当于"5"的概念直观，才能得到"12"这个概念。同样，从主词"两点间的直线"，我们不能抽绎出"最短"这个量的规定。要得到"最短"这个量的规定，还要借助于直观，如画出连接两点间的直线。数学判断既然不是从概念中抽绎出来的分析判断，也不是从具体经验中归纳出来的后天综合判断，而是先天综合判断，那么，它是如何得来的呢？康德根据其先验唯心主义学说，认为数学知识中的形式是先天的形式，数学判断必须求助于先天的直观形式——"纯粹的直观"或"先天的直观"。这种先天的直观形式是每一个人天生就具有的而不是从经验中得到的形式。这种直观不是对数学知识材料的直观，而是对数学知识形式的直观。数学依据的这种先天的直观形式就是空间和时间。时间是内部感官的一切现象的先天的直观形式；空间是外部感官的一切现象的先天的直观形式。几何研究的对象是这种外部感官的一切现象的先天的直观形式——空间；算术研究的对象是这种内部感官的一切现象的先天的直观形式——时间。康德对时间和空间做了形而上学的论证，证明空间概念和时间概念是先天给予的，是两种纯粹的感性直观形式。康德指出，空间和时间如果不是先天的直观形式，各人感觉到的空间和时间就必然各不相同，那么，几何和算术的命题也就失去了其普遍性和必然性。康德就是从空间和时间这种先天给予的形式来解决数学如何可能的问题的。

自然科学知识如何可能。康德从先验唯心主义角度证明了自然科学的可能性在于自然科学的判断是先天综合判断。他认为，自然科学的原理，诸如实体稳定性原理、因果定律、实体并存且相互作用定律等，都是先天的综合的原理、原则。自然科学的判断之所以是先天综合判断，是因为我们的认识能力不但具有先验的感性形式——空间和时间，而且具有先验的知性形式——范畴。所谓知性，康德认为就是意识从其自身产生观念的能力，认识的主动性①；所谓范畴，就是知性的先天的综合原则。他建立了一整套知性范畴体系，有四类十二种：量的范畴包括单一性、复杂性、总体性三种范畴；质的范畴包括实在性、否定性、限定性三种范畴；关系范畴包括实体的属性、原因和结果、交互性三种范畴；样式范畴包括可能性和不可能性、存在性和不存在性、必然性和偶然性三种范畴。康德指出，在感性阶段，我们的认识只停留在感性的直观阶段，我们只能说明个别现象在空间上的共存和在时间上的先后，还没有了解到这些个别现象之间有些什么一般的联系；只有到了知性阶段，我们把经验直观作为材料纳入范畴这个先天框架，才使个别现象之间有了规律性的联系。因此，是知性范畴使经验对象的知识成为可能。

"无感性则无对象能授与吾人，无悟性则无对象能为吾人所思维。"思维无内容是空的，直观无概论是盲目的。知性不能直观，感官不能思维，只有当它们联合起来时才能产生知识。② 那么，知性和感性到底是如何联合的呢？康德用"图型"理论来解释先天知性范畴和感性直观的对象相结合的心理机制问

①　[德]康德：《纯粹理性批判》，蓝公武译，70页，北京，生活·读书·新知三联书店，1957。

②　[德]康德：《纯粹理性批判》，蓝公武译，71页，北京，生活·读书·新知三联书店，1957。

题。感性直观与知性范畴不是同质的，从感性到知性，其间是通过先天的桥梁——图型来过渡的。这一先天的图型既与范畴同质，又与对象同质，所以才能使两者结合起来。范畴就是通过图型才与经验对象结合起来的。

形而上学知识如何可能。康德认为，知性的对象是现象界，知性通过范畴在现象之间整理、统一感性的知识，但是这种统一是局部的、有条件的，不能跨越现象界；理性的对象是本体界，理性希望通过"理念"来统一知性的知识，并且通过这种统一形成无条件的绝对完整的知识。理性试图达到的理念有三个：一是"灵魂"，即一切精神现象的最高的、最完整的统一体；二是"世界"，即一切物理现象的最高的、最完整的统一体；三是"上帝"，"上帝"是"灵魂"和"世界"的统一体。哲学或形而上学的目的就是证明这些理念实有其物，代表着存在的东西，是"自在之物"。理性在证明这些理念实有其物并说明其本质时，还要借助知性范畴。但是，由于这些范畴只适用于现象界，不适用于本体界，因此，在证明这些理念是代表着存在的东西时，理性必然会陷入不可避免的矛盾境地。康德证明了理性遇到的矛盾，如二律背反，也就证明了理性的思维方法或先验辩证论永远无法解决关于灵魂、世界、上帝等问题。因此，形而上学知识是不可能的。

综上所述，康德认为人类有时间和空间的先天直观形式，所以数学知识是可能的；有范畴先天知觉形式，有连接感性直观与知性范畴的先天认知形式"图型"，人类能够从直观认识上升到知觉知识，所以自然科学知识是可能的；但是，由于理性思维借助于知性范畴，无法证明灵魂、世界和上帝是存在的，所以形而上学知识是不可能的。这说明，人的知识是可能的，但是也有个限度，也就是说，纯粹理性能够解决现象界的问题，而不能解决本体界的问题。康德关于知识可能性及其限度的理论，也说明了智育可能性及其限度的问题。只有人类才有时间和空间的先天直观形式和范畴先天知觉形式以及连接二者的先天桥梁——图型，这就是人类智育可能性的种子。人类的智育可以促使这些先天的种子萌芽、抽枝、成长，从而促使人类更好地认识现象界；由于纯粹理性无法解决本体界的矛盾，所以，人类智育只能局限于现象界而不能跃进本体界，这就是人类智育的限度。

(二)康德先验主义的道德论为德育可能性奠定了哲学基础

什么是道德？康德认为，道德是一种先天的不依赖于经验的道德意识，即"实践理性"。那么，康德寻找的作为道德可能性最根本的先验唯心主义的依据是什么呢？这就是道德律。康德说，理性神学以道德律为基础，或以道德律为指导。① 何谓"道德律"？康德称之为"绝对命令"，是无条件的，即毫不计较功利得失的先天道德准则。"绝对"就是为了道德本身的目的，没有其他的目的；"命令"就是因为道德行为只能说明"应该"这样做，而"实际"不一定就是这样做的。康德认为，真正的社会的人的道德行为，除了受"实践理性"的支配之外，还受经验感性外在诱惑的影响，所以，只能用"命令"的形式来表示道德律的强制性。绝对命令更深沉的根基是"善良意志"。善良意志高出人的一切行为和活动，其自身就是目的，而绝不是达到其他目的的手段；其自身就有价值，而不是因为引起了什么结果才有价值。完全按照绝对命令行动，不受任何外在的状态影响，康德称之为义务。只有具有义务感的人才对道德律有敬畏之心，才知道该做什么、不该做什么。义务包含了道德价值。"道德律"及其基础"善良意志"和表现形式"义务感"构成了康德道德可能性先验唯心主义哲学基础，同时也构成了康德的道德教育可能性的哲学基础。

在现实生活中，有的人虽努力按照绝对命令行事，但往往遭遇挫折。怎么办？康德假定有"上帝"存在，上帝可以公平地支配现象界和道德界，使道德界和现象界统一。康德虽然从纯粹理性角度否定了灵魂、世界、上帝三者存在的可能性，但是从实践理性角度，也就是从道德角度肯定了三者存在的

① [德]康德：《纯粹理性批判》，蓝公武译，453 页，北京，生活·读书·新知三联书店，1957。

可能性。正如列宁指出的那样："康德贬损知识，是为了给信仰开辟地盘……"①这是使道德成为可能的又一个必要假设，也是使宗教教育成为可能的一个假设。

(三)康德先验唯心主义美学观为美育可能性奠定了哲学基础

康德把人的精神世界分为认识、愿望、感情三个领域，也就是"知""意""情"三个领域，对三个领域的探讨就形成了康德的知识论、道德论和美学。康德在知识论中论述了"知"，即"真"的问题；在道德论中论述了"意"，即"善"的问题；在美学中论述了"情"，即"美"的问题。在康德哲学中，认识与道德是两个截然分开的领域。人在认识层面追求的是"真"，力图把握各种复杂的因果关系，本能的需求是主客体之间最主要的因果关系，并且作为外在的必然性支配着人们的行为；人在道德世界追求的是"善"，力图用社会规范来克制感性欲望，从而超越动物的本能，超越自然因果律的束缚，获得选择自己行为的自由，它作为人特有的内在目的支配着人的行动。真与善、外在必然性和内在目的性处于矛盾冲突之中。如果仅有这两者的对立，感性欲望难免战胜理性道德，那么，人就只能永远在经验世界中受因果律的支配，而无法迈进道德世界走向自由。真与善怎样达到和谐？康德意识到人的行动除受认识、愿望的影响外，还受感情支配；除追求真与善外，还追求美，美是真与善的桥梁，是人由经验世界走向道德世界的桥梁。由此推断，在康德哲学体系里，美育是智育和德育之间由此达彼的桥梁。

什么是美？康德从先验论出发，认为美具有如下几个特点。第一，美感是超功利的，即审美判断是"没有任何利害关系的"②。第二，美是普遍令人愉快的，即美是"不凭借概念而普遍令人愉快的"③。第三，美是纯形式的、

---

① 《列宁全集》第三十八卷，181页，北京，人民出版社，1959。
② [德]康德：《判断力批判》上卷，宗白华译，40页，北京，商务印书馆，1985。
③ [德]康德：《判断力批判》上卷，宗白华译，57页，北京，商务印书馆，1985。

自然而然的主观感觉，表现为主观合目的性，即美是以"一单纯形式的合目的性"①为根据的。第四，美的判断并非源于概念，也并非源于"私人的情感"，而是源于必然的"共通感"——共同的情感，即"美是不依赖概念而被当作一种必然的愉快的对象"②。

总之，美是一种纯形式的、普遍且必然令人愉快的、具有主观合目的性的、使任何人都感到愉快的表现。尽管康德忽视美的客观性，极力强调美的主观性，但是，他认为美基于人的先验形式，也就说明了美之于人是可能的。

那么，康德是怎样具体论证美何以可能的呢？让我们看看康德是怎样论述美包括美的分析和美的创作(艺术创作)的。

美的分析即审美判断，讲的是人怎样认识一个事物的"美"。按照康德的说法，审美判断具有认识和道德的双重属性。一方面，审美是感性世界中的感性认识，必须首先面临现象界，察觉事物，接受外物的刺激，触发情感来体察对象世界；另一方面，"美是道德的象征"。审美是一种高尚的情趣，是一种自由的鉴赏。当这个事物符合我们理想中的主观目的而与道德境界紧密相连时，我们才会感觉到美。所以在审美过程中，判断既受到外面现象界"必然性"的影响，又发挥"意志的自由"，从原来没有目的的感受(受外界必然性支配)过渡到"合于目的性"(合于意志自由)，这样就把"现象界"和"自在之物"结合起来，把必然和自由结合起来，把"真"与"善"结合起来，使真、善、美相统一。

美的创作即艺术创作。关于艺术创作问题，康德提出天才学说。他认为艺术是由天才创造出来的。何谓天才？康德认为，天才是替艺术定规则的一种天然禀赋，是人类天生的、为艺术活动所特有的创造才能，具有创造性、典范性和自然性的特点。天才的核心是灵感。康德认为，艺术创作是自然和

---

① [德]康德：《判断力批判》上卷，宗白华译，64 页，北京，商务印书馆，1985。
② [德]康德：《判断力批判》上卷，宗白华译，79 页，北京，商务印书馆，1985。

自由的结合，灵感就是把自然和自由结合起来的能力。那么，灵感是如何将自然和自由结合起来的呢？康德认为，艺术是在理性活动的基础上进行的意志活动的创造。一方面，自然替艺术制定规律，即通过理性活动，如观察、联想、回忆，从自然中找到规律，进而形成美的思考；另一方面，天才给艺术制定规律，即凭借创造者对美的把握，自由地、愉快地将自己独特的美的观念表达出来，创造出别人没有创造出来的东西。

美的可能性决定着美育的可能性。康德不仅证明了美是可能的，而且具体论述了美何以可能。这就说明，在康德理论体系中，美育是可能的。

综上所述，我们可知，在康德先验唯心主义哲学体系中，知识、道德、美是可能的，从而决定了智育、德育、美育是可能的。康德说："人有许多种子不曾能发展。我们的责任便是设法使这些种子生长平均的发展他的各种自然禀赋，无过无不及，使之实现其究竟。"①教育之所以存在可能性，就在于人存在着"种子"，也就是上文论及的人类与生俱来的先验形式，如先天直观形式——时间与空间，先天知性形式——范畴和图型，先天道德形式——善良意志、道德律、义务感，先天美的形式——共通感、天才、灵感等。

三、人怎样接受教育

人之所以能够接受教育，就在于人有潜在的发展的"种子"——自然禀赋；之所以需要教育，就在于这些"种子"需要靠教育才能得以发展。只有办好教育，世界上才能发生一切好事。②那么，什么才是好的教育？或者说，怎样才能教育好人呢？首先，必须有好的教育目的。康德说："人性以教育之力可以继续不断的改进，渐渐到配做人的地位。"又说："教育可以不断的进步，每一

---

① ［德］康德：《康德教育论》，瞿菊农译，9页，上海，商务印书馆，1926。
② ［德］康德：《康德教育论》，瞿菊农译，14页，上海，商务印书馆，1926。

代都比前一代强一步，达于人类之完成；因为教育是完成人性本性的大秘密。"①康德的教育目的观就是促使人和整个人类由自然向文化生成。具体来说，就是促使知、情、意等各种自然禀赋和谐发展，培养精神世界真、善、美和谐统一的人，也就是具有"真知灼见"的人，从而促进整个人类的进步。

其次，为了实现教育目的，必须有好的教育者。康德认为，教育者必须具备教育目的规定的素质，也就是具有"文化"，具有"真知灼见"。因此，康德说："只有人能教育人——换言之，即只是自身受过教育的才能教育人。"②"受过教育的父母便是子女的榜样。"③相反，"有的人因为本身缺少约束和训导的工夫，所以不宜于做学生的师保"④。因为"一人教育不完全，则其教育他人不过是重复他的错处"⑤。

最后，个人教育是否应当模仿历来人类教育的原路呢？⑥ 这里就有个教育效率的问题。康德认为，应该讲究教育效率。为提高教育效率，要讲究教育方法的科学性和艺术性。教育方法不能是机械的，而必须有"判断的工夫"。所谓判断的工夫，一是说教育方法要具有科学性。"教育的方法必须成为一种科学……否则决不能成为一有系统的学问。"⑦二是说教育方法要具有艺术性。"因为人类自然禀赋之发展不是本身自己实现的，一切教育都是艺术。"⑧他说，教育和政治一样，是非常难的一门艺术，必须进行专门研究和练习。

基于上述三点，康德系统阐述了如何对儿童进行保育、体育、心理训育

---

① ［德］康德：《康德教育论》，瞿菊农译，6~7页，上海，商务印书馆，1926。
② ［德］康德：《康德教育论》，瞿菊农译，5页，上海，商务印书馆，1926。
③ ［德］康德：《康德教育论》，瞿菊农译，12页，上海，商务印书馆，1926。
④ ［德］康德：《康德教育论》，瞿菊农译，5~6页，上海，商务印书馆，1926。
⑤ ［德］康德：《康德教育论》，瞿菊农译，12~13页，上海，商务印书馆，1926。
⑥ ［德］康德：《康德教育论》，瞿菊农译，11页，上海，商务印书馆，1926。
⑦ ［德］康德：《康德教育论》，瞿菊农译，13页，上海，商务印书馆，1926。
⑧ ［德］康德：《康德教育论》，瞿菊农译，12页，上海，商务印书馆，1926。

和道德陶冶。

(一)保育

康德认为，儿童在幼稚时期需要保育。康德的保育思想深受卢梭自然主义的影响。他说："一切人工的办法都是有害的，因为是与自然的目的冲突的。自然的目的在造成发展合宜有理性的人；自然要他们保守他们的自由，然后可以学习如何而利用其能力。"①保育的目的，一是保证儿童身体健康，二是帮助其形成良好的品格。其内容涉及饮食、衣着、睡觉以及习惯养成等。

康德认为，初生婴儿最好由母亲抚养，这对孩子的禀赋发展有很大的影响。母乳是最好的营养品，最好不用动物乳来代替母乳。为了保证母乳质量，母亲应该注意健康，同时要注意营养，尤其要多食肉。他引用卢梭的话说，自然不会做无益的事，母乳对婴儿有益无害。另外，不可让儿童吃有刺激性的食物，如酒、香料、盐、太烫的食物，因为这容易使身体软弱。不要刺激儿童多吃食物，因为饥饿感应该是活动之自然结果。

康德认为，因为耐寒的习惯对身体健康有益，又因为儿童血液较成年人热，故不可穿衣过多；床不要过于温软，儿童稍大后要睡硬板床；最好洗冷水浴。

不要扎缚婴儿。婴儿被扎缚手脚不能动弹，会十分苦恼。为了安全起见，康德推荐使用意大利人的"安全袋"，在箱子上铺设皮带，这样婴儿既能动弹，又不至于与母亲同睡时窒息死亡。此外，不必用摇篮，摇篮摇动会造成眩晕，而啼哭对婴儿有好处。

儿童学走路时要自力更生，先爬后走，不要怕跌倒，再说跌倒也无妨，能使儿童逐渐平衡重心。不要用引绳等工具，就是肢残儿也最好不要用拐杖，任其自然发展就可弥补缺憾。

良好品格要从幼儿期开始培育。尊重儿童意志自由是首要的前提。由于

---

① ［德］康德：《康德教育论》，瞿菊农译，40页，上海，商务印书馆，1926。

儿童冲动多于自觉，所以要加以约束。对儿童的愿望，合理的，就予以满足；不合理的，儿童再哭再闹皆不予理睬。答应了的事要言而有信。要使儿童起居、饮食有规律，要求要合理，与人相处要诚敬、宽容、不卑不亢，不要养成好逸恶劳、傲慢或自卑、作伪等毛病。教育宁可严厉些，也不要溺爱儿童，当然也不要让儿童养成奴性。从此我们也可看出，康德的保育思想同时也受到他从小接受的虔敬主义的影响。

（二）体育

康德认为体育是造就完全人的必要手段。体育之目的不仅在于训练身体各种器官的运用，更重要的是让儿童知道而且能够自己帮助自己。为此，要通过体育培养他们的力气、技艺、敏捷度、自信心以及冒险精神。

康德很看重爬山活动，认为爬山可以锻炼儿童勇敢的品质和冒险的精神。他用欣赏的笔调描写了瑞士人走山路的情形：在山僻小径、狭涧山巅，可以随便地走；遇到山隙，先看有多宽，一有把握，就一跃而过。

康德对游戏尤其欣赏。他认为，游戏是以儿童一种本能为基础的自由活动，历史悠久且与民俗有关系。游戏可以把技艺的进步和感官的练习结合起来，如训练目力，使儿童能够准确地判断距离远近、事物大小和比例，能够通过太阳确定地理方位，等等；游戏可以增强儿童的体力，促进健康；游戏可以培养儿童进取的精神，使之不至于过于放纵；游戏可以使儿童变得活泼，"活泼的儿童很容易成好人"①。

康德认为体操的目的在于使身体和谐自然地发展。投掷运动，无论投远还是投标，都可以训练各种感官能力，尤其是目力。跑步、跳跃、举重、打拳、摔跤、赛跑、打球等都是很好的运动。

（三）心理训育

康德所言的心理训育主要是智力训练。康德认为，心理训育的目的"在本

———————

① ［德］康德：《康德教育论》，瞿菊农译，57 页，上海，商务印书馆，1926。

性"①，在提高心理素质尤其是智力素质；其作用在于把握事物的规律，解决物质世界的问题；对人具有"恒久"②的价值；这种训练，应从幼年起贯穿于人的一生。康德认为，心理训育的原则主要有两条。

第一，各种功能训练要互相联系起来。他说："心理功能决非可以各自训练，一定是要与其他功能共同训练的。"③否则无价值。例如，一人有记忆而无判断，就是一本能走路的词典；理智与判断分离，就会导致愚蠢。

第二，知行宜合一。他说："教授儿童时，有一事应特别要注意，即所学之知识须使其能见诸实行。"④若是要知，须是要行。⑤

根据上述心理训育的目的、价值以及原则，康德具体阐述了各心理功能的训练方法。

记忆力。康德认为，记忆力可以帮助我们记住重要的事情，这对我们将来的实际生活有益，非从小训练不可。可从以下几个方面训练记忆力。①学记故事中的名字。②诵读、书写。诵读需用脑力，不必斤斤计较于拼法。③学记语言。可先听后读。训练记忆力时要注意以下几点。①同时锻炼了解力，在理解的基础上记忆。②图解之法甚妙，有助于形象记忆，如植物学、动物学、矿物学、地理学，都可从描画其形象开始识记。③注意力要集中。"不专心是教育的仇敌。"⑥"天才最好的人，也不免吃不专心的亏。"⑦

想象力。儿童大多有极其活泼的想象力，但要有一定根据地想象，避免漫无边际地玄想。所以，不必再让儿童看神话故事，而要让他们看地图、动植物图画。这些有科学根据的图画既能引人入胜，激起丰富的想象，又能使

---

① [德]康德：《康德教育论》，瞿菊农译，58页，上海，商务印书馆，1926。
② [德]康德：《康德教育论》，瞿菊农译，62页，上海，商务印书馆，1926。
③ [德]康德：《康德教育论》，瞿菊农译，62页，上海，商务印书馆，1926。
④ [德]康德：《康德教育论》，瞿菊农译，65页，上海，商务印书馆，1926。
⑤ [德]康德：《康德教育论》，瞿菊农译，70页，上海，商务印书馆，1926。
⑥ [德]康德：《康德教育论》，瞿菊农译，68页，上海，商务印书馆，1926。
⑦ [德]康德：《康德教育论》，瞿菊农译，64页，上海，商务印书馆，1926。

想象有所边际。

了解力。了解力是对于知识普遍规律的把握能力。训练了解力时，不必机械地记忆，否则，知其然而不知其所以然。可根据以下方法来把握规律。一是可以通过举例来证明原则；二是在特殊的事情上见微知著，发现原则；三是行吾所知。譬如，要了解一张地图，自己画一张就明白多了。将文法原则付诸实践，对其的理解就会更深刻。

判断力。判断是将普遍的知识应用到解决特殊的问题上去。要想进行恰到好处的判断，首先要通过了解，正确地把握一般规律；其次，要用所掌握的一般规律去解决实际遇到的特殊问题；最后，要勇于独立判断，自己教导自己方可成功。唯有如此，判断力才能逐步提高。

推理力。推理力就是把握特殊和普遍之间的互动关系的能力，也就是能够从特殊抽象出普遍原则，又能够用普遍原则解决实际问题的能力。换言之，就是能够把了解和判断结合起来的能力。训练推理力最佳的方法是苏格拉底的方法——产婆术。让儿童自由辩论，靠推理引出他们的新思想，学得新知识。产婆术的主要缺点就是太慢。有的科目，如历史，机械的问答法也有用处。

(四)道德陶冶

康德认为，身体训育的主要目的在于提高身体素质，心理训育的"目的在本性，而道德之陶冶目的在自由。人可以身体训育极佳，心理训育亦好；然而如缺乏道德的陶冶，依旧是坏人"[1]。他还说："自身有信仰而不自是，于是各种才能皆能发展。"[2]所以，康德认为道德陶冶最为重要。道德陶冶的终极目的是教育青年成为"道德人"。这种"道德人"的修养特点表现为以下几方面。

---

[1] ［德］康德：《康德教育论》，瞿菊农译，58页，上海，商务印书馆，1926。
[2] ［德］康德：《康德教育论》，瞿菊农译，89页，上海，商务印书馆，1926。

第一，有欢喜快乐的气象，不自怨自艾。

第二，有坦白宁静的性情。自制可以使人成为社会上快乐的分子。

第三，忠于本职工作。有价值行为不在于其合乎了人们的时尚倾向，而在于其完成了本分。

第四，具有仁爱及世界大同的情感。应该关怀我们自身、家庭或朋友、世界之进步。对于世界进步，即使不与自己或本国有关系，也能够欢欣鼓舞。①

康德认为，人并非天生就是"道德人"，道德人完全是教育的结果。人的本性既有"善"的种子，也有"恶"的倾向。在后天的环境中，如果"文明之侵犯自然"，则可能发展成"罪恶"；如果有恰当的道德陶冶，则可能发展成"德行"。所以，要抑恶扬善，使人成为一个"道德人"，道德陶冶是必要的。道德陶冶是帮助人"跳出动物范围"的"完全之艺术"，是人的第二天性。②

那么，在康德看来，怎样进行道德陶冶呢？

第一，必须清楚何为"罪恶"、何为"德行"。罪恶是由恶性膨胀造成的，可分三类：①恶意，包括嫉妒、负义、幸灾乐祸；②卑劣，包括不公平、不诚实等；③心肠狭窄，包括不仁、吝啬、懒惰。德行也可分三类：①美德，包括宽容、仁爱、自制；②本分，包括诚实、节制、和平；③清德，包括尊敬、谦退、自足。只有明辨是非、分别善恶，才谈得上怎样陶冶情操。

第二，道德陶冶是以道德律为基础的启发自觉的渐进过程。约束是通过外铄形成习惯，陶冶是通过外铄唤醒道德。习惯与道德有关系，但是两者并不完全等同。康德认为，儿童在年幼时通过约束形成好的习惯是必要的；随着年龄渐长，约束的力量渐弱。根据唯心主义的先验论，他指出："道德之陶冶，以道德律为基础而不以约束为功；一则防止恶习惯之养成；一则陶熔人

---

① ［德］康德：《康德教育论》，瞿菊农译，101页，上海，商务印书馆，1926。

② ［德］康德：《康德教育论》，瞿菊农译，91页，上海，商务印书馆，1926。

心使能反省。"①道德律又称"绝对命令",也就是先验道德原则。第一条原则是"我一定要这样行为,使得我能够立定意志要我行为的格准成个普遍规律"②。也就是说,无论如何,"我"都要按照人共有的道德良心办事。第二条原则是始终把人当目的,而不是把人只当工具。③ 也就是说,无论如何,都要以人为本。第三条原则是个个有理性者的意志④。也就是说,相信人人都有道德良心,人同此心,心同此理。康德说,道德律存于内心就像星辰存于天空,永恒不变。儿童道德行为要绝对遵循道德律规定的原则,而不能随波逐流,以时时变更的行为为准则。要通过道德实践活动使儿童体察道德律。不能要求儿童不做错事。儿童做错了事,不要惩罚,而要通过卢梭所说的自然后果法使之反省,体会道德律的合理性。反之,做对事也不必赏,因为理所当然。他指出,"如行一恶即罚,行一善即赏,则将来行善纯为求赏;入世后见行善未必赏,为恶未必罚,必成一阿世之徒",所以,"行事善恶以个人利害为本。此大不可"。⑤

　　第三,要在具有社会意义的活动中进行道德陶冶。康德在论及人的发展的可能性时,认为人的知、情、意中存在某种先天形式,是先验唯心主义者;但是,在论及人的发展即真、善、美的形成过程时,则带有一定的唯物因素,即认为人的发展离不开社会。康德曾引用卢梭的话说:不在大街上走的孩子,就不能成为一个有才能的人。其意是说,人的认识能力发展离不开社会。他还举例说,被抛弃在孤岛上的个人,绝不会专为自己去装饰环境和修饰自己。这说明美离不开社会。由此看来,康德关于人的发展论有两个至关重要的因素:一是先天的普遍形式;二是后天的社会性。在论及人的道德陶冶时,更

---

① [德]康德:《康德教育论》,瞿菊农译,71页,上海,商务印书馆,1926。
② [德]康德:《道德形上学探本》,唐钺重译,16页,北京,商务印书馆,1957。
③ [德]康德:《道德形上学探本》,唐钺重译,48页,北京,商务印书馆,1957。
④ [德]康德:《道德形上学探本》,唐钺重译,47页,北京,商务印书馆,1957。
⑤ [德]康德:《康德教育论》,瞿菊农译,72页,上海,商务印书馆,1926。

是强调了社会性的重要。人的道德目标不仅是独善其身，而且是使整个人类社会达到大同社会的境界；人的道德种子只有在社会性活动中才能萌发成长。"天意要人为他自己将潜伏于中的善性发展出来。说道，'到世界里去！我为你预备了每种向善的倾向。你的责任是要发展这些(向善的)倾向。你的快乐和苦痛，都只有靠你自己'。"①社会性活动主要有三种：一是游戏，二是工作，三是公共的学校生活。康德很重视游戏的教育价值，前文已述，此处从略。康德认为，儿童要学会工作。工作本身并不能产生快乐，但是它是人与动物的重要区别所在。儿童只有学会工作，才能克服不劳而获的坏念头，才能学会自立、忍耐、自制、遵守纪律，才能得到真正的快乐。他说，不要以为亚当、夏娃在乐园里整天吟唱歌曲、欣赏自然，若那样，他们一定很不舒服；真正的休息是工作之后的休息；小孩子虽然不能立刻感觉到强迫工作的用处，但将来一定知道它的价值。康德认为，学校教育优胜于家庭教育。家庭教育有许多困难，如家长无时间、无兴趣，家长与家庭教师权威分配的矛盾等。学校教育由专门的教师负责，则无这些困难。在学校里，教师可以自由地施行教育方法和计划，相互讨论，并且和有关学者交换意见，不断提高教育质量；可以将教学和道德陶冶联系起来，相互促进；可以对学生进行公民权利和义务的教育。在学校里，学生可以以他人的能力估量自己的能力，不至于夜郎自大；当处处碰到困难，得不到特殊的优待时，就理解了权利之范围，明白了什么叫自由，知道了宽容、博爱、诚实、服从、不亢不卑、守信等道德品质的内涵和好处。总之，学校教育可以使学生"感觉到社会之压迫，知立身处世之难，知忍耐之要，然后各方面预备将来自立之道"②，做社会上的有用分子。

第四，宗教教育要以道德为目的。康德说："宗教而不与道德相联则仅为

① [德]康德：《康德教育论》，瞿菊农译，10页，上海，商务印书馆，1926。
② [德]康德：《康德教育论》，瞿菊农译，25页，上海，商务印书馆，1926。

求神宠之一种努力。""道德之自觉无宗教必无结果。宗教无道德之自觉适成其为迷信。""故宗教属于一切道德。"①前文已讲过，康德在知识论中否定了"灵魂不死""上帝"，但是在道德论中又肯定了这些宗教观念。这看似矛盾，其实从此我们可知，康德否定的是迷信，肯定的是道德。康德的宗教观和中世纪宗教观截然不同。后者是欺骗、迷信，是宗教蒙昧主义；而前者则试图给力行道德的人以精神上的合理归宿，充满着道德的渴望。

关于宗教教育的顺序，康德指出："所经之路必须与自然合宜。""先则一切归诸自然，继则归自然于上帝。"②最好是先教育儿童认识自然，观察其现象，把握其规律，了解其目的及大自然与人类的关系，使儿童有清晰的判断力；接着让儿童体察到大自然秩序井然、和谐美丽；再教授儿童宇宙结构；在此基础上再启发儿童的"上帝"观念。

关于宗教仪式，康德认为，仪式本身不是目的，其目的是让儿童从中体悟虔诚、义务、爱等道德感，并且能够见诸实际行动，做个真正的好人。关于课程安排，有关自然和道德的知识是基础，安排在前，神学则安排在后面；若神学使人产生恐惧或希祈神佑，就是迷信。康德还指出，教派虽多，宗教则一，就是劝人为善，所以，不可因人信教不同而对人看法不一样。

第五，要合情合理地开展性教育。儿童到13~14岁时即进入青春期，男女的分别趋于明显，同时也产生了种种冲动和疑问。这既是自然问题，也与道德紧密联系。所以，在此关键期进行性教育刻不容缓。康德认为，首先，诸如"小孩子从哪儿来的"等"隐秘"问题，可以开诚布公地告诉孩子答案并且可以讨论，因为他们现在已经有了一定的理性知识；其次，要教育孩子自制，不可纵欲，否则，必致智慧衰退、未老先衰，与人性不合，为转化恶的冲动，要让孩子整天劳作不停，睡眠应适可而止，不可贪恋床铺；再次，要教育青

---

① ［德］康德：《康德教育论》，瞿菊农译，94~95页，上海，商务印书馆，1926。
② ［德］康德：《康德教育论》，瞿菊农译，93页，上海，商务印书馆，1926。

年尊重异性，以毫无恶念的行为获得异性赞美；最后就是男大当婚，女大当嫁，努力求得一个美满的婚姻。

康德说："真知灼见固然要靠教育，教育亦要靠真知灼见。"①康德是德国古典哲学的创始人，其构建的先验唯心主义理论体系极富创造性，充满"真知灼见"。总结上文我们可知，康德从自己的先验唯心主义出发，论证并阐述了教育的必要性、可能性和怎么办的问题，构筑了一套完整的先验唯心主义的教育理论体系。从理论形成过程来看，康德的教育思想广泛接受了同时代及历史上其他思想家和教育家的影响，尤其是虔敬主义和启蒙思想的影响，从人类学的角度吸取了多个民族的教育经验与教训，并且结合自己的自然科学、哲学的原创性研究以及德国历史文化传统，博采众长，熔于一炉，进行了再创造，形成了具有德国文化特点的教育理论。马克思曾说康德哲学"是法国革命的德国理论"②。后世许多学者只偏重"法国革命"四个字，认为康德哲学软弱无力。这种批判太简单了，而且也曲解了马克思的原意。仔细阅读马克思、恩格斯的原著，可知他们的意思是康德哲学虽然受到了法国革命的影响，但是，它是具有德国文化特点的理论，而且和法国革命一样，在思想界具有革命意义。恩格斯在《大陆上社会改革运动的进展》一文中说："在法国发生政治革命的同时，德国发生了哲学革命。这个革命是由康德开始的。他推翻了前世纪末欧洲各大学所采用的陈旧的莱布尼茨的形而上学体系。费希特和谢林开始了哲学的改造工作，黑格尔完成了新的体系……德国哲学从康德到黑格尔的发展是连贯的，合乎逻辑的，必然的……"③这段话充分肯定了康德哲学的价值和地位。康德的教育思想是康德思想体系的宝贵组成部分，与其哲学思想在哲学史上的地位一样，在教育史上具有继往开来的伟大意义。赫尔巴

---

① [德]康德：《康德教育论》，瞿菊农译，10页，上海，商务印书馆，1926。
② 《马克思恩格斯全集》第一卷，100页，北京，人民出版社，1956。
③ 《马克思恩格斯全集》第一卷，588~589页，北京，人民出版社，1956。

特（Johann Friedrich Herbart，1776—1841）的教育思想直接来源于康德的教育理论和哲学理论。赫尔巴特的五种自由观念、统觉理论和教育性教学，乃至建立科学教育学的主张和努力，都可以在康德那里找到根源。此外，诸如席勒的美育思想，罗素（Bertrand Arthur William Russell，1872—1970）有关世界大同的思想，皮亚杰（Jean Piaget，1896—1980）的"图式"理论都可到康德的哲学和教育学中寻根。对康德的教育思想，我们研究得很不够。虽然康德关于教育问题的文章，在他浩如烟海的著作中着墨不算很多；但这是建立在对自然、对人、对社会有深刻洞察的基础上的，其格言警句微言大义，充满真知灼见，能够给我们很多启发。对其哲学体系的研究每深入一步，都能够触发我们教育创新的灵感。总之，康德的思想中有极其珍贵和丰富的教育宝藏，我们要珍惜和挖掘。

康德的教育思想和其哲学思想一样，折中调和，既有唯物论因素，也有唯心论因素；既有辩证法的因素，也有和稀泥的因素。我们在学习和研究时要用理性批判的精神和眼光，这也是康德强调的。

第四节　歌德的教育思想

歌德是德国著名的文学家、思想家，以《少年维特之烦恼》《浮士德》等享誉世界文坛。其教育思想集中体现于教育小说《维廉·麦斯特的学习时代》《维廉·麦斯特的漫游时代》两部著作之中。

在教育问题上，歌德同样深受卢梭的自然主义教育理论的影响。在他的文学作品中，到处可见恬淡纯朴的田野风光、民情风俗，而这又是与他批判的封闭、虚假的宫廷贵族生活相映衬的。在《少年维特之烦恼》中，"自然"简直成了年轻的主人公评判一切的标准。他投身自然，赞美自然，亲近自然的人——天真的儿童和纯朴的村民，鄙视迂腐的贵族、虚伪的市民以及"被教养坏了的人"；他主张艺术皈依自然，让天才自由发挥，反对一切陈规戒律；他重视发自内心的真挚情感，蔑视宗法制度和封建道德。同样，维廉·麦斯特也在活生生的现实生活和清新宜人的大自然中追求着自身的全面发展和性格的和谐训练。与之形成鲜明对比的是，《浮士德》一开始就为我们描绘了孤守书斋、忍受长夜煎熬的主人公形象。总之，在歌德看来，事物只有达到了自然发展的顶峰才显得美。

在社会活动中，发展人所有的心智力量，培养和谐个性，是歌德主张的教育目标。他认为，人身上潜藏着多种力量(或称才能、禀赋)，教育的过程就是发现它们，并使之按本身的方式得到培养。这种培养不是片面的，而是全面的；不是强制的，而是自觉的。因此，要尊重受教育者的爱好与愿望，遵循他们的天性。教育者实行的教育必须是明确的、有针对性的，而不能是模棱两可的、分散的。对不同的培养内容和不同的培养对象，应施以不同的教育。比如，在《维廉·麦斯特的漫游时代》中，学生们可以按自己的喜好选择不同颜色和不同式样的衣服，而不必穿统一的制服；而教育者则可以从不同的服饰中一眼识别穿着者的性格特征，继而进行因材施教。

在强调遵循受教育者的天性的同时，歌德也看到了人的天性不完美这一缺陷，特别是在青少年时期。任由天性自由发展，可能会陷入迷途。"无约束的活动，不管属于什么性质，最后必将一败涂地。"[①]歌德本人喜欢绘画，并花了很多时间去发展这方面的能力，但最终无法取得突破，只好放弃。他笔下的维廉爱好戏剧，最初致力于在舞台上培养自己、教育观众，结果也失败了。因此，歌德认为不能受天性的任意支配，而应将释放自由天性与遵守规则结合起来。在他看来，天才就是能理解规则和服从规则的人。对于教育者

---

① [德]歌德：《维廉·麦斯特的漫游时代》，关惠文译，286 页，北京，人民文学出版社，1988。

来说，既要给予受教育者自由发展的空间，又要严格要求、积极引导，使他们少犯错误、少走弯路。正是本着这样一种想法，歌德为维廉的儿子——菲利克斯设计的教育环境与维廉的不尽相同。菲利克斯不再从毫无拘束的社会和自然界中接受教育，而是在教育省①接受培养。在那里，对受教育者的尊重与严格训诫、个人自由与集体纪律紧密结合在了一起。在这一点上，歌德与卢梭是有所不同的。

天赋的才能是没有实现的才能，正如歌德所说，"一个人生下来只能是一个刚开始的艺术家，决不可能是一个已完成的艺术家"②。一切才能都要靠知识来滋养，这样才会释放力量。一个有艺术天资的人，如果不向前辈和同时代造诣高的艺术家学习自己缺少的东西，不去掌握艺术创作的基本规律和基本技能，那么他就会"由于错误地理解保持独创性而一天天退步"，不能成为真正的艺术家。因此，生来聪颖的人也需要接受长时间的教育。

教育要培养的是德、智、体全面发展的人，或者说是精神和肉体共同发展的人。歌德认为，即使是一个普通的人，如果在他先天的和后天的才能所及的范围内活动，那么他也可能成为一个"完全"的人。一旦超出受教育者的能力范围，原有的优点和长处也会黯然失色，甚至被毁灭。人们期望才能得到全面发展，希望实施一种通才教育，但歌德清醒地认识到这是十分困难的。原因在于科学技术迅猛发展，新的学科不断创立，社会分工日益细化。面对这种情况，当时的学校只是漫无边际地铺开课程，这不仅无法适应形势的需要，而且增加了学生的负担，对他们的身心健康造成摧残。对此，歌德予以批评，认为课程设置应符合实际需要，教育的目标首先是把受教育者培养成某一种人，然后才设法使之理解各类才能的总和。歌德希望受教育者和他一

---

① 教育省相当于一个行政省，是歌德创造的一个"理想国"。在教育省，学生接受德育、智育、体育与美育等全面教育。

② ［德］歌德：《维廉·麦斯特的漫游时代》，关惠文译，287 页，北京，人民文学出版社，1988。

样去追求各方面的知识，但在实践方面，只专心致志地从事一种专业。在他看来，"谁学会并掌握好一种手艺，谁就会比在一百行中都是半瓶醋更有才干"①。

在教育过程中，歌德将活动置于核心地位，并把活动视为自我活动。他认为，人只有在活动中才能认识自己，才能与人和解；只有在活动中才能巩固知识，掌握技艺；只有在活动中才能成就事业，服务社会。即使是道德教育，也不能停留于孤身只影的沉思，而应该在实践中培养起道德情感和道德意志。只有这样，才不至于从虚无缥缈的道德之巅滑跌下来，才能抵制住邪恶的诱惑。歌德对活动的重视，部分原因针对的是德意志的民族性。德国人崇尚理论，长于哲学思辨，但与英国人相比，缺乏实践精神。歌德希望德国人能按照英国人那样改造自身：少一点哲学，多一点行动的力量；少一点理论，多一点实践；少一些学者和哲学家，多一些实干家。因此，他建议学校应向学生多传授些实用知识，要学以致用，每个人都掌握一门手艺。

歌德设想的教育活动的舞台是整个社会和大自然。他认为，狭窄的活动空间不可能造就出全面发展的人。就像维廉一样，戏剧舞台无法实现他的教育理想，只有投身到整个社会生活中去，才能促进自身的完善，才能更好地服务于社会教育。歌德说过，"日常生活比一部最有影响的书所起的教育作用更大"。② 当一名学生向浮士德请教时，假扮浮士德的靡非斯特说："诚实的朋友，灰色是一切的理论，只有人生的金树长青。"③

教育的过程是一个循序渐进的过程，这不仅在于人的心智发展有阶段性，而且在于人的认识过程也是从具体到抽象、从局部到整体的。在歌德笔下的

---

① [德]歌德：《维廉·麦斯特的漫游时代》，关惠文译，147页，北京，人民文学出版社，1988。

② [德]爱克曼辑录：《歌德谈话录(1823—1832年)》，朱光潜译，219页，北京，人民文学出版社，1982。

③ [德]歌德：《浮士德》第一部，郭沫若译，95~96页，北京，人民文学出版社，1978。

教育省中，学生的教育分为三个阶段，表现为三种敬仰，即敬天、敬地、敬人，最终达到最高的敬仰——对自身的敬仰，也就是在学生身上培养高度的自尊心，使之"不会再被高傲和自负带到鄙俗的田地"。在具体的教学过程中，音乐成为基础。借助唱歌，唤起最简单的快乐。教授最简单的知识，包括信仰和道德观念的知识，通过填写歌谱、唱谱，训练手、耳、眼和练习书写。在传授高深的知识时，先是用感性符号，然后用象征性的类比手段，最后才做高深的讲解。歌德重视青少年的教育，把国家的希望寄托在他们身上。在他看来，创造一切非凡事物的那种爽朗精神总是同青少年时代和创造力联系在一起的。在他的笔下，青少年个个健康、快乐、富有朝气，但在现实生活中，却是相反的。他对来自德国东北部的青年学者是这样描述的：近视眼、面色苍白、胸膛瘦削，年轻而没有青年人的朝气，毫无健康意识，没有青年人的情感和兴趣，总之一句话，未老先衰。歌德为他们感到悲哀，并认为这种现象是当时德国非自然的教育制度和教育方法造成的结果。在这种教育制度和教育方法下，教育者按照自己的模式培养青少年，过早地把他们驯养起来，过多地灌输抽象的理论知识，结果扼杀了一切优良品德和才能的萌芽，扼杀了青少年的想象力和创造力，造就出太多的耽于玄学思考、缺乏实践能力的人。因此，歌德呼吁学校、家庭和统治者都来关心教育的改造，建立一种培养"人"，而不是培养"学者"和"哲学家"的教育制度。

受启蒙思想的影响，歌德和同时代的思想家一样，重视天才的力量，但是他的关于天才的思想是在不断转变的，具体而言，逐步从唯心转向唯物。一开始，他把天才拥有的力量视为天生的、非人力所能控制的神力。后来，他更强调学习的作用。他认为，才能不是天生的、可以任其自便的，只有钻研艺术、请教良师，才会成才。天才拥有的力量是一种创造力，表现在政治、军事、哲学、艺术、文学等方面。衡量天才的标准是有所创造，而且这种创造必须对人类有益，其影响必须是持久的。天才必须有刚强爽朗的精神和健壮的身体，就像拿破仑一样，而不像德国人常想象的那样矮小、瘦弱。此外，天才必须有民族文化的基础。在歌德看来，即使是莎士比亚创造的那些天才奇迹，多少还是人力所能达到的，而且不少要归功于他那个时代的强有力的创作风气。民族文化孕育天才，天才离不开社会、离不开集体。歌德认为，任何一个人，包括天才，都是集体性人物，就个人而言是微乎其微的。即使是最伟大的天才，单凭个人的力量也是无法应付一切的，只有在团体中，才能跟整个世界相抗衡。每个人所做的一切"不过是伸手去收割旁人替我播种的庄稼而已"①。因此，歌德非常重视集体精神的培养。

综上所述，歌德的教育思想既秉承了卢梭自然主义教育的思想精要，又具有鲜明的现实性，犹如他的文学作品。其思想可以用他在《浮士德》中的一句话概括："要每天每日去开拓生活和自由，然后才能够作自由与生活的享受。"②

第五节　席勒的教育思想

席勒于1759年生于德国符腾堡公国的小城马尔巴赫的一个小市民家庭。席勒是近代德国伟大的剧作家和诗人，曾对德意志民族的教育有着重要的影响。他对自由的热爱和崇高的理想主义使之深受德意志人民，特别是青年的热爱。长期以来，人们认为他的作品无论是从艺术价值来看还是从道德价值来看，都是非常适用于教育的。席勒对教育的贡献集中体现为他的美育理论。其思想主要见于一系列哲学论著中，如《审美教育书简》《论崇高》等。

一、席勒论美育

从社会现实和法国大革命中，席勒看到了近代人类两种堕落的极端：粗

---

① [德]爱克曼辑录：《歌德谈话录(1823—1832年)》，朱光潜译，251页，北京，人民文学出版社，1982。

② [德]歌德：《浮士德》第二部，郭沫若译，356页，北京，人民文学出版社，1978。

野和懒散。下层阶级从长期的麻木不仁和自我欺骗中觉醒，却以无法控制的狂暴急于获得兽性的满足，忽视了人的尊严，恢复到原始状态。至于上层阶级(所谓的文明阶级)，情况更糟，表现出"一幅懒散和性格败坏的令人作呕的景象"①。他们自私自利，犹如从着火的城市逃难一样，只顾抢救自己的东西。物质文明的进步没有带来精神上的自由，相反，"物质枷锁的束缚使人越来越胆颤心惊，因而怕失去什么的畏惧甚至窒息了要求上进的热烈冲动，逆来顺受这个准则被看作是最高的生活智慧"②。而且，由于社会分工、学科专门化的加剧和社会等级的森严，原本处于和谐状态的人性被撕裂了。国家与社会、法律与道德习俗互相分离；享受与劳动、手段与目的、努力与报酬彼此脱节，人就像永远被束缚在整体上的一个孤零零的小碎片，成为他的职业和各科专门知识的标签。

那么，该如何恢复人性的统一呢？席勒认为采取像法国大革命那样的暴力手段是不可取的，因为当人的内在分裂还没有被克服时，"任何这样一种改革国家的尝试都为时过早，任何建立在这上面的希望都是不切实际的幻想""政治方面的一切改进都应从性格的高尚化出发"③。排除了阶级斗争，席勒把完善人性的恢复归于审美教育。

席勒认为，人的天性的分裂就是天性中感性与理性的分裂。人们的行为受到两种力量的推动，一是感性冲动，二是理性的形式冲动。前者来自人的物质存在，或者说来自人的感性天性。这种冲动抛弃了人的人格性，把人局限在某种事物上和某个瞬间内，人的行动受到最大程度的限制，因而人不可能达到完善的程度。后者来自人的绝对存在，或者说来自人的理性天性。它

---

① ［德］弗里德里希·席勒：《审美教育书简》，冯至、范大灿译，25 页，北京，北京大学出版社，1985。

② ［德］弗里德里希·席勒：《审美教育书简》，冯至、范大灿译，26 页，北京，北京大学出版社，1985。

③ ［德］弗里德里希·席勒：《审美教育书简》，冯至、范大灿译，38、44 页，北京，北京大学出版社，1985。

引导人超越一切感性限制，使人得以自由，在千变万化的状态中保持住人格。感性冲动和形式冲动是两种相反的力量，但是人必然同时具备这两种冲动，无论缺哪一种，都无法达到人性的完满。因此，完满的人性必然产生于两种冲动的和谐统一。把两种相反的力量结合在一起，这就在人身上唤起了一种新的冲动——游戏冲动。游戏冲动指向的目标是，"在时间中扬弃时间，使演变与绝对存在，使变与不变合而为一"①，它"同时从精神方面和物质方面强制人心，而且因为游戏冲动扬弃了一切偶然性，因而也就扬弃了强制，使人在精神方面和物质方面都得到自由"②。

感性冲动的对象是最广义的生活，即一切物质存在和一切直接呈现于感官的东西。形式冲动的对象是形象，包括一切形式和理性法则。作为在感性冲动和形式冲动之间起桥梁作用的游戏冲动，它的对象是"活的形象"。它是生活和形象的统一，既有感性的内容，又有理性的形式。席勒认为，凡是活的形象都是美的。游戏冲动通过美，通过活的形象，把感性冲动和形式冲动统一起来，因此人性是统一的，人是完整意义上的人。总之，"只有当人是完全意义上的人，他才游戏；只有当人游戏时，他才完全是人"③。

美是在两种对立冲动的相互作用中产生的。最高理想的美出现于两种冲动达到绝对平衡时，或者说取得最完美的结合时。然而在实际经验中，总有一方占优势，因而实际经验中的美有两种：溶解性的美(柔美)和振奋性的美(力美)。柔美能使紧张的人放松，力美能使懒散的人振作。所以，席勒认为对不同的人，可以用不同的美来进行教育，以此来克服人性的片面发展，恢复人性的完整。

---

① [德]弗里德里希·席勒：《审美教育书简》，冯至、范大灿译，73 页，北京，北京大学出版社，1985。

② [德]弗里德里希·席勒：《审美教育书简》，冯至、范大灿译，74 页，北京，北京大学出版社，1985。

③ [德]弗里德里希·席勒：《审美教育书简》，冯至、范大灿译，80 页，北京，北京大学出版社，1985。

当人的心绪处于审美状态时，人便摆脱了来自物质和道德两方面的强制，人的心境因此获得了自由，可以轻易地转向任何一个方面。席勒把这一点视为审美教育与其他教育的最大不同之处，也是审美教育优于其他教育之处。在他看来，其他教育只是发展心绪某种特殊的本领，但也因此给它划了一个界限，唯独审美教育把心绪引向不受任何限制的境界。"美不提供任何个别的结果，不论是对知性还是对意志，它不实现任何个别的目的，不论是智力的还是道德的……美什么也达不到，除了从天性方面使人能够从他自身出发为其所欲为——把自由完全归还给人，使他可以是其所应是。"①

席勒认为，一般真正的美的艺术作品起作用的应是它的形式，而不是它的内容，因为只有形式才会对所有的人产生作用，而内容只会对某些人产生作用。他也指出，有些艺术欣赏者不是从审美的视角接受艺术作品的，而是要么只追求感官享受，要么追求道德教育目的，这是与真正的审美教育目的相违背的。同时，这也说明，并不是所有的艺术作品都能产生应有的审美效果，人的审美能力也需要一个指导、提高的过程。

纵观席勒的审美教育理论，可以看出，他试图用审美教育代替社会革命，来推动历史的发展，因而具有唯心论色彩。但他的理论就其总体框架来说，以人道主义为灵魂，着眼于人性的解放和人的全面发展，却是高于其他许多理论流派的。所以，抛弃其唯心主义不论，就作为一种教育方法和内容而言，在今天它仍有重大的价值和理论指导意义。

二、席勒论崇高感的培养

《论崇高》写于 1794 年，1801 年重新做了修订，可见席勒对此文的重视。席勒认为，人的最高目标是自由。美感是自由的一种表现，但它还不是完全

————————

① ［德］弗里德里希·席勒：《审美教育书简》，冯至、范大灿译，107～108 页，北京，北京大学出版社，1985。

自由,因为它还没有使我们超脱自然的势力和摆脱一切物质的影响。它的尘世的翅膀无力带我们超越感性世界,它只是人在自然范围之内享有的自由。人可以在一定程度上控制和防备自然力,但有些自然力是人无法驾驭的。并且,仅仅通过美感,我们无法得知和证明自身天赋力量的大小,无法体验到人的尊严。因此,对于人来说,仅仅培养美感还不够,还需培养一种崇高感。

美感产生于感性与理性的和谐统一,崇高感则不然。席勒认为,崇高感产生于感性与理性的冲突,是"理性压倒感性"而产生的审美效果。此时此刻,"我们感到自由,是因为感性冲动对理性的立法毫无影响,是因为精神在这里行动,仿佛除了它自身的规律以外不受任何其他规律的支配"①。尽管此时人感受到自己作为物质的人的局限性,但正是这些使人认识到自身缺陷的东西,使道德的人体验到自己的力量,"恰恰把前者压倒在地的那些,使后者得以无穷地提高"②,至少在瞬间,使人感受到自己的尊严。可以说,人以自己的理性、精神力量和道德意志去战胜肉体的种种痛苦及外在的不幸和灾难。这也就是崇高感的作用和培养崇高感的意义之所在。

崇高的最高指向是道德的至善。一个人本着轻松游戏的态度去履行环境迫使他遵守的义务,在实施正义、善行、节制、坚定和忠诚中寻找他的快乐。这样的人,自然的冲动和理性的规则虽然达到了美的和谐统一,但在席勒看来,他并不一定是一个真正有德行的人。可是,假定一个人突然陷入了不幸,如财产被盗、名誉扫地、卧病在床、朋友离去。此时,人们求助于他,而他一如既往地帮助别人,穷困没有减弱他的德行,忘恩负义没有减弱他为别人服务的决心,痛苦没有减弱他的镇定,自己的不幸没有减弱他对别人幸福的

①　[德]弗里德里希·席勒:《审美教育书简》,冯至、范大灿译,159 页,北京,北京大学出版社,1985。

②　[德]弗里德里希·席勒:《审美教育书简》,冯至、范大灿译,161 页,北京,北京大学出版社,1985。

关心。那么，我们就会从他身上体验到一种完全特有的、可以意会而不能言传的魅力——崇高感。这样的人才算是真正有德行的人。

崇高感是一种道德的快感，是道德教养的结果。席勒认为，感受崇高的能力是在感受美的能力之后产生的，但是，美感的成熟比崇高感的养成要缓慢得多，因为它的充分发展要等到知性和心灵培养成熟之后。在席勒看来，同美一样，崇高也是贯注在整个自然之中的。每个人都有感受这两者的能力，但是这种感受能力的发展是不平衡的。提高这种感受能力需要我们不断扩充理性能力，"在头脑中培植丰富的概念，在胸中培植原则的宝藏，然后再专门发展来自理性的感受到宏伟和崇高的能力"①。

培养崇高感要走向大自然，走向社会。席勒认为，大自然的宏伟就像一面镜子，让人从中看到自己身体内的绝对宏伟。身处大自然中，面对质朴、宏伟的自然景象，我们的思维方式再也不会容忍渺小。"谁都知道，一些光辉的思想和英勇的决策，正是由于心绪在思索时与自然精神进行了这种英雄的斗争而产生的，在书斋和社交场合这种思想和决策是不会问世的。"②尽管人们喜欢欣赏整齐、有序的事物，但是对于自然、社会、道德世界中的混乱也不能畏惧和排斥。因为正是这种混乱，才会成为人们理性观照的对象。人们运用自己的理智力，将纷繁复杂的世界纳入自己的认识中。在这个过程中，人意识到自己不依赖自然条件的独立性，意识到自己的自由，从而萌发出崇高的心绪。"对于具有高尚心绪的人来说，带有一切精神矛盾和物质弊端的自由比没有自由而有富裕和秩序的局面不知要有趣多少。"③除了自然和社会之外，席勒认为艺术也是培养崇高感的重要手段，而且更有效。一是因为艺术

---

① ［德］弗里德里希·席勒：《审美教育书简》，冯至、范大灿译，164页，北京，北京大学出版社，1985。

② ［德］弗里德里希·席勒：《审美教育书简》，冯至、范大灿译，164页，北京，北京大学出版社，1985。

③ ［德］弗里德里希·席勒：《审美教育书简》，冯至、范大灿译，166页，北京，北京大学出版社，1985。

消除了自然和社会中的那种混乱状态，它表现的美和宏伟形式更为明晰，从而能带来事半功倍的效果。二是因为自然和社会对人培养崇高感的影响是以它的宏伟、悲壮场面对人施以强制暴力而产生的，人是被动的。而创造性的艺术则能使观赏者的心绪自由，因为它模仿的只是假象，而不是现实。崇高感也是一种美感。席勒认为审美教育不能缺少感受崇高能力和培养崇高感，因为没有崇高，人类就无法感受到自身的尊严。"只有当崇高与美相结合，我们对这两者的感受能力得到同等的培养，我们才是自然的完美无缺的公民。"[①]

美和崇高都是审美教育的核心环节，也是我们的生活理想。席勒的美育理论为我们提供了达到这种理想的可资借鉴的方法。

---

① ［德］弗里德里希·席勒：《审美教育书简》，冯至、范大灿译，171页，北京，北京大学出版社，1985。

第三章

18世纪意大利的教育

对于意大利而言，18世纪是一个饱经历史伤痛的世纪。昔日文艺复兴圣地的光环业已褪去，民族分裂，宗教黑暗，经济落后，社会矛盾与冲突频发。但就教育而言，在一片支离破碎的山河中，诞生于中世纪的大学依然光彩夺目，中等教育彰显出变革的趋向，基础教育的体系与架构萌生，职业教育则些许嵌入现代的元素。尤其是维柯（Giovanni Battista Vico，1668—1744）的人文主义教育思想，可谓光载史册。

第一节　社会背景

意大利共和国简称意大利，主要由南欧亚平宁半岛及两个位于地中海的岛屿西西里岛与撒丁岛组成。北部的阿尔卑斯山地区与法国、瑞士、奥地利以及斯洛文尼亚接壤，其领土还包围着两个微型国家——圣马力诺与梵蒂冈。

18世纪，意大利一直都是强邻逐鹿的战场，尤其前半期欧洲列强为争夺殖民地霸权而爆发的三次战争，如西班牙王位继承战争、波兰王位继承战争及奥地利王位继承战争皆波及意大利。"在波河流域的战场上，间接决定着法国和德国的命运，直接决定着意大利的命运。"①意大利被它的强邻任意分割，一些邦国和地区你争我抢，全然不顾它的历史与传统。至 18 世纪中期，意大利主要被西班牙和奥地利瓜分。前者占有西西里王国、帕尔马公国和皮亚琴察公国；后者占领了伦巴第，而托斯卡纳公国实际上也属于它；意大利其他邦国，除撒丁王国②外，都处于这个或那个外国势力的影响下，不能发挥任何独立的政治作用。总而言之，18 世纪的意大利已经失去了文艺复兴时期的领先地位，成为一个民族分裂、宗教黑暗、经济落后的分裂国家。直到 1796年，拿破仑入侵意大利，并且建立意大利王国，法国大革命及拿破仑战争(1799—1815 年)将民主、主权、法律及国家等概念带进意大利，方使意大利实现了近代史上的第一次统一(实际上被法国控制)。③

第二节　初等教育

18 世纪上半叶，由于战争、民族分裂等原因，意大利没有形成独立的初等教育体系。初等教育只是为打算继续深造的人提供的预备教育，学生学习了字母表之后，教学内容强调拉丁语和词形变化，教学用语为拉丁语，忽略了对意大利语和算术的教学。

18 世纪中叶，初等教育制度开始在宗教团体、慈善机构等的支持下逐渐建立起来。对于大多数没有办法入读拉丁文法学校的人来说，接受进一步教

① 《马克思恩格斯全集》第十三卷，253 页，北京，人民出版社，1962。
② 撒丁王国包括皮蒙特、萨伏依和撒丁岛。这个公国在意大利统一运动中发挥了很大的作用，因此在谈论意大利近代历史时不能不涉及它。然而，有关意大利历史的众多著述中存在称呼各异的现象。在马克思、恩格斯的有关论著中，它多被称为"皮蒙特"；在讲述 1720 年(即合并撒丁岛)以前的历史时，多被称为"萨伏依"；1720 年以后，则多被称为"撒丁王国"。
③ 张宏儒、梅伟强：《外国历史大事集(近代部分)》第二分册，213~214 页，重庆，重庆出版社，1985。

育的机构多为慈善性质的、由宗教团体管理的基督教学校。由基督教实施的教会教育的目标多为提供慈善性质的援助，教学内容仅限于教理问答，并向年轻人开设培养宗教热情及宗教同情心的宗教史讲座，缺乏规划和适当的教学方法。教师的工资不稳定，加之对教师的培训甚少或根本没有，最终导致基督教学校水平低下。

与拉丁文法学校相同，寄宿学校多为贵族阶层开设，教学内容除阅读和写作以外，还有拉丁语和语法、人文和修辞学。18世纪中期开始，寄宿学校蓬勃发展，且被委托给钢琴家、耶稣会士和巴拿巴教派等开展教学。这些学校分散在各地，互相竞争。学校生存的机会取决于各种因素，如资金问题、宗教传统、社会动态等。例如，米兰市修道院中的寄宿学校，伦巴第"后小学讲座"网络（the network in Lombardy of "post-elementary chairs"，提供除阅读和写作基础技能以外的学科教学，即基础拉丁语和语法、人文和修辞学）等皆是这一时期寄宿学校发展的结果。① 之后，由于法国大革命对宗教秩序的废除，寄宿学校逐渐减少，取而代之的是无教派的学校。

18世纪70年代，教皇克莱门特十四世（Pope Clement XIV，1705—1774）在他的《主耶稣会》中下令镇压耶稣会，多数学生从寄宿学校退学。1774年，新的学校规章制度建立，小学被组织了起来，由国家控制，对6岁至12岁的儿童进行统一教育。小学毕业后，学生可以继续在拉丁文法学校、专业设计学校或外语学校（对于那些不打算学习古典文学的学生来说）学习。主要学习内容包括拉丁语、意大利语、算术、历史和地理。在此之前，拉丁语是唯一要学习的科目。除了这些科目之外，教师还教授哲学、逻辑学、形而上学、实验物理学和几何学。

教师是通过竞争选拔出来的。为了保证遵守循序渐进的学习原则，学生

① Fabio Pruneri, Angelo Bianchi, "School Reforms and University Transformations and Their Function in Italy from the Eighteenth to the Nineteenth Centuries," *History of Education*, 2010(1), pp.115-136.

必须按部就班地学习。故在政府的控制下，在初等教育制度的基础之上，中等教育制度建立，从而使小学、中学和大学有可能被明确区分开来。① 在技术培训和道德培养方面，教师需通过资格考试，教学的同质性则缘起于实行统一的教学方法，并使用经政府批准的教材。由于缺乏优秀的教师，学校只得从宗教团体中征聘教师，故一贯重视诚实和道德行为基础，而轻视其专业资格。

在那不勒斯地区，耶稣会的教育分为初级和高级两阶段。初级阶段教授文法、人文课程和修辞学，高级阶段则教授哲学、数学和神学。初级阶段又分为初等、中等、高等三阶段。中等阶段的学生必须阅读西塞罗(Marcus Tullius Cicero，公元前 106—前 43)的《家信》和奥维德(Publius Ovidius Naso，公元前 43—公元 17)比较浅显的诗作，学年的第二学期学习希腊的学说原理或者色伯斯制度表。②

第三节　中等教育

18 世纪上半叶，伦巴第和威尼托的神学院的教育水平相当于中学的水平，其主要为打算从事神职工作的青年男子而设，也有打算从事世俗职业或进入公务员制度的学生就读。基于此，学生数量和地域分布都显著增加和扩大。18 世纪七八十年代，政府采取了一些措施，限制了应在中学课程范围内教授的课程，并强迫伦巴第教区有抱负的牧师参加在帕维亚大学举办的神学课程。在意大利东北部，神学院学者和所谓的"外行学生"人数众多。从 1796 年开始，伦巴第地区的许多神学院遭到镇压。待伦巴第教区以及威尼托教区恢复

---

① Fabio Pruneri, Angelo Bianchi, "School Reforms and University Transformations and Their Function in Italy from the Eighteenth to the Nineteenth Centuries," *History of Education*, 2010(1), pp.115-136.

② 张小勇：《维柯教育哲学研究》，48 页，上海，上海人民出版社，2017。

之后，神学院的规模有了很大的扩展，神学院已成为真正的中学（licei）学院，在每一个行政中心都履行其职能。

在奥地利占领期间，帕维亚大学预科学院已经取代了耶稣会寄宿学校，被称为文法学校（ginnasio）。神学院并不是唯一的教育机构，但是贵族和中产阶级最重要的教育机构。随着19世纪的临近，伦巴第和威尼托的大学制度得以建立在更加牢固和统一的中学制度之上。

18世纪50年代，意大利语以补充教材的名义进入意大利耶稣会中学。耶稣会教师遭到驱逐，使得教育计划有了新的突破。也有人提出了地方语言教学优先的要求。拿破仑吞并此地后将法语强加于当地，要求法语和意大利语平起平坐，之后又让法语居于首位。于是，大多数说方言的儿童在小学和中学要学习三种语言（法语、意大利语、拉丁语），学习效果很差。①

拿破仑在意大利的胜利和临时政府的成立加速了教育改革。新的政治阶层在统一的国家教学原则的启发下提出了革命性的学校模式，所有12~17岁的学生都必须进入文法学校学习，学习内容有意大利语、历史、地理、数学和军事体操。18世纪80年代末，技术学校规定：当基础教育完成后，学习者可以在意大利语和拉丁语这两门文化基础课以及一门严格意义上的职业课程之间做出选择，这门职业课程包括地理、几何、机械、商业算术和手工设计。这种课程的设置，为学习者以后选择职业提供了有力支持。②

---

①　［法］弗朗索瓦·瓦克：《拉丁文帝国》，陈绮文译，31~32页，北京，生活·读书·新知三联书店，2016。

②　James A. Leith, *Studies on Voltaire and the Eighteenth Century*, Oxford, The Voltaire Foundation, 1977, p.258.

第四节　高等教育

在1350年之前，意大利半岛上已有6所大学，即博洛尼亚大学(12世纪后半叶创建)、帕多瓦大学(1222年创建)、那不勒斯大学(1224年创建)、锡耶纳大学(1240年创建)、罗马大学(1303年创建)、佩鲁贾大学(1308年创建)，并且全部在城市里。大学是中世纪城市留给后世的宝贵遗产之一，文艺复兴时期的大学是中世纪大学的自然延伸，城市在教育和学术研究中的地位得以确立。

在拿破仑到达意大利之前，在从12世纪中期到19世纪初长达600多年的时间里，意大利形成了一个紧密的大学网络，它几乎覆盖了半岛的所有地区。到18世纪下半叶，已有大学26所。

建立在12世纪和15世纪之间的大学是最为古老的大学。16世纪到17世纪的大学多由教会创设。这些大学在成立之后，获得了授予哲学和神学学位的权力。大学主要集中在两个地区：西班牙王室控制地区(墨西拿、巴勒莫、西西里岛、卡利亚里、撒丁岛)；教皇制国家乌尔比诺、卡梅里诺、马切拉诺、摩德纳和热那亚。意大利在1682年后没有大学成立。在18世纪，一些最重要的学校进行了改革。这也是18世纪初意大利半岛发生重大政治和体制变化的结果。

在威尼斯共和国，帕多瓦[①]是半岛上最重要的大学城。该地区著名的城市大学帕多瓦大学[②]是意大利仅次于博洛尼亚大学的第二古老大学。因为当时博洛尼亚大学限制学术自由，而且不能保证师生基本的公民权利，所以大批教授和学生离开博洛尼亚大学，转而建立了帕多瓦大学。18世纪，帕多瓦大学涌现出了一批像多梅尼科·古列尔米尼(Domenico Guglielmini，1685—1757)，

---

① 帕多瓦地处意大利北部，受威尼斯共和国的统治达四个世纪之久。后又过渡到奥地利人的手中，直至意大利统一。

② 帕多瓦大学建于公元1222年，在医学和解剖学方面一直享有很高的威望。

贝尔纳迪诺·拉马齐尼（Bernardino Ramazzini，1633—1714），乔瓦尼·巴蒂斯塔·莫尔加尼（Giovanni Battista Morgagni，1682—1771）等杰出的人才。[①]

在维托里奥·阿梅代奥二世（Vittorio Amedeo Ⅱ，1666—1732）的改革和指导下，从 1720 年开始，都灵大学进行了重组。其目的是将其与国王和国家利益联系起来，从而更有利于科学、技术和经济的发展。18 世纪大学的改革，如都灵大学、帕维亚大学、帕多瓦大学和帕尔马大学的改革，主要集中在有关课程和教学大纲等问题上。改革者赞成开设新课程和对教学方法进行改革，以反映实验科学、技术应用和所谓的混合数学的新倾向，并寻求经济和社会效用。

在法国中央学校模式的影响下，人们多认为大学教育不能留给那些在两所大学（帕维亚大学和博洛尼亚大学）以外地方生活的人，故每一个地区首府，甚至每一个地方的中学（中央学校）都应设立高等数学、法律、化学、物理、自然史等学科的大学主席，以供本地的年轻人接受高等教育。之后，年轻人只需要去大学获得学位和从业资格即可。

帕维亚大学和博洛尼亚大学这两所历史悠久、久负盛名的大学仍继续办学，并分别设立了三个学院：医学院、法学院和数学院。大学修辞学和哲学讲座被关闭，并被列入中学教学大纲。最初，这些中学被允许开设物理、数学、力学和水力学的讲座，它们不仅作为预备课程，而且作为大学课程的替代品。中学和继续教育系统发生了广泛而根本的变化。

博物学对医学院来说是一个新的分支。从 18 世纪中期开始，少数学院开始授予独立的博物学教授职位。博物学教授可讲授不同的课程，这些课程最终发展成了不同的学科，诸如气象学、水文地理学、地理学、矿物学和动物

---

① 多梅尼科·古列尔米尼，16 岁即任那不勒斯宫廷礼拜堂的管风琴师和乐师，被誉为"古奏鸣曲式之父"；贝尔纳迪诺·拉马齐尼，意大利医学家，职业病和工业卫生医学先驱，著有医学史上第一本职业病专著《论手工业者的疾病》；乔瓦尼·巴蒂斯塔·莫尔加尼，意大利解剖学家，致力于系统研究解剖学，并发表著作《疾病的位置与病因》，被誉为"病理学之父"。

学。由于所有的新课程皆以实验为基础，教学极大地依赖视觉教具，所以对院系来说，建设这些学科通常需要雄厚的资金。①

　　新课程的建制化很少出现在18世纪中期之前。在意大利北部，第一所确立实验物理学职位并建立物理学实验室的大学是帕维亚大学。第二所是帕多瓦大学，新课程被委托给长期致力于为自然科学提供直观化教学方法的乔瓦尼·波莱尼（Giovanni Poleni，1683—1761）。这一时期，帕多瓦大学实验室被认为是欧洲拥有最好设备的实验室。大学实验室也相继被其他大学模仿，如比萨大学、都灵大学、摩德纳大学、帕尔马大学等。1787年，帕维亚大学物理学实验室的实验设施才得到改善。而年轻的实验家阿雷桑德罗·伏特（Alessandro Volta，1745—1827）早在1778年即在此获得了教授职位。新课程的效果主要依赖于物理实验器材的质量。因为仪器昂贵，而出色的仪器制造商又少，故许多较小的机构仅买得起少量的物理实验器材。1788年，帕维亚大学的医学教育进行了改革。医学院学制5年。前2年学习理学院的课程，如几何与代数、物理学、植物学等；后3年，一般上午学习临床理论，下午到医院门诊见习或实习。由此，基础医学与临床医学实现了结合，现代医学教育的雏形初步显露。②

　　早在17世纪初，意大利的威尼斯和那不勒斯的医院、孤儿院已聘有音乐教员。早期的音乐学院还被称为修道院或耶稣基督贫儿音乐学院，专门收养流浪者和孤儿。修道院为他们安排了充实丰富的课程，其中一门就是音乐。教师皆是教会中的神职人员，在音乐课上教授学生演唱古老的旋律并创作。这些学生毕业后即被派往各个教堂，从事专门音乐创作和整理工作。学院加强音乐教育的明显转变发生在17世纪30年代，即开始选择高水平的职业作

---

　　① ［美］罗伊·波特：《剑桥科学史：18世纪科学》第四卷，方在庆主译，59页，郑州，大象出版社，2010。

　　② 朱潮：《中外医学教育史》，294~297页，上海，上海医科大学出版社，1988。

曲家做学校的音乐教师。到了18世纪，欧洲的大教堂都设有音乐学校，培养诗歌班团员和管风琴琴师。1734年，那不勒斯开始了奥地利统治的年代，那不勒斯国王是奥地利王子查尔斯·布尔本（Charles Bulben）。建立在那不勒斯的著名的圣巴托罗密欧歌剧院和圣卡洛歌剧院为贵族们提供了享受，平民甚至为歌剧工作的艺术家们都没有机会进入歌剧院。[1] 18世纪开始的公开音乐会、中产阶级经常举行的私人"沙龙"演奏演唱会需要更多的专业音乐家，旧式的培训方式已无法满足市场所需，专业的音乐学院便应时而生。修道院就转变成音乐学院，专门为社会提供音乐人才。18世纪上半叶，威尼斯音乐学院和那不勒斯音乐学院以培训小提琴和歌剧演员为主。

那不勒斯音乐学院也不再是只收留孤儿的孤儿院，而是吸引了很多有才华的学生就读。学生有的来自那不勒斯本城，有的来自意大利其他城市，有的甚至来自海外，如西班牙、英国等地。那不勒斯音乐学院于1675年聘请了一位"阉伶"（Castrato）专教声乐。威尼斯音乐学院则于1704年聘请了维瓦尔迪（Antonio Vivaldi，1675—1741）教授小提琴，这是有记载的第一位音乐学院小提琴教师。18世纪上半叶，这两所音乐学院对欧洲音乐学院影响甚大。当时闻名欧洲的歌剧演员都曾在这两所音乐学院任教，包括弗朗切斯科·加斯帕里尼（Francesco Gasparini，1668—1727），巴达萨尔·加路比（Baldassare Galuppi，1706—1785），波尔波拉（N. Nicola Porpora，1686—1768），洛卡泰利（Pietro Locatelli，1695—1764）等。

18世纪初期，音乐学院允许学生创作部分甚至整部歌剧，有些音乐学院还允许学生创作与宗教无关的舞台作品。女子学校很少，但也有女子在音乐学院学习。在威尼斯，管弦乐队一般都是由音乐学院中最好的学生组成的，负责在外国亲王来访时演出节目。所以，意大利音乐家在欧洲的主导地位在

---

[1] 刘姗姗：《那不勒斯音乐文化的兴盛（17世纪末—18世纪初）》，硕士学位论文，天津音乐学院，2007。

很大程度上源于他们出色的实力。

意大利音乐教育以出色的声乐训练为主导。这种训练由许多音乐学院和寄宿学校提供。典型的课程为每天上午 5 小时连续学习有难度的乐节、颤音、音阶及附加装饰、音乐文献，在监督下进行声乐练习；下午 3 小时，分别学习基本乐理、对位法以及当时最著名的歌唱家的演唱方式。如同布科夫策尔（Manfred Bukofzer，1910—1955）说的那样，无论歌手的普通教育多么缺乏①，经过 8 年如此的训练，学生亦可能成为具有全面素养的音乐家，能够处理任何音乐难题。教学者特别喜欢教小步舞曲和回旋曲。作曲大多被认为是一种职业性行为，人们往往通过实践而习得作曲技巧。由于业余学员和艺术爱好者需要，教学中进行了详细的指导。一般水平的业余学员没有必要涉猎所有的作曲技巧。② 18 世纪末至 19 世纪，欧洲多数国家都建立了音乐院校。从幼儿园到大学，音乐成为学生学习的主要课程之一，一个较完善的普通音乐教育体系初步形成。

第五节　职业与成人教育

作为文艺复兴的发源地，意大利诞生出较早的近现代城市与工业。至 18 世纪，诸如毛纺织业、瓷器业、玻璃烧制业等已具有相当的规模与较高的生产效率。譬如，米兰一家毛纺织厂拥有约 5 万名正式工人，在农村拥有约 20 万名家庭包工劳动者。再如，普拉托人常常以很小的作坊或工场从事着一道工序的生产，围绕进料、设计或销售等作业。这样，普拉托的生产得以有效地组织起来。从每一道工序到管理，都是专业化的。只不过，诸工艺主要依

---

① 徐媛：《欧洲音乐教育的历史及其现实意义》，硕士学位论文，东北师范大学，2008。
② 徐媛：《欧洲音乐教育的历史及其现实意义》，硕士学位论文，东北师范大学，2008。

托作坊学徒制和家庭父子传承。

在职业学校层面，18 世纪下半叶的意大利，现代科学（如实验科学）和职业训练之间的差距在大学之外表现得更为显著。由于受到特权阶层的强烈抵制，下层人民几乎无法接触到高深学问的研究；同样，上层人民亦接触不到传统职业培训和执业许可。故学术教育与职业教育沿着两条平行的轨道发展，彼此之间没有任何交流。学术教育在大学进行，而职业教育多在行会或宗教寄宿学校实施，如耶稣会等。另外，城市职业学校也提供职业培训。

事实上，拿破仑统治时期，在意大利学术体系框架内，大学也经历了深刻的变革，大学角色由此发生了变化。在 18 世纪到 19 世纪之间，拿破仑对职业立法进行了规范，大学确立了为未来专业人员提供科学和理论准备的职能，教学活动扩展到培养那些渴望从事更重要职业的人——医生、律师、公证人、法律顾问、土地测量师、工程师等。通过这种方式，古代艺术的一种特殊形式的"专业化"得以实现。是否被纳入科技和专业人才培养体系，不再取决于他们的阶级地位。该特征成为资本主义社会新制度的一个基本要点。

18 世纪，威尼斯已有相当规模的航海学校。学校内的航海课程关注理论与实践的结合，学校首先开设 2 年的航海理论课程，然后学生开始为期 4 年的海上实习。当时，国家服务部门和工匠之间持续不断地进行争斗，以限制学生的流动。1766 年，由于国内缺乏航海技能知识，而威尼斯人从国外获得了有用的航海知识，因此，威尼斯政府采取直接行动，聘请英国航海教师托马斯·艾德科姆（Thomas Edgcombe）主持了一个私人学院，教授导航理论知识。艾德科姆曾在朴次茅斯学院（University of Portsmouth）教学 14 年。[1] 艾德科姆向学生们介绍了在海上可能发生的特殊情况的例子、如何准确地编辑航海日志、指南针的使用方法等。每个学生都要按照自己的进度学习，把公理、

---

[1] Timothy McEvoy, "Finding a Teacher of Navigation Abroad in Eighteenth-Century Venice: A Study of the Circulation of Useful Knowledge," *History of Science*, 2013(1), pp.100-123.

定义和练习复制到自己的"学习计划"中去——这与英国皇家海军学院教授学生的方式大致相同。在课堂之外，学生要学习一些技能课程。比如，学习观测北极星的纬度是 1781 年在艾德科姆的领导下进行的，学生常常在日落之后留出时间，以供晚间观测课程之用。艾德科姆也热衷于介绍海上实用经验。"他要求使用一艘大约 80 吨重的船把货物运到海上，以便用实践向他们介绍获得的理论的应用。"在艾德科姆的监督下，理论和实践在学校里发生了融合。①

第六节　维柯的教育思想

维柯，意大利哲学家、教育家、历史学家、法学家、语文学家，公认的"西方历史哲学之父"，意大利伟大的民族哲学家，拥有系统的教育思想体系。

一、生平与著述

维柯于 1668 年 6 月 28 日出生于意大利南部那不勒斯的一个穷书商家庭，排行第六。在他出生时，那不勒斯被西班牙哈布斯堡王朝占领，那不勒斯王国由西班牙国王派总督治理，此时的意大利由许多教皇和很多小国分割控制。维柯少年时代在一所耶稣会学校里就读，学习希腊语和拉丁语文法，然后学习人文课程和修辞学，在高级班学习经院哲学、中世纪逻辑学和神学，随后学习民法和教会法。因不满学校的教育形式，他曾三次主动辍学在家自修。维柯曾在他父亲被控诉的案件中，以一个 18 岁青年的身份出席法庭替父亲辩

---

① Timothy McEvoy, "Finding a Teacher of Navigation Abroad in Eighteenth-Century Venice: A Study of the Circulation of Useful Knowledge," *History of Science*, 2013(1), pp.100-123.

护，且胜诉。①

1686 年到 1695 年，维柯在萨米诺南部的一个西班牙贵族家中任家庭教师，在主人家中熟读了彼特拉克（Francesco Petrarca，1304—1374），薄伽丘（Giovanni Boccaccio，1313—1375），马基雅维利（Niccolò Machiavelli，1469—1527）等伟大的文艺复兴前辈的著作②，积累了对他一生都至关重要的古典哲学、文学和法律方面的知识。他在自传中把这一段时间称为理智上离群索居的时期，也是自我教育时期。维柯主要靠自学完成了大学前的教育。1689 年，他考入那不勒斯大学的法律系，学习罗马法和修辞术，后获那不勒斯大学法学学士学位，并于 1692 年参加了那不勒斯的乌尼蒂学会（Accademia deli Uniti，即联合者学会）。毕业之后，维柯曾应聘法学教授职位，但因没有靠山而未成功，后获聘为修辞学讲师，1699 年在大法官卡拉维塔的鼓励下，竞争那不勒斯大学修辞学教授一职并获得成功。1735 年，维柯被任命为那不勒斯查理三世王室史官。他对希腊、罗马名著有深湛研究，但皇家历史编纂的职位并未改善他经济上的穷困。他在 1744 年去世，享年 76 岁。

维柯的代表作主要有《新科学》（第三版为《关于各民族共同性的新科学的原则》）、《论普遍法》、《论意大利最古老的智慧》、《安东卡拉法传》和《维柯论人文教育》③等。

《新科学》的出版标志着历史哲学的诞生。全书共 5 卷，为主要研讨人类社会历史的鸿篇巨作。马克思曾给予这部书很高的评价，认为其中"有不少天才的闪光"。④ 在近代西方史家中，维柯是第一个试图论证人类社会历史发展客观规律的历史学家。他把世界历史的发展理解为一个有机的过程，认为正

① 朱光潜：《维柯的〈新科学〉及其对中西美学的影响》，3 页，贵阳，贵州人民出版社，2009。
② 张小勇：《维柯教育哲学研究》，博士学位论文，复旦大学，2005。
③ 《大学开学典礼演讲集》（1699—1707 年）的内容是维柯担任那不勒斯大学修辞学教授期间发表的开学典礼演讲，一般结集为《维柯论人文教育》出版。
④ 蒋大椿、陈启能：《史学理论大辞典》，1102 页，合肥，安徽教育出版社，2000。

如一个人在其生命历程中需经历童年、青年和壮年一样，各个民族在其发展进程中也需经历三个阶段：神的时代，这是人类的童年时代；英雄时代，这是人类的青年时代；人的时代，这是人类的壮年和老年时代。在他看来，只有到了人的时代，即民主共和国或资产阶级君主立宪制时代，才有政治权利的平等、经济的繁荣和科学文化的昌盛。他把这一时代视为世界历史发展的最高阶段。历史不是直线发展的，也不是一个封闭式的单纯的循环，而是一个依照上述三个阶段做周期性复演的螺旋式的上升运动。他明确指出：人类世界确实是人类自己创造出来的。它既不是由某个杰出人物按个人意志创造的，也不是由命运或偶然因素决定的。人是历史的主体，历史运动是通过人的活动来实现的。这是《新科学》的一个基本原则，也是他的一个卓越的历史理论观点。

在一系列人文演讲和《论意大利最古老的智慧》中，维柯提出了一系列人性原则、公民原则、整体智慧原则、人类教育的个体发育次序原则、现代公民教育的基本原则、能力与创造力原则，等等。[①]

二、主要教育思想

维柯对教育的论述主要体现在他的著作中，他对大学教育等各个教育阶段，以及法学、美学、语言学等各个学科都有相关论述。他亦可被称为百科全书式的教育家。例如，他发表的一系列大学开学典礼演讲直接针对人的教育问题展开，主要论述现代个体公民教育，旨在塑造现代国家中的合格公民。《新科学》主要阐述人的教育，尤其是人类的历史教育和诸民族的塑造方式及发育过程。

（一）知识观

在探讨知识的起源和标准时，维柯认为知识是把握事物的要素与方式，

---

① 张小勇：《维柯教育哲学研究》，博士学位论文，复旦大学，2005。

真正的知识也就是创造事物本身的知识。因此，物理知识是上帝的知识，因为其创造了一切；人类心灵创造的唯一知识就是关于数目和形状的数学知识。其他知识都是人们借助于人类心灵的创造，对呈现于心灵中的现象进行构造的结果。形而上学知识和物理知识都属于上帝心灵的绝对知识，对于它们，人们只能间接获取。数学知识可以确定形而上学知识的存在，因为数学知识本来就源于形而上学知识。而物理知识是形而上学降至物理现象的结果，但须通过几何学才成为可能，个中关键在于几何学来自形而上学，故在应用于物理现象的同时，亦是人类心灵的纯粹创造，因而人类心灵对它具有绝对的真理性把握。①

　　维柯认为，知识的内在联系不可割断。对每一门学科的深刻把握亦离不开其他学科知识的帮助，不同的学科有不同的特点，故而才有互补的可能和必要。例如，"哲学默察理性或道理，从而达到对真理（the true）的认识；语言学观察来自人类选择的东西，从而达到对确凿可凭的事物（the certain）的认识……哲学家们如果不去请教于语言学家们的凭证，就不能使他们的推理具有确凿可凭性，他们的工作就有一半是失败的；同理，语言学家们如果不去请教于哲学家们的推理，就不能使他们的凭证得到真理的批准，他们的工作也就有一半失败了"②。维柯认为融贯一致的知识更容易掌握。如果把许多零碎的真理放在一起，作为一种形而上学的"类"属来理解，那么会比作为许多个别的几何数量来理解更为容易。因此，他主张每一门科学都应对世界领域的知识做出独特的贡献。③

　　在对知识的态度方面，维柯认为人们应该追求真才实学，不应满足于只迎合旁人的虚饰。学习知识的目的不在于为个人谋利益，而在于为国家和社

---

① 张小勇：《维柯教育哲学研究》，博士学位论文，复旦大学，2005。

② ［意］维柯：《新科学》上册，朱光潜译，103 页，北京，商务印书馆，1989。

③ 吴式颖、任钟印：《外国教育思想通史　18 世纪的教育思想》第六卷，472 页，长沙，湖南教育出版社，2002。

会服务。尤其在习得实用知识的过程中，应防止虚假。

(二)教学次序

维柯认为，"一切心智都是平等的，他们取得的差异是来自他们的身体组织和民政教育的各种差异"。① 虽心智平等，但由于生理遗传、发育阶段与后天环境的不同，人的发展程度并不一致。而在这个过程中，教育是影响心智发展的一个因素，或者说人心智的培养和发展离不开教育。

由此，维柯提出"自然发生序列"的概念。他认为，人在儿童时期记忆力最强，想象力最为活跃，擅长模仿，推理能力较弱，并且"推理力愈薄弱，想象力也就成比例地愈旺盛"②。随着儿童的成长，他们可以逐渐推理而进行抽象思维和理性认识。相对于儿童而言，成年人的推理和判断能力较强，但这些能力的提高是以牺牲想象力为代价的。因此，在教育的过程中，教育者和受教育者都应该认识到心智发展的特殊性。在青少年时期，应让想象力自由发展，学习诸如语言、历史等与心智发展相适应的学科知识，而不应过早地学习抽象的逻辑学或严肃的批判法。"青少年人记忆力强，想象力活跃，智力伶敏，在这种年龄，他们最便于学习语言和平面几何，收效大而不至于削弱紧密束缚在肉体上那种心灵的酸涩性，或智力上的野蛮状态，但是这种还处在未成熟年龄的青年们如果过早地转到研究玄学批判或代数学，就会在思维方式上对于生活过于精细，以至不能进行任何伟大的工作。"③而且，这种违反儿童心智发展规律的教育方法，在教育中还可能损害儿童学习的兴趣和热情。但在教育的过程中，也应适当促进儿童理性的发展，以免其想象力过度膨胀。

维柯客观分析了人类心灵发育的不同阶段的能力分布特征，并且根据这

---

① [意]维柯:《新科学》上册，朱光潜译，206 页，北京，商务印书馆，1989。
② [意]维柯:《新科学》上册，朱光潜译，115 页，北京，商务印书馆，1989。
③ [意]维柯:《新科学》上册，朱光潜译，108 页，北京，商务印书馆，1989。

些不同特征安排了教育目标、教育内容和教育方法。他对儿童、青少年、成年这三个阶段进行了区分(见表3-1)。每个阶段的教育目标、教育内容和教育方法都必须适合该阶段人的心灵的自然本性，并且为下一阶段的心灵发育做好准备。在不同阶段，各方面的能力各不相同，教育目标也各不相同。这三个阶段培养的能力依次是记忆力、想象力和理性能力，但三个阶段应培养的共同能力是创造力，尤其在儿童和青少年阶段更是如此。与不同阶段的心灵发育相适应，教育内容依次是语言习俗、神事知识和人事智慧。相应的教育方法依次是范例模仿、推理演绎和审慎实践。这三个阶段的教育目标也各不相同。第一阶段要求使儿童的心灵在语言习俗中通过范例模仿确定下来；第二阶段要求青少年在数量科学、物理学和形而上学中具有知识智慧；第三阶段要求人们拥有完整的人性，成为合格的公民，也就是要具有公民智慧。这是人类精神培育的三个阶段。用维柯的话说，在此三个阶段中，"学问的真正用途在于使心灵能够习惯于真理；其目的在于，心灵一旦习惯于真理，也就愉悦于真理；一旦心灵要求真理，也就容易把握真理；一旦能够把握真理，也就要求更进一步把善的真正界限应用于生活实践；也就是说诸种德性以及各种精神的善的艺术，并且通过这些培养心灵的神性，最后通过心灵接近上帝"。这个认识过程就是自我创造的发育过程，即人的心灵从感性到理性再到智慧的发育过程。这个过程如我们所说，被应用于后来《新科学》中的人类民族发育理论。①

表 3-1　维柯教育阶段的划分

项目	儿童	青少年	成年
教育目标	使儿童的心灵在语言习俗中通过范例模仿确定下来	在数量科学、物理学和形而上学中具有知识智慧	拥有完整的人性，成为合格的公民，也就是要具有公民智慧

① 张小勇：《维柯教育哲学研究》，博士学位论文，复旦大学，2005。

续表

项目	儿童	青少年	成年
教育内容	语言习俗	神事知识	人事智慧
教育方法	范例模仿	推理演绎	审慎实践
培养能力	记忆力	想象力	理性能力

维柯强调，处于儿童时期的人具有认识自己的天赋，具有最强的学习能力，是最富有天赋的、最强壮的人。所以，要想让儿童做到"认识你自己"，学校教育就应该注重培养儿童的自我认识能力，使他们能够客观地自我评价，提高他们的自信心，不要让他们丧失勇气，不要让他们轻言放弃。随着知识的增加，学校要防止学生出现"有学识的无知"现象。一方面，应避免使学生在学业上出现好高骛远、粗枝大叶、不求甚解的不良习惯；另一方面，应该让学生认识到自己的无知，防止高傲自大，成为"空心皮囊"。[1]

维柯用人类的原始时期来比拟个体的儿童时期。儿童先凭感官去接受外界事物的印象，这些印象留在记忆里，成为想象凭借的材料。在很长一个阶段里，儿童的心理活动主要是想象活动。他们只关心事物的个别具体形象，而不注意事物之间抽象的性质、关系和道理，因为他们还不会抽象思考。儿童的行动主要是模仿，"他们一般都在模仿自己所能懂得的事物来取乐"[2]。

在学科之间的逻辑关系上，维柯认为，全面学习应当按照如下秩序进行：①语言；②历史；③数学与几何学；④物理学；⑤形而上学；⑥启示神学；⑦基督教伦理学；⑧基督教法理学。在维柯看来，语言在教育体系中居首要位置，因为"语言是建立人类社会最强有力的武器，所以学习就该从语言开始"[3]。儿童时期记忆力与想象力强，推理能力弱，因此，儿童的学习内容应

---

① 宫盛花、王洪礼：《论维柯的诗性儿童教育观》，载《河南大学学报(社会科学版)》，2012(4)。

② 朱光潜：《西方美学史(上)》，339 页，北京，中国友谊出版公司，2019。

③ [意]维柯：《维柯论人文教育——大学开学典礼演讲集》，张小勇译，22 页，桂林，广西师范大学出版社，2005。

当以语文学(语言与历史)为主。此外，哲人在将他人教育为朝臣、法官与教师时，全部依赖于语言的艺术。维柯认为，过度的想象力将带来错误与灾祸，因此，对儿童推理能力的培养也是必要的。对儿童推理能力的教育首先依赖于几何学。当儿童的心智有了进一步的发展时，他们应该学习越来越抽象的学科，从物理学、数学直至形而上学。维柯认为形而上学并非教育的顶点，只是认识精神的阶梯。①

(三)智慧教育

维柯的智慧教育观是建立在对人的心灵能力、人的自然本性的全面考察的基础上的，旨在培养智慧公民。这种智慧是包括知识，审慎和雄辩在内的整体智慧，既包括理论智慧，又包括历史智慧。最终，教育要培养的是人的德行、公民德行和民族德行，贯穿于其中的是心灵的创造力。这就是一个公民、一个民族甚至整个人类的精神发育过程，也是他们精神的自我创造过程。

维柯认为，智慧包括知识、审慎和雄辩三个要素，分别与人的心灵、精神和语言相对应。最高的智慧不是知识智慧，而是审慎智慧。在某种意义上，知识智慧还需包括在审慎智慧之中。例如，普遍城邦中的永恒法是审慎智慧，而不是知识智慧。维柯提出："智慧是一种功能，它主宰我们为获得构成人类的一切科学和艺术所必要的训练。"②可以说，智慧就是恰当的创造力，这种恰当的创造力正是调动一切训练的能力。通过这些训练，我们能够掌握构成人性的一切知识和艺术。智慧作为一种训练的能力，其训练的结果就是产生相应的德行。③

维柯认为认识的特有能力就是创造力。创造力和想象力不仅在个人的学习教育上发挥核心作用，在人类社会中也有着更为重要的显著功能。因为一

① [意]维柯：《维柯论人文教育——大学开学典礼演讲集》，张小勇译，20~25 页，桂林，广西师范大学出版社，2005。

② [意]维柯：《新科学》上册，朱光潜译，172~173 页，北京，商务印书馆，1989。

③ 张小勇：《维柯教育哲学研究》，博士学位论文，复旦大学，2005。

个民族的共同意识是依靠经验的积累和相似性的观察而形成的各种习俗、制度和语言。正是把想象力同人类共同意识联结起来，才诞生了后来维柯所说的诗性智慧。这也就是古代人类社会的教育方式，这种教育方式首先要培养的就是创造力。

在《论我们时代的研究方法》①中，维柯提出了整合判断的教育方法：整合判断的教育方法就是论题法教育先于批判法教育，常识教育先于理论教育，感性能力教育先于理性能力教育，艺术教育先于科学教育，范例教育先于逻辑教育。最后，再做出整合判断。这实际上是维柯早期的整体智慧教育理论的深化。这种教育方式的目标是"在科学研究中发本求真，在实践生活中审慎睿智，在论说言辩方面博大精深，在诗艺绘画上富于想象，而在法学上博闻强记"②。此外，还要戒虚骄，戒盲从。在判明了各种能力的本性之后，就要求全面发展各方面的能力，以求协调均衡，而不是像早期那样削弱感性能力来发展理性能力。最后，不是要求用理性来约束感性，而是要求用智慧来约束理性和感性，因为"理性和感性一样提供的都是智慧的质料和形式，理性并非万能，感性亦非无知。它们共同的基本能力形式就是创造力，在创造这个层面上它们拥有共同的发言权"③。

人类个体教育过程就是与人的心灵能力和自然本性相应的三个阶段依次递进的公民塑造过程。从教育内容上看，维柯融合了古代智慧和近代科学两方面，以求在人的心灵、精神和语言三方面全面塑造人的本性。这就要求维柯对古今智慧、研究方法做出全面批判，并对人类的真理、知识、能力三方面进行批判，以便真正认识人的心灵和精神，最后确立起自己的人类个体发育理论。这是基督教背景下理性的人的时代的个体发育。

――――――――――

① 《论我们时代的研究方法》是 1708 年在那不勒斯大学开学典礼上的第七篇演讲，它含有在维柯的成熟思想中展开的许多理论的胚胎，是对前六篇演讲的总结。
② 张小勇：《维柯教育哲学研究》，博士学位论文，复旦大学，2005。
③ 张小勇：《维柯教育哲学研究》，博士学位论文，复旦大学，2005。

在维柯看来，理论学科对应着知识教育，实践学科致力于明智，修辞学致力于雄辩。整合教育的实现则依赖于学科本身的整全无偏。这三部分学科的方法彼此并不相同。要保持教养的整全无偏，就要坚持方法的整全无偏。整全教育不是纯粹知识的教育，不是为了记忆而记忆，更不是为了炫耀学问，而是为了求得真正的智慧，培养完善的德行。唯有智慧和德行，才能使我们的心灵和精神真正神圣。这就是维柯提倡的百科全书式教育的精神实质。

（四）教学方法

在教学方法方面，维柯强调，衡量一种教学方法是否有用有三个标准，即"新创造、新真知、新的更为严格的追求"。维柯并没有指定使用一种统一的教学方法。他强调较为宽松、自由的教学环境和教学方法，主张发挥学生的主动性和创造性，批评中世纪以来的经院教育中严苛古板的教育。他要求尊重永恒不朽的经典，并以人类历史中涌现出来的大师为标尺，遵循学有专长的良师的引导，博采众家之长，用全面的智慧和知识来培养各方面的能力和德行，最后形成把握整体的智慧，"熟知各种教育各自提供何种益处，因为任何一种教育都有其自身的用途，并且一切形式的教育都统一于完整的智慧整体"①。

维柯认为，让小学尚未毕业的儿童过早学习所谓安诺德②式的逻辑学来为学哲学做准备，最终只会伤害儿童的智能，导致儿童在表达方面的干枯。这种逻辑学需对大量的远离普通常识的高等、科学的深奥课题进行严谨的判断。智能可以通过其他训练方式来发展。例如，发展记忆力宜通过语言的学习；发展想象力宜通过诵读诗人、历史学家的作品；发展知觉力宜通过平面几何学的学习。平面几何学在某种意义上是一种制图学，儿童既能用它的许多要素来提高记忆力，又能通过用极细致的线条画出的清楚的图案来精化想象力、

① 张小勇：《维柯教育哲学研究》，博士学位论文，复旦大学，2005。
② 安诺德（Arnauld，1612—1694）是一种经院派形式逻辑的创始人。

锐化知觉力。这一切到了判断力成熟的时期就会开花结果，形成一种能言善辩、活跃锐利的智慧。①

过早学习代数，会把青少年本性中最茂盛的一些因素归于僵化：弄昏他们的想象力，削弱他们的记忆力，钝化他们的理解力。而这些因素在促使青少年掌握最优美的文化方面都是必要的。比如，想象力对学习绘画、雕刻、建筑、音乐、诗歌和辞章都颇具裨益，记忆力则对学习各种语言和历史十分必要。青少年在代数学习方面花了很多时间，结果使他们后来在面对其他事务时不那么熟练。因此，要想使代数提供某些效益而不至于产生某些负面结果，就应等到全部课程学完之后，再进行短时学习即可。②

针对经典学习，维柯强调，要研读、思考经典作家的经典作品，尤其是在人类思想长河中遴选出的那些久经考验、堪称典范的作家的代表作品。教师需要精心评注、引导并指明其中的方法和蕴意；学生则需要通过对所有经典作品的模仿和修正，塑造越来越完善的观念。经典教育是一个教师、学生、教学方法、教育目的紧密配合的过程。教师和学生在教学活动中的相互配合与协作有助于消除虚假和无用的学习。③

在《新科学》中，维柯用语文学的方法表达了他对精神教育和身体教育关系的理解。维柯首先注重的是灵魂形式，因为精神教育是更重要、更基本的东西，身体教育应该建立在精神教育的基础上。④ 语言则处于心灵和肉体之间，是心灵和肉体的中介。最初的语言必然是无声的语言，也就是肢体语言。这也是最早的形而上学。维柯的着眼点首先是人类的精神教育，或者可以说就是人类自我的精神创造。

---

① ［意］维柯：《新科学》下册，朱光潜译，654~655页，北京，商务印书馆，1989。

② ［意］维柯：《新科学》下册，朱光潜译，655~656页，北京，商务印书馆，1989。

③ 吴式颖、任钟印：《外国教育思想通史 18世纪的教育思想》第六卷，477页，长沙，湖南教育出版社，2002。

④ 张小勇：《维柯教育哲学研究》，167页，上海，上海人民出版社，2017。

维柯注重方法教育。维柯认为，方法问题的焦点集中在批判法与论题法、分析法与综合法、演绎法与归纳法之间的关系上。在各类艺术和科学中，维柯强调论题法先于批判法、综合法先于分析法、归纳法先于演绎法。最后，整合判断这种研究方法和教育方法才形成。维柯之所以如此强调方法的重要性，是因为在他的教育哲学中，培养创造精神和创造能力是首要目的。教育的目标是在继承中创新，故教育一方面要重视古典经典，重视优秀、伟大的范例，另一方面则要超越范例、不断创新，在经典范例阻碍创新的时候，甚至要打破范例。维柯提倡的创造精神正是近代以来最伟大、最崇高的人类精神。

维柯的教育观与他的真理创造统一观一致，即人类精神是自己创造出来的，人类世界也是人类精神创造出来的。这两种创造过程也就是人类精神自身的发育过程，其中的标志即人类各种德行的培养和形成，包括人类心灵的感性能力、理性能力和意志能力等各种能力形式，包括宗教的、伦理的、经济的、政治的等各种民政形式，亦包括肉体、宇宙、天文、地理、机械等各种物理形式。

（五）公民教育

维柯的公民教育思想与其史学思想紧密相关。在维柯看来，人类社会经历了三个阶段：神的时代、英雄时代和人的时代。将这三个阶段类比到人类的成长时期，人类成长时期也可分为三个阶段：人性的最初萌芽时期、人性的最初雏形时期和人性的成熟时期。从政体角度来说，第一阶段是家族政体，第二阶段是贵族政体，第三阶段是平民政体。从教育角度来说，第一阶段进行家父教育，第二阶段进行市民教育，第三阶段进行公民教育。其中，教育的基本方式是诗性的模仿而不是理性的反思。家父教育是对神的权威的模仿，市民教育是家父之间的相互冲突与模仿，公民教育是一切人对贵族市民权利的模仿。这种模仿是一个必然的历史过程。

维柯认为，教育首先是公共的福利和政治活动，它是一种国家活动和社会活动，它培养的是一个国家和社会的合格公民。① 他把拥有智慧和德行看作公民的共同权利和义务，每一个公民都具有对社团、民族、国家和人类的共同责任。公民教育的目标就是英雄教育，即要求每一个公民都成为英雄。维柯眼中的英雄是社会中的每一个公民，也就是每一个人。因为每一个人都是社会中的公民，因此，教育首先就是公民教育。维柯之所以强调爱国精神和公民教育的重要性，是因为保家卫国、造福民众都依赖于公民教育。维柯的人文教育思想就是要把公民、人性和文明统一在一起。其中，整全教育、古典教育在维柯这里都被赋予了新的内涵。

在《新科学》的诗性部分，维柯提出了他的教育理念，即人如何从动物的兽性状态引导出人的灵魂和人的身体，以及人类如何从唯一的自由人——家父，引导出贵族市民精神，然后再引导出人皆公民的公民精神，即人类教育的演进和人类社会的演进。在方法上，维柯论证了只有人文教育才能治疗颓败的人性，实现基督教的目的；并且，只有通过人文教育培养的自由技艺才能使一个城邦真正强大。②

(六)大学教育

维柯特别强调"大学"(拉丁文为 studiorum universitas)的词源学含义，即"各种学问研究的统一体"。大学意味着人类知识整体和学问总体，意味着百科全书式的教育方式和某种集体学术建制。它包括每一代、每一个民族在任一门科学中的学问。无论是百科全书式的知识、专业性的知识，还是钻研和讲授这些知识的各类教师，这些资源都有助于训练学生的高贵精神，使他们谦逊地、愉快地纠正自己、教育自己和改进自己。③

维柯强调，大学教育是公民教育要求的必然形式。只有经历过大学教育，

---

① 孙向晨、孙斌：《复旦哲学评论(第3辑)》，213页，上海，上海人民出版社，2006。
② 叶淑媛：《维柯主要著作及其思想探析》，载《甘肃联合大学学报(社会科学版)》，2008(2)。
③ 张小勇：《维柯的〈论英雄心灵〉及其教育哲学》，载《哲学分析》，2012(6)。

通过各种科学艺术培养人在心灵、精神和语言各方面的德行，才能使社会中每一个人都能够成为受到全面教育的"智慧公民"。与希腊百科全书式教育相呼应，维柯要求现代大学教育应该实现各科通汇、互相补益、融贯统一。维柯要求将各类科学艺术都统一在哲学之中，各类知识都从属于审慎智慧，其实也就是公民修养。因此可以说，大学的根本问题就在于公民教育。从这个角度出发，维柯也隐约批评了他生活的时代的大学教育的弊端，主张一切学问追求的唯一目的就是获得真理，而真正目的应在于使人类心灵、精神和语言得以进步和完善。

在维柯看来，大学主要课程应该是经典作品导读，导读的主要目的是让学生掌握经典之所以成为经典的方式和精神，以便能够有所借鉴。采用导读经典作品而不是学习学科教材的方式，可以避免造成灌输式的恶劣效果，避免带来科学权威不容置疑的印象，从而使学生敢于质疑、敢于创新。相对于学科教材而言，经典作品是活的。经典可以被模仿，可以被超越；而教材本身并非活的经典，更像是一系列定律和概念的罗列。经典本身是一场思想智力游戏，而教材只是记忆背诵的材料。在讲读和研习经典时，也要避免盲目迷信权威，否则就等于把经典当作教材。在自传中，维柯还介绍了自己的读书法。读书前应先整体把握，在读的过程中注意细节；在书上而不是在笔记簿上做标记，以便读原文时可以照顾到上下文而不断章取义；要带着批判的眼光去读书，不盲从等。

在大学教育的教学方法上，维柯批判经院教育中的唯师是尊，批判私塾教育中的自由散漫，主张一切形式的教育都应统一于完整的智慧整体。他建议用教师和前贤的各种学问来健全和完善心灵与精神的一切能力。教育的大致次序是先人文科学，后自然研究；教育方法可以归结为研习经典、统一把握；最终目的是塑造融贯一致、和谐统一、比例优美的智慧整体。①

---

① 张小勇：《维柯的〈论英雄心灵〉及其教育哲学》，载《哲学分析》，2012(6)。

维柯借助于教学方法论的阐明，为自己的教育思想奠定了坚实的形而上学基础，并就教育内容、次序、方法等形成了全面而独特的见解。在教育内容上，强调人类智慧整体；在教育次序和方法上，提出了整合判断的教育方法；在知识论方面，提出了真理和知识都是人类心灵的创造这个论断。其间，维柯尤其注重人性教育、注重智慧公民教育、注重创造力教育与注重整全教育等。

人性教育。人的神圣性不仅是指人的精神的自由和崇高，更是对人的各种心灵能力，包括感知、记忆、推理、意志等的检阅。把人的本性放在人的心灵能力上来考察，是维柯从早期演讲到《新科学》都一直坚持的基本原则。

智慧公民教育。在人类教育的基础和目标上，维柯把心灵和精神的能力放在了根本的位置上，注重培养具有创造力和创造精神的智慧公民。在维柯看来，教育就是要引导出人的心灵和精神，并且不断超越人性本身。引导和超越就是人类自我精神创造的基本形式。这是智慧公民教育的重要保障。

创造力教育。维柯强调保护儿童的天生创造力，强调教学方法的选择和运用需要以对儿童功能自主性的认识为基础。同时，要清醒地认识到儿童的非理性特点。在传递文化的过程中，尤其需要注意不能通过已经设计好的模式压制人的创造力。

整全教育。每一个人和每一个公民都要利用人类智慧的所有方面全面培养语言、心灵和精神的各种能力，这个原则实际上要求的是用整体的智慧来培养整体的人和整体的公民。从这个方面来讲，智慧包括雄辩、知识和审慎，分别培育人的语言、心灵和精神。整全教育尤其需要规避科学和艺术、身体和心灵、感觉和理智之间的割裂。

教育的个体发育次序。安排学科和各项内容必须从人类个体不同发育阶段与不同自然本性出发。从这个角度来看，人类个体的精神教育分为三个阶段，即儿童时期、青少年时期和成人时期，三个不同的阶段有着不同的学习内容和学习目的。例如，儿童时期主要学习语言和历史，青少年时期学习数学和自然科学，然后通过审慎智慧和雄辩术的培养，个体逐步过渡到成人阶段，最终成为真正的人和真正的公民。

当然，由于受到历史局限的制约，维柯的教育思想中难免存有一些缺陷。比如，他将人类文化全部归结于"诗性智慧"，使得诗性智慧的研究对象过于宽泛，因此对诗性智慧的本体内涵有所遮蔽，将人类文化发展的复杂性简单化了。

第四章

18世纪俄国的教育

　　18世纪，为尽快摆脱俄国社会经济与文化教育发展的落后局面，持续推进赶超欧洲先进国家的"西方化"社会发展政策，建设成为拥有一支强大海军的欧洲军事强国，自彼得一世（Peter the Great，1672—1725）开始，先后执掌俄罗斯最高统治权力的伊丽莎白·彼得罗芙娜（Elizabeth Petrovna，1709—1762），叶卡捷琳娜二世（Catherine Ⅱ，1729—1796）等俄罗斯君主们，相继开展了包括教育改革在内的一系列社会改革。就教育改革而言，在初等教育领域，先后创设了算术学校、初级主教学校、俄语学校、初级国民学校、中心国民学校等，俄罗斯民众获得了接受一般的阅读、写作与计算教育的机会；在中等教育领域，以俄罗斯科学院附属文科中学、喀山文科中学等为代表的中等学校注重向就读者提供拉丁语、希腊语、德语、法语、修辞学、逻辑学、算术、历史、地理、绘画等知识教育，注重为学生接受高级专业教育提供必要的学术基础教育，中心国民学校也为就读者提供了一定的学术准备教育；在高级专业教育领域，既设立了以莫斯科炮兵学校、莫斯科数学与航海学校、圣彼得堡海军学院、主教学校和神学校为代表的实科专门学校，注重为俄罗斯军事和社会经济发展培养军事和专业技术类人才，又设立了莫斯科大学和俄罗斯科学院等高等教育和科学研究机构，注重通过设立预备学校、附设中学和指派教师的方式，实现教育教学、科学研究及指导、参与初等教育和中等教育实践事务的整体结合。

作为 18 世纪俄罗斯整体社会变革运动的重要组成部分，18 世纪的教育改革在一定程度上满足了俄罗斯社会变革与发展的需要，满足了俄罗斯现代化初步启动阶段对有文化的民众和掌握专业技术知识的人才的需要，尝试并探索了国家借助行政权力领导参与国家教育事业的教育现代化发展路径，并取得了明确的教育成效，教育国家化逐步成为俄罗斯教育发展的主要趋势之一。

第一节　社会背景

18 世纪，彼得一世和叶卡捷琳娜二世在位期间积极开展了社会政治、经济、军事和科技文化改革，为该时期教育发展提供了较为有利的社会基础，并对俄国教育提出了构建国民教育体系、培养合格俄罗斯国民的要求。

彼得一世，莫斯科大公国罗曼诺夫王朝第四位沙皇，1682 年至 1725 年在位，17 世纪末至 18 世纪初俄国政治家和军事家。在位期间，他致力于俄罗斯的富国强兵事业，在政治、经济、军事、文化教育领域推行了一系列卓有成效的改革，极大地提升了俄罗斯的国际地位，促进了俄国资本主义因素的增长，为俄罗斯社会的现代化发展奠定了初步基础。彼得一世推行的改革史称"彼得大帝改革"。史学家认为，彼得一世借助于一系列的社会改革实现了国家经济和文化生活的飞跃式发展，国家政权的强有力介入是实现这一发展的社会政治基础。彼得大帝改革"活跃了封建制度内部业已存在的潜能，并借此促进了国家的经济和文化发展"①。

---

① ［俄］M.P. 泽齐娜、［俄］Л.B. 科什曼、［俄］B.C. 舒利金：《俄罗斯文化史》，刘文飞、苏玲译，118 页，上海，上海译文出版社，1999。

一、以"开明专制"为核心的政治改革

彼得一世积极推进并强化政治专制统治,着重巩固实施以君主专制为核心的俄罗斯中央集权统治,以为改革提供坚实的政治基础。彼得一世将集中东方式的君主专制权力作为改革的基础。自1689年推翻其异母姐姐索菲娅(Sophia Alekseyevna, 1657—1704)的摄政政权开始自己的统治之后,彼得一世下令废除国家杜马,并以一个仅仅发挥橡皮图章作用的"元老院"取而代之;1703年开始兴建圣彼得堡城,并于1712年迁都圣彼得堡,将圣彼得堡发展成为俄罗斯政治、经济和文化中心;设立参政院和政府各部门的委员会,制定法令,设置监察机构,将教会管辖权收归政府掌握。

彼得一世政治改革的核心,在于推行"开明专制"统治,这是一种不同于传统的东方式君主专制的统治形式,"东方的专制君主有权任意处理其臣民的财产,而在西欧的君主专制下,国王则只能在法律或习惯规定的范围内处理其臣民的财产"①。当然,这也绝不意味着在道德上西欧的专制君主优于他们的东方"同行",而是不同的力量对比的结果。为实现自己的社会改革目标,彼得一世动用了自己手中掌握的东方专制君主的不受任何约束和限制的权力,置俄罗斯的一切现实力量于国家,也就是彼得一世政权的掌控之中。采矿业国家垄断、森林国有化、国家剥夺私人渔业所有权等改革,均有赖于这一不受限制的东方专制君主权力的无限行使。

为保证政治改革的顺利推行,彼得一世保留了莫斯科的"世袭君主制",并在很长的时期内扩大和巩固了这些基础。为保证改革能够在遭受极大阻力的情况下继续推行,彼得一世更多地采用自上而下的命令方式推进改革。在其1702年颁布的《关于号召外国人士前来俄国的命令》中,彼得一世将改革的

---

① [俄]戈·瓦·普列汉诺夫:《俄国社会思想史》第二卷,孙静工译,31页,北京,商务印书馆,1996。

意义确定为：使国家的管理能够增进全体臣民的福利，建设一支训练有素、纪律严明的强大军队，保持国内安宁且不受外来侵犯，改善和扩大贸易，使俄国臣民能够方便地学习新的知识。为实现上述诸项改革目标，"应敦请外国人士前来我国。凡能有助于实行这一目标，能对此有所贡献，具有有益技艺者。无论在我国服务或留居我国，都无不可"①。

　　彼得一世以高压手段对付那些胆敢向其君主专制权力提出挑战的异己势力，处决了1200名反叛"枪兵"②，更是直接显示了其对于镇压异己势力所能表现出来的决心和冷酷。为确保自身统治稳固，彼得一世借鉴其他部分欧洲国家经验，从农民中招募士兵并终身服役，致力于建设一支强大的常备军队。为巩固自己的绝对权力，提高官僚队伍的管理效率，彼得一世还以基于军功或政绩的官僚职位制度，取代了贵族依靠自身等级自然获得权力的旧制。

二、以"欧化"政策实施为内容的经济改革

　　俄罗斯实施"欧化"政策促进经济发展的做法由来已久。罗曼诺夫王朝第一代沙皇米哈伊尔·罗曼诺夫（Михаил I Фёдорович Романов，1596—1645，1613—1645年在位）统治时期，俄罗斯即注重引进包括军事技术在内的西方先进技术，聘任西方工程技术人员，允许外商在俄罗斯领土上开办手工工场。当时在莫斯科的外侨集中居住，形成了一个被称为"日耳曼城"的外侨居住区，他们从事与矿冶、纺织、医药、钟表等有关的各种专门技术性工作或经营商业活动。俄罗斯还雇用了许多外国军官来训练和领导他们的军队。罗曼诺夫王朝第二代沙皇阿列克谢·米哈伊洛维奇（Алексей Михайлович，1629—

---

　　①　[俄]戈·瓦·普列汉诺夫：《俄国社会思想史》第二卷，孙静工译，24页，北京，商务印书馆，1996。

　　②　"枪兵"是16—18世纪初俄国配备火枪的步兵。枪兵最初主要源于城乡自由民，后来，枪兵需终身服役，可世袭。至18世纪，其已经发展成为拥有4000人的队伍。作为军队中活跃的政治势力，枪兵于1698年发生兵变，企图用武力助索菲娅即位，反对彼得一世的统治，被彼得一世镇压。

1676，1645—1676 年在位)继续引进西方技术，以加强军事装备、改进军队组织和鼓励外商投资办厂，还将欧洲生活方式和时尚引入宫廷生活。

对专制主义权力的追求以及依靠专制主义权力的行使以实现富国强兵，是 18 世纪俄国开明专制君主的责任与追求。受 18 世纪启蒙运动精神的鼓舞，俄国开明专制君主彼得一世和叶卡捷琳娜二世(1762—1796 年在位)继续将俄罗斯追赶西方经济发达国家的"欧化"政策确立为经济改革的基本政策。

为尽快改变俄罗斯工业总体水平远远落后于西欧的局面，彼得一世将尽快提高俄罗斯的工业化水平，着重发展近代工业和对外贸易作为经济改革的主要目的。通过实施一系列的经济改革措施，冶金、造船、纺织工业得到快速发展，运河开凿和铁路修筑为工业发展提供了便捷的交通条件。为确保经济发展，彼得一世以命令的方式推行"贵族领地不可分割"政策(长子继承制)，并就实施这一政策的经济意义做出三点说明：第一，国家收入更易整顿，使所属臣民得到益处；第二，门第不致衰落，它将通过颇具荣耀的高大房屋而代代流传下来；第三，长子外的其他儿子不致游手好闲，他们可以选择通过出任公职、学习、经商和其他途径谋生，从而有益于国家。①

三、以建设强大海军为目的的军事改革

关于建设一支强大海军的意义，彼得一世深受普罗科波维奇(Ф. Прокопович，1681—1736)理论的启发。1720 年，普罗科波维奇在《颂扬俄罗斯海军、颂扬俄罗斯兵船击败瑞典舰队 7 月 27 日取得胜利的演说词》中倡言：发展海上舰船以及与此密切联系的海上交通，可以实现人类友爱联合、互通有无。对于俄罗斯而言，海军建设意义重大，因为对于一个毗连许多海洋、拥有漫长海岸线的国家而言，没有海军是一件危险而可耻的

---

① [俄]戈·瓦·普列汉诺夫：《俄国社会思想史》第二卷，孙静工译，24 页，北京，商务印书馆，1996。

事情。这个国家既难以维护自己的国家安全，在国际交往中也只能沦为二三流国家。

对于直接服务于其创建世界上最强大海军和陆军的科学知识，彼得一世尤其重视。"彼得首先热爱精密科学(数、理、化)，因为这是被应用于他最感兴趣的那些事业的知识——应用于炮兵学、造船、筑城上的知识。其次彼得醉心于自然科学，其中最吸引他的是解剖学和医药植物学，因为这是不难应用于事业的知识。"①

海军建设的教育意义还得到了普遍的社会认同。就宗教界人士而言，以总主教职地方视导斯特凡·亚沃尔斯基(Stephan Javorsky，1658—1722)为代表的宗教界人士给予了充分肯定。斯特凡·亚沃尔斯基将彼得一世视为俄罗斯的"诺亚"，认为彼得一世作为俄罗斯的第一个"诺亚"和海军将才，不仅能将俄罗斯民众带入安全之境，而且还可以极大地开阔俄罗斯人的视野。斯特凡·亚沃尔斯基还认为，上帝用彼得的钥匙打开了俄国的大门，俄国可以通过这个大门与世界其他国家交往。俄罗斯民众得以知晓以前不了解的知识，了解别国的道德风俗和知识，看到各国的政治形势和美丽的城市。而且，拥有了海船便意味着拥有了财富，像圣彼得堡那样的孤零零的城市只有亏空，而拥有了海船和码头，城市也就拥有了无尽的财富。1719年出任海军修士大司祭的加夫里·布仁斯基曾在一次布道时说，没有海军的国家仿佛是一只想单翼而飞的鸟。

四、科学技术与世俗文化改革

随着米哈伊尔·罗曼诺夫沙皇统治时期西方技术的引进和"欧化"经济政策的实施，俄罗斯农业与手工业得以恢复并发展，商业日趋活跃，统一的俄罗斯市场逐渐形成，俄国经济与军事实力日益增强。1654年，俄国统治者利

---

① [苏联]B.B.马夫罗金:《彼得大帝传》，余大钧译，235页，北京，商务印书馆，2013。

用乌克兰和白俄罗斯人民与波兰封建主的阶级和民族矛盾，发动了俄波战争（1654—1667年），并取得了胜利，初步实现了兼并乌克兰和白俄罗斯的目的。此后，一些来自乌克兰和白俄罗斯的神学家、作家和学者在莫斯科从事教育活动。他们积极参加俄国早期世俗教育机构的创建。17世纪末，"欧化"对俄国上层社会已产生了明显的思想影响。被称为俄国西方派鼻祖、索菲娅摄政时代的宠臣瓦·瓦·戈利岑公爵（В. В. Голицын，1643—1714）就很崇拜西方，特别是波兰文化。他拥有丰富的波兰文和德文藏书，其内容涉及宗教、政治、法律、军事、实用科学。他还高度赞赏波兰教育。"他向贵族家庭证明，必须教育他们的子弟，为此应将他们送进波兰学校，或延聘波兰家庭教师。"[1]"他还想使贵族能够旅游，使他们去别的国家学习军事；因为他想把农民大军转变为良好的士兵，而农民参加战争，则其土地便会荒芜。他不想实行这种于国无益的兵役，所以打算对农民征课不重的货币人头税。"[2]

彼得一世在位期间，还注重加强世俗文化建设，努力提高俄罗斯民众的文化水平，创办了一批注重向民众提供基本读写技能教育的世俗学校。"在这些学校中，知识的世俗倾向、新的教育形式、与实践的联系扩大了人的视野，增强了人认识周围世界的可能性。所有这些都极大地拓展了世俗文化的活动范围。"[3]18世纪前25年，波利卡尔波夫（Фёдор Поликарпов，1670—1731）的《初级读本》，普罗科波维奇的《少年启蒙书》，字典和力学、技术、建筑方面的各指南类、教学类图书的出版，为实用类知识的传播提供了可靠的源泉

---

① ［俄］戈·瓦·普列汉诺夫：《俄国社会思想史》第一卷，孙静工译，308页，北京，商务印书馆，1996。

② ［俄］戈·瓦·普列汉诺夫：《俄国社会思想史》第一卷，孙静工译，309页，北京，商务印书馆，1996。

③ ［俄］М.Р. 泽齐娜、［俄］Л.В. 科什曼、［俄］В.С. 舒利金：《俄罗斯文化史》，刘文飞、苏玲译，120页，上海，上海译文出版社，1999。

和载体，切实打破了教会印制图书的垄断地位。①

1700年，俄国开始实行公元历法，新年从1月1日开始。1702年，莫斯科开办了第一所剧院——喜剧木宫。1703年，莫斯科和圣彼得堡印刷了彼得一世亲自编辑的报纸《公报》，《公报》刊载国内外军事、经济和文化消息。自1708年开始，俄罗斯出版大众化年历，宣传农事、商业、数学、历史、气象、医疗等实用知识，深受民众欢迎。图书印刷业也得到了前所未有的发展，印刷厂数量增多，专业化出版渐成气候，教材、地图、宗教图书以及国家资料等专题图书得以印刷出版。1714年，圣彼得堡图书馆开始兴建，建成后收藏了克里姆林宫皇家手抄图书和手稿，同时收藏了外国版图书和彼得一世的个人藏书。后该图书馆成为俄罗斯科学院的一部分，并在1728年面向社会公众开放。

彼得一世在出访荷兰期间，参观了莱顿大学，了解了大学解剖室的构成；在出访英国期间，分别参观了伦敦皇家学会和牛津大学；1711年与莱布尼茨结识，后邀请其为俄罗斯草拟有关俄国科学和教育发展的报告。

18世纪初，民用字母的推广使用以及世俗文体的确定，也成为俄罗斯世俗文化教育发展的内容。简化复杂的基里尔字母，进一步分离世俗文体与教会文体，这为世俗知识的传播提供了条件。彼得一世曾在1710年发布命令，要求以民用字母印刷艺术与手工业图书。对此，罗蒙诺索夫（M. B. Ломоносов，1711—1765）曾做出形象描述："在彼得大帝时代，不仅是大贵族和贵族太太们，而且连字母也脱去宽大的皮袄，换上了夏装。"②

彼得一世对俄国科学和教育事业的发展做出了突出贡献，具体表现在："他使俄罗斯人民的天才有可能广泛施展，他为长期积累的知识、经验和人民

---

① ［俄］M.P.泽齐娜、［俄］Л.B.科什曼、［俄］B.C.舒利金：《俄罗斯文化史》，刘文飞、苏玲译，121页，上海，上海译文出版社，1999。

② ［俄］M.P.泽齐娜、［俄］Л.B.科什曼、［俄］B.C.舒利金：《俄罗斯文化史》，刘文飞、苏玲译，121页，上海，上海译文出版社，1999。

的才智由于摆脱教会和神学的僵死的监管得以产生巨大的效果创造了条件。"①为适应俄罗斯社会政治、经济领域改革与发展的需要,彼得一世还在文化教育领域积极推行改革,追求文化教育的世俗化发展,创办科学院,创设专门学校。"由国家政权所建立的社会文化设施系统(世俗学校、民用刊物印刷厂、科学院等)和诸多将文化新事物合法化的命令,不仅拓展了新文化的范围,而且有助于新文化的再生产。"②

在宗教领域,彼得一世以有利于维护俄罗斯国家利益为制定宗教政策的出发点。整体而言,彼得一世认为僧侣的存在对国家而言利少害多。僧侣不但自己不劳而获,而且还往往多行欺骗之事,导致社会风气败坏。"因为现时僧侣的生活是兼其他章程得来的收入来维持的,为害殊为不少。他们大部分都是不劳而食的人。游手好闲是一切罪恶的根源,许多分裂教派的迷信和扰乱治安的歹徒由此产生,这是人所共见的。"③彼得一世禁止农奴剃度为僧,以避免耕作务农人员数量减少。农奴只有在获得地主的放行证之后才有可能成为僧人。即便如此,也必须对剃度成为僧人的农奴的姓名、年龄、剃度原因、地主放行的真实原因以及是否识字等情况进行详细调查。

彼得一世以后,俄国的"欧化"在其女儿伊丽莎白·彼得罗芙娜执政时期(1741—1761年)也取得了进展,启蒙思想在这时得到了进一步传播。但一般认为,叶卡捷琳娜二世才是彼得一世事业最重要的继承者。"彼得曾为俄国打开对着欧洲的窗口,而她则打开了一扇大门。彼得迫使欧洲承认强大而独立的俄罗斯的存在,而她则确立了俄国作为欧洲一流强国的地位,在大多数俄

---

① [苏联]B.B.马夫罗金:《彼得大帝传》,余大钧译,238页,北京,商务印书馆,2013。

② [俄]M.P.泽齐娜、[俄]Л.B.科什曼、[俄]B.C.舒利金:《俄罗斯文化史》,刘文飞、苏玲译,118页,上海,上海译文出版社,1999。

③ [俄]戈·瓦·普列汉诺夫:《俄国社会思想史》第二卷,孙静工译,25页,北京,商务印书馆,1996。

罗斯人的心目中，彼得和叶卡捷琳娜两人的名字是永远联结在一起的。"①在彼得一世统治期间，俄罗斯高等贵族蓄胡子，穿臃肿、肥大的东方长袍；但在叶卡捷琳娜二世统治期间，他们在言语、服装、住宅和社会职责方面模仿起凡尔赛宫廷，他们的子女也由法国家庭女教师教育，首先学习法语，并将其作为母语，然后捡起只够管理仆人用的少量俄语。②启蒙思想也在这一时期得到了更广泛的传播。这是和一个时期以来俄国的国内、国际背景密切联系的。

在叶卡捷琳娜二世治俄罗斯的时代，整个欧洲都处在法国文化的影响之下，以伏尔泰、孟德斯鸠、卢梭、狄德罗等人为代表的法国启蒙思想家的著作广为流传。当时欧洲一些宫廷盛行以法语为社交工具，实施法国式的教育。法国贵族在贵族风度和上流社会生活方式上为欧洲各国的贵族提供了榜样。为伏尔泰、狄德罗所鼓励的"开明君主"成为一些国王追求的光环。普鲁士的腓特烈大帝(1740—1786 年在位)，奥地利的特蕾莎女皇(Maria Theresia，1717—1780，1740—1780 年在位)③都先于叶卡捷琳娜二世成为当时欧洲颇有名气的"开明君主"。叶卡捷琳娜二世幼年时受到法国式的教育，来到俄国以后，由于伊丽莎白·彼得罗芙娜女皇在位时已与法国启蒙学者建立了联系(她聘请伏尔泰为俄罗斯科学院的名誉院士，并请他撰写了一部《彼得大帝时期的俄国史》)，叶卡捷琳娜二世在即位前就已读到孟德斯鸠和伏尔泰的著作，在思想上受到了一些影响。

叶卡捷琳娜二世在其统治前期实行"开明专制"。即位之后，她就开始同伏尔泰、狄德罗和达朗贝尔(Jean le Rond d'Alembert，1717—1783)建立起通信联系，表示要按照他们的意见改革俄国政治，并邀请启蒙学者访问俄罗斯。在她的支持下，法国启蒙思想家的一些著作被译成俄文出版，亚当·斯密

---

①　中国大百科全书出版社《简明不列颠百科全书》编辑部：《简明不列颠百科全书》第 8 卷，878 页，北京，中国大百科全书出版社，1986。

②　[美]斯塔夫理阿诺斯：《全球通史》，吴象婴、梁赤民译，303 页，西宁，青海人民出版社，2003。

③　1765—1780 年，特蕾莎与其子约瑟夫二世(Joseph Ⅱ，1741—1790)共同执政。

(Adam Smith，1723—1790)的经济理论在俄国也得到传播。整个宫廷弥漫着开明专制的气息。叶卡捷琳娜二世的讲话"常常引用法国启蒙运动的箴言"，文学、艺术的发展和报刊的创办得到了她的支持。叶卡捷琳娜二世采取的这些开明举措为其赢得了欧洲"开明君主"的声誉。不过，对于俄罗斯统治的基础，叶卡捷琳娜二世是明白无误的，女皇是不会为博取政治声誉而采取有损于自身权力基础的政治措施的。

第二节　彼得一世的教育改革

为改变 18 世纪初俄罗斯社会发展落后于西欧各国的局面，彼得一世十分重视发展科学和文化事业，希望通过科学和文化教育的发展，巩固俄罗斯农奴制专政统治。"学校的发展和对青年人进行教育的问题，在彼得一世时期才首次成为国家政策"。①

一、教育改革的背景与目的

彼得一世以钢铁般的坚强意志将俄罗斯发展纳入了"西方化"轨道，并借此进一步扩大了俄国与欧洲国家的交流与联系。而与欧洲国家往来活动的增加，也逐渐地、不可阻挡地在俄国社会制度中促成比较深刻的社会变革。不过，彼得一世时期的官员们对于突然展现在其面前的西欧社会精神文明缺乏足够的心理准备，也缺乏充分的对其加以判断的素养，即便是以学习技术知识为主要目的留学，也未能实现预期的目标。俄国学者克柳切夫斯基(Василий Осипович Ключевский，1841—1911) 谈道："彼得想使贵族成为欧洲军事和航海技术的苗圃，但他很快便发觉技术知识很难灌输到这一等级，俄国贵族

---

① ［俄］M.P. 泽齐娜、［俄］Л.B. 科什曼、［俄］B.C. 舒利金:《俄罗斯文化史》，刘文飞、苏玲译，119页，上海，上海译文出版社，1999。

很少、也很难成为工程师或船长，而且他们所学到的知识在国内也很难实用。"①尽管如此，部分人员留学欧洲对俄罗斯近代化发展的作用以及开明专制统治发挥的作用仍是不可抹杀的。借助于与欧洲各国的交往，一批留学生留学欧洲各国的现实为俄罗斯带来了新的、前所未有的影响。对此，克柳切夫斯基也做出了相应的评价："强迫教育没有提供很大的科学知识的储备，但无论如何，却教训了贵族去认识学习的过程，刺激他们的知识欲。贵族毕竟学到了一点东西，虽然所学并未达到原来派遣他们的目的。"②

彼得一世"西方化"政策的实施，不仅教会了俄国人尊重科学和工具，而且更为重要的是，在俄国人面前展示了一个对他们而言完全陌生的世界。俄国人自此将目光由东方转向了西方，这一转向对此后俄国社会发展的影响是深远而全面的。从总体上来说，"发生在17世纪与18世纪之交的彼得大帝的'改革'，给俄国的社会意识乃至整个文化带来极为深刻的影响和变化。从前的许多价值观念被推翻，从西欧一些国家引进的新观念得到认可，此时在西方影响广泛的一些哲学观念渗透到俄国"③。

彼得一世要求贵族学习与航海和使用工具相关的各种技术知识。贵族自10岁至15岁学习算术、初级几何学和神学，但在15岁之后要服兵役，这影响了他们的知识学习，尽管他们的学习兴趣经常处于极为稀缺的状态。贵族凭其出身即可获得舒适的生活条件和较高的社会地位，学习对于他们来说，往往意味着避之不及的苦差。况且，在东方专制的世袭君主制国家之中，个人往往受到更少的尊重，法律的尊严也成为空谈，"世袭君主专制这块土壤，是完全不适宜于发展教育的"。不过，经过彼得一世改革后的俄罗斯，倾慕西

① ［俄］戈·瓦·普列汉诺夫：《俄国社会思想史》第二卷，孙静工译，6页，北京，商务印书馆，1996。

② ［俄］戈·瓦·普列汉诺夫：《俄国社会思想史》第二卷，孙静工译，7页，北京，商务印书馆，1996。

③ 贾泽林等：《二十世纪九十年代的俄罗斯哲学》，170~171页，北京，商务印书馆，2008。

方先进文化教育，希望改变落后的教育状况。借助实用知识与技术教育的推行进一步发展俄罗斯经济，成为更多具有启蒙思想的俄罗斯学者的社会理想。

此前，俄国与土耳其及其他欧洲国家作战失利的经历，直接促使即位之初的彼得一世谋求实现俄罗斯强大之策，也决定了彼得一世教育改革的基本目标是：发展实科教育，造就一批训练有素的工程师、测绘师、冶矿技师、炮手、海员等专业人才，尤其是服务于战争需要的人才。教育领域的改革成为俄罗斯"西方化"社会发展方略的重要组成部分，"科学院和学校事业甚为国民教育所必需"①。

二、教育改革内容

(一)初等教育

1. 算术学校

1714年，彼得一世以发布敕令的方式，要求在全国各地设立"算术学校"，向入学者提供初等教育。为解决算术学校师资问题，规定为每省派遣2名莫斯科数学与航海学校的毕业生出任算术学校教师。算术学校教师工资标准为每日9或10戈比。各地教会和教士承担算术学校教师工资，并负责提供校舍。在招生对象上，算术学校模仿莫斯科数学与航海学校，采取自愿入学和强制入学两种方式。强制入学主要针对那些游手好闲、无所事事的贵族子弟实施。算术学校设校之初招收年龄在10岁至15岁的贵族、官员子弟，学习算术和部分几何知识。不过，在实际办学中，贵族、官员子弟不愿进算术学校学习，各地教会也不愿提供相应的支持。两年后，贵族、官员子弟入读算术学校的义务被免除。初级主教学校创办后，僧侣子弟则选择到新成立的初级主教学校学习，算术学校遂成为军人和工商阶层子弟学习的学校。1722

① [俄]M.P.泽齐娜、[俄]Л.В.科什曼、[俄]B.C.舒利金：《俄罗斯文化史》，刘文飞、苏玲译，119页，上海，上海译文出版社，1999。

年，算术学校数量有42所，学生总数发展到2000人。

2. 初级主教学校

初级主教学校的设立，得益于1721年《宗教规程》的颁布与实施。《宗教规程》强调："在所有的主教家中或附近保持教育教士子弟及其他阶层子弟的学校，对教会的改善甚为有益。"[①]最初计划设立"神学校"或"神学院"，后因专业师资不足而改设初级主教学校，主要学习《儿童初学入门》。《儿童初学入门》为俄语教科书，含字母、拼音、十诫和祈祷文注解等内容。后初级主教学校又增加了算术和几何等学习内容。至18世纪中期，初级主教学校数量发展到45所，在校生达到3000名。

3. 俄语学校

俄语学校的设立则基于1717年彼得一世颁布的一项敕令。该敕令要求：凡木工、船员、冶炼工人及其他注册之所有职工，均必须接受阅读与写作教育。为响应落实此敕令，1719年，圣彼得堡海军工厂率先设立了"俄语学校"。后来，喀琅施塔得、勒文里、塔乌洛夫等地的造船厂也相继设立了"俄语学校"。俄语学校招收7岁儿童入学，学制6年，前4年主要接受读写教育，后2年则主要学习算术与几何知识。完成"俄语学校"学习者，则可被派往海军工厂或轮船上当工人。一般职工家庭子弟希望早日就业，所以入读俄语学校积极性较高。

这一时期，彼得一世还专为士兵子弟创办了一类名为"警备学校"（或译"卫戍学校"）的初等教育机构。入学者主要学习算术、书写和歌唱。

18世纪，俄罗斯初等学校重视新型教科书的编纂和使用。波利卡尔波夫编写的《初级读本》，一些有关祈祷、自然科学知识和道德品德的短篇，在初等学校得到普遍使用。

---

① 滕大春、任钟印、李文奎：《外国教育通史》第三卷，427页，济南，山东教育出版社，1990。

(二)中等教育

1726 年，俄罗斯科学院附属文科中学设立。在教学实践中，俄罗斯科学院附属文科中学注重培养学生，使其具备接受高等教育的学业基础和学习能力。

俄罗斯科学院附属文科中学注重为学生提供语言教育，开设了拉丁语、希腊语、德语、法语、修辞学、逻辑学、古代作家作品等课程，同时教授算术、历史、地理、绘画等知识。准备接受高等教育的学生，须修读全部课程。

创办初期，俄罗斯科学院附属文科中学生源不稳定。18 世纪 30 年代，原实施于彼得一世时期的贵族子弟入学义务制政策被废止，一些新设军事学校专门招收贵族子弟入学，直接影响了俄罗斯科学院附属文科中学的生源，致使 1738 年俄罗斯科学院附属文科中学在读学生仅为 22 人。罗蒙诺索夫在 1758—1765 年兼管俄罗斯科学院附属文科中学期间，积极推行教育教学改革，强化师资队伍建设，编写新教材，改善学生住宿条件，在一定程度上保证了俄罗斯科学院附属文科中学的发展。[1]

1757 年，在莫斯科大学教授们的倡议下，喀山文科中学得以创办。莫斯科大学为喀山文科中学提供了教师、教材和必要的教学设备，为一批贵族青年和平民子弟接受中等教育提供了机会，为其未来接受高等教育奠定了必要的学术基础。1804 年，在喀山文科中学的基础上，喀山大学创设。18 世纪 80 年代，在莫斯科大学的协助下，莫斯科市还先后设立了初等普通学校 17 所，初步建立起由初等普通学校、文科中学和大学构成的学校教育体系。

(三)高等专业教育

彼得一世的教育改革政策直接催生了一批专门学校，主要包括莫斯科炮兵学校、莫斯科数学与航海学校、圣彼得堡海军学院等。专门学校创办的主

---

① 吴式颖：《俄国教育史——从教育现代化视角所作的考察》，172 页，北京，人民教育出版社，2006。

要目的在于为军队和工厂培养专业技术人才，同时实施普通文化知识教育。

就实科性高等专业教育的发展历史而言，俄罗斯要早于欧洲国家中较早实施实科教育的德国。德国实科教育最早实施于 18 世纪初期，一般把 1708 年德国哈勒学园副主教席姆勒创办的"数学机械学经济学实科学校"作为德国实科教育的肇始。该校开设数学、物理学、机械、天文、地理、法律、制图及宗教科目。1747 年，德国第二所实科学校——"经济学数学实科学校"由赫克创办。① 法国实科教育诞生于 18 世纪中期。专业技术教育的价值受到法国政府的重视，一批专门的技术学校开始出现，如 1747 年建立的巴黎路桥学校、1751 年设立的皇家军事学校、1778 年创办的矿业学校，以及此后创办的各类专门军事学校。18 世纪中期之后，英国着手开展相应的实科专业教育。

1. 莫斯科炮兵学校

莫斯科炮兵学校是根据 1701 年 1 月 10 日彼得一世颁布的一项敕令而创办的军事专门学校，目的在于通过向炮手及官员子弟提供阅读、书写、计算及工程技术知识的教育，以为俄罗斯建设一支强大军队的改革计划而服务。1701 年年末，莫斯科炮兵学校在读学生达到 250 人，第二年升至 300 人。

在教学实践中，莫斯科炮兵学校设初级班与高级班，实施分级制教学。初级班教育相当于俄语学校等提供的初等教育，学生学习俄语、算术、阅读等课程；高级班学生主要学习几何、三角、制图及炮兵技术等课程。学生在此接受 4 年的教育之后接受相应的考核。成绩合格者被派至俄国军队工作，或从事其他技术工作；未通过相应考核者，则到炮兵工厂充当一般技术工人。1705 年后，莫斯科炮兵学校招生数额渐减。1721 年，圣彼得堡炮兵学校设立后，莫斯科炮兵学校遂停止招生，相应的教育教学活动也逐渐停止。历史证明，莫斯科炮兵学校在 21 年的教育实践中，先后为俄国军队和炮兵工厂培养了大批技术骨干，为俄国 18 世纪的军事扩张做好了技术人才准备。

---

① 吴式颖、李明德：《外国教育史教程（第三版）》，166 页，北京，人民教育出版社，2015。

2. 莫斯科数学与航海学校

莫斯科数学与航海学校设立于 1701 年，位于莫斯科苏哈列夫斯基塔区，系落实彼得一世 1701 年 1 月 14 日颁行有关"数学与航海学校"法令的结果。该法令要求"教授数学和航海学，即与航海有关的各种科学"①。

莫斯科数学与航海学校初由军械局辖制，后转归海军衙门管理，自 1712 年开始隶属于海军委员会办公厅。莫斯科数学与航海学校校务由来自英国爱丁堡大学的教授、数学家、天文学家安德烈·法瓦逊(Andrey Danilowich Farwardson，1675—1739)主持，学校另聘海洋学家斯捷潘·格温和里查德·格雷斯到校任教，数学教学则由俄国数学家玛格尼茨基(Магницкий，1669—1739)承担。玛格尼茨基学识渊博，热心于教育事业，曾编写数学教材《算术，即数的科学》。此外，玛格尼茨基还精通外语，与法瓦逊合作编写了教科书。他注重向学生传授实用科技知识，深受学生爱戴。② 18 世纪上半叶，每年就读于这所具有国立性质的莫斯科数学与航海学校的学生不少于 200 名，有时则达到 500 名。③

莫斯科数学与航海学校创设之初，依据相关规定，招生实施自愿入学原则，但也针对部分游手好闲、不愿学习的贵族子弟实施强制入学。学校计划招收 500 名 12 岁至 17 岁的子弟入学受教，后因适龄学生人数不足而放宽至 20 岁。为确保入学学生具备接受专业教育的必要的文化知识基础，学校还在设校初期开办了"俄语识字班"。在招生对象上，莫斯科数学与航海学校设校初期主要招收贵族和平民家庭子弟，但后来逐渐停招平民家庭子女。农奴子女则更是被剥夺了接受教育的权利。这反映了这一时期教育的等级性和封

---

① 滕大春、任钟印、李文奎:《外国教育通史》第三卷，426 页，济南，山东教育出版社，1990。

② [苏联]М.Ф. 沙巴耶娃:《教育史学思想与〈教育史〉选读》，北京师联教育科学研究所编译，61 页，北京，中国环境科学出版社，2006。

③ [苏联]Н.А. 康斯坦丁诺夫等:《苏联教育史》，吴式颖、周蕖、朱宏译，198 页，北京，商务印书馆，1996。

闭性。

莫斯科数学与航海学校设初级班和高级班。高级班学生主要学习数学(算术、代数、几何、三角)、天文学、地理学概论和大地测量学、航海学及其他专门世俗学科知识,低级班学生主要学习上述课程的基础知识。学生完成初级班的学习任务后,可升入本校高级班学习,也可转入其他学校的相应专业学习,或参加工作。部分完成高级班学业的学生还被送至国外实习3~6年,回国后通过考试从事相应的专业工作。彼得一世有时亲自参加对回国学生的考试工作。

莫斯科数学与航海学校实施个别教学,每个学生的学习期限并不相同。学生在校学习期间,学校为学生提供生活补助,标准为每生每日3~5阿尔腾(1阿尔腾=3戈比)。学生在校读书被视为与在军队服役等同,须遵守学校的相关纪律。旷课者须缴纳罚金,罚金数额实施累进制,旷课第一天罚金5卢布,第二天罚金10卢布,依次递增。违背学校纪律者需接受相应的惩罚,如遭受鞭打、关禁闭和做苦役等。凡经三年学习仍不能通过一门学科考试的学生,则被勒令退学而去军队服役。学校为彼得一世的改革事业培养了一批海员、工程师、炮兵人才、测量员、数学教员和其他学科专家。

在服务于海军建设及培养高级军事人才方面,莫斯科数学与航海学校的教育是成功的。大部分高级班的学生在完成学业后进入海军服役,后成长为海军高级技术人才,也有相当一部分毕业生成为船舶制造方面的工程师、建筑师、机械师以及相关学科的教师。据统计,1701年至1716年,莫斯科数学与航海学校共为俄国海军建设输送了1200名军事技术骨干人才,为俄罗斯造船业发展培养、提供了一批急需的专家和教师。[①]

苏联教育史学者在评价莫斯科数学与航海学校的历史作用时指出,数学

① 吴式颖:《俄国教育史——从教育现代化视角所作的考察》,170页,北京,人民教育出版社,2006。

与航海学校是"十八世纪初叶开办的其他类型的世俗学校的模范""培养了许多优秀的数学家、航海家、炮手、教师和教科书的编辑者"。①

3. 圣彼得堡海军学院

莫斯科数学与航海学校的航海班于1715年自母校迁至圣彼得堡,并于1715年10月1日组建成为拥有300名学生的圣彼得堡海军学院。莫斯科数学与航海学校的预备班及数学班则仍留在莫斯科。

圣彼得堡海军学院院长一职初由法国人圣-伊列尔男爵出任,一年后由马特维耶夫(А. А. Матвеев,1666—1728)接任。原任教于莫斯科数学与航海学校的安德烈·法尔逊和斯捷潘·格温也被调至圣彼得堡海军学院任职。

圣彼得堡海军学院的学生主要来自莫斯科数学与航海学校。为确保学院学生规模,1715年12月20日,彼得一世颁布命令,要求凡10岁以上的俄国贵族子弟均应选择圣彼得堡海军学院学习,不得选择别的学校。为解决入学学生文化知识准备不足的问题,圣彼得堡海军学院还为其开设了预备班,提供识字、算术和几何等初步预备性教育。

作为一所正规的军事院校,圣彼得堡海军学院向学生提供了较为完备的专业科目教学。学院高级班向学生提供了炮兵学、航海学、天文学、海上测量、筑城学、地理、军事课、击剑与绘画课等专门学科教育。② 为加强对学生海上作战及服务能力的培养,圣彼得堡海军学院组织学生定期参加舰队海上行军。

圣彼得堡海军学院实施弹性学制,学生的学习时限取决于自己的学习成绩和各主管部门的具体学习要求。毕业生主要就职于经济、管理、文化和科学研究等相关部门和机构。圣彼得堡海军学院实施严格的学生管理制度,对违反学院纪律的学生,视其情节轻重分别施以笞杖、关禁闭等惩罚。

---

① [苏联]沙巴也娃:《教育史》,邰爽秋、邵鹤亭、陈友松等译,39页,北京,人民教育出版社,1955。

② 吴式颖:《俄国教育史——从教育现代化视角所作的考察》,170页,北京,人民教育出版社,2006。

4. 主教学校和神学校

主教学校和神学校的世俗化改革，也是彼得一世教育改革的内容之一。1700 年，莫斯科总主教去世后，彼得一世未再任命继任者。为破除旧教徒和旧信仰对改革事业的羁绊，彼得一世创建了宗教事务会议制度，运用政府权力促使教会势力服从于国家利益。1708 年，政府颁布命令，僧侣阶层子弟一律入学受教，对不送子弟入学受教的神父，一律褫夺其教区职务。

1721 年，彼得一世将教会管理权交由一个由世俗人士掌管的名为"精神学院"的机构掌握，该机构后易名为"神圣引领会议"（Holy Directing Synod）。同年发布的《宗教规程》则规定，各教区主教须履行开办学校的责任，僧侣阶层及其他阶层在校子弟，必须学习神学、阅读、书法、算术和几何。主教学校的日常开支由各修道院和主教收入维持。主教学校课程设置的世俗化色彩，导致各修道院和主教对主教学校的发展持消极抵制立场，主教学校的发展未能实现教育世俗化发展的政府初衷。截至 1726 年，开设的主教学校共计 46 所。在后来的发展中，一部分主教学校演变成为中等教会学校——宗教讲习所。

在各主教管区内设立"神学校"。神学校学制 8 年，所设课程主要有神学、俄语、拉丁语、希腊语、文法、修辞学、逻辑学、算术、几何、地理、历史、体育和绘画等。① 神学校实施住宿制，推行新式教学法，采用实物教学、历史教学与地理教学相结合的形式。在彼得一世的直接督管下，圣彼得堡、雅罗斯拉夫里、梁赞、下诺夫哥罗德等主教管区均设立了神学校。此类神学校注重实用知识的传授，事实上发挥了普通中等学校的教育职能。神学校不仅招收僧侣阶层子弟，而且还为世俗家庭子弟敞开大门，使其得以接受较为良好的中等教育，为社会各项事业的发展培养了一批优秀人才。

① 夏之莲：《外国教育发展史料选粹》上册，533～534 页，北京，北京师范大学出版社，2001。

5. 工程学校

工程学校创设于1712年,在借鉴莫斯科数学与航海学校办学模式的基础上设立。该校招生数额为100~150名,主要招收贵族子弟入学。工程学校设初级班和高级班。初级班学生学习算术、几何等知识,高级班学生则接受筑城学等专业知识教育。

以1701年1月10日莫斯科炮兵学校及1月14日莫斯科数学与航海学校的成立为起点,在较短的时间内,俄罗斯相继建立了外国语学校(1705年,莫斯科),外科学校(1707年,莫斯科)等一批实科学校。这些专门学校专为培养军事及工业人才而设,同时也承担着开展初等文化教育的任务。这批实科学校的设立表明,经济发展落后于英国、法国、德国等欧洲国家的俄罗斯选择了一条借助于教育实现追赶战略的发展路径。此类实科学校由于直接承担着实现俄罗斯经济上推进"西方化"发展策略和建设军事强国的任务,在课程设置及教育计划上表现出明显的科学教育特征。

在课程与教学方面,彼得一世时期的教育改革主要以满足其建立强大海军、提升俄罗斯参与国际事务的竞争能力的需要为目的,注重培养与造就一批工业技术人员、军事工程技术人员和军队指挥人才,因而十分注重实用性课程的开设。彼得一世时期的基辅学院增设了法语、德语等现代外语课程,开设了数学、历史、地理、建筑学与绘画等课程;斯拉夫—希腊—拉丁语学院则加强了德语、法语、算术和医学专业知识的教育。课程与教学的世俗性在莫斯科大学附属文科中学、附属贵族寄宿专修学校等学校中也有明显反映。

彼得一世时期,国家成为兴办与发展各级各类教育的主体,因此,政府也就成为教育经费的主要提供者。教育经费的分配体现出了一定程度的平等性,招生政策也具有一定的民主化色彩。除圣彼得堡海军学院明确规定只招收贵族子弟外,其他专业学校可招收除农奴之外的社会各阶层子弟,政府提供的教育经费可以相对均等地分配至各类学校。

专业学校入学的限制不可避免地伴随着社会服务意识的懈怠，贵族在垄断世俗教育体系的道路上又迈出了新的一步。1731 年，安娜·伊凡诺芙娜（Анна Ивановна，1693—1740）女皇统治时期，在圣彼得堡专为贵族子弟设立了一所军事学校，类似的军事教育机构相继出现。进入军事学校学习的学生被赋予了一项特权，即毕业后可直接出任军官，而不必拥有在部队做士兵、水手和其他军队下级职务的经历。其他类型的高等技术学校，如炮兵学校、工程学校和海军军官学校，均成为仅仅向贵族子弟开放的教育机构。在一些主要基于军事目的而专为贵族子弟开设的高等技术学校中，军事科学教育内容仅仅占有相当小的比重。在这些学校中，外国语言如德语和法语的学习被置于重要地位，其次是纹章学、宗谱学和舞蹈，此外，学生还要学习历史学、地理学、法学和哲学课程。军事训练的时间仅限于周六，以免影响其他课程的学习。[①]

第三节 俄罗斯科学院的设立

在彼得一世改革及此后俄罗斯社会发展的过程中，人口素质和文化水平低下，一直是困扰俄罗斯国家发展的主要障碍。发展教育事业，提高人民的文化技术水平，成为励精图治，努力将俄罗斯发展成为欧洲强国的包括彼得一世在内的君主们坚持不懈的事业。俄罗斯科学院的设立，是这一事业的主要内容之一。

---

① Patrick L. Alston, *Education and the State in Tsarist Russia*, Stanford, Stanford University Press, 1969, p.8.

一、俄罗斯科学院设立的内部动力与外部影响

18 世纪初期，在彼得一世确立的"西方化"社会改革方略的指导下，通过发展本国工业、加强军队建设、提高政府行政机构的工作效率、全面提高俄罗斯人民的文化素养等一系列改革措施的推行，大规模的工业生产体系得以建立，俄罗斯逐步发展建设成为一个欧洲强国。俄罗斯陆军和海军在多次战胜了欧洲最强的瑞典海军之后，赢得了国际声望。彼得一世建立起来的行政机构改善并巩固了国家的秩序，文化教育领域也取得了前所未有的成就。

18 世纪初期，俄罗斯社会经济以及文化、科学、教育事业的发展，为科学院的设立提供了内部基础与社会动力。鉴于对 17 世纪以来科学技术在欧洲国家经济发展中发挥的作用的羡慕，彼得一世上台以后实施了借助科学技术的发展引领国家走向富强的"西化"政策，在一定程度上促使俄罗斯在大地测量、矿产资源勘查、航海与测量、生物学与农业科学、机械学等领域取得了一批世界瞩目的成就。俄罗斯发展科学的信心陡增，民间与政府层面设立了专门的科学管理机构，促使科学技术获得更大发展的愿望日渐明确而迫切。这一设想旋即成为彼得一世改革计划中的重要部分。在 1718 年的一份诏令中，彼得一世提出了有关设立科学院的设想："要成立科学院，而现在要在俄国人当中物色学者，并要有天赋……"①关于筹建中的科学院的职能，彼得一世在征求意见的基础上，最终确定了其兼有"科学研究"与"教育"两种职能。

但是，受俄罗斯特定历史传统和社会现实的影响，俄罗斯科学技术和文化教育事业难以在较短的时期内实现根本性的发展，其水平更不能与英国、法国等西欧强国的科学文化水平和教育发达水平相提并论。在访欧期间，彼得一世深为欧洲强国科学技术和文化教育的发达所震撼。发展本国的科学文化及教育事业，尽可能缩短与欧洲强国的差距，成为彼得一世改革计划中越

---

① ［苏联］Б.Б. 卡芬加乌兹、［苏联］Н.И. 巴甫连科:《彼得一世的改革》下册，王忠、刘逢等译，309 页，北京，商务印书馆，1997。

来越受重视的内容。

在引进西方文化改革俄罗斯社会的过程中，彼得一世清醒地认识到，缺乏高效率的教育体系支持的贵族等级制度，只能维持在以"波雅尔"①的傲慢无知为特征的基础上。而且，自彼得一世改革以来，俄罗斯知识阶层越来越清楚地认识到，欲在文化教育领域彻底摆脱外国学者的束缚，构建独立的俄罗斯文化教育体系，必须培养出俄罗斯自己的柏拉图和牛顿。科学院的设立以及 18 世纪中叶莫斯科大学的创建成为这一认识的具体体现。

按照彼得一世的设想，包括初等学校、中等学校及高等学校在内的教育体系建设，应按照自上而下的顺序进行。其中，科学院位居该体系的顶点。②

一系列外部因素也在俄罗斯科学院的设立过程中发挥了重要作用。彼得一世随大使馆成员访问欧洲，与莱布尼茨、沃尔夫等启蒙学者建立了密切联系。1716 年，莱布尼茨等人建议彼得一世在俄国设立科学院，作为开展俄罗斯高水平科学研究和进行高级专门人才培养的国家机构。1717 年，彼得一世对法国的访问，在开阔其视野的同时，也促使其有关创设高级文化科学研究机构的设想渐渐明晰。接受了"巴黎科学院院士"称号的彼得一世，进一步坚定了设立"科学院"一类的专门机构，以尽快推进科学研究和高级人才培养工作的想法。1718 年，彼得一世访问法国，具体了解了法兰西学院的具体职能和运转程序。1721 年，彼得一世委托其侍医起草了创办科学与艺术研究院（科学院的最初名称）的计划，后经多次补充修改，于 1724 年 1 月 22 日正式颁布了"创建俄罗斯科学院"的敕令和俄罗斯科学院章程。俄罗斯科学院遂于 1725 年正式成立。

需要提出的是，作为具有鲜明俄罗斯特色、切实反映俄罗斯文化教育尤

---

① 波雅尔，沙俄一贵族阶层的成员，地位仅次于王公。此阶层后被彼得一世废除。

② Patrick L. Alston, *Education and the State in Tsarist Russia*, Stanford, Stanford University Press, 1969, p.7.

其是高等教育发展现实的俄罗斯科学院的创设，是继承并发展彼得一世建立的具有高等教育性质的实科学校的结果。

二、俄罗斯科学院的设立与初步发展

关于俄罗斯科学院设立的目的，彼得一世在"创建俄罗斯科学院"的敕令中指出：加快语言、科学和艺术领域的研究，为俄罗斯的社会改革和进步提供充分的知识和技术支持。敕令强调，科学院里将不再为神学知识的学习预留位置，科学院的全部教学与研究均以服务于现实的社会经济发展及推进其他各项改革事业为最终目的。

俄罗斯科学院要发挥双重职能——科学研究和教育，即一方面，俄罗斯科学院承担着发展科学的使命，另一方面，还要完成培养科学技术人员的任务。正如科学院创设方案中表明的那样："如今在俄罗斯，有此发展艺术与科学之殿堂……该殿堂之设立，不仅在当今可扬本国促进科学之荣光，亦可于来日借助艺术与科学之传授和传播而造福于民众。"①彼得一世强调，俄罗斯科学院的科学研究应当注意研究除神学之外的所有领域(特别是语言、科学和艺术领域)的重大理论问题，但必须与俄国的具体实际相结合，要为俄国经济建设和社会发展服务；在发挥俄罗斯科学院的教育职能以培养高水平人才方面，俄罗斯科学院的科学家不仅要积极从事科学研究，而且还应抽出时间和精力培养俄罗斯未来的学者和科学家，要把科学研究和教育紧密结合起来。

为便于研究和学习，俄罗斯科学院下设三大研究领域：数学科学领域；自然科学领域，包括物理、化学、天文学、植物学等；人文科学领域，包括历史学、法学等。为保证研究与教育工作处于世界先进水平，俄罗斯科学院聘请了一批具有国际影响和较高声望的学者到此任职，如著名的瑞士数学家

---

① 转引自[俄]M.P.泽齐娜、[俄]Л.B.科什曼、[俄]B.C.舒利金：《俄罗斯文化史》，刘文飞、苏玲译，123页，上海，上海译文出版社，1999。

伯努利兄弟（Jacob Bernoulli，1654—1705；Johann Bernoulli，1667—1748）。俄国杰出科学家罗蒙诺索夫等一些国内学者也在此任职。

应该说，设立科学院一类的机构，对于18世纪初的欧洲强国而言并非破冰之举。在欧洲一些国家，类似机构早已出现，如1666年成立的法国皇家科学院，1700年设立的德国柏林科学院。不过，不同于上述机构的是，1724年1月彼得一世颁布敕令设立的俄罗斯科学院志在走出一条新的发展道路，即将科学院、大学和中学三者融为一体。这样建立一个机构就可以用很小的代价，得到很大的好处，而其他国家则要建立三个不同的机构（科学院、大学和中学）。① 按照有关设立计划，俄罗斯科学院院士除在科学院承担各自专业领域的科学研究工作之外，还应该承担附设于科学院的大学的教学工作，他们既是科学院院士，又是大学教师。不仅如此，科学院院士还承担着更为实际的科学技术推广工作，即承担着彼得一世提倡的以科学引领社会经济发展的重任。

1724年1月22日，俄罗斯科学院的设立计划获得彼得一世批准。科学院最初的设立计划包括设立俄罗斯科学院本身（主要职能为科学研究）、俄罗斯科学院大学和俄罗斯科学院附属文科中学。俄罗斯科学院下设三部：数学部、物理部和人文部。三部之下设11个分部，如数学、化学、解剖学、历史学与演说等分部。俄罗斯科学院大学下设法学、医学、哲学三个学院。俄罗斯科学院附属文科中学下设初级班分部和高级班分部。前者学制3年，学生主要学习德语，故又称"德语学校"；后者学制2年，主要学习拉丁语，又称"拉丁语学校"。②

为确保俄罗斯科学院的顺利创办与正常运转，彼得一世除重金聘请了一批欧洲著名学者外，还购置了大批科研设备，这些为科学院的创办提供了坚

---

① ［苏联］Б.Б.卡芬加乌兹、［苏联］Н.И.巴甫连科：《彼得一世的改革》下册，王忠、刘逢等译，310页，北京，商务印书馆，1997。
② 滕大春、任钟印、李文奎：《外国教育通史》第三卷，428页，济南，山东教育出版社，1990。

实的人才保障和物质基础。1725年彼得一世的去世并未影响科学院的创办工作。科学院的成立还在实际上获得了"珍品陈列馆"和"图书馆"的物质支持。珍品陈列馆收藏的动植物标本、有关人类学和考古学的文物、其他仪器以及图书馆的藏书，为俄罗斯科学院教学与科研活动的开展提供了必要的仪器设备与图书资料支持。后俄罗斯科学院发展成为拥有图书馆、博物馆、印刷厂、植物园、天文台、物理和化学实验室的专业科研和教育机构。

俄罗斯科学院附属文科中学的设立，主要原因在于俄罗斯缺乏欧洲大学预备教育机构，即缺乏常规的中等学校、高级中学、高级讨论班等为大学提供合格新生的中等教育机构或组织，以及可为偏远地区具有学习潜力的学生提供大学预备教育的机构。关于俄罗斯科学院附属文科中学设立的必要性，知名学者塔季谢夫(B. H. Татищев，1686—1750)在与彼得一世的谈话中提及：没有初级的学校教育，这种耗资巨大的科学院毫无用处。[①]

俄罗斯科学院在圣彼得堡的成立，很快使圣彼得堡发展成为当时俄国科学文化和教育中心。彼得一世去世后，俄罗斯科学院的教育职能与科学研究职能出现分离，在外国学者的襄助下，科学研究职能得以留存并趋于繁荣。与此形成鲜明对照的是，俄罗斯科学院大学的教育职能并未出现昌盛现象。在很大程度上，大学教育职能的发挥，是以附属文科中学为其提供生源为基础的。1726年，俄罗斯科学院附属文科中学招收120名学生，而在此后的数年中，在校生数呈逐年下降之势。1727年，在俄罗斯科学院附属文科中学学习的74名学生分别来自士兵、工匠和农奴家庭。1730年之后，为贵族开办的军事学校的出现，最终导致贵族子弟尽数离开俄罗斯科学院附属文科中学。为保障大学的发展，政府向大学拨付资金、建造学生宿舍、从高级班招募候选者，然而这些措施最终未能挽救1753年俄罗斯科学院大学停止运转的命

---

① [苏联]苏科院历史所列宁格勒分所:《俄国文化史纲(从远古至1917年)》，张开、张曼真、王新善等译，203页，北京，商务印书馆，1994。

运。俄罗斯科学院大学因就学者少，于1766年停办。①

彼得一世去世后，他开创的教育改革事业日趋衰落。在1725年之后的37年内，皇权先后更迭6次，政局不稳，经济增长缓慢，政府官员对俄罗斯科学院的作用重视不够，拨款既不及时也不充裕，加之俄罗斯科学院内部矛盾冲突不断激化，享乐主义和形式主义之风盛行，极大地影响了科学研究和教育活动，导致俄罗斯科学院日趋衰败。

尽管如此，俄罗斯科学院创建的历史作用仍是不能忽视的。俄罗斯科学院的创建是俄罗斯高等教育史上的重大事件。彼得一世不顾保守势力的反对，借鉴外国科学研究活动经验，结合俄国实际，建立了具有俄国特色的教学科研机构，在一定程度上促进了18世纪俄国科学技术的发展。作为研究机构，俄罗斯科学院为俄国科学事业发展培养了一批科学研究骨干；作为教育机构，俄罗斯科学院大学和附属文科中学在其几十年的教育实践中，为俄国社会造就了第一批学者型人才，为俄国高等教育的发展，特别是18世纪中期莫斯科大学的创立与发展进行了先期尝试和必要探索。

第四节　莫斯科大学的创办

鉴于俄罗斯科学院大学在俄罗斯高等教育发展事业探索方面不成功的尝试，以及这一尝试与满足俄国社会改革对新知识和新人才的需求之间还存在较大距离，创设新大学成为教育发展与社会改革的现实需要。曾被誉为俄国新文化培育的第一位天才人物——罗蒙诺索夫，顺应社会发展需要，全身心投入新大学的创办及发展事业之中。

---

① 王清华：《苏联高等教育的历史和现状》，5页，长春，吉林教育出版社，1985。

一、罗蒙诺索夫的生平与主要学术成就

罗蒙诺索夫享有"俄国科学之父"的声誉，也是俄罗斯第一位享有世界声誉的自然科学家，俄罗斯科学院第一位俄国院士，俄罗斯历史上伟大的"百科全书式"学者。

1711年，罗蒙诺索夫生于俄罗斯北部霍尔莫果尔海滨的一个渔民家庭，父亲常年在海上从事渔业劳作，母亲则居家操持家务。罗蒙诺索夫早年曾在自己村子里师从家庭教师，学习梅·斯莫特里茨基（M. Смотрицкий，1578—1633）和玛格尼茨基编写的教学材料。10岁时，母亲不幸病逝。两年后，父亲再娶，继母不贤，罗蒙诺索夫的童年生活中欢乐不再，其学业也被迫中断。渴望学习的罗蒙诺索夫，在19岁时离家远赴莫斯科求学。幸得一位神父的帮助，罗蒙诺索夫隐瞒了自己渔民之子的身份，以神父之子的身份，进入仅招收贵族和神职人员子弟的斯拉夫—希腊—拉丁语学院学习。在斯拉夫—希腊—拉丁语学院就读的8年间，靠着学校提供的微薄津贴，罗蒙诺索夫不顾生活艰苦，勤奋学习，熟练掌握了拉丁语、俄语和数学知识，并在1735年以优秀学生的身份，被擢选至俄罗斯科学院大学学习。1736年，他又以优秀学生代表的身份被派往德国马尔堡大学学习。

在德国马尔堡大学就读期间，罗蒙诺索夫师从知名物理学家沃尔夫，系统学习了矿冶、物理学和化学知识，系统阅读了有关伽利略（Galileo Galilei，1564—1642）等人的著述，主张将实验作为自然科学研究的基础工作。1741年返回俄国后，罗蒙诺索夫被聘为俄罗斯科学院的副教授。1745年，他出任俄罗斯科学院化学教授和科学院院士。

作为一位享誉世界的自然科学家，罗蒙诺索夫坚持从唯物主义立场出发探索自然界的奥秘，提出了物质和运动守恒定律，创立了物质结构的原子—分子学说，主张热是微粒运动的结果，提出了颜色学说和气体分子运动论，发现了金星大气层以及许多矿物的成因。这些发现和学说为俄国物理学和化

学的发展奠定了坚实基础。

作为一位俄罗斯文化的挚爱者，罗蒙诺索夫坚持用俄语写作，认为俄语在语意的丰富程度和表现能力方面，丝毫不逊色于任何一种欧洲语言或古典语言。作为俄罗斯标准语言的奠基人之一，罗蒙诺索夫是用俄语讲授物理课和撰写科学著作的第一位院士。

作为一位俄罗斯文化教育体系的倡导者和实践者，罗蒙诺索夫一生致力于俄罗斯民众科学和文化教育事业，积极从事历史、文学和语言学研究，为俄罗斯文化教育事业的发展做出了突出贡献。

关于罗蒙诺索夫百科全书式的才华，伟大的俄罗斯诗人亚·谢·普希金（Александр Сергеевич Пушкин，1799—1837）曾写道："罗蒙诺索夫把非凡的意志力和非凡的理解力结合起来，包括了全部文化领域……历史学家、修辞学家、机械学家、化学家、矿物学家、艺术家和诗人——他体验了一切并深入到一切领域中。"[1]

长期的刻苦工作和科学实践严重损害了罗蒙诺索夫的健康。1765 年 4 月 4 日，这位 18 世纪俄罗斯杰出的学者、俄罗斯唯物主义哲学和自然科学的奠基者因病逝世，终年 54 岁。

罗蒙诺索夫一生著述宏富，《关于冷和热的原因的探讨》《试论空气的弹力》《论化学的效用》《真实物体化学概论》《数理化学原理》《俄语修辞学》《俄语语法》以及俄国文学史上第一部新体长诗《占领霍亭》，均是他为人类留下的宝贵文化和知识财富。而在罗蒙诺索夫所有对俄罗斯文化教育发展产生深远影响的实践中，莫斯科大学的创办与发展则占有极为突出的地位。

---

[1]　[苏联]H.A. 康斯坦丁诺夫等：《苏联教育史》，吴式颖、周蕖、朱宏译，200 页，北京，商务印书馆，1996。

二、莫斯科大学创设动议的提出与莫斯科大学的设立

为适应俄罗斯社会变革与发展的要求，满足文化教育事业发展对高级专业人才的需求，尽快实现培养俄罗斯自己的睿智大贤和科学天才的愿望，在俄国宫廷人物舒瓦洛夫①的影响下，罗蒙诺索夫提出了创办莫斯科大学的动议。

(一)创设莫斯科大学的动议

作为俄国民众教育事业的积极提倡者和实践者，罗蒙诺索夫提出，传统教育过于关注对优雅行为的训练及对装饰性知识的学习，而放弃了对虽相对枯燥乏味但却为俄罗斯社会发展所必需的高等学术知识的学习与掌握。

罗蒙诺索夫期盼能够在旧都创设一所新大学，以挽救因新都圣彼得堡的俄罗斯科学院大学一个时期以来一直破败不堪而带给俄罗斯高等教育的停滞命运。在其1754年草拟的筹建莫斯科大学的方案中，罗蒙诺索夫提出：吾人须臾不可忘却，大学之规划将造福后代。

在说明新大学创办的过程时，罗蒙诺索夫谈到自己是莫斯科大学设立计划的最早提出者，而自己的赞助人、一位与伏尔泰保持密切联系的贵族——舒瓦洛夫，则为莫斯科大学提供了最早的经济资助，并成为莫斯科大学事实上的管理者。在莫斯科部分贵族的支持和鼓舞下，罗蒙诺索夫说服彼得一世的女儿——伊丽莎白·彼得罗芙娜，让自己实现其父教育方面的未竟事业。按照舒瓦洛夫的设想，莫斯科大学要办成一所向贵族子弟提供科学教育的高等教育机构。而具有民主观念的罗蒙诺索夫最后在办学目的的确立上占了上风，1755年4月开办的莫斯科大学接收社会所有阶层子弟入学。不仅如此，在早期办学实践中，莫斯科大学甚至接收了经地主许可的几个农奴子弟入

---

① 舒瓦洛夫(И.И.Шувалов, 1727—1797)，伊丽莎白·彼得罗芙娜女皇的宠臣、副官长，俄罗斯国务活动家，主张大力发展教育事业。曾任莫斯科大学首任学监、艺术学院院长。

学。① 值得提出的是，莫斯科大学在设校之初未设神学院，甚至不讲授神学课程。不过，后又在 1804 年的章程中将神学课程列为所有院系的必修课程，并一直持续至 1917 年。

在大学建制上，罗蒙诺索夫提出莫斯科大学有必要借鉴此前的俄罗斯科学院，承担科学文化研究和教育教学双重职能。莫斯科大学下设法学院、医学院和哲学院，拥有 10 个教研室，并设有物理专用室和解剖室。②

在大学管理上，罗蒙诺索夫提出"大学自治"和"学者治校"理念。他主张由教授组成的"教师委员会"掌握课程大纲确定、学生事务管理等大学事务的管理权。大学不设专门的行政办公室，践行教授治学和教授治校等大学理念。这些理念因当时沙皇专制体制的影响以及莫斯科大学面对的诸多实际困难而未能得到较好践行。

为确保莫斯科大学的顺利发展，罗蒙诺索夫主张在大学内附设中学，以便招收来自一切阶层的子弟入学受教，选拔学业优异者作为大学的合格生源。在一封寄给舒瓦洛夫的信函中，罗蒙诺索夫提出："在大学内必须附设文科中学，如不设文科中学，大学就像是'没有种籽的耕地'一样。"③大学附属中学应该发挥两个方面的职能：除为大学提供接受过一定学术准备教育的新生之外，附属中学还应向那些无意接受拉丁语教育和学习高深知识的求学者提供较为完备的中等教育。④

（二）莫斯科大学的初步发展及历史意义

1755 年 1 月 25 日，俄国女皇伊丽莎白·彼得罗芙娜签署敕令，决定设立

---

① Patrick L. Alston, *Education and the State in Tsarist Russia*, Stanford, Stanford University Press, 1969, p.9.

② 吴式颖、褚宏启：《外国教育现代化进程研究》，487 页，太原，山西教育出版社，2006。

③ [苏联]М.Ф. 沙巴耶娃：《教育史学思想与〈教育史〉选读》，北京师联教育科学研究所编译，66 页，北京，中国环境科学出版社，2006。

④ [苏联]苏科院历史所列宁格勒分所：《俄国文化史纲（从远古至 1917 年）》，张开、张曼真、王新善等译，235 页，北京，商务印书馆，1994。

莫斯科大学，任命舒瓦洛夫和布鲁门特罗斯特(Lavrentii Blumentrost，1692—1755)为莫斯科大学监护人，阿尔加马科夫(Argamakov)为莫斯科大学校长。1755 年 5 月 7 日，莫斯科大学举办了其历史上第一个开学典礼。

在设立什么类型的中学以及招收什么阶层的子弟入学这一问题上，罗蒙诺索夫主张招收一切阶层子弟入学学习的方案招致了代表贵族阶层利益的元老院的反对。元老院反对在大学内设立入学无阶层限制和区别的文科中学，主张大学附设两所中学，一所面向贵族阶层子弟，另一所面向平民家庭子弟(农奴子弟除外)。迫于各种压力，罗蒙诺索夫接受了这一方案。虽然两所中学的教学大纲是一样的，但是，相对而言，面向贵族阶层子弟的中学的办学条件更有保障，教师对待贵族学生也更为人道，贵族子弟可以在校学习舞蹈、击剑、上流社会礼仪等一些学术程度大大降低的课程。1779 年，大学创设贵族学生公寓，进一步迎合了俄罗斯中部贵族阶层子弟的需要。

即便如此，这些措施并未能取得预期的结果。贵族家庭仍按照传统做法尽可能早地安排自己的子弟出任社会公职(一般是在其 15 岁时)，这样，他们便可在社会等级体系中积累更多的资本。这一考虑成为贵族家庭极不愿让子弟进入大学学习的主要原因。为克服莫斯科大学发展中的这一障碍，政府许可贵族子弟一方面在中等学校学习，另一方面到军队中服役或参与社会公职工作以获得积分。从实际结果来看，通过鼓励贵族阶层子弟进入大学预备学校学习，进而促使莫斯科大学发展的所有措施，均未取得预期成效。1750 年至 1770 年进入莫斯科大学学习的数百名贵族阶层子弟，均在学习 1 至 2 年后离开大学到政府部门任职。这使大学管理者颇为伤心。一位管理者在一份报告中谈道："这些出身贵族的子弟，随心所欲地在出任政府公职前到大学注册，而一旦他们觉得有必要进入社会公共部门中出任公职时，绝大部分贵族子弟便行使自己的权利离开大学……这些极度无知和傲慢的人在离开学校后，只能损害学校的声誉。"①

为促使莫斯科大学科学研究职能的发挥，同时为大学提供必要的教学用书，1756 年，莫斯科大学开设出版社，主要出版辞典、教科书、教育学名著、科学与文学著作等书籍，极大地方便了莫斯科大学的教学与科学研究工作。

1762 年，莫斯科大学向政府提出了在俄罗斯全境设立文科中学、在部分城市开设新大学的提议。提议虽获元老院认可，但遭到叶卡捷琳娜二世的反对，提议只得无果而终。

1779 年，莫斯科大学同时开设附属贵族寄宿专修学校和附属师范学校。附属贵族寄宿专修学校学制 6 年，招收 9~14 岁的贵族子弟。完成专修学校学业的学生有三条出路：或出任军职，或出任政府文官，或升入莫斯科大学深造。附属师范学校学制 3 年，学生在校学习专门学科的同时，还学习教育学理论，并开展教育实习。附属师范学校主要为附属文科中学、附属贵族寄宿专修学校和喀山文科中学培养师资。

相对来说，政府借助于教育推行的启蒙工作在贵族阶层之外的社会阶层中取得了较好成绩。譬如，在免除选举税的城镇市民、不属于商人行会或合作社的市民、外国人、专业人员和抛弃了父辈传统职业的自由民的子弟那里，教育启蒙成果较为显著。在为非贵族子弟设立的中学中，普通家庭子弟表现出更强的学习能力，拥有远远高于贵族子弟的学习积极性。当某个出身寒微的中学毕业生成为莫斯科大学的学生之后，他会被授予一把佩剑或其他象征自己学习成就的象征物。而当他完成大学的学习任务获得学士学位后，会被授予一副军官肩章。政府的教育场所成为非特权基层子弟的军事训练组织。1764 年进入大学预备性中等教育机构学习的 48 名学生中，只有 8 名学生来自贵族家庭，40 名学生领取政府的薪金。在领取政府薪金的学生中，19 名来自

① Patrick L. Alston, *Education and the State in Tsarist Russia*, Stanford, Stanford University Press, 1969, p.10.

士兵家庭，6 名来自牧师家庭，3 名来自低级官员家庭，2 名来自教师家庭，1名来自农奴家庭。

莫斯科大学借鉴德国大学模式，以拉丁语为授课语言，聘用德国学者担任教授。成立后的三年间，莫斯科大学仅仅拥有学生 100 人。后开始聘用俄国学者任教授，1767 年，5 名俄国教授执教于莫斯科大学。[①] 罗蒙诺索夫坚持各门课程一律使用俄语授课，而不准使用拉丁语；主张凡纳税阶层子弟均可入学，准许农奴阶层子弟入学，打破了贵族阶层对高等教育的垄断；主张大学不设神学院，教会当局不得干涉大学教学事务，大学教授学术著作不受教会检查，禁止神甫开展反科学宣传。[②]

莫斯科大学在最初 25 年的发展中，学生规模较小，有的年份学生不超过 100 人。法学院和医学院有时会出现只有 1 个学生和 1 个教授的状况。地方性中等教育机构数量不足，导致莫斯科大学缺乏足够数量的具有强烈学习热情和充分学术准备的合格生源的支持，其发展难以达到理想的规模和水平。这一时期莫斯科大学的办学规模和教育实践便证明了这一点。1770年，俄罗斯历史上出现了第一位国内培养的法学专业大学毕业生。在叶卡捷琳娜二世时期，只有一位内科医生通过了医学学位考试。为提高入学率，皇帝甚至还专门制定了一项政策，政府官员的任命和罢免也必须建立在学术考试的基础之上。但这只是一项未能得到实施的政策。因为贵族子弟可以借助于在军官学校的学习而轻易获得任命，整体的学术人口仍维持在一个规模较小的水平上。即便到了 18 世纪末，莫斯科大学建校近 50 周年的时候，全俄罗斯也仅仅拥有不超过 100 名的大学毕业生做好了在拥有约 4000万人口的俄罗斯充任教师、医生和管理者的学术准备。[③]

---

① 王清华：《苏联高等教育的历史和现状》，5 页，长春，吉林教育出版社，1985。

② 卫道治：《莫斯科大学》，13 页，长沙，湖南教育出版社，1995。

③ Patrick L. Alston，*Education and the State in Tsarist Russia*，Stanford，Stanford University Press，1969，p.11.

　　不过，就莫斯科大学创办及发展的整体意义而言，莫斯科大学在 18 世纪俄国社会发展和科学技术进步实践中发挥的作用，使它的设立成为俄罗斯科学技术和文化教育发展史上一项具有深远意义的事件。莫斯科大学和附属中学的学者们在 18 世纪俄罗斯教育事业的发展中发挥了重要作用，编写出版了应用广泛的教科书，培养出了包括诺维科夫（H. И. Новиков，1744—1818）在内的一批俄罗斯科学和教育领域的著名学者和教育活动家。① 莫斯科大学很快发展成为俄罗斯的文化与教育中心。仅就 1756 年设立的莫斯科大学出版社而言，其印制的教材、字典、科学文献等广泛应用于教学实践和社会文化发展实践中。

　　我国著名俄罗斯及苏联教育史专家吴式颖对莫斯科大学的创办及它在俄罗斯文化教育史中的地位做出了这样的评价："就俄国文化教育的发展来说，伊丽莎白女皇统治时期最重要的事件莫过于莫斯科大学的创建（1755 年）。这一成就也是与罗蒙诺索夫的努力分不开的。正是他提出了建立新的俄国文化教育中心——莫斯科大学的计划并促其实现。莫斯科大学的创建及其卓有成效的教学活动使俄国高级人才的培养工作摆脱了对外国的依赖。"②鉴于罗蒙诺索夫在莫斯科大学创设中发挥的积极主导作用，俄国著名诗人普希金曾说："罗蒙诺索夫创建了莫斯科大学，我们毋宁说，罗蒙诺索夫本人就是一所大学。"③

第五节　叶卡捷琳娜二世的教育政策

　　18 世纪俄罗斯的"开明专制"统治，在叶卡捷琳娜二世统治期间步入了新

---

　　① ［苏联］H.A. 康斯坦丁诺夫等：《苏联教育史》，吴式颖、周蕖、朱宏译，204 页，北京，商务印书馆，1996。

　　② 吴式颖：《俄国教育史——从教育现代化视角所作的考察》，144 页，北京，人民教育出版社，2006。

　　③ 卫道治：《莫斯科大学》，14 页，长沙，湖南教育出版社，1995。

的历史阶段。依靠宫廷政变登上俄罗斯最高权力宝座的叶卡捷琳娜二世，对内实施“开明专制”和高压治理策略，对外延续彼得一世的军事扩张政策，迅速结束了彼得一世之后历代沙皇统治期间俄罗斯政坛持续动荡的局面。在文化教育领域，深受启蒙思想影响的叶卡捷琳娜二世积极推行致力于发展俄罗斯教育事业的文教政策，强化俄罗斯国民教育体系与学校教育制度的建设，并取得了较为突出的教育成就。

一、叶卡捷琳娜二世的启蒙观念

叶卡捷琳娜二世深受孟德斯鸠、伏尔泰和狄德罗等启蒙思想家的影响，视“开明专制”为人类社会中唯一理想的政治体制形式，持有文明开化观念的“开明君主”是确保君主制有效实施的重要条件。这一政治观念明显接受了伏尔泰的影响。伏尔泰曾声称：“为什么世界上绝大多数国家都施行着君主制？开诚布公地说就是因为很少有人配得上自治……几乎所有的丰功伟绩都是个体靠着自己的天赋与意志单枪匹马地同大多数人的偏见所作的斗争……我不喜欢由乌合之众组成的政府。”①叶卡捷琳娜二世在与伏尔泰频繁来往的信件中热烈讨论彼此关心的社会政治问题，深受伏尔泰称许。伏尔泰投之以桃，在信中将叶卡捷琳娜二世称为“圣叶卡捷琳娜”“圣彼得堡的圣母”“北方的塞米勒米斯”②。叶卡捷琳娜二世则报之以李，向伏尔泰赠送了紫貂皮大衣、珠宝等物。

叶卡捷琳娜二世与狄德罗的交往，始于其对《百科全书》出版工作的资助。在知悉狄德罗因将所有积蓄投入《百科全书》的出版工作中，生活一时陷入窘迫而欲折价1.5万英镑变卖个人所有藏书这一消息后，叶卡捷琳娜二世即通

① [美]罗伯特·K. 迈锡：《通往权力之路：叶卡捷琳娜大帝》，徐海幈译，303页，北京，北京时代华文书局，2014。

② 传说中的亚述女王，以美貌和智慧闻名于世，在丈夫尼弩斯王死后独自统治国家。

过俄国驻法国及荷兰大使迪米特里·戈利岑亲王(Dmitry Golitsyn),以 1.6 万英镑购得狄德罗藏书,同时提出狄德罗在世时其个人所有藏书均留存于巴黎,仍归狄德罗所有,供其个人使用。叶卡捷琳娜二世认为,"将学者与他的藏书分开太残忍了"。女皇此举,令狄德罗深为感佩。

1773 年 5 月,60 岁的狄德罗以年迈体弱之躯,不惧长途旅程颠簸辛劳,从法国启程前往俄国,并于当年 10 月 8 日抵达圣彼得堡,受到叶卡捷琳娜二世的热烈欢迎。狄德罗居留俄罗斯前后达 6 个月,其中有 60 天的午后与叶卡捷琳娜二世促膝长谈,交谈内容涉及宗教宽容、法律程序、商业竞争、文化与政府、人类生活等问题。狄德罗建议女皇仿效古希腊和古罗马君王,励精图治,推行政治改革,仿照英国样式建立国会,并向女皇提交了一份调查表,调查问题涉及各地供应的沥青质量、葡萄栽培、兽医学校开办、全国修士与修女数量、境内犹太人数量及生存状况、农奴主与农奴的关系等 88 个问题。不过,叶卡捷琳娜二世并未采纳狄德罗的这些建议,在她看来,狄德罗的建议并不适合当时俄罗斯国情。她对狄德罗的回应是:"狄德罗先生,我兴致盎然地聆听着您非凡的智慧给予我的启发。我非常了解您所有这些无与伦比的理念,它们在书本中看起来妙不可言,可是一旦放之实践则不堪一击。对于您提出的改革方案,您忘记了我们俩处境有所不同,您的工作对象是平滑而富有弹性、能接受一切的白纸,您的想象力或者您手中的笔不会遇到任何障碍,可是我这个可怜的女皇却要在活生生的人身上书写历史,这种'纸'可要敏感而棘手得多。"[1]

对于叶卡捷琳娜二世而言,接近启蒙思想,一方面是出于装扮自身开明君主形象的需要,另一方面是希望通过伏尔泰等启蒙学者进一步了解欧洲文化。至于将启蒙思想转化为具体的社会变革实践,叶卡捷琳娜二世自己和她

---

[1] [美]罗伯特·K.迈锡:《通往权力之路:叶卡捷琳娜大帝》,徐海幨译,307 页,北京,北京时代华文书局,2014。

统治的俄罗斯社会都还没有做好充分的准备。在叶卡捷琳娜二世看来，狄德罗等启蒙思想家的社会变革理念超越了俄罗斯的社会现实。非但如此，当时的历史事实是，"启蒙主义者和伏尔泰的信徒叶卡捷琳娜二世，一边与伏尔泰和狄德罗通信，一边却最后完成了农奴制的种种形式，这些形式激起了 19 世纪俄罗斯知识分子痛苦良心的抗议"。①

二、"开明专制"政策的实施

叶卡捷琳娜二世幼时深受法国文化和教育的影响，待其成年掌握俄罗斯的最高权力之后，尤其是在其统治前期，积极推行"开明专制"统治。在同伏尔泰、狄德罗和达朗贝尔的通信往来或直接交往中，叶卡捷琳娜二世声称要按照启蒙思想家的主张改革俄罗斯社会，并邀请了一些启蒙思想家访问俄国。这一时期，法国启蒙运动的箴言和口号频频出现于叶卡捷琳娜二世的讲演之中。文学、戏剧、报刊在女皇的支持下获得发展，法国启蒙思想家的著作被译为俄文出版，亚当·斯密的经济学说也在俄国广为传播。深受法国启蒙思想影响的俄国社会活动家与教育家别茨科伊(И. И. Бецкой，1704—1795)在圣彼得堡创办了斯莫尔尼贵族女子学院(1764 年)，类似于德国文科中学的中等教育机构也在俄罗斯的一些城市设立。此外，法国启蒙思想家狄德罗也在叶卡捷琳娜二世的邀请下来到了俄罗斯，与女皇就社会改革事务交流讨论，还为俄罗斯教育事业的发展设计了一项教育计划——《俄罗斯大学计划》。

就其本质而言，"'开明专制'实际上是内容广泛影响深远的改革，当权者顺应资本主义经济发展的要求，大力发展民族工商业，制定相应法律，鼓励对外贸易。在政治上依靠新兴的资产阶级打击贵族和教会的分权势力，提倡

---

① [俄]尼·亚·别尔嘉耶夫：《俄罗斯思想的宗教阐释》，邱运华、吴学金译，8~9 页，北京，东方出版社，1998。

'君主与哲学家的结合'，借'开明专制'强化封建王权（皇权）"。① 法国启蒙思想家伏尔泰在《共和思想》一书中对各主要类型的政治制度进行了详细比较，提出相对于专制制度的权力过分集中，共和制度的权力过于分散，易导致无政府状态而言，"开明专制"不失为一种理想的国家政治制度。该制度的实施有赖于君主的开明和建设富强国家的理想。因此，伏尔泰认为启迪君主的开明意识，引导其实施开明的制度，应成为启蒙思想家的主要事业。

在以伏尔泰、孟德斯鸠、卢梭、狄德罗为代表的法国启蒙思想家的著作的直接影响下，普鲁士的腓特烈大帝、奥地利的特蕾莎女皇等君主们在积极引进西方先进文化与技术的同时，还着力于发展本国的教育事业，并引发了西班牙、瑞典、丹麦、意大利等王室纷纷尝试推行一种开明的政府治理方式。这些为叶卡捷琳娜二世在俄罗斯推行开明专制统治提供了示范。

在各国的开明专制的治国实践中，尊重知识与文化学习、重视民众教育是实施开明专制的基础。在这方面，叶卡捷琳娜二世树立了典范。叶卡捷琳娜二世出身于普鲁士王公贵族家庭，自幼接受了良好的欧洲式教育，通晓欧洲文化及其传统。即位后，叶卡捷琳娜二世一方面继续走"尊重俄国人和东正教"，使自己成为真正俄国人的转变之路；另一方面，运用自己熟悉的欧洲文化，为实施"开明专制"进行理论上的辩护和宣传。

作为彼得一世改革事业的重要继承者，叶卡捷琳娜二世在执政期间实施"开明专制"的政策，通过与伏尔泰、狄德罗和达朗贝尔的联系，翻译启蒙思想家的著作，邀请启蒙学者到访俄罗斯，接受启蒙思想；没收教会与修道院的财产，1764 年，将 991700 名教会和修道院的农民转化为国有农民，削弱了教会的经济基础②；在贵族中宣传臣民意识，豁免对贵族的体罚；赋予新兴资产阶级一定的权利，促使工场手工业发展，为资本主义生产关系在俄国的发

---

① 张建华：《俄国现代化道路研究》，31 页，北京，北京师范大学出版社，2002。
② 吴式颖、褚宏启：《外国教育现代化进程研究》，483 页，太原，山西教育出版社，2006。

展营造了有利的社会环境。

叶卡捷琳娜二世与启蒙思想家们保持着密切的联系，并采取了一些体现启蒙思想家提倡的民主与平等理念的改革措施。在其1767年撰写的法律著作《圣谕》中，叶卡捷琳娜二世宣称，在温和的国家里，最下等公民的财产与荣誉也应受到尊重。她甚至还计划颁行一项"禁止富人欺侮穷人"的法令。叶卡捷琳娜二世通过调整中央集权机构、设立最高宫廷会议、限制教会势力、颁布《圣谕》和成立新法典编辑委员会等形式，扩大了贵族地主的政治经济特权，赋予了大商人和工场主一定的社会地位，进一步巩固了以沙皇为核心的专制制度。

叶卡捷琳娜二世"开明专制"政策的实施，推动了西方先进思想在俄罗斯的移植和传播，并且开创了俄罗斯政治领域中自由主义的先河。[①] 而所有这些影响的产生无不得益于对欧洲先进文化及教育的学习和借鉴。

三、叶卡捷琳娜二世的教育政策与俄罗斯学校教育体系的构建

为适应并满足18世纪后半期俄国开明专制政策实施的需要，为资本主义生产造就合格人才，叶卡捷琳娜二世积极推行教育改革，兴办各种类型的学校，这为俄国教育现代化的持续推进奠定了有利的文化与教育基础。

18世纪中期，俄罗斯整体教育水平不高。在1767年至1768年召开的公开讨论教育问题的法典委员会上，一些代表提出，兴办于彼得一世时代的学校于社会发展并无太大益处。轻视文化教育的观念再度出现。地主家庭实施家庭教育，崇尚"法国式的优雅"，肤浅而不实用。现代意义上的初等学校尚未设立，公民接受基础教育的主要机构——"识字学校"主要由私人开办，神父任识字学校教师，主要教授《日课经》和《诗篇》等神学材料，偶尔穿插讲授玛格尼茨基的《算术，即数的科学》等世俗教材。

---

① 张建华：《俄国现代化道路研究》，35～39页，北京，北京师范大学出版社，2002。

18世纪下半期，为提升贵族子弟的文化水平，使其掌握必要的作战技能，具备优雅的风度和得体的行为举止，陆军贵胄士官学校等封闭式等级学校得以创设。1731年，陆军贵胄士官学校创设于圣彼得堡，招收贵族子弟入学接受军事训练，同时学习普通文化知识。陆军贵胄士官学校下设四个年级，每一年级修业年限为1~2年，年级按相反顺序命名，即第一年入学时学生所在年级为四年级，毕业时所在年级为一年级。四年级和三年级的学生主要学习语文、数学、历史、地理等课程，二年级和一年级的学生则学习各门专业课程。学校还普遍重视击剑、骑马、舞蹈和音乐等科目的学习，以使贵族子弟具备上流社会所谓的风度和举止。为确保教育质量，陆军贵胄士官学校重视运用当时的教育学理论和新兴的教学方式，开展美育和体育教育。

该时期，俄罗斯还创设了一些专业化的艺术学校，如1738年设立于圣彼得堡的舞蹈学校，1773年设立于莫斯科的芭蕾学校等。当然，进入此类艺术学校就读的均为贵族家庭子女，农奴子弟是被拒之门外的。

(一)教养院和女子学院的创设

在教育方面，叶卡捷琳娜二世深受启蒙思想家的熏陶。基于对18世纪后半期俄罗斯国内地主与农奴之间矛盾日益尖锐、斗争逐步加剧的现实的清醒认识，叶卡捷琳娜二世决定通过完善国家法律、发展教育事业，以缓和国内阶级矛盾，并适应日渐复杂的国际形势。别茨科伊受命领导教育事业的改革与发展事务。1764年，叶卡捷琳娜二世接受了别茨科伊的建议，在莫斯科开办了一所附设产科医院、兼收男女弃婴的儿童教养院。稍后，圣彼得堡以及其他各省城均设立了类似的儿童教养院。儿童教养院主要教授儿童一些劳动技能，如教授男童耕作和园艺技能，教授女童烹饪和面包制作技能。

1764年，一份具有法律效力的有关俄罗斯儿童教育事业改革的报告——《男女青少年教育的基本制度》发布。报告规定：政府建立寄宿制教育和教养机构，从社会各阶层招收男女青年，并将其培养成为"新型的人"①；5~6岁和18岁的男女少年和青年需分别进入教养和教育机构学习；教养和教育机构的生活与周围生活相隔离，以免受到平民生活的"腐化"影响。在别茨科伊的领导下，俄罗斯政府为除农奴之外的各社会阶层子弟开办了不同类型的教养和教育机构。第一类是为男童设立的艺术研究院附属学校。创设于1757年的圣彼得堡艺术研究院附设了一所中等艺术教育学校，该校招收5~6岁男童入学，接受15年系统的普通文化知识教育和艺术专业教育，学业优异者升入圣彼得堡艺术研究院继续深造。圣彼得堡艺术研究院还开办了一所附属商业学校。第二类是为贵族阶层女童设立的斯莫尔尼贵族女子学院，该校创办于1764年。第三类是为市民阶层女童设立的斯莫尔尼贵族女子学院分部。此外，士官学校和文科中学的学习年限延长。在具体教学实践中，新式教育和教养机构呈现出新的气象。《莫斯科教养院总体计划》废止了体罚，提出"必须一劳永逸地制定一个法规并严格规定——无论如何，无论何时都不打孩子"②。

（二）《俄国国民学校章程》与国民学校发展

为适应俄罗斯社会经济发展以及加强地方（省）国家机关建设，在别茨科伊、斯科沃罗达（Сковорода，1722—1794）、诺维科夫和拉吉舍夫（А. Н. Радищев，1749—1802）等启蒙思想家和教育活动家的支持和鼓动下，叶卡捷琳娜二世在镇压普加乔夫起义（Pugachev's Rebellion）之后，决意以奥地利的教育体系为范本，建立俄罗斯的城市学校体系，在奥地利皇帝约瑟夫二世为其推荐的来自塞尔维亚的教学论专家扬科维奇（Янкович，1741—1814）的协助下，在18世纪后半期启动了为城市居民设立国民学校的教育运动。

别茨科伊旅居法国多年，与法国启蒙思想家过从甚密，深受法国启蒙

---

① ［苏联］H. A. 康斯坦丁诺夫等：《苏联教育史》，吴式颖、周蕖、朱宏译，206页，北京，商务印书馆，1996。

② ［苏联］H. A. 康斯坦丁诺夫等：《苏联教育史》，吴式颖、周蕖、朱宏译，207页，北京，商务印书馆，1996。

思想家的影响。在教育问题上，别茨科伊高度评价了教育在社会发展中的巨大作用，将教育视为培养新人、为俄罗斯造就有教养的贵族和掌握社会生产技能的人才的重要手段，视为杜绝社会罪恶根源的有力的社会实践活动。

乌克兰哲学家和启蒙思想家斯科沃罗达将大自然视为一切的本源，主张教育适应自然，教育应根据儿童能力和兴趣特点实施。在个人接受教育的能力问题上，斯科沃罗达提出普通人都具有独立的教育创造能力，要求向全体儿童施以教育，倡导男女教育平等。

18世纪后期著名教育家诺维科夫则参与并领导了国民学校运动。诺维科夫将发展教育视为解决一切社会问题的得力手段，认为导致人出现谬误的根本原因在于无知。为帮助家庭教师开展有效的教学，他编纂出版了《识字入门》，出借各科教科书等教学材料，主张为广大无特权阶层开办国民学校，并创办了俄罗斯历史上第一份儿童杂志——《有益心智的儿童读物》。

作为18世纪后半期俄罗斯进步思想家，拉吉舍夫肯定了人民在国家发展和社会进步事业中发挥的巨大作用，对依靠人民的力量建设美好的俄罗斯社会抱有充分的信心。在教育问题上，拉吉舍夫提出教育的责任在于培养具有公民意识、道德品质高尚且热爱祖国的人，提出真正的"爱国者"会自觉投身于为受压迫人民谋求幸福和与社会专制制度做斗争的事业之中。[①]

扬科维奇为塞尔维亚人，受奥地利皇帝推荐，远赴俄罗斯，成为1782年成立的圣彼得堡国民学校委员会的核心成员。扬科维奇为教学论专家，是夸美纽斯教育思想的直接继承人。得益于扬科维奇等国民学校委员会成员的不懈努力，1786年国民学校委员会提交的《俄国国民学校章程》获准通过，这是俄罗斯历史上第一部面向全体俄罗斯人的教育文件。

---

① [苏联]H.A.康斯坦丁诺夫等：《苏联教育史》，吴式颖、周蕖、朱宏译，214页，北京，商务印书馆，1996。

《俄国国民学校章程》规定，在各省城创设五年制的中心国民学校；在各县城和中心国民学校不能满足所在省城教育发展需要的省城开设二年制的初级国民学校。其中，中心国民学校设四个年级，修业5年，最后一个年级修业2年。依据教学计划，中心国民学校主要开展阅读、书写、计算、教义问答、圣史、书法、图画、算术、历史(世界历史和俄国历史)、地理、语法、几何、机械学、物理、自然史、建筑等课程的教学。① 具体来说，中心国民学校一年级学生学习俄语语法、阅读、书写、简明教义问答、圣史等课程；二年级学生学习详细的教义问答、人与公民的职责、算术(第一册)、书写、图画等课程；三年级学生学习福音书、详细的教义问答、算术(第二册)、历史、俄语语法、图画等课程；四年级学生学习文法、应用文写作、历史、地理、几何、机械学、物理、自然史、建筑学等课程。② 为帮助那些计划升入文科中学或大学学习的学生做好学术准备，中心国民学校还专门开设了拉丁语和外语课程。此外，鉴于俄罗斯师范教育体系尚未建立，中心国民学校还承担着为初级国民学校培养师资的任务。为服务于教学，满足开展直观教学的需要，中心国民学校还设有图书馆，建有存放直观教具的教学专用室。

初级国民学校学制2年，其教学内容大致与中心国民学校的一、二年级所学内容类似，主要开展阅读、书写、基础算术和文法等课程。

对国民学校的管理由地方当局承担，其设施及相关物资供应则由社会救济厅负责。为实施对教学成效及学生发展状况的评价，国民学校还制定并实施了每学年两次的考试制度：一次为"个别考试"，在学年中间举办，邀请其他班级教师到场共同监督实施；另一次为"公开考试"，在学年末举办，邀请贵族、商人、神职人员和城市官吏到场实施。较个别考试而言，公开考试具

① [苏联]H.A.康斯坦丁诺夫等：《苏联教育史》，吴式颖、周蕖、朱宏译，207~208页，北京，商务印书馆，1996。

② 吴式颖：《俄国教育史——从教育现代化视角所作的考察》，174页，北京，人民教育出版社，2006。

有强烈的"仪式感"，全程气氛庄严。教师向参与考试的人员致欢迎辞，申明教育的国家意义；学生则面向来宾朗读诗歌。国民学校实施统一的教学计划和班级授课制度，注重采用新的教学方法。

在扬科维奇等人的努力下，《俄国国民学校章程》颁布的 1786 年，即设国民学校 165 所，在校生达到 11088 人。① 到 18 世纪末，俄国共设初级国民学校和中心国民学校 315 所，接受国民学校教育的学生达 2 万人，在国民学校执教的教师共计 790 人。② 在该时期设立的国民学校中，圣彼得堡中心国民学校的设立及发展受到了更多的社会关注。圣彼得堡中心国民学校开办于 1782 年，为后来开设的国民学校培养了一批合格的师资。来自俄罗斯科学院和莫斯科大学的专家们向圣彼得堡中心国民学校施以援手，为列入教学计划的全部课程编写教材，尤其是一篇教学论论文——《国民学校教师指南》，更是为后来国民学校教学工作的开展提供了直接指导。关于国民学校的教学工作，《国民学校教师指南》提出了一系列具有较高实践指导价值的理论建议：以班级授课取代个别教学；实施集体朗读和共同指导，教师或由教师指定的学生面向全体学生朗读教科书内容，教师面向所有学生就教科书中的疑难问题提供指导；教师教学的目的在于训练学生的理解与理智能力，而非单纯的记忆能力。

尽管该时期国民学校数量有限，教育质量有待提高，并且不涉及农村教育，但是《俄国国民学校章程》的颁布及一批国民学校的开设在俄国教育史上产生了重大影响，标志着俄国教育自此走上教育法制化和制度化的道路，并为俄国近代学校教育制度的确立和近代学校教育体系的构建奠定了一定的基础。"由于这一法令的实施，总算为城市有产阶级的子弟接受教育提供了机会，使俄国在摆脱完全由僧侣和贵族地主阶级垄断教育方面有了新的起点。"③

---

① 吴式颖、褚宏启：《外国教育现代化进程研究》，489 页，太原，山西教育出版社，2006。

② ［苏联］H.A. 康斯坦丁诺夫等：《苏联教育史》，吴式颖、周蕖、朱宏译，208 页，北京，商务印书馆，1996。

③ 滕大春、吴式颖：《外国近代教育史（第二版）》，353 页，北京，人民教育出版社，2002。

（三）专门学校的设立

圣彼得堡艺术研究院设立于 1757 年，其附设的中等艺术教育学校招收 5~6 岁的男童入学，接受为期 15 年的艺术专业教育和普通文化知识教育，学业优异者通过遴选进入圣彼得堡艺术研究院继续学习。圣彼得堡艺术研究院及附属中等艺术教育学校为 19 世纪俄罗斯艺术事业的发展培养了一批著名的画家、雕刻家等专业人才。

圣彼得堡矿业学校创办于 1773 年。作为俄国第一所高等工业学校，圣彼得堡矿业学校为新兴的俄国冶矿业发展培养了急需人才。圣彼得堡矿业学校设校之初开设了算术、几何、矿山测量、矿物学、制图、化学、力学、物理学、法语、德语等科目。1779 年，莫斯科土地测量学校和土地规划工程师学院设立。① 圣彼得堡矿业学校后更名为圣彼得堡矿业学院，"十月革命"后改名为彼得格勒普列汉诺夫矿业学校，为俄罗斯冶矿事业发展培养了一大批专业人才。

在叶卡捷琳娜二世时期，教育经费分配因学校性质不同而表现出差异，海军学院、炮兵学校、陆军贵胄士官学校、贵族寄宿专修学校等贵族学校以及莫斯科大学等高等教育机构，在教育经费分配额度上获得优先照顾。接受地方当局管理的国民学校所获政府拨款则十分有限。

在师资来源上，彼得一世时期，俄国学校的教师主要是从德意志各邦国和部分西欧国家聘请的学者，俄罗斯科学院最早的一批院士也是从国外聘请的。为解决地方学校师资严重不足的问题，受彼得一世指派，数学与航海学校、海军学院等专门学校的部分教师承担了各地方学校的教学任务。

18 世纪俄罗斯教育事业的发展与变革，是与该时期俄罗斯政治体制变革、社会经济发展、推行"西方化"政策以及军事上建设军事强国等密切结合在一起的。以彼得一世、伊丽莎白·彼得罗芙娜和叶卡捷琳娜二世为代表的俄罗

---

① 王清华：《苏联高等教育的历史和现状》，6 页，长春，吉林教育出版社，1985。

斯君主在欧洲国家的文化教育，尤其是启蒙思想的影响下，通过颁布、实施一系列教育改革与发展措施，建设现代学校体系，提高人民的文化知识水平，发展能够直接服务于经济建设和军事事务的实科专门学校和军事院校，创设开展科学研究和培养高级人才的俄罗斯科学院和莫斯科大学，为该时期俄罗斯君主开明专制政治的实施、社会经济的发展和强军事业的推进提供了必要的知识和人才基础，为俄罗斯近代化奠定了文化与教育基础。

值得指出的是，无论是彼得一世的改革，还是叶卡捷琳娜二世的开明专制统治，其根本目的都是巩固俄国的封建农奴制度和君主专制制度。所以，启蒙思想家狄德罗制定的充满民主精神的《俄罗斯大学计划》，最终被叶卡捷琳娜二世束之高阁；在1773年完成对普加乔夫起义的残酷镇压后，叶卡捷琳娜二世积极加强俄罗斯贵族专政的改革，1785年颁布实施的《俄国贵族权利、自由和特权诏书》进一步明确了俄罗斯贵族对土地和农奴的占有权和所有权。在俄罗斯文化教育领域内，西方文化与技术的引进、国民学校体系的构建、专门学校的设立，以及俄罗斯科学院和莫斯科大学的设立等一系列改革，也都服从并服务于这一根本目的。受教育机会不均等、农奴被排除在学校教育的大门之外、教育等级性和贵族性色彩浓厚，成为后来俄罗斯教育现代化过程中需要解决的突出问题。

第五章

18 世纪俄国的教育思想

彼得一世改革时期是俄国"欧化"过程中的重要阶段。少年时期经常出入外侨居住区的彼得一世，十分懂得按照西欧方式改造俄国的必要性。因此，他亲政以后，立即展开了旨在改变俄国落后面貌的改革活动。"他以钢铁般的意志和极其巨大的干劲颁布了 3000 多条法令……以西方的方式改革了他的行政机关和军队，建立起供养其军队的工业，引入成千上万的各种类型的专家，派出一群群年青的俄罗斯人到国外去学习，并建立起许多学校——所有学校都具有实利主义的性质：数学和航海学校、海军学校、陆军学校、计算学校和居于最高地位的科学院。彼得还打破所有先例，去西欧旅行，直接学习外国的种种制度和惯例。"[①]

彼得一世的改革和他取得的成就使俄国扩大了与欧洲各国的联系，加强了西方思想对俄国上层社会的影响。西欧启蒙思想对俄国的影响就是从彼得一世统治时代开始的。这个时期带有启蒙思想的人物，包括彼得一世"学术侍从"团的首脑和他进行宗教改革活动的左右手普罗科波维奇，"学术侍从"团的积极成员、曾任采矿工程师和行政官员的科学家与历史学家塔季谢夫，"学术侍从"团的另一名成员、外交官和诗人安·季·坎捷米尔（А. Д. Кантемир,

---

① [美]斯塔夫理阿诺斯：《全球通史》，吴象婴、梁赤民译，302 页，西宁，青海人民出版社，2003。

1708—1744)，等等。他们都拥有广博的知识，重视教育在改进社会中的作用，提倡在群众中传播非宗教知识，期望"人间发生善良的变革，……普遍享受学术的成就"①。其中，坎捷米尔还把孟德斯鸠的《波斯人信札》译成了俄文。但他们都是俄国式的启蒙学者和君主专制制度的推崇者。他们认为，俄国的一切伟大的事业都必须是由上而下推行的。

彼得一世的改革的确使俄国发生了巨大的变化。俄国兴建了海军，组建了强大的陆军，战胜了瑞典，夺得了波罗的海的出海口，并在芬兰湾东端的涅瓦河三角洲上建立了新都圣彼得堡；工业得到了发展，交通得到了改善，世俗教育机构建立起来了；还简化了俄文字母，出版了定期刊物；奖励翻译西欧著作和出版科学读物，设立了图书馆和博物馆。这些均为俄国经济和文化教育的发展奠定了初步基础。但广大农民从彼得一世的改革中不仅没有得到任何好处，而且处境更加恶化。因为他和他前面的几个沙皇一样，引进西方技术和推行"欧化"的目的都不是改革俄国的封建农奴制度和君主专制制度，而是保护这种制度，加强它的物质基础，整个改革活动的成就都是靠残酷地剥削和奴役农民取得的。按照马克思的说法，他"用野蛮制服了俄国的野蛮"②。

从国内方面来看，俄国的"欧化"在彼得一世以前主要是通过学习波兰实现的。自彼得一世开始，俄国从学习波兰转向学习德国。彼得一世还试图通过联姻的方式加强与德意志各公国的联系。他把自己的侄女安娜·伊凡诺芙娜以及女儿伊丽莎白·彼得罗芙娜和安娜·彼得罗芙娜（Анна Петровна，1708—1728）等都嫁给了德意志的公爵为妻。这给俄国社会的发展带来了新的矛盾。在彼得一世之孙彼得二世·阿列克谢耶维奇（Петр Ⅱ Алексеевич，1715—1730，1727—1730 年在位）因病夭折以后，罗曼诺夫王朝的男性继承人

---

① ［俄］戈·瓦·普列汉诺夫：《俄国社会思想史》第二卷，孙静工译，100 页，北京，商务印书馆，1996。

② 《马克思恩格斯选集》第二卷，620 页，北京，人民出版社，1995。

中断。安娜·伊凡诺芙娜被拥立为女皇(1730—1740年在位)。在她在位时期,"德意志人在俄国朝廷的势力非常大;来自波罗的海沿岸的德意志贵族把持朝政……以比隆为首的德意志贵族力图使俄国政府机构'德意志化'。他们不仅左右俄国政府的对内和对外政策,而且拥有对俄国军队的指挥权"①。德意志贵族的专权和他们执行的政策引起了绝大多数俄国贵族的不满。俄国"欧化"中出现的这一问题在伊丽莎白·彼得罗芙娜女皇执政时期得到了初步解决。自她入主宫廷后,不再允许德意志人干预朝政,客观上有利于俄国的自主发展。这不但体现了俄国贵族的切身利益,而且体现了自彼得一世改革以来逐渐形成的俄国知识分子阶层的迫切愿望。例如,像波索什科夫(И. Т. Посошков,1652—1726)、罗蒙诺索夫等先进的俄罗斯知识分子都强烈地希望俄国人能摆脱对外国人的屈从,学好科学知识,掌握技术,以促进俄国生产力的发展。② 罗蒙诺索夫在其颂诗中还坚信:俄罗斯大地上是能够诞生自己的柏拉图和才思敏捷的牛顿的。就俄国文化教育的发展来说,伊丽莎白·彼得罗芙娜女皇统治时期最重要的事件莫过于莫斯科大学的创建(1755年)。这一成就是和罗蒙诺索夫的努力分不开的。正是他提出了建立新的俄国文化教育中心——莫斯科大学的计划并促其实现。伊丽莎白·彼得罗芙娜去世以后,卡尔·彼得·马利里希(Петр Федорович,1728—1762)继位。他是彼得一世的女儿安娜·彼得罗芙娜同德意志霍尔施坦公爵结婚所生之子,即位后为彼得三世。他狂热地崇拜普鲁士制度,"根本看不起俄国",不信任俄国近卫军,侮辱东正教神职人员,对已故的伊丽莎白·彼得罗芙娜女皇也表现出不恭,执行违背俄国利益的政策,并释放了被伊丽莎白·彼得罗芙娜女皇政府流放的德意志贵族,引起了俄国贵族和近卫军的极大不满,执政半年

① 孙成木、刘祖熙、李建:《俄国通史简编》上册,273页,北京,人民出版社,1986。
② [俄]戈·瓦·普列汉诺夫:《俄国社会思想史》第二卷,孙静工译,102~162页,北京,商务印书馆,1996。

即被废黜。他的妻子，即叶卡捷琳娜二世被确立为俄国女皇。① 叶卡捷琳娜二世虽不是在俄国土生土长的女子，而是一位德意志亲王的女儿，但她表现得"很谦逊和忠诚""很尊重俄国人和东正教，并声称自己是'属于俄罗斯的'"②，她还善于笼络近卫军的人心，因此受到他们的拥戴。这一立一废的政治行动与伊丽莎白·彼得罗芙娜当年被立为女皇时一样，既体现了沙皇政权的阶级本质，也体现了俄罗斯民族精神的成长。通过几代人的努力，俄国拥有了自己的富有才干的国务活动家、统帅、科学院院士与诗人。他们都渴望为自己的民族与国家增添光彩。

叶卡捷琳娜二世在其统治前期实行"开明专制"，同伏尔泰、狄德罗、达朗贝尔等启蒙思想家保持着密切联系，积极引入启蒙思想，采取了在一定程度上缓和阶级矛盾的措施，积极推动俄罗斯文化教育事业的发展。1764 年，她还支持曾多年侨居国外、与法国启蒙学者有过交往的俄国社会活动家与教育家别茨科伊在圣彼得堡创办斯莫尔尼贵族女子学院。1767 年 8 月，她召集新法典编辑委员会，试图为俄国编制一部新法典，并为这个委员会发布了《圣谕》。《圣谕》由 22 章共 1655 条组成，绝大部分系抄袭西欧启蒙哲学家、法学家和经济学家的著作。③《圣谕》甚至还包含以人道态度对待农奴的建议。委员会的活动、《圣谕》的流传，使她获得了欧洲"开明君主"的声誉。但叶卡捷琳娜二世的统治具有鲜明的二重性。因为她清楚地懂得，使她获得俄国女皇权位的是俄国贵族，而不是俄国农民，贵族是她政权的基石。因此，在解决农民与贵族地主尖锐对立的问题上，即使在她统治的前期，也就是所谓的"开明专制"时期，其言论和实际行动也是完全脱节的。即位伊始，叶卡捷琳娜二世所做的第一件事，就是对参加 1762 年 6 月政变的贵族论功行赏，这一次受奖的 40 人

---

① 孙成木、刘祖熙、李建：《俄国通史简编》上册，278 页，北京，人民出版社，1986。

② 孙成木、刘祖熙、李建：《俄国通史简编》上册，278 页，北京，人民出版社，1986。

③ 孙成木、刘祖熙、李建：《俄国通史简编》上册，330~331 页，北京，人民出版社，1986。

都获得了大量钱财和农奴。

1773年，俄国最大的一次农民起义——普加乔夫起义爆发时，狄德罗正应邀访问俄国。他向叶卡捷琳娜二世建议：从根本上废除农奴制度，以防止农奴反对地主的起义发生，并实行一系列有效的改革以推动社会进步。叶卡捷琳娜二世却以武力残酷地镇压了农民起义，其"开明专制"也从此结束了。从1775年开始，叶卡捷琳娜二世进行了一系列旨在加强贵族专政的行政改革。1785年，她颁布了《俄国贵族权利、自由和特权诏书》，再次确认了贵族占有土地和农奴的权利以及过去赐给贵族的一切特权。在她在位的34年间，她一共将约80万名农奴和大片国有土地与钱财赐给了其宠臣和其他有功的贵族，使其中一些人成了拥有数万名农奴的大农奴主。到她统治末年，"俄罗斯境内几乎已经没有一个自耕农，而农奴的生活情况和劳动条件也比她执政以前更为恶劣"[1]。在她的统治下，俄国贵族在面对沙皇时已可以不再称自己为奴隶，同时被免除了体罚，贵族获得了自由，但农奴却毫无权利可言，生活极其悲惨。贵族的自由、幸福完全是在牺牲农奴生存权利的条件下取得的。贵族地主不仅占有农奴的劳动，有权迫使他们尽各种封建义务，而且可以把农奴当作物品一样来结算彼此的债务或在市场上自由买卖。由此可见，叶卡捷琳娜二世执行的政策实际上也是既要使俄国"欧化"，又要坚持农奴制度和专制制度的政策。不过，西欧先进的启蒙思想以如此大的规模传入俄国，确实对俄国的社会思想发展产生了极大的影响，并促使其社会经济结构有所变化，同时也使其文化教育事业得到了发展。

18世纪俄国的教育思想正是在上述的社会历史背景中发展起来的。

---

[1] 中国大百科全书出版社《简明不列颠百科全书》编辑部：《简明不列颠百科全书》第8卷，879页，北京，中国大百科全书出版社，1986。

第一节　普罗科波维奇的教育思想

普罗科波维奇出生于基辅一个小商人家庭。他从基辅学院毕业后到波兰深造，后又到罗马学习，1704年返回俄国。在罗马时，普罗科波维奇不仅研究神学，而且研究文学、历史、数学，成了一个学识渊博的人。按照一位丹麦旅行家的说法，"这个优秀人物，就其学识而言，几乎没有人及得上他，特别是在俄国宗教界更无人及得上他。他除历史、神学、哲学外，还精通数学，而且对这门科学有无法形容的爱好。他通晓各种欧洲语文，而且能用两种欧洲语言谈话，但在俄国，他除俄语外，不愿说任何外语，只是在万不得已时才用拉丁文，而他的拉丁文是不亚于任何科学院的院士的"。① 另一位西班牙神学家则评价他："如果对他要有什么指责，那就要指责他的宗教信仰，假如他真有宗教信仰的话。他的图书馆可供学者使用，比皇家图书馆和托罗伊茨修道院图书馆优越很多，按其藏书之丰富，在俄罗斯这个书籍贫乏的国家里，实无与伦比。"②这位西班牙神学家不相信普罗科波维奇是有任何宗教信仰的，这从另一方面说明了他的宇宙观里含有强烈的世俗因素。据说他的图书馆里藏有3万册涉及不同知识领域的图书。

普罗科波维奇回国后始任基辅学院教师。他具有卓越的演说才能。他经常发表讲演，热情地证明改造俄国文化的必要性和教育的益处。彼得一世多次倾听他的演说，认定他是自己事业的支持者。1716年，普罗科波维奇被调至圣彼得堡，成了彼得一世进行宗教改革的得力助手。他还是彼得一世改革时期最多产的政论家。

---

① ［俄］戈·瓦·普列汉诺夫：《俄国社会思想史》第二卷，孙静工译，47页，北京，商务印书馆，1996。

② ［俄］戈·瓦·普列汉诺夫：《俄国社会思想史》第二卷，孙静工译，48页，北京，商务印书馆，1996。

普罗科波维奇在他的演说中从各方面为彼得一世的改革进行了辩护。他在1717年10月23日的演说词里为出国旅行学习进行辩解时说:"如河之流,其行愈远,愈能汇集百川而愈益波澜壮阔,力量雄伟。同样,聪明的人亦可于旅行中获益至大。所获何益呢?是体力吗?否,体力因旅途艰苦反易减弱。是财富吗?否,除商人外,他人旅行都须花钱。然则是什么收获呢?是个人及社会的共同财富,即艺术。"①他强调,旅行一般来说能增加旅行者的智慧,特别是能提高旅行者的政治思想水平,"勇敢的河便是最好,最生动和正直的政治学校"。② 在1720年9月8日发表的演说中,普罗科波维奇把航海看成上帝对人类进行文明教育的手段,并且颂扬彼得一世为建立俄国强大海军所做的贡献。他指出:"创世主将世界分为不同的国家以后,原期望彼此之间能够互助,能够友爱联合。但是因为人类不能在陆路交通上远近相接,所以伟大的上帝便创造了水上交通工具,使所有国家能够相互往来。由此可见,海上船舰是多么需要。由此可见,不爱船舰就是不爱自身的幸福。"③他感谢上帝使俄国沙皇"蔑视小船小舰",并热衷于舰队的建造,"预示用海军武装起来的海域的强大和胜利"。④

《宗教规程》(1720年)和《君主意志的真理》(1722年)被视为普罗科波维奇重要的论著。这两部作品都被作为解释专制君主权力本质的国家法令予以通过。

普罗科波维奇在《宗教规程》的宣言和绪论中集中地阐述了世俗政权高于

---

① [俄]戈·瓦·普列汉诺夫:《俄国社会思想史》第二卷,孙静工译,26页,北京,商务印书馆,1996。
② [俄]戈·瓦·普列汉诺夫:《俄国社会思想史》第二卷,孙静工译,26页,北京,商务印书馆,1996。
③ [俄]戈·瓦·普列汉诺夫:《俄国社会思想史》第二卷,孙静工译,27页,北京,商务印书馆,1996。
④ [俄]戈·瓦·普列汉诺夫:《俄国社会思想史》第二卷,孙静工译,28页,北京,商务印书馆,1996。

教权的思想，论证了废除宗主教制和建立宗教事务委员会的必要性。《宗教规程》还包含了发展主教区学校和宗教讲习所的计划。《宗教规程》指出，优秀的、认真的牧师都将出自这些学校，神职人员应把自己 10 岁至 15 岁的孩子送进这些学校学习。不能毕业的人不仅可能会失去充任神职人员的权利，而且还可能要缴纳人头税。必须使学生明白，不能懒惰，必须勤奋学习。《宗教规程》于 1721 年 1 月 25 日由彼得一世批准。但根据彼得一世 1721 年 2 月 14日的诏令，委员会被改为正教院，它成了管理东正教教会事务的最高国家机关。普罗科波维奇被任命为正教院的副主席。他要求正教院根除迷信，指出许多圣者传和关于有灵的圣像与不朽的干尸的故事中有许多骗人的东西，并强调，不应"给人提供有毒的东西来代替有益于健康的精神粮食"。① 他还捍卫了人们对自然进行科学研究的权利，即使这些研究得出了与圣书相悖的结论。他认为不能从字面上理解而应就其寓意去理解神学的某些经文，并且说，放在第一位的应当是科学而不是神学。

普罗科波维奇在《君主意志的真理》这篇论文中捍卫了世袭君主制。他认为君主应当把国家管理的一切职能都掌握在自己的手里，君主最关心的事应是司法、保卫国家免遭敌人侵犯和教育，国家权力机关有权进行革新和采取急剧的改革措施。

1720 年，普罗科波维奇为初等学校编写了名为《儿童初学入门》的课本。他在课本的前言里指出，过去初等学校用的课本都是用庄重的斯拉夫语而不是口语写的，因此孩子们不懂，而他编的课本是用口语写的。与以往的课本还有一点不同的是，在他的课本中，编入课本的不是祈祷文和圣训本身，而是对它们的解释。普罗科波维奇不仅关心使儿童掌握读写技能，而且关心对他们的正确教育。他认为，一个人少年时是什么样的，长大成人后也将如此；

---

① ［苏联］Б.Б. 卡芬加乌兹、［苏联］Н.И. 巴甫连科：《彼得一世的改革》下册，王忠、刘逢等译，253 页，北京，商务印书馆，1997。

人在幼年时得不到善的教育，将来很难不做恶事。他甚至认为有必要在农民中传播文化知识。

普罗科波维奇虽有渊博的知识，衷心拥护彼得一世的改革，成为彼得一世"学术侍从"团的首脑，为发展俄国教育做了不少工作，他的理论观点有时也用"自然法则"和"社会契约论"加以说明；但是，他并没有完全摆脱经院哲学的影响，难以摆脱以上帝教导的名义讲话。这是与"学术侍从"团的另一成员塔季谢夫明显不同的。

第二节　塔季谢夫的教育思想

塔季谢夫出身于贵族家庭，曾被送往国外学习，自称是彼得一世的"小学生"，对他抱着真心实意的敬仰态度。他曾说，"彼得大帝在自己祖国疆域内找到启蒙运动的方式，为人民开拓了道路"，而他自己所有的一切都是皇帝陛下赐予的。[①] 塔季谢夫像普罗科波维奇一样，是当时最有学问的人。他不仅掌握了大量科学技术，对地理、历史、哲学也很有研究。"在他的大量藏书里，有霍布斯的利维坦，洛克的《论民政管理》和马基雅维利、笛卡儿、牛顿、伽利略等的著作。"[②]他著有种族志学、历史、地理等方面的书，其中包括《俄罗斯通史》。他的教育思想主要体现在《两个友人关于科学与学校利益的谈话》（1733 年著，以下简称《谈话》）一书中。

塔季谢夫认为，"儿童的真正乐趣是智慧"，而为了使儿童有智慧，就得让他们学习。在《谈话》中，他从"利益"的观点出发，提出了一个广泛的学习

---

① ［俄］戈·瓦·普列汉诺夫：《俄国社会思想史》第二卷，孙静工译，41 页，北京，商务印书馆，1996。

② ［俄］戈·瓦·普列汉诺夫：《俄国社会思想史》第二卷，孙静工译，54 页，北京，商务印书馆，1996。

纲要。为什么要学地理呢？"地理学不仅指明地理位置，以便在战争或其他意外事故时了解国家的一切险要地区和通道，而且指明人民的风俗习惯及气候与土地的特性，物产及财富，何者丰余，何者缺乏。首先研究本国，然后研究常与往来的外国，以确定其能否给我们以援助和他们对我们有无侵略的危险。至于国家管理，必须非常仔细了解，必须通晓一切，而不应如盲人论色，盲加推断。"是否应知道物理呢？应当。"了解物的自然特性，是非常有益的。知道它们的构成，据以探讨其产生和变化，从而预断其未来发展，以利于避免危害。"①

塔季谢夫对神职人员没有好感。他认为神职人员应为俄国人民的愚昧无知负责。他们"为了获得巨额收入和巨大权力，宁愿使人民愚昧无知并保持迷信；他们为此将学校和教会里的所有学习中断或放弃了"②。他又说，"凶恶狡猾的教会执事人员"为了本阶级的利益，力图"使人民不受教育，不识任何真理，而只是盲目地、奴颜婢膝地信仰他们的神话和命令"。③ 塔季谢夫高度赞扬了彼得一世责令各省以及各州、县、市开办学校，并由修道院出钱维持其开支的命令。他认为各修道院都有不少超过教会自身需要的收入，将这些收入用来维持学校对国家来说是有益的。

塔季谢夫坚决主张信仰自由。"他信守对知识和社会生活问题的功利主义观点，证明宗教纠纷给国家带来巨大危害，并且警告说，这种纠纷都是野心勃勃的神甫和一味迷信的伪善者造成的；至于'聪明人之间，则不会发生，因

---

① ［俄］戈·瓦·普列汉诺夫：《俄国社会思想史》第二卷，孙静工译，55~56 页，北京，商务印书馆，1996。
② ［俄］戈·瓦·普列汉诺夫：《俄国社会思想史》第二卷，孙静工译，56 页，北京，商务印书馆，1996。
③ ［俄］戈·瓦·普列汉诺夫：《俄国社会思想史》第二卷，孙静工译，56 页，北京，商务印书馆，1996。

为聪明人是不会过问别人的信仰的'。"①他欣赏和羡慕西欧社会在宗教改革后形成的不同教派共处一城的宽容。从"天赋的理性"出发，塔季谢夫阐述了人身自由的价值："自由当然对人是如此必要和有用，以至无论哪一种幸福都不能与它比较，无论什么东西都不能和它相配。"②但是，他同时是沙皇专制制度和农奴制度的捍卫者。

塔季谢夫在他的《谈话》中讨论了国家的政体问题。他认为，关于哪种政体方可称为最好的政体，须视环境而定。小的和不受敌人侵略的国家，适于采用民主制度；大的但没有别国侵略危险的国家，可实行贵族政体；"至于大的和有外患的国家，如无大权独揽的君主，势必不能保持完整"。③ 他以历史事实说明，俄国必须采用沙皇专制制度，并告诫自己的儿子："要流尽最后一滴血来保卫君主的权力和荣誉，任何时候都不要听信那些吹嘘别国的自由和设法降低君主权力的人们，因为这会给国家带来极大灾害。"④

在塔季谢夫的自由幸福观中，自由幸福是不给予农奴的。他强调，仆役是受着不自由的约束的，他必须服从自己的主人。因为按照契约，一些人必须服役，另一些人则必须为其服役者提供衣食和保护，"从这种契约产生了奴隶或仆役的不自由"⑤。塔季谢夫主张让农奴的子女学习读写，并主张为农奴设立学校和浴室。他指出在冬季农奴不下地劳动时，让他们学习各种"工艺"，如打铁、造车、制木桶、养羊、养马、制造陶器、弹毛、裁衣、制鞋等。总

---

① ［俄］戈·瓦·普列汉诺夫：《俄国社会思想史》第二卷，孙静工译，60页，北京，商务印书馆，1996。

② 姚海：《俄罗斯文化之路》，67页，杭州，浙江人民出版社，1992。

③ ［俄］戈·瓦·普列汉诺夫：《俄国社会思想史》第二卷，孙静工译，64页，北京，商务印书馆，1996。

④ ［俄］戈·瓦·普列汉诺夫：《俄国社会思想史》第二卷，孙静工译，64页，北京，商务印书馆，1996。

⑤ ［俄］戈·瓦·普列汉诺夫：《俄国社会思想史》第二卷，孙静工译，69页，北京，商务印书馆，1996。

之，"他是主张向人民传播知识的，指出这是国家、特别是军事的需要"①。
但他要求对农奴严加管理，指示他的管家不让农奴浪费时间，并且说："对于
犯了错误的人，有的是监狱。"②塔季谢夫还认为，贵族子弟与仆役及"奴隶"
子弟往来在道德方面是有害的。他主张为贵族子弟单独设立学校。这一切都
说明，塔季谢夫是从专制国家和农奴主的立场来论述对农民的教育的。和他
相比，波索什科夫谈论教育问题的立场又有所不同。

第三节　波索什科夫的教育思想

波索什科夫出生于莫斯科附近的波克罗夫斯基村的一个农民家庭。这个村
后来并入首都，1680—1681年改建为工艺馆，其中包括由外国人（主要是德国
人）指导改建的一些皇室作坊。在幼年时，波索什科夫常随父亲一道出入皇宫，
到这些作坊观看工艺流程，并掌握了多种手艺。他当过制钱匠，研制出了制币
机床的模型。为演示他发明的能改进火器射击技术的"射击弹弓"，他晋见过
彼得一世。后来，他开办过酿酒厂、硫黄矿，还勘探过石油，担任过生产和
销售伏特加酒的政府职务。晚年，他在诺夫哥罗德和圣彼得堡拥有房产，并
且在诺夫哥罗德买了两个拥有数十个农奴的村子和一座酿酒厂，还打算开办
一座纺织工厂。波索什科夫最后虽然也成了小地主兼小农奴主，但在俄国，
一般认为他只是个"商人"。③ 由于个人经历，他对当时俄国各阶层的生活状

---

① ［俄］戈·瓦·普列汉诺夫：《俄国社会思想史》第二卷，孙静工译，65页，北京，商务印书
馆，1996。

② ［俄］戈·瓦·普列汉诺夫：《俄国社会思想史》第二卷，孙静工译，65页，北京，商务印书
馆，1996。

③ ［苏联］Б.Б.卡芬加乌兹、［苏联］Н.И.巴甫连科：《彼得一世的改革》下册，王忠、刘逢
等译，239页，北京，商务印书馆，1997；［俄］戈·瓦·普列汉诺夫：《俄国社会思想史》第二卷，
孙静工译，120页，北京，商务印书馆，1996。

况十分了解。波索什科夫最著名的作品是写于1724年的《贫富论》。这是他向彼得一世呈送的"阐述国内各种'错误'的秘密报告"①，实际上他在其中提出了一个发展俄国经济、提高俄国社会生产力的广泛纲领。这时他已经72岁了。由于这部作品包含对贵族的尖锐抨击，它给作者带来了巨大灾难：1725年8月，作者被捕；1726年2月，作者死于狱中。波索什科夫的其他作品还有《论作战行为》(或译《论战事》，写于1701年)，《关于改正一切弊端的报告》(写于1704年前)，《父亲的遗教》(1719年或1720年完成)等。

由上所述，我们可以看出，波索什科夫是一位俄国"欧化"过程中来自民间的思想家和自学成才的人。由于《贫富论》主要讨论的是经济问题，他被认为是俄国最早的经济学家。他有关教育问题的见解是和他对俄国重新"欧化"过程中出现的一些社会问题的思考联系在一起的。

波索什科夫对俄国社会落后于西方国家和必须进行改革是有明确意识的。例如，他在《关于改正一切弊端的报告》中写道："任何人若明察东正教俄国的生活，行为和事业，都不会在任何一件事情里看到健康的东西。在教堂里没有使直接秩序仪式化，甚至学习和唱歌、民事、农事、军事、审判、商务和艺术等等方面，……无论在任何事业和事物里，都无不有错。我们从头到脚都不完整，所以我们受到四邻各国的嘲笑与侮辱。他们把我们当作莫尔多瓦人，然而他们并非完全不对，因为我国到处都糟，都无秩序。"②对于这种非常糟糕的状况，波索什科夫认为是完全可改变的。他指出："由于上帝的帮助，一切毛病都可改正。所以只要我们坚定信仰，便能将罗斯改正过来。任何洪水都不能动摇她……在宗教规章上，在军事、民事和农事上，现时一切

---

① [俄]戈·瓦·普列汉诺夫：《俄国社会思想史》第二卷，孙静工译，127页，北京，商务印书馆，1996。

② [俄]戈·瓦·普列汉诺夫：《俄国社会思想史》第二卷，孙静工译，122页，北京，商务印书馆，1996。

不正之风都可改正，都可提倡真理。"①他又说："许多德国人在科学上比我们聪明，而由于上帝的恩德，我们的灵敏却并不亚于他们。他们辱骂我们是没有用的。""我们……俄国人的手同外国人是一样的，……外国人并不是从天上来的，他们仿佛和我们是一样的人：技能加良好的训练，一切的人便都会有的。"②可见，本国的落后、外国人对俄国人的轻视在波索什科夫身上激发了强烈的民族自尊心和追赶西方国家的愿望，同时也使他对外国人抱有强烈的反感。

波索什科夫从俄国平民的立场出发，分析了俄国落后的原因。他指出，俄国贵族在服军役时表现恶劣，他们对俄国的管理也不好。他以亲身经历说明了贵族老爷是如何加害商人的。他还以自己的见闻揭示了贵族对农民的压迫和剥削，以及他们对低级神职人员的侮辱和打骂。波索什科夫还指出，外国人来到俄国主要是为了赚钱，他们对俄国并非真诚关怀，完全相信他们是很危险的。他写道："我认为，所有的外国人对我们建造海船是不高兴的，他们需要的只是自己的名利，但却要我们看他们的眼色行事。"③依据这样的分析，波索什科夫提出了自己的建议。

波索什科夫虽然对外国人不信任，但是他懂得，为了发展俄国的生产力，必须掌握西方的先进技术。他在《贫富论》中写道："外国技师来到俄国，只要他为人善良，且掌握我国前所未见的技术，就应给以住房。派十来个（或更多的）人向他学习，同他签订合同，要他尽力和无隐瞒地对这些学生施教。教授果能尽力，而且青出于蓝而胜于蓝，便应给以合同规定的报酬，并对其尽力

---

① ［俄］戈·瓦·普列汉诺夫：《俄国社会思想史》第二卷，孙静工译，122页，北京，商务印书馆，1996。

② ［俄］戈·瓦·普列汉诺夫：《俄国社会思想史》第二卷，孙静工译，123~124页，北京，商务印书馆，1996。

③ ［苏联］Б.Б.卡芬加乌兹、［苏联］Н.И.巴甫连科：《彼得一世的改革》下册，王忠、刘逢等译，243页，北京，商务印书馆，1997。

和无隐瞒地教授学生颁发奖状，然后送其光荣回国。所望其他技师源源而来，罗斯的技艺亦将日益增进。"①波索什科夫还希望俄国青年养成如西方人一般的珍惜时间的好习惯。他在《贫富论》中还提出了应当改善俄国"艺人"待遇的思想，认为这是对国家发展有利的。

波索什科夫是君主专制制度的拥护者，而非农奴制度的反对者，但是他认为沙皇，特别是地主应该爱惜农民，并写道："沙皇对商人和农民应像对贵族和军人一样一视同仁，加以爱护，不使任何人陷于贫困，而使大家都能各尽己力，富裕起来。"②波索什科夫谴责贵族地主对农民的过度剥削。他建议彼得一世颁布敕令，在敕令中准确规定农奴承担的贡赋、代役租的数额，并坚决主张把地主的土地与农奴的土地分开。他认为农奴的贡赋应当与农奴土地的面积相适应，并建议按土地上收获的粮食量征税以代替人头税。

波索什科夫主张加快发展俄国工商业。他渴望提高商人的地位，指出："国家因军队而扩张领域，因商人而增加光彩。"③"商业是伟大的！所有国家都是因商业而致富的。"④波索什科夫建议在本国手工工场中加工原料。他强调："材料在哪里出产，就在哪里应用，这是非常需要的……这样俄国人就会富有。"⑤波索什科夫希望政府保护俄国工商业者的利益。他指责彼得一世以前的沙皇对商业事务不闻不问而由大贵族管理的做法，外国人来到俄国都给

　　① ［俄］戈·瓦·普列汉诺夫：《俄国社会思想史》第二卷，孙静工译，118页，北京，商务印书馆，1996。
　　② ［俄］戈·瓦·普列汉诺夫：《俄国社会思想史》第二卷，孙静工译，128页，北京，商务印书馆，1996。
　　③ ［俄］戈·瓦·普列汉诺夫：《俄国社会思想史》第二卷，孙静工译，120页，北京，商务印书馆，1996
　　④ ［苏联］Б.Б. 卡芬加乌兹、［苏联］Н.И. 巴甫连科：《彼得一世的改革》下册，王忠、刘逢等译，240~241页，北京，商务印书馆，1997。
　　⑤ ［苏联］Б.Б. 卡芬加乌兹、［苏联］Н.И. 巴甫连科：《彼得一世的改革》下册，王忠、刘逢等译，241页，北京，商务印书馆，1997。

大贵族送礼，只用几百卢布，就能赚得巨额利润，使国家遭受很大的损失。
"他建议建立统一的商业公司，希望这个公司在政府监督下把整个俄国商界联
合起来进行对外贸易。"①他还坚决主张压缩外国货，特别是奢侈品的进口，
扩大俄国商品的出口。波索什科夫深知俄国私人资本发展还很弱。他建议：
"为了国家的富庶，必须在开办之初，由国库出资在地面广阔和麦产及食品价
廉的城市建厂……向它们征税，使人们发财，国库增收。"②对于资力单薄的
企业家，他认为应由市政机关或皇帝指定的机关提供贷款，以扩充其事业。
波索什科夫还建议政府尽最大的努力去勘查俄国的"天然富源"，他认为这种
天然富源在俄国是较为丰富的。为了发展俄国的生产力，波索什科夫还主张
发布命令："拘捕流浪街头的穷人，教以纺织技艺，将他们交给公营工厂。"他
建议政府授权私营企业家"收容男女流浪人，给予教育并在教好后永远领有他
们，无论他们在被抓前是什么人"③。

　　波索什科夫在《贫富论》中对俄国的法治状况表达了强烈不满。他指出，
俄国"法官完全不爱惜人民"，并且说，"为了和睦的共同生活，我们的伟大君
主应命令建立统一的法庭，无论农民或商人，贫或富，士兵或军官，团长或
将军，都应受其裁判。应将法庭设立在近处，使任何低级的人都易于对军职
人员、也像对普通人一样提出控告"。④ 波索什科夫是东正教信仰的坚决捍卫
者。他是从宗教和树立君主权威的观点出发论证自己的这一建议的。他强调：
"沙皇是法官，又俨如上帝。……因此，如像在上帝的法庭里一样，在君主的

---

　　① ［苏联］Б.Б. 卡芬加乌兹、［苏联］Н.И. 巴甫连科：《彼得一世的改革》下册，王忠、刘逢
等译，241 页，北京，商务印书馆，1997。

　　② ［俄］戈·瓦·普列汉诺夫：《俄国社会思想史》第二卷，孙静工译，135 页，北京，商务印书
馆，1996。

　　③ ［俄］戈·瓦·普列汉诺夫：《俄国社会思想史》第二卷，孙静工译，131~132 页，北京，商
务印书馆，1996。

　　④ ［俄］戈·瓦·普列汉诺夫：《俄国社会思想史》第二卷，孙静工译，128 页，北京，商务印书
馆，1996。

法庭里，任何人，无论贫富，无论强弱，都应受统一的法庭的制裁。"①波索什科夫还认为，一切人平等的新法庭，必须以新的法律标准为依据。因此，他建议召集由各级官吏选出的代表，其中包括农民代表参加的代表会议来制定新法典。而当新法典写成后，应用"最响亮的声音向所有各族人民公告，……务使无论高门第的贵族或低门第的人们，无论穷人或富人，……以及农民，都不因这一法典而感到压抑或侮辱"②。

波索什科夫注意到，统治者之所以能够压制劳动人民，是因为这些人民不识字。因此，他强调在俄国普及知识教育的重要性，并主张教农民子弟识字。他写道："要是强制农民，使他们把自己十岁和不满十岁的孩子送到教会执事那里去读书倒不错，学会识字后，最好也学会写字。我希望小村子都没有不识字的人，要能这样做就好了。要给他们硬性规定：赶紧把自己的孩子送去学习……"③

波索什科夫生活在俄国重新"欧化"过程中从学习波兰到学习德国的转折时期。他早年强调对波兰语、希腊语和拉丁语的学习。在《父亲的遗教》的篇首，波索什科夫对他的儿子提出建议："在少年时代的初期，重于一切科学的是致力于书本学习，不但要学习斯拉夫文的书，而且希腊、拉丁、乃至波兰文的书也要学习。因为有许多斯拉夫文所没有的书，都是用波兰文写的。用波兰文去研究科学比用其他语文更为方便。"④后来，他强调必须学习德语或法语，掌握数学和科学知识，学习建筑学、筑城学、绘制地面和海洋图的技

---

① [俄]戈·瓦·普列汉诺夫：《俄国社会思想史》第二卷，孙静工译，128~129页，北京，商务印书馆，1996。

② [俄]戈·瓦·普列汉诺夫：《俄国社会思想史》第二卷，孙静工译，129页，北京，商务印书馆，1996。

③ [苏联]Б.Б.卡芬加乌兹、[苏联]Н.И.巴甫连科：《彼得一世的改革》下册，王忠、刘逢等译，243页，北京，商务印书馆，1997。

④ [俄]戈·瓦·普列汉诺夫：《俄国社会思想史》第二卷，孙静工译，123页，北京，商务印书馆，1996。

术，了解太阳和著名行星的运行，等等。波索什科夫劝告出国学习的青年，其中包括他的儿子努力学习，扎实掌握多方面的知识。他希望他们能够成为精通自己事业的专家，以便代替技术不够熟练的外国人工作，或使外国工程人员的错误得到纠正。

第四节　罗蒙诺索夫的教育思想

经过几代人的努力，俄国的教育得到了一定发展，特别是斯拉夫—希腊—拉丁语学院（1687 年）、俄罗斯科学院大学（1726 年）、莫斯科大学（1755年）的先后创办，留学教育的发展，为 18 世纪中、后期俄国知识分子阶层的成长创造了条件。而在成长起来的知识分子阶层中，不少人对加速发展文化教育事业的重要性有比较深刻的认识。其中，罗蒙诺索夫、别茨科伊、诺维科夫和拉吉舍夫的教育活动与思想对俄国文化教育事业的进一步发展产生了较大的影响。

罗蒙诺索夫出生于俄国北方阿尔汉格尔斯克省霍尔莫果尔海滨的一个渔民家庭，被 19 世纪俄国诗人涅克拉索夫（Николай Алексеевич Некрасов，1821—1877）称为"阿尔汉格尔斯克的庄稼汉"。阿尔汉格尔斯克自 16 世纪中叶就成了俄国对外通商的海港，开始与英国，后来又与荷兰商船来往。因此，这里文化的发展早于俄国的其他地方，村里也不乏识字的人。罗蒙诺索夫少年时跟从邻人学会了识字，读了由西俄教会活动家和作家西梅翁·波洛茨基（Симеон Полоцкий，1629—1680）编的《圣诗集》，梅·斯莫特里茨基的《斯拉夫语语法》和玛格尼茨基的《算术，即数的科学》。他把《斯拉夫语语法》和《算术，即数的科学》称为自己的启蒙读物。同时，罗蒙诺索夫的父亲经常带着儿子出海捕鱼。与风浪的搏斗，锻炼了他的性格，使他具有了"高贵的倔强精神"(罗蒙诺索夫自认为这是他具有的特性);紧张和繁重的劳动使他习惯于生活与学习的劳苦;北方自然界的宏伟景色开阔了他的视野。这一切造就了罗蒙诺索夫这位俄国第一位百科全书式的学者勇往直前、坚韧不拔的品质。

1730 年,罗蒙诺索夫离开家乡,来到莫斯科。他隐瞒了自己的家庭出身,以神父之子的身份进入斯拉夫—希腊—拉丁语学院学习,因为这时候该学院只收贵族和神职人员子弟。罗蒙诺索夫忍受着生活上的贫困、同学的嘲笑和各方面的压力,用五年时间完成了对学院全部课业的学习。1735 年,他作为优秀学生被推荐到俄罗斯科学院大学学习。1736 年,他又被送到德国马尔堡大学深造。当时,曾任彼得一世科学顾问的德国哲学家、数学家和科学家,在德国很有影响力的启蒙学者沃尔夫正在该校执教。罗蒙诺索夫在他的指导下研究了西欧一些思想家和科学家的著作,其中包括笛卡儿和牛顿的著作。这些学习与研究对罗蒙诺索夫的哲学与科学观点的形成产生了影响。在德国留学期间,除了在马尔堡大学深入学习数学、物理等课程外,他还在弗赖堡学习了采矿、冶金和玻璃制造技术,这为以后的科学研究与教学奠定了坚实基础。

罗蒙诺索夫于 1741 年回到俄罗斯科学院。1742 年,他任院士助理,教物理课;1745 年,被任命为化学教授,成为俄罗斯科学院第一位本国出生的院士。这期间,他发表了《关于冷和热的原因的探讨》《试论空气的弹力》《电学理论》等重要论文。到 1748 年,他在获得实验室(化学实验室——本书作者注)后的三年中,进行了 4000 多次实验,结果建成了一座有色玻璃厂并生产出了镶嵌贴面。1752 年,他写出了物理、化学讲义。1756 年,他在发表的《光和色的起源》一文中对自然现象的同一性和物质构造理论做了讨论。1760 年,他提出了"固体和流体的反射"这一自然界的普遍规律(即物质及能量守恒定律）。① 此外，他还发表了很多重要论文，如《精确的航道》（1759 年）、《北冰洋冰山形成的精确过程》、《地层学》（1760 年）等。他对发展科学、商业和采矿业做出了重要贡献。②

　　罗蒙诺索夫不仅在自然科学的许多领域取得了巨大成就，对俄国史学和文学语言学的发展也做出了重要贡献。出于树立俄国民族自尊心和宣扬彼得一世改革以来的成就的考虑，罗蒙诺索夫努力研究了各种史料，写成了《俄国简明编年史》（1760 年）和《俄国古代史》（2 卷，1766 年才出版，这时他已去世）。在文学语言方面，他著有《俄语修辞学》（1748 年），《俄语语法》（1755 年作，1757 年发表）和《论俄文宗教书籍的裨益》（1758 年）。他主张不同文体应使用不同范围的词汇，这为克服当时俄语混杂的困难、创造规范的文学语言奠定了基础。他经过细心研究，将音节体诗改为音节和重音并重体诗。在《论俄文诗律书》（1739 年作，1778 年出版）中，他从理论上深刻阐明了格律问题，并以自己的诗歌创作为新的诗律提供了范例，促进了俄国诗歌的发展。③

　　罗蒙诺索夫因其渊博的学识和在许多学术领域取得的卓越成就而被俄国诗人普希金誉为俄国的第一大学者。尤其可贵的是，罗蒙诺索夫毕生从事科学探索等一切活动的目的，都是使自己的国家摆脱落后于西方国家的状况，使俄罗斯民族获得独立自主的发展。1842 年，《莫斯科人》杂志在发表他的文章《让俄罗斯民族的繁殖和保存》时，在按语中写道："伟大的学者和文学家没有放过任何一个国家及民族问题而不予以注意！他在一切问题上都用过心思，

---

① 中国大百科全书出版社《简明不列颠百科全书》编辑部：《简明不列颠百科全书》第 5 卷，495 页，北京，中国大百科全书出版社，1986。

② 中国大百科全书出版社《简明不列颠百科全书》编辑部：《简明不列颠百科全书》第 5 卷，495 页，北京，中国大百科全书出版社，1986。

③ 中国大百科全书总编辑委员会《外国文学》编辑委员会、中国大百科全书出版社编辑部：《中国大百科全书·外国文学 I 》，637 页，北京，中国大百科全书出版社，1982。

在一切问题上都有自己的主张和建议。"①发展教育并使本国学术力量迅速成长，可以说是罗蒙诺索夫注意最多、心力花费最大的问题。

作为出身于劳动人民家庭的学者，罗蒙诺索夫切身体会到劳动人民子弟入学受教之难，而他又有幸出国留学，得知西方国家已不存在教育方面的森严壁垒。因此，他坚决反对俄国教育的等级性，要求给予劳动人民子弟享受教育的权利。1747 年，在分析俄罗斯科学院章程的有关规定时，他指出了俄国在这方面与西方国家存在的明显差距："在其他西欧国家中充满了各种身分的学者，但无一人被禁止在大学学习，无论他是什么人。在大学里，学习最好的，便是最受尊敬的学生。至于他是何人子弟，那是不需要考虑的。而在俄国，学者很少。贵族没有勇气去打乱官阶，规定交纳人头税的人们禁止进入学院学习。"②罗蒙诺索夫反问道："那些交纳人头税，财力充足的人们想自费将其子弟送去学习，那有什么过错呢？"③在以后的岁月中，他为缩小俄国与西方国家在这个方面的差距进行了不懈的努力。在 1755 年前后筹建莫斯科大学的过程中，他力争为莫斯科大学附设两所文科中学。其中一所是专为除农奴以外的平民设立的，这就为一部分平民子弟进入大学学习创造了可能性。十分有趣的是，《关于创建莫斯科大学的章程草案》还包含为具有特殊才能的农奴子弟争取进入大学及其附属文科中学学习的机会的专门条款。其中指出，如果发现某个农奴的儿子表现出特殊的聪明才智，而其主人又愿意让他学习科学；那么，这位贵族主人就应该宣布年轻人是自由的，并出具解除其依附关系的书面证明和提供其学习需要的经费，以保证其能够完成学业。在这样

---

① ［俄］戈·瓦·普列汉诺夫：《俄国社会思想史》第二卷，孙静工译，144 页，北京，商务印书馆，1996。

② ［俄］戈·瓦·普列汉诺夫：《俄国社会思想史》第二卷，孙静工译，143 页，北京，商务印书馆，1996。

③ ［俄］戈·瓦·普列汉诺夫：《俄国社会思想史》第二卷，孙静工译，143 页，北京，商务印书馆，1996。

的条件下，大学及其附属文科中学是应该接受这个具有特殊才能的原农奴的儿子入学的。显然，在当时的俄国，要找到这样的贵族简直是不可能的。这既说明了罗蒙诺索夫面对俄国最尖锐的社会矛盾时表现出的软弱和天真，也表现了他惜才、爱才和渴望扩大俄国人民受教育权利的苦心。

在罗蒙诺索夫所处的时代，"俄国只是在不久以前才走上西欧教育的道路。政府邀请了一些外国学者来到俄国。但是请来的学者并不都是无私地爱好科学、而且也并不都是真正的学者。他们鄙视俄国人，力图使俄国人屈从他们，把教育变成他们的垄断事业。像波索什科夫一样，罗蒙诺索夫看到了外国商人的这种剥削意图；而且也像波索什科夫一样，力图使俄国人摆脱对外国的屈服"①。如果说波索什科夫更多从经济学的角度，从工商业政策方面提出了克服外商控制俄国经济发展的主张；那么，罗蒙诺索夫则更多从如何使俄国的科学与教育事业摆脱外国控制的角度来提出问题和建议。在 1742 年他为伊丽莎白·彼得罗芙娜女皇即位一周年所写的颂词中，他用女皇的名义号召俄罗斯青年为俄国的利益而学习。他写道，"我愿见俄罗斯学院由俄罗斯的子弟组成；尽快在科学上臻于完善吧！这是祖国的利益与光荣，这是我们父母的意愿，这是我的意愿的要求""我们祖先的事业尚无记述，彼得的伟大光荣尚无应有的歌颂。努力丰富你们的智能，美化俄罗斯的语言吧""在我的广阔大国中，蕴藏着不可估价的宝藏，它们是自然的赐予，但迄未开发，只是等待着技术人才。你们应该以极大的努力去认识自然的事物"②。在 1747 年献给女皇的颂诗中，他又号召俄国人学会自力更生，在科学和技术上成为独立的工作者，并期待着俄国出现自己的柏拉图和牛顿。他还在写给舒瓦洛夫的信中说："我的唯一愿望就是要使大学成为我们所热望的潮流，从这里能够

---

① ［俄］戈·瓦·普列汉诺夫：《俄国社会思想史》第二卷，孙静工译，154 页，北京，商务印书馆，1996。

② ［俄］戈·瓦·普列汉诺夫：《俄国社会思想史》第二卷，孙静工译，155 页，北京，商务印书馆，1996。

产生无数罗蒙诺索夫。"①

罗蒙诺索夫不仅向俄罗斯青年提出了为国学习的号召,指出了当时亟待解决的科学课题,而且为培养年轻的俄国学者和发展俄国的自然科学与人文学科制定了具体方案。在他1754年写给舒瓦洛夫的信中和《关于创建莫斯科大学的章程草案》中,他认为莫斯科大学应只设法学、医学和哲学三个系而不设神学系,以培养国家急需的各种专门人才。为了保证大学生源,他建议设两所大学附属文科中学。每所文科中学包含各有三个年级的四所学校,即俄语学校、拉丁语学校、科学初步基础学校和欧洲语言学校(主要学习德语和法语)。1758—1765年,罗蒙诺索夫负责领导俄罗斯科学院大学和附属文科中学。他对它们的教学组织与工作也进行了改革。原来俄罗斯科学院大学只有数学、物理学和人文科学三个教研室,没有设系。在罗蒙诺索夫领导期间,这所大学也设哲学、法律学和医学三个系,学制三年。低年级设普通教育课程,高年级设专业课程。罗蒙诺索夫曾试图将这所大学从俄罗斯科学院分离出来,使其成为独立的高等教育机构。他的这一努力没有得到沙皇政府的支持。俄罗斯科学院附属文科中学的教学原来以语言科目为主,但主要学习拉丁语、希腊语、德语、法语而不设俄语。在罗蒙诺索夫的主持下,增设了俄语,加强了数学和科学基础知识的教学。

罗蒙诺索夫改变俄罗斯科学院附属文科中学课程设置的做法体现了他对忽视俄语的不可容忍的态度。罗蒙诺索夫是俄罗斯第一位撰写科学著作的学者。他从1746年起就用俄语上公开课,并在"美化俄罗斯语言"方面做了大量工作。他根据自己的体验指出:"在俄文里有西班牙文的华丽,法文的生动,德文的严谨,意大利文的温柔,此外,还有希腊文和拉丁文的丰富和在表达上的简洁……最精微的哲学想像(象)和判断,宇宙结构及人类交往中的多种

---

① [俄]戈·瓦·普列汉诺夫:《俄国社会思想史》第二卷,孙静工译,160页,北京,商务印书馆,1996。

多样的自然特性和变迁，都在俄文中有适当表达词汇。如果对某事未能准确表达，则其责任不在于俄国文字，而在于对俄文没有掌握充分的技巧。"①他强调，俄国文学语言的发展将促进人们对自然和人类过去与现在生活的认识，有助于俄国科学与文化的进步。因此，他认为俄语应是俄国学校教学的基础。他的《修辞学》和《俄语语法》等著作在以后的很长时间里被用作莫斯科大学附属文科中学及其他学校的教材，对提高年轻学者的俄语水平发挥了重要作用。

从莫斯科大学及其附属文科中学建校方案和罗蒙诺索夫对俄罗斯科学院大学及附属文科中学所做的改革中可以看出，他虽然热爱俄语和重视俄语教学，但是他也重视古典语和外语教学，因为这些语言是掌握古典文明和当时先进科学技术的工具。为了使俄国青年掌握科学技术，罗蒙诺索夫还做了许多具体工作。他用拉丁语翻译的《沃尔夫实验物理学》是第一本用俄语出版的物理学教科书。该书于 1746 年出第一版，1760 年再版。后来，他自己又为学生编写了物理、化学讲义，其中包括 1752 年撰写的《物理、化学概论》和1752—1753 年撰写的《物理、化学实验》。罗蒙诺索夫对大学毕业生出国深造的问题也极为关心。

第五节　别茨科伊的教育思想

别茨科伊出生在斯德哥尔摩，曾就学于哥本哈根的陆军学校。18 世纪 40年代，他曾在圣彼得堡外交事务委员会工作。1747 年辞职后直至 1762 年，他大部分时间在法国度过，与狄德罗、卢梭等人有过交往，受到他们思想的影响。叶卡捷琳娜二世在位前期实行"开明专制"政策，其学校改革活动便是通

---

① ［俄］戈·瓦·普列汉诺夫：《俄国社会思想史》第二卷，孙静工译，161 页，北京，商务印书馆，1996。

过别茨科伊推动的。

别茨科伊在 1763 年回国后即向女皇呈递了一份学校改革计划，该计划在 1764 年被批准，称为《男女青少年教育的基本制度》（或译《男女青少年教育总则》）。以后，他又提出了为"弃子孤儿"设立教养院的建议，并为教养院和陆军贵胄士官学校制定了规章。他的教育思想便体现在这些文件和其他作品中。

按照别茨科伊的观点，教育是一切善的根源，对社会生活的改进发挥着巨大的作用。他认为，俄国必须通过建立寄宿制的教育和教养机构，从各个阶层培养出"新型的人"，以便在专制国家利益的基础上缓和阶级的对抗性。他所说的"新型的人"包括能以人道态度对待农民并公正地管理国家事务的有教养的贵族和能从事工业、商业、手工业的"第三等级"。他希望这些受到寄宿学校教育的人能把他们形成的观点和养成的习惯传给自己的孩子，而后者又传给下一代人，从而逐渐改变人的道德和行为，使社会获得进步。别茨科伊强调，形成第一代"新型的人"的必要条件是使受教育的学生与社会的不良影响和老一代人的成见、恶行隔离开来。因此，按照他的计划，儿童必须在 5～18 岁都留在寄宿制的教育和教养机构中接受教育。

从上述目的出发，在 18 世纪 60 年代至 70 年代初，别茨科伊在俄国为 5～20 岁的儿童和青少年建立了各种带有等级性质的寄宿制教育机构，其中包括莫斯科教养院和圣彼得堡教养院、圣彼得堡艺术研究院附属中等艺术教育学校、斯莫尔尼贵族女子学院和陆军贵胄士官学校附属市民学校等。

别茨科伊在 1763 年向叶卡捷琳娜二世提出了关于为"弃子孤儿"设立教养院的建议。莫斯科教养院于 1764 年成立，由别茨科伊担任院长。教养院收容的儿童在 2 岁前由保育员照管，2 岁以后的教育工作按 2～7 岁、7～11 岁和 11～14 岁三个年龄组进行。别茨科伊制定了《莫斯科教养院总体计划》，编著了《从初生到少年期的儿童教育论文选集》作为教育指南，以指导教养院的工作。他注重德育和体育。在德育方面，他认为劝诫儿童"敬畏上帝"、把儿童与周围环境隔离起来和树立良好的榜样是道德教育的主要手段；鼓励儿童爱好劳动，注意培养他们不游手好闲的习惯。在体育方面，他认为给予新鲜空气，提供无害的游戏等娱乐活动、劳动活动都是发展儿童体力并使他们健康成长的手段。在智育方面，他认为学习过程对儿童而言应该是愉快的，反对强迫儿童学习。在《莫斯科教养院总体计划》中，他强调坚决反对对儿童进行体罚。1773 年，他创办了附设于莫斯科教养院的商业学校。这是俄国第一所中等商业专业教育机构，是由当时俄国最大的企业家兼地主杰米多夫家族成员出资创办的。这一附属专业教育机构的建立为莫斯科教养院的学生接受中等专业教育创造了条件。

在莫斯科教养院的影响下，1770 年，圣彼得堡又开办了一所新的教养院，以后有些省城也开办了教养院。这些教养院的工作也接受别茨科伊的指导。1802 年，圣彼得堡教养院还在圣彼得堡近郊加特契纳（Гатчина）创办了一所教养院。19 世纪前期，一些俄国教育家都曾为改进这所教养院的教育工作尽力。1854 年，俄国著名教育家康·德·乌申斯基（К. Д. Ушинский，1824—1870）曾在这里担任教师和学监。

1764 年，别茨科伊开始担任圣彼得堡艺术研究院的院长。18 世纪 70 年代初，学院中开始形成进行职业训练的学院教育体制，并设立了附属于研究院的中等艺术教育学校，招收 5~6 岁的男孩入学，进行 15 年的普通教育和艺术专业教育。学习期按年龄分为 5 个阶段，每个阶段 3 年。艺术专业教育按 3 个阶段进行：第一阶段描摹匠师范品，第二阶段画石膏像，第三阶段学习人像写生。别茨科伊领导艺术研究院直至 1794 年，1795 年他就去世了。他为俄国艺术教育的发展做出了贡献。

别茨科伊非常重视妇女在儿童教育特别是幼儿教育事业中的作用。他"谈到必须在社会中形成对作为母亲和养育者的妇女的尊重"①。因此，他积极支

---

① [苏联]Н.А. 康斯坦丁诺夫等：《苏联教育史》，吴式颖、周蕖、朱宏译，207 页，北京，商务印书馆，1996。

持在俄国发展妇女教育。根据他的建议，1764年，圣彼得堡设立了斯莫尔尼贵族女子学院。当时，该校被称为贵族女子教育社，有200名6~18岁的贵族女孩在其中就读；1765年还附设了市民女子分部，招生240人。斯莫尔尼贵族女子学院是俄国第一所中等女子寄宿学校。学生在学院中学习相当广泛的普通教育知识。但是，它更加重视对学生道德品质和行为规范的培养，宗教教育也是占有重要地位的。

由于曾长时间留居国外，别茨科伊清楚地看到了自己国家与先进的西方国家的差距。但是，他对俄国社会与教育落后的根源缺乏应有的了解与认识。因此，他抱有通过教育培植"第三等级"并改造俄国贵族以促使社会进步的不切实际的幻想。他的教育思想带有法国启蒙思想家如卢梭和爱尔维修(Claude Adrien Helvétius，1715—1771)等的某些教育观点的性质，缺乏独创性和民族性，其教育活动的范围也是比较狭小的。不过，他的教育思想与活动还是对俄国文化教育的发展起了一定的促进作用的。

第六节　诺维科夫的教育思想

诺维科夫1744年出生在莫斯科近郊的齐赫文斯科耶—阿夫多京诺庄园，即出身于贵族家庭，曾受教于莫斯科大学附属文科中学(1755—1760年)，并曾以上士身份在伊斯梅洛夫团服务(1762—1766年)。1767—1769年，诺维科夫被任命为叶卡捷琳娜二世召集的新法典编辑委员会的文书，负责编写该委员会"中层人士"科的《日志》，参与编辑《代表大会会刊》。这些工作增进了他对俄国社会的了解。诺维科夫启蒙思想的形成以及他对俄国上流社会所持的批判态度和他的这段经历也是有一定联系的。

与别茨科伊代表叶卡捷琳娜二世政权从事的教育活动截然不同，诺维科夫的文化启蒙活动与教育活动带有比较明确的独立于沙皇政权的性质，反映了俄国部分知识分子对凭借沙皇权力，使俄国迈入文明开化时代的信心开始消失。

1769—1775 年是诺维科夫从事文化启蒙活动的第一阶段。在这一时期，他主要以讽刺性杂志为对俄国人民进行文化启蒙的手段。他在编辑出版的《雄蜂》(1769—1770 年)、《画家》(1772—1773 年) 和《钱袋》(1774 年) 等讽刺性杂志中，尖锐地揭露了农奴主的寄生生活，抨击了上流社会的崇洋媚外风气，倡导以人道主义态度对待农奴，攻击了显贵们的专横行为，要求抑制无限权力，在社会上引起了极大的反响。按照 19 世纪 60 年代俄国革命民主主义者杜勃罗留波夫 (Н. А. Добролюбов，1836—1861) 的说法，诺维科夫是俄国报刊工作者中"善于拿起讽刺武器勇敢而又卓有成效地打击权势罪行"的第一人。

《钱袋》杂志第 4 和第 5 印张的一封信中有这样一句话："小市民在学习，贵族在游手好闲，商人在经营商业增加国富。"①这一句话反映了诺维科夫对俄国社会各阶层的基本评价。为适应和满足"中等阶级" (包括小市民和中小贵族) 的学习需要，诺维科夫在 1775 年后组织领导了更大规模的图书出版活动。1775 年，他参加了共济会②俄国支部。1779 年，他与迁居到莫斯科、受聘为莫斯科大学哲学和"小说"讲座的编外教授、共济会会员伊·叶·施瓦茨 (Schwartz，1751—1784，德国人) 结识，两人成了莫斯科共济会的中心成员。

———————————

①　[俄]戈·瓦·普列汉诺夫：《俄国社会思想史》第三卷，孙静工译，299 页，北京，商务印书馆，1996。

②　共济会是当时世界上最大的秘密团体，起源于英国中世纪的石匠和教堂建筑工匠的行会，旨在传播并执行其秘密互助纲领。它的传播是由英帝国的向外扩张引起的。共济会会员希望建立一个全世界的秘密组织，以达到把全人类联合在宗教兄弟同盟之中的乌托邦目标。俄国共济会的兴起与瑞典共济会的活动有关，之后，它与德国共济会具有更密切的联系。诺维科夫参加共济会是出于借助它的人力与物力以推进其启蒙活动的目的，因为他出版的讽刺杂志在 1775 年被叶卡捷琳娜二世政府取缔了。由于参加共济会的活动，他的思想也受到了它的宗教神秘主义的影响。

因此，他得以承租莫斯科大学的印刷厂，在1784年还建立了莫斯科印刷公司。从1779年到1789年的10年间，由他领导的莫斯科出版界出版的图书大约有900种，约占18世纪80年代俄国出版图书总数的三分之一。诺维科夫出版的图书中包含数百种译著和原著，其中有许多一流文学作品，在教育方面的译著则有洛克的《教育漫话》和夸美纽斯的《世界图解》。为了提高俄国人的民族自觉性，诺维科夫还出版了大量俄国史料，20卷本的《古俄罗斯文库》中收有极其珍贵的俄国历史名著。[①] 在同一时期，诺维科夫还接手出版了《莫斯科新闻》，并出版了包含极为丰富的资料与各种自然和经济知识的增刊。为了给家庭提供教育儿童的帮助，他的报纸经常刊登儿童教育方面的文章或给父母推荐有关的书籍。1785—1789年，诺维科夫创办了俄国第一份儿童杂志——《有益心智的儿童读物》，并将其作为《莫斯科新闻》的增刊(周刊)赠送给读者。

诺维科夫的出版活动和他的学校教育活动相辅相成。1782年，他和施瓦茨在莫斯科组织了一个有50多人参加的"学术联谊会"。此前，他们在莫斯科大学还建立了一个"翻译研究室"和莫斯科大学的第一个学生组织"大学同学会"。他们甚至以自己募集的经费为大学生提供助学金，派遣学生出国留学。1777年，诺维科夫以举办杂志所得和读者捐赠的经费在圣彼得堡为贫苦家庭的儿童和孤儿创办了两所初等学校。学生除学习《圣经》初步知识、文法、算术外，还学习德语、地理、几何知识。教学计划还规定，学生还要学习某种手工业的技能。他的学校很受欢迎，学生人数迅速增长。但是到1782年，叶卡捷琳娜二世政府下令关闭了这两所学校，因为诺维科夫日益扩大的文化教育启蒙活动引起了女皇政府的极大猜疑。法国大革命促进了事态的发展。1792年，诺维科夫被逮捕并被关进了施吕瑟尔堡要塞，一直到1796年叶卡捷

---

① [苏联]苏科院历史所列宁格勒分所：《俄国文化史纲(从远古至1917年)》，张开、张曼真、王新善等译，221页，北京，商务印书馆，1994。

琳娜二世逝世以后，他才被释放出来，但被禁止继续从事文教活动。①

诺维科夫的教育观点比较集中地反映在他刊载于 1783—1784 年的《莫斯科新闻》增刊上的论文《论怎样进行儿童的教育和训导以推广公益知识和普遍幸福》之中。该论文谈到了体育、德育和智育。在体育方面，他要求正常发展儿童的体格，使其养成坚忍性，并对营养、服装及其他方面提出了要求。在德育方面，他要求发展人的道德精神，教育儿童要尊重劳动者。在智育方面，他强调应注意发展儿童的感觉器官，授以广泛的、多方面的知识，用新知识充实他们的理智，发展其思维能力。但是，他力图调和科学和宗教，并且认为，宗教教育是儿童和青少年道德教育的重要组成部分。不过，他"不是官方的宗教和占统治地位的教会的捍卫者。他是信教自由的支持者，批评东正教，提出反教权扩张的思想，推测世界的发展是按其自然规律进行的"②。1784年，诺维科夫还在增刊上发表了《全家人的谈话》《论家庭教师的信》《论美育》等教育论文。其实，诺维科夫的教育思想也并不是在他从事文化启蒙活动的第二阶段（即 1775 年后）才形成的，虽然他的主要教育论文都发表在 18 世纪80 年代。诺维科夫出版的讽刺杂志《雄蜂》上刊载了以下一个故事：有 3 个求职者争取同一个职位，这个职位"需要一个聪明、有学问和勤奋的人"。第一个求职者是贵族，天生愚钝、无知，而且道德堕落。他的全部优点在于他有2000 个灵魂（农奴）（故事的作者挖苦地说，"但他自己却无灵魂"），还有许多显贵的亲戚。第二个求职者是一个不富裕的贵族，他虽无多大智慧，但受过教育，而且品行端正。第三个求职者，"按照某些愚蠢的贵族的说法"，是一个卑贱的人，亦即小市民。他拥有非凡的天赋才智，长期在俄国和其他国家学习。他的道德品质是毫无缺点的。他是"真理的卫士，扶贫济困，疾恶如

① ［苏联］苏科院历史所列宁格勒分所：《俄国文化史纲（从远古至 1917 年）》，张开、张曼真、王新善等译，221 页，北京，商务印书馆，1994。

② ［苏联］H.A. 康斯坦丁诺夫等：《苏联教育史》，吴式颖、周蕖、朱宏译，211 页，北京，商务印书馆，1996。

仇，憎恨奢侈，诚实端庄，爱人类，爱科学，爱祖国；而且是一个通情达理的父亲，和睦的邻居，明察无私的法官"。此外，他以前还有过许多职务上的功绩。故事的作者在罗列了这个求职者的大量优点之后，向读者提出了一个意味深长的问题："得奖的是与大贵族有亲姻关系的蠢汉，还是德行优异的有功绩者呢？"①

这个故事不仅鞭挞了显赫贵族的愚蠢、恣意专横，揭露了农奴主国家对非贵族知识界的排挤，表达了作者对非贵族出身的知识分子的同情，而且还生动地表达了作者的教育理想。

第七节　拉吉舍夫的教育思想

拉吉舍夫是18世纪后期俄国先进的思想家和作家，是当时俄国知识分子中尤其接近法国启蒙思想家水平的人物之一。列宁在论述俄罗斯人民的民族自豪感时曾写道："而使我们感到自豪的是……在这些人中间产生了拉吉舍夫……"②

拉吉舍夫出生于萨拉托夫省的一个富有的地主家庭。像当时俄国富有的贵族家庭一样，他的家里也请了法国教师。由于他母亲的亲戚是莫斯科文化界人士，拉吉舍夫7岁时就被送到莫斯科，在亲戚家接受教育，除接受优秀的法国教师的指导外，还有莫斯科大学的多位教授给他讲课。因此，拉吉舍夫在十来岁就掌握了法语，还获得了许多知识。1762—1766年，他在圣彼得堡贵族武备学校学习；1766年，作为该校优秀学生被派往德国莱比锡大学学

---

① ［俄］戈·瓦·普列汉诺夫：《俄国社会思想史》第三卷，孙静工译，296页，北京，商务印书馆，1996。

② 《列宁选集》第二卷，450页，北京，人民出版社，1995。

习法律。拉吉舍夫在那里不仅研究了法学，而且研究了自然科学和医学。他的世界观是在法国的启蒙思想家和俄国的罗蒙诺索夫、诺维科夫的影响下形成的。在学习期间，他和一同在莱比锡大学留学的朋友们还专门学习、研究了爱尔维修的《论精神》，"学会了照那本书思考"①。

1771 年 11 月，拉吉舍夫"带着为祖国贡献其全部力量的热烈愿望"回到了俄国。② 这时候，叶卡捷琳娜二世召集的新法典编辑委员会早已收场，女皇政府已不需要他学得的法律或其他任何知识。一开始，拉吉舍夫只被派到参政院去做记录员，之后他被任命为大尉，在圣彼得堡军区总司令部干了几年。从 1776 年到 1790 年，拉吉舍夫在商务委员会任职，后因出版其所著的《从彼得堡到莫斯科旅行记》而被捕。

拉吉舍夫酷爱自由，渴望使自己的国家摆脱专制制度，让农民获得土地与自由。自结识诺维科夫后，他就在诺维科夫主办的报刊上发表文章，鼓吹自由。普加乔夫起义更促进了拉吉舍夫政治思想的成熟，使他开始相信，只有通过人民革命，才能推翻专制制度和农奴制度。1773 年，在由诺维科夫的"印书业促进会"出版的译作《希腊史概论，或关于希腊人幸福和灾难原因的考察》③中，拉吉舍夫对"专制制度"一词做了这样的解释：专制制度是一种最违反人类天性的制度。如果君主利用手中的权力反对人民，那么人民完全有权把他当作罪犯来审判。在 1782 年撰写的《致托波尔斯克友人书》中，他肯定了彼得一世的功绩，但是他指出，彼得一世并没有给人民以自由。拉吉舍夫写道："如果彼得确立了个人的自由，那他就可能更光荣，就可能更提高自己，

---

①　[俄]戈·瓦·普列汉诺夫：《俄国社会思想史》第三卷，孙静工译，352 页，北京，商务印书馆，1996。

②　[俄]戈·瓦·普列汉诺夫：《俄国社会思想史》第三卷，孙静工译，353 页，北京，商务印书馆，1996。

③　法国启蒙学者、空想社会主义者马布里(GabrielBonnot de Mably，1709—1785)著。

也提高他的祖国。"①同时，他提示人们，没有一个坐在王位上的国王会自愿放弃他的任何权力。在写于 1781—1783 年的长诗《自由颂》中，他明确地号召受压迫和受剥削的人民起来斗争，把沙皇送上断头台。② 拉吉舍夫的这首长诗到 1905 年俄国第一次资产阶级革命后才被全文发表，但是，他自己在 1790 年已将长诗经删减和处理后纳入《从彼得堡到莫斯科旅行记》一书中。这部书是他最主要的代表作。它以旅行者见闻的形式，愤怒地、具体地揭露了贵族地主对农民的残酷剥削与压榨、贵族地主道德思想的腐败和行为的丑恶，揭示了人民无边无际的苦难，歌颂了他们道德品质的纯朴、高尚和他们对社会所做的贡献，并在议论中表达了天赋人权和社会契约论的思想，肯定了农民反抗和起义的合理性与正义性。拉吉舍夫写道："戴着镣铐的人们怒吼起来，他们怀着自由的希望，在不可摧毁的天赋权利的指引下前进……黑暗的基础动摇了，自由发出明亮的光辉。"③在这部书中，他还提出了自己的改革方案，包括确立法律高于专制权力，人人享有同等的财产权，取消贵族特权，减轻刑法，实现宗教信仰和出版自由，使科学、艺术和手工艺得到繁荣发展，通过教育培养公民和人，等等。

　　教育在拉吉舍夫的思想中占有重要地位。他在《从彼得堡到莫斯科旅行记》中以两章的篇幅集中论述了教育问题，其他揭露与批判农奴制和沙皇专制制度的章节也涉及了教育问题。谈论教育问题较多的作品还有《谈谈祖国的儿子是什么样的》(1789 年)、《乌沙科夫生平》(1789 年)、《论人、论他的死和永生》(1792—1796 年)，等等。

――――――――――

　　① ［俄］戈·瓦·普列汉诺夫:《俄国社会思想史》第三卷，孙静工译，356 页，北京，商务印书馆，1996。

　　② ［俄］拉吉舍夫:《从彼得堡到莫斯科旅行记》，汤毓强、吴育群、张均欧译，236 页，北京，外国文学出版社，1982。

　　③ ［俄］拉吉舍夫:《从彼得堡到莫斯科旅行记》，汤毓强、吴育群、张均欧译，186 页，北京，外国文学出版社，1982。

拉吉舍夫认为，教育的目的是培养热爱祖国的公民和具有善良感情与高尚品德的人。他指出，贵族地主道德的反动腐朽和丑恶言行是专制主义政治制度和封建农奴制的必然结果。拉吉舍夫揭示说，君主的专横独断和长官的权力无限危害着热爱祖国的公民的成长，压制着人们的情感与理智。他认为，真正的爱国者就是那些能够为了受压迫人民的幸福与专制制度进行积极斗争的人；公民是为国家服务的，而不是听命于长官的，必须学会抵制身居高位的暴君，保持自己的独立精神。拉吉舍夫谴责当时盛行的让贵族少年服军役的传统教育方式。他写道："一提起军役这两个字，就使我全身热血沸腾！可以万无一失地说，在服军役的一百个贵族少爷中，有九十八个成为浪荡公子，只有两个到老年时，或者更正确地说，在未老先衰之年，成为善良的人。"①贵族们把自己家的男孩送去服军役，只不过是为了使他们更早地取得官衔，也就是所谓"少年得志，升官进爵""嘴上没有毛，便已成了显赫的大贵族"。但是，他们在军中什么也没有学到，只是养成了一些上流社会的恶习恶德。拉吉舍夫反问道："要是你的儿子，显赫的大贵族，看不起有功勋有才德的人，因为这些人憎恶阴谋诡计，钻营奉承，因此他们只能在宦途上爬行，对此，你能不痛心吗？你的宝贝儿子笑容可掬地夺取他人的财产、荣誉、毒害并杀死人们，虽然往往不是贵人亲自动手，而是假手于他的心腹爪牙，看到这种情况，你能不放声痛哭吗？"②

拉吉舍夫批评了当时教会讲习所的教育大纲和教育方法。他指出，这些中等教会教育机构是些"几个世纪以前的老古董"，"至今"还被亚里士多德和烦琐哲学"统治着"；盛行死记硬背的方法，但让学生熟知的只是"原文的评注，而不是使作者流芳百世、至今人们仍爱读的佳作本身"，学生"只懂得拉

---

① ［俄］拉吉舍夫：《从彼得堡到莫斯科旅行记》，汤毓强、吴育群、张均欧译，82 页，北京，外国文学出版社，1982。

② ［俄］拉吉舍夫：《从彼得堡到莫斯科旅行记》，汤毓强、吴育群、张均欧译，83 页，北京，外国文学出版社，1982。

丁文并不能满足理智对科学知识的渴求"。① 拉吉舍夫对别茨科伊提倡办的寄宿制教育和教养机构也持否定态度。他认为，在教育与社会隔离的条件下，年轻人的社会志向与兴趣不可能形成。他还批评了当时西欧和俄国共济会在知识分子中传播的神秘主义。如前所述，诺维科夫在其从事文化启蒙活动的第二阶段也曾受到共济会的消极影响。拉吉舍夫写道："你打开最近出版的神秘性著作，就会以为我们正处在烦琐哲学和相互争辩的时代，在这个时代里人们的理智只关心言辞，而不考虑言辞中有无意义，在这个时代里，人们认为哲学的任务是探讨针尖上能容纳多少灵魂，并要真理研究者去解决这种问题。"②他强调，既然我们的后代有可能误入迷途，不是去研究自然现象，而是去追逐幻想，那就应该有人能写出一部有益的作品，以揭示人们的思想向真理前进和堕入谬误的过程，"从而使某些人免于走上有害的道路，并阻止不学无术之风蔓延滋长"③。

　　拉吉舍夫重视智育。他认为通过智育，既要让学生掌握知识，又要使他们的心智得以发展。拉吉舍夫强调，本国语言是任何教养的基础，通晓本国语言对人的精神成长具有特殊、重要的意义。他写道："我最关心的是要你们通晓本国的语言，会用祖国的语言口头和书面阐明自己的思想，在阐述思想时你们能运用自如，而不是抓耳挠腮，汗流浃背。"④他还以自己作品中年轻主人公的名义提出了这一问题："如果科学不是只有通晓拉丁文的人才能问津的奥秘，如果用民族语言来讲授科学知识的话，对教学该多么有益啊!""为什

　　① [俄]拉吉舍夫:《从彼得堡到莫斯科旅行记》，汤毓强、吴育群、张均欧译，46~47页，北京，外国文学出版社，1982。
　　② [俄]拉吉舍夫:《从彼得堡到莫斯科旅行记》，汤毓强、吴育群、张均欧译，51页，北京，外国文学出版社，1982。
　　③ [俄]拉吉舍夫:《从彼得堡到莫斯科旅行记》，汤毓强、吴育群、张均欧译，51页，北京，外国文学出版社，1982。
　　④ [俄]拉吉舍夫:《从彼得堡到莫斯科旅行记》，汤毓强、吴育群、张均欧译，90页，北京，外国文学出版社，1982。

么我国不开设用通用的语言，用俄语讲授科学知识的高等学校呢？若真能如此，则大家都能听懂讲课；教育就能更快地普及，一代之后，就会有二百个受教育的人来代替一个懂得拉丁文的人；至少，每个法庭上将会有一个懂得什么是法学和教义的法官。"①拉吉舍夫强调俄语教学重要性的这些言论，是针对俄国"欧化"过程中贵族在家庭和学校教育中极度轻视本国语言的畸形现象而发的。但是，他深知俄国的科学与文化大大地落后于西欧各国，因此，他也主张年轻人掌握拉丁语和多种外语（法语、德语和英语），以便阅读原著，了解各国的情况和扩展自己的知识领域。他特别指出，"顽强的自由精神"表现在这些语言之中；学习这些语言，"也能使理智习惯于一切政治制度下都必需的正确概念"。② 拉吉舍夫反对机械灌输，强调启发引导。他写道："在你们幼年和少年时期，我从未以现成的论断或别人的思想强加于你们的理智，也从未以多余的东西加重你们记忆的负担；而是在你们开始感觉到自己理智的力量时，给你们指点获得知识的道路，让你们自己在展现在你们面前的道路上前进。"③

与智育相比较，拉吉舍夫更加重视儿童和青少年的品德教育。他还要求对儿童和青少年进行体育、美育和劳动教育。遵循卢梭的自由教育思想，拉吉舍夫坚决反对强制性的教育。他认为，父母与孩子的关系应当建立在相互尊重、热爱和合理要求的基础上，并指出，无论是对社会还是对儿童个性的发展，这都是有益处的。拉吉舍夫强调："如果父子之间的关系不是建立在内心温柔感情的基础上，那么这种关系当然不会牢固；尽管有一切法制，也是不会牢固的。如果父亲把儿子看作奴隶，从法制中寻求自己的权力，如果儿

---

① ［俄］拉吉舍夫：《从彼得堡到莫斯科旅行记》，汤毓强、吴育群、张均欧译，47～48页，北京，外国文学出版社，1982。

② ［俄］拉吉舍夫：《从彼得堡到莫斯科旅行记》，汤毓强、吴育群、张均欧译，90页，北京，外国文学出版社，1982。

③ ［俄］拉吉舍夫：《从彼得堡到莫斯科旅行记》，汤毓强、吴育群、张均欧译，89页，北京，外国文学出版社，1982。

子为了遗产才尊敬父亲，这对社会有什么好处？不是许多囚徒中增加一个囚犯，就是怀中揣了一条毒蛇……"①他又说："你们从幼年起就没有感受过强制。虽然你们的行动由我引导，但你们并不感到我在指点。我对你们的行动总是预先察觉，预为防范；我不希望在我的管教的压力下，你们经常处于战战兢兢或俯首帖耳的状态。正因为如此，你们的性情不能容忍狂妄的命令，而喜欢友谊的忠告。"②

拉吉舍夫十分重视情感教育，而且谈到了各育之间相辅相成的关系。比如说："你们会绘画，会画动物和植物，会画大自然的主宰者——人的容貌。在绘画中你们能找到真正的乐趣，不仅能找到感情的乐趣，而且能找到理智的乐趣。我教会了你们音乐，为的是让颤动的琴弦使你们精神振奋，心旷神怡；因为音乐能够激动肺腑，使我们养成善良的性格。我还教会了你们击剑这一野蛮的技艺。但愿你们的这一技艺无用武之地，除非人身安全要求使用它。我希望，这一技艺不致使你们蛮不讲理……不要羞对人言，你们会挤牛奶，能熬菜汤和稀饭，会烤味美适口的肉。只有自己会做，才能教别人去做；知道行之维艰，才能宽以待人。"③他又说："如今你们已经到了热情奔放但尚未完全自觉的时候，一切外界的事物都开始激动你们的感情，在你们的内心里荡起危险的涟漪……我一直使你们保持情操的纯洁，不受有害的冲击，但是我并没有以无知之幕向你们隐瞒耽于逸乐的致命后果。你们曾经看见，滥用感情是多么卑劣，你们厌恶这种行为……"④为了使年轻人进行自我管束，

---

① [俄]拉吉舍夫：《从彼得堡到莫斯科旅行记》，汤毓强、吴育群、张均欧译，99~100页，北京，外国文学出版社，1982。

② [俄]拉吉舍夫：《从彼得堡到莫斯科旅行记》，汤毓强、吴育群、张均欧译，88页，北京，外国文学出版社，1982。

③ [俄]拉吉舍夫：《从彼得堡到莫斯科旅行记》，汤毓强、吴育群、张均欧译，89页，北京，外国文学出版社，1982。

④ [俄]拉吉舍夫：《从彼得堡到莫斯科旅行记》，汤毓强、吴育群、张均欧译，90~91页，北京，外国文学出版社，1982。

拉吉舍夫认为应该为他们建立个人生活准则和社会生活准则。他所说的个人生活准则的核心是适当地运用个人的体力与情操，以保持身心健康。为此，必须经常练习自己掌握的技术和手艺，以便保持自食其力的能力，并使身体健壮、精神振奋；要节制饮食，只食用保持健康必需的食物；要穿戴整洁，注意清洁卫生，但这方面不要做得过分，在需要帮助别人解决问题时，不要怕弄脏了手脚和身体，要"到受人鄙视的茅舍去；去慰问贫苦的人们；尝尝他们的饮食，给予哀伤的人以快乐"①。拉吉舍夫强调，只有通过体力、心灵和智力劳动，才能使知、情、意逐渐趋于平衡，"舍此别无他法"。因此，他劝告年轻人："去从事体力劳动吧，你们的热情就不致于如此强烈地波动；去从事心灵的劳动吧，锤炼你们的善良的心和丰富的情感，发扬同情、慷慨、宽恕的精神，你们的热情就能达到美好的结果。去从事智力劳动吧，读书、思考、寻求真理或探索事故的原委，理智就能支配你们的意志和热情。"②拉吉舍夫还告诫人们，当理智占据上风时，不可失去热情，"不要以为你们应该成为完全没有热情的人"③。他认为热情会使人产生善良的冲动，并把完全没有热情的人称为"蠢人"和"怪诞的木偶"。④ 拉吉舍夫指出，热情要适度，并受经验、心灵和理智的指导，"过度的热情是毁灭；没有热情是道德的沦亡……如果经验、理智和心灵把你们的热情导向崇高的目的，那就不要用令人萎顿的过分慎重去限制它，不要制止它展翅飞翔"⑤。他还说："摒弃坏主意，不

① ［俄］拉吉舍夫：《从彼得堡到莫斯科旅行记》，汤毓强、吴育群、张均欧译，92 页，北京，外国文学出版社，1982。

② ［俄］拉吉舍夫：《从彼得堡到莫斯科旅行记》，汤毓强、吴育群、张均欧译，92 页，北京，外国文学出版社，1982。

③ ［俄］拉吉舍夫：《从彼得堡到莫斯科旅行记》，汤毓强、吴育群、张均欧译，92 页，北京，外国文学出版社，1982。

④ ［俄］拉吉舍夫：《从彼得堡到莫斯科旅行记》，汤毓强、吴育群、张均欧译，93 页，北京，外国文学出版社，1982。

⑤ ［俄］拉吉舍夫：《从彼得堡到莫斯科旅行记》，汤毓强、吴育群、张均欧译，93 页，北京，外国文学出版社，1982。

做坏事情，这还不是美德。"①在论及社会生活准则时，拉吉舍夫写道："社会生活的准则与遵循人民的习俗和风尚、遵守法律或奉行美德有关。如果社会上的习俗风尚与法律没有抵触，如果法律并不阻碍美德的推行，那么，遵守社会生活的准则是容易的。但哪里存在这样的社会呢？在我们所知道的各种社会中，风尚与习俗、法律与美德之间充满各种矛盾，因此履行人的义务和公民的义务就变得困难了，因为他们往往处于完全对立的地位。"②那么，年轻人应当怎样行动呢？拉吉舍夫指出："因为美德是人类行为的顶峰，所以履行美德不应受到任何阻碍。如果遵循习俗和风尚、遵守社会奉为神圣之物的法律和宗教法规会使你们背离美德，那你们就对它们置之不理。永远不要以胆怯的慎重为借口掩盖破坏美德的行为。"③可见，他是将履行美德摆在首要位置的。当因遵循风习而违反法律时，年轻人应守法。但是他强调说："假使法律或国君或世界上某一个政权怂恿你违背真理，破坏美德，你要坚定不移地维护美德。嘲笑不要怕，折磨不要怕，病痛不要怕，坐牢不要怕，连死也不要怕……如果他们处死你，侮辱你，那你将千秋万代活在高尚人们的心中。不要把行为中的软弱称之为明智，这是美德的第一个大敌。"④拉吉舍夫还为年轻人提出了一条重要的生活准则，那就是"一切行为要能得到自己的尊敬"，要做到在"独自一人扪心自问时能够不仅不为自己的所作所为悔恨，而且可以怀着尊敬的心情看待自己"。⑤ 他要求年轻人保持自尊自爱，尽可能不做奴才

---

① ［俄］拉吉舍夫：《从彼得堡到莫斯科旅行记》，汤毓强、吴育群、张均欧译，93 页，北京，外国文学出版社，1982。

② ［俄］拉吉舍夫：《从彼得堡到莫斯科旅行记》，汤毓强、吴育群、张均欧译，94 页，北京，外国文学出版社，1982。

③ ［俄］拉吉舍夫：《从彼得堡到莫斯科旅行记》，汤毓强、吴育群、张均欧译，94 页，北京，外国文学出版社，1982。

④ ［俄］拉吉舍夫：《从彼得堡到莫斯科旅行记》，汤毓强、吴育群、张均欧译，95 页，北京，外国文学出版社，1982。

⑤ ［俄］拉吉舍夫：《从彼得堡到莫斯科旅行记》，汤毓强、吴育群、张均欧译，96 页，北京，外国文学出版社，1982。

相；他谴责每逢节日一清早就去拜望达官贵人以猎取功名的鄙俗风尚，指出它既"表现了拜谒者的懦怯灵魂，也表现了受拜谒者的狂妄自大和愚昧无知"，并告诫青年们"切勿超出履行职务的范围而迈进奴颜婢膝的门槛"。①

拉吉舍夫由于撰写和出版了《从彼得堡到莫斯科旅行记》而被捕，最初被判处死刑，后改判流放西伯利亚。死刑和流放并没有使他放弃自己的政治信仰和主张。1796年叶卡捷琳娜二世死去后，拉吉舍夫得到赦免，于1802年9月24日逝世。

拉吉舍夫被认为是俄国生活导师队伍中首屈一指的人物。他的社会政治思想和教育思想对十二月党人②和革命民主主义者世界观的形成与活动的开展产生了重要影响。

---

① ［俄］拉吉舍夫：《从彼得堡到莫斯科旅行记》，汤毓强、吴育群、张均欧译，96页，北京，外国文学出版社，1982。

② "十二月党人"是19世纪20年代俄国贵族革命家组织，因1825年12月14日发动试图废除沙皇专制制度和农奴制的起义而得名。

第六章

18世纪美国的教育

　　18世纪早期的美国教育承接前一历史时期宗教教育的传统，带有较强的宗教动机和较浓的救赎色彩。随着北美殖民地社会政治、经济、文化的发展，教育领域在保留宗教元素的同时，社会、世俗、民主、实用等元素在不断发展。特别是随着美国独立战争的爆发与美利坚合众国的成立，美国教育在沿承欧洲教育文化的基础上，因应美国社会的实况，通过借鉴、改造、创造，初步形成了一些精神文化特色，后来逐步走上了独立发展的道路。1776年7月4日，第二次大陆会议（Second Continental Congress）于费城召开，发布的《独立宣言》（The Declaration of Independence）中确立了人生而平等和天赋人权原则，它不仅宣告了美国的独立，也是在美国教育史上具有举足轻重地位的教育宣言。之后，美国走上了创立新颖而有特点的美国文化的发展之路，美国教育同样也走上了开拓创新的发展之路。

第一节　社会背景

　　18世纪的美国经历了由殖民地到独立，再到寻求发展的特殊历史境遇。

在18世纪，北美殖民地的经济状况得到了改善，人口数量日渐增加，不少人为了生存而走在奔波的路上。到了18世纪后期，美国在政治上取得了独立。在18世纪末期，西进运动(Westward Movement)促进了美国社会的大发展。

一、18世纪的美国人口与生活

经济的发展、条件的改善使北美殖民地人口数量日增。在18世纪上半叶，人口增加异常迅速。1641年，外来移民约有5000人；1700年，十三州的人口总数约为25万人；到1750年，已增至137万人；到1760年，增至160万人；独立战争前夕，更是增至250万人，其中主要是英格兰人。18世纪以来，在南部种植园经济发展的背景下，从1700年到1780年，输入的奴隶在高峰的60年代多达6万人。1790年，美国人口总数增至392万人。北美殖民地的这些移民们，以英语为共同的语言，在历经数代人的生活后，逐渐发展出共同的文化。

18世纪20年代，北美殖民地的世俗生活越发活跃，北美也越发繁荣。但是也出现了一些社会问题，如压迫加大、社会动荡不安、宗教信仰普遍衰弱、精神寄托缺位。为解决上述问题，重燃心灵希望，培养宗教感情，实现社会稳定，宗教复兴运动产生了。18世纪20年代至60年代，北美殖民地发生了一场争取宗教复兴和宗教自由的"大觉醒运动"(the Great Awakening)，其直接目的在于重新唤起人们的宗教热情，但该运动产生的客观后果已经远远超出了宗教领域。大觉醒运动的群众基础颇为广泛，它力倡民主平等，本质上是一场资产阶级思想解放运动和资产阶级意识形态的觉醒。该运动对美国社会发展、宗教发展均产生了深远的影响。进一步言之，大觉醒运动是适应北美殖民地社会经济发展的产物，其发生是美国历史的一大转折点：大觉醒运动有利于重新唤醒民众的宗教热情，有利于美利坚民族的形成，有利于自由、平等精神的萌芽，有利于加快宗教世俗化的进程，有利于给美国教育发展提供新的机遇。步入18世纪90年代，"第二次大觉醒运动"(The Second Great Awakening)出现，但在规模和影响上都无法与第一次同日而语。

18世纪，北美殖民地社会的人口是多元化的，宗教也是多元化的。英属殖民地并不是一个文化的熔炉，各族裔通常更乐意在同族裔社区内居住与开展宗教活动。在18世纪，美国获得独立后，美国对形成统一的社会文化的需求变得迫切起来。殖民地时期的美国，模仿是其基本的生存方式。伴随着移植和改造，结合自身发展的实际，美国的创新性不断提高。美国的社会、政治、经济、文化、教育等表现出了与别国不同的特点。18世纪的美国并没有形成统一的社会文化。总体而言，美国社会脱胎于以英国为主的殖民地，但生活在美国社会中的人却没有英国人那么保守，而是具有不断创新的品质。特别是从18世纪末开始，美国真正开启了其自我创造的历程，在教育领域也是如此。

18世纪的美国人为了生存而不断奔波，他们希望通过奔波获得幸福的生活。"18世纪30年代，在南部穷乡僻壤地区的定居活动大规模开始，一批又一批的移民沿着'大敞篷车路'从宾夕法尼亚州向南进发，他们随着印第安人曾经的足迹一直抵达谢南多峡谷，然后又穿越群山到达了卡罗来纳的山麓地区。到18世纪中叶，在查尔斯顿和奥古斯塔地区之间已经有了很多的交通联系。成百上千的卑微的家庭带着寻找美好生活的希望，沿着这条狭窄的道路一直前行。"①

二、18世纪的美国独立与发展

18世纪初的美国是欧洲治下的美国，尽管在欧洲的怀抱里，但称不上温暖，需要通过独立，进而释放出自己的热量与能量，以便走出一条新的发展道路。事实上，美国整个国家的制度与思想都承袭自欧洲大陆，很多美国人

---

① [美]韦恩·厄本、[美]杰宁斯·瓦格纳：《美国教育：一部历史档案(第三版)》，周晟、谢爱磊译，29页，北京，中国人民大学出版社，2009。

在欧洲接受教育，想获得独立并非易事。1607 年，伦敦公司在弗吉尼亚建立了第一个殖民地。1733 年，佐治亚殖民地建立。至此，与西班牙、荷兰、法国经过 100 多年的争抢，英国在北美先后共建立了 13 个殖民地。这 13 个英属殖民地并没有统一的行政管理机构，它们均拥有各自的立法、行政以及税收系统。这种分立而治的政治结构尽管在一定程度上有碍于形成内部统一的市场，有碍于形成统一的民族观念，但是有益于形成自治的思想。

这 13 个殖民地的社会特征与宗主国英国的社会特征存在着显著差异。第一，殖民地社会是移民社会。尽管离开母国各有其因，但前往此地的主要为自由移民，他们更渴望自由。从踏上北美大陆的那一刻起，他们就已经通过公约构建了未来社会的蓝图。《"五月花号"公约》(The Mayflower Compact) 中这样写道："……为了增强基督教信仰，为了提高我们国王和国家的荣誉，我们漂洋过海，在弗吉尼亚北部开发第一个殖民地。我们在上帝面前共同立誓签约，自愿结为一民众自治团体。为了使上述目的能得到更好地实施、维护和发展，将来不时依此而制定颁布的被认为是对这个殖民地全体人民都最适合、最方便的法律、法规、条令、宪章和公职，我们都保证遵守和服从。"① 第二，殖民地社会是自治社会。殖民地民众共同制定法律，宣明基于自由原则建立自治社会的理想。第三，殖民地社会是创新性社会。不同于母国，殖民地的物质条件匮乏、社会文化落后，这些加诸其身的困难越发刺激了这些移民的创新性。

18 世纪，美国社会的主要矛盾是殖民地人民与英国政府之间的矛盾。英国政府的殖民政策对殖民地的经济发展造成了严重阻碍，损害了殖民地广大人民的利益。随着两者矛盾的加深，1775 年到 1783 年，美国进行了一次独立战争，即美国独立战争 (American Revolutionary War)，或称美国革命战争，这

---

① ［美］戴安娜·拉维奇：《美国读本：感动过一个国家的文字》，林本椿、陈凯、林铮等译，4～5 页，北京，生活·读书·新知三联书店，1995。

一战争使美国的历史发展发生了重大转折。美国独立后，便开始了大规模的领地扩张运动，随之美国资本主义经济获得了发展。1776 年 7 月 4 日，位于美国东部的 13 个英属殖民地在费城通过了其起草的《独立宣言》（The Declaration of Independence），宣告脱离大不列颠王国而独立，这标志着美国的诞生。1787 年，美国制宪会议制定和通过了《美利坚合众国宪法》（United States Constitution）。1789 年 3 月 4 日，该宪法正式生效。《独立宣言》的发表、独立战争的胜利、美国宪法的问世在美国成立之路上具有非常重要的意义，不仅推动了美国成立的历史进程，而且使分权制衡理论得以落地，也为联邦制度在美国的进一步发展铺平了道路。与宪法同时产生的还有美国联邦政府。这个处于革命中的新世界，思考问题的方式、对上帝的态度、生活方式等无不迅速变化。"这些变化的动因同时来自两方面：殖民者把此地当成安家立业的地方；新殖民者和'故国'（'Old Country'）的访问者带来了欧洲的政治、社会和经济理论。"①这些理论对殖民者产生了很大影响。18 世纪中叶，欧洲的启蒙运动和自然神论思想改变了殖民者的思想观念。许多出生在 18 世纪前半叶的领导者，如乔治·华盛顿（George Washington，1732—1799），托马斯·杰斐逊（Thomas Jefferson，1743—1826），本杰明·富兰克林（Benjamin Franklin，1706—1790），坚持理性主义思想，阅读推崇人权的政治哲学书籍，很少参与有组织的宗教仪式。对于他们来说，《圣经》只是文本而不是神的启示。伴随着对 18 世纪启蒙运动的批判，18 世纪 50 年代开始了以宗教复兴为目的的第一次"大觉醒运动"，此后以不同的形式重新登场。这种宗教热情导致现有的教会不断分裂成各种各样的教派。②

---

① ［美］S.E. 佛罗斯特：《西方教育的历史和哲学基础》，吴元训、张俊洪、宋富钢等译，370 页，北京，华夏出版社，1987。

② ［美］亚瑟·科恩：《美国高等教育通史》，李子江译，13 页，北京，北京大学出版社，2010。

三、18 世纪的美国西进与拓殖

18 世纪末，美国东部地区居民开始了大规模向西部地区迁移的移民拓殖运动，史称西进运动。西进运动是美国人对西部地区进行的开发运动，促进了美国社会的城市化、工业化以及民族大融合，对美国的社会、政治、经济和文化的影响重要且深远。随着西进运动的进行，大片荒地被开垦成为良田，大批资本主义农场纷纷建立，西部农业的大发展为其工业发展提供了粮食、原料等资源与条件，改变了劳动力的地域布局，形成了东西部互补的国内统一的贸易大市场，满足了美国工业发展的需要，促进了运输业的迅速发展。西进运动使美国获得了突飞猛进的发展，不仅空前激发了美国人的创造力，而且带给经济发展以极大的活力。美国的综合国力不断增强，国际地位也随之提高。

尽管在 18 世纪美国并不是当时世界上最强大的国家，但经过 18 世纪的发展，美国为其后来发展成为世界顶尖强国打下了坚实的物质、社会文化与教育基础。《西方教育的历史和哲学基础》一书在对 18 世纪的美国教育做总结时指出："18 世纪时，美国这块外族统治的殖民大陆成为一个独立自主的国家。她从故国的祖辈那里继承下来许多东西，同时从本世纪末起又开始了自我创造。她的学校本是欧洲宗教斗争的产物，如今在新大陆环境与需要的激励下转向了新的方向。"①

第二节　初等教育

18 世纪，北美殖民地形成了三种独特的关于教育职责的观念。第一种是

---

① ［美］S.E. 佛罗斯特：《西方教育的历史和哲学基础》，吴元训、张俊洪、宋富钢等译，391~392 页，北京，华夏出版社，1987。

加尔文教关于教会国家的观念，主张出于宗教和世俗的双重目的，应该建立公共学校、拉丁学校和学院，其典型代表是马萨诸塞殖民地；第二种是由荷兰人、门诺派、德国路德教、德国改革派、贵格派、长老会、浸信会和天主教会主张的教区学校观，以马里兰殖民地为代表；第三种是在融合第二种观点的基础上形成的，即英国国教关于教育的观念，认为除高等教育外，公共教育主要是为孤儿和贫困儿童开办的，它将教育视作一种慈善活动，政府没有为教育提供任何形式的支持和帮助的义务。

一、18 世纪美国初等教育立法

美国实行地方分权制，联邦政府对教育不进行直接管理。1785 年，美国颁布的土地法做出明确规定，以后凡加入联邦的新建各州，都会得到政府赠送的一定数量的土地，各州可将这些土地用于办学。1791 年，美国通过的宪法第十修正案规定，没有被宪法确定的事项各州具有保留权，可以自行处理这些事项。教育就在没被确定的事项之中。上述规定，加上美国宪法中对信仰自由的规定，为日后美国教育沿着分权、世俗的方向发展奠定了法理基础。作为地方分权制的国家，美国各州拥有教育立法权。"美国早期历史上，制定了最为完备的学校条文的州，有新英格兰信奉加尔文教的 4 个州和纽约州，纽约州早期实际上是新英格兰西部的延伸。"①

1799 年，普罗维登斯机械工人和制造工人联合会向罗德·艾兰州议会提交了一份《争取免费学校的请愿书》，要求立法为州内全体儿童建立免费学校。结果，州议会于 1800 年通过了普及免费学校法案。这是美国通过立法保障初等教育普及的具体表现与进一步发展。

---

① [美]E.P. 克伯雷:《外国教育史料》，华中师范大学、西南师范大学、西北师范大学、福建师范大学教育系译，474 页，武汉，华中师范大学出版社，1991。

二、18 世纪美国初等学校的类型

17 世纪，英国移民把慈善学校移植到北美大陆。美国南部殖民地通过捐款、捐地以开办学校，旨在为孤儿或赤贫之家的儿童提供教育。儿童入学前，其家长必须宣称家庭赤贫，无力为儿童提供教育。故而，这类学校又被称为赤贫学校(pauper school)。不论是那些有能力教育孩子的家长，还是处于赤贫范围但不愿意承认家庭赤贫的家长，均不愿意送其孩子入慈善学校上学，即使孩子成为文盲也在所不惜。"在美国独立战争之前，在南部最突出的是公众对办理学校没有兴趣。因为占统治地位的种植园主阶级坚决认为每人应该对他自己的儿童的教育负责，因而，反对为别人的儿子的教育向一个人征税。"①从 18 世纪末开始，美国慈善学校发展步入新阶段，慈善学校运动在美国兴起。大多数美洲殖民地的慈善学校由英国海外福音宣传会兴办。在这些学校创办初期，该协会面向印第安人、黑人进行布道，教授读写技能，但南方殖民地各州却反其道而行之，通过立法禁止教授黑人读写。② 美国政治家汉密尔顿(Alexander Hamilton，1755—1804)和杰伊(John Jay，1745—1829)在纽约创办了放奴社(The Manumission Society)，主张把一定教育权给予黑人。1789 年，普罗维登斯出现了机械及制造业者协会。1799 年，巴尔的摩创立了贫女慈善教育会(The Benevolent Society of the City of Baltimore for the Education of the Female Poor)、男子免费教育社(Male Free Society of Baltimore)。

在北部、中部和南部殖民地，许多宗教社团都建立了专门为家境贫寒却刻苦用功的孩子而设的慈善学校，而且免除任何学费。在所有的社团中，基督教海外福音宣传会最为活跃，影响也最大。到独立战争之前，这一社团已经建立了 170 多个传教点，这些传教点从新罕布什尔州和佐治亚州一直到宾

---

① 滕大春、吴式颖：《外国近代教育史(第二版)》，29~30 页，北京，人民教育出版社，2002。

② [美]卡罗尔·卡尔金斯：《美国文化教育史话》，邓明言、程毓征、彭致斌等译，7 页，北京，人民出版社，1984。

夕法尼亚州和纽约州的乡村。

美国成立前的主妇学校实际上是识字班，即仅教儿童识字，很少教儿童书算知识。对于是否成立主妇学校，一般由居民投票决定。有的主妇学校为期三个月，也有的为期七个月。

在发展上，殖民地并没有跟在欧洲身后亦步亦趋，在教育发展上也是如此。植根于欧洲的教育无法满足殖民地出现的新需求，与其他殖民地相比，南部殖民地学校变革的倾向更为强烈。美利坚合众国建立后，对教育越发重视。各州纷纷以立法的形式将实施初等教育归为政府之责。1789年，马萨诸塞州颁布了第一部综合性州立学校法令。法令要求，每个乡镇设立一所半年制的初等学校；若人口在100户以上，则设立一所全年制的初等学校。[1]

1783年，弗吉尼亚州率先建立了星期日学校。随后，美国各地争先恐后效仿。1786年，弗吉尼亚州汉诺威县成立了一所依据雷克斯方案所办的星期日学校。雷克斯方案指的是商人雷克斯于1780年在英格兰洛斯特工业区开办的一所星期日学校的方案。该校由非神职人员管理，虽非雷克斯首创，但因这所星期日学校具有一些新颖的特点，遂引起了人们尤其是其他慈善家的注意。雷克斯创办的星期日学校亦可称为主日学校。1790年，卫理公会会议在查尔斯顿召开，会议议决在每座教堂内或其附近建立星期日学校。1791年，星期日学校协会在费城成立，并为该城贫苦儿童入学建立了星期日学校。1793年，弗格森(Katy Ferguson)在纽约设立了一所贫民学校。1797年，斯莱特(Samuel Slater，1768—1835)在波塔基特设立了具有星期日学校性质的工厂学校。

随着社会经济的发展，劳动力出现了匮乏，雇主与契约奴之间的关系逐渐削弱以致含混不清。契约奴通过普遍的反对暴力的抗争获得了前所未有的

---

[1] [美]E.P.克伯雷:《外国教育史料》，华中师范大学、西南师范大学、西北师范大学、福建师范大学教育系译，475页，武汉，华中师范大学出版社，1991。

强势地位。出于生计的需要，大量贫苦人家送其子弟到匠师处接受艺术训练。这种儿童拜师学艺的制度就是艺徒制。艺徒制源于中世纪的行会制（guild system）。儿童在父母同意的情况下可以自愿成为艺徒，还有的儿童因环境所迫而不得已成为艺徒。一些殖民地的法律规定，若家长无力抚养儿童，则这些儿童必须成为艺徒。实际上，成为艺徒也成为贫儿、孤儿的一条生路。

师父和艺徒之间订有契约，在艺徒学艺期间，师父需保证艺徒学会基本的读写。比如，一位教师在1722年拟定的一份艺徒契约中写道："该契约证明纽约市的罗伯特·坎贝尔的儿子约翰·坎贝尔，在父亲和母亲的同意下，自愿成为该市教师乔治·布劳内尔的学徒，学习贸易或者其他技艺。这位乔治·布劳内尔要从1721年的5月29日开始教学，为期10年零3个月。"①该契约不仅对学徒要遵守的事项做出了较为具体的规定，而且对师父对徒弟所负的责任做出了说明。

后来，艺徒制发生了一些变化：艺徒师父的非职业性责任趋于减少，一般教育功能则转移到外部机构。这一转变通过夜校的形式实现了制度化。"正如一则18世纪广告所说的：服务于一切'白天要经商'的人，欢迎所有'上进的企业之子'，夜校也同样满足其他的需要，并因此在美国早期教育史中呈现出特殊的重要性。"②

三、18世纪美国初等教育的方法与内容

在18世纪，人们逐渐开始关注儿童的学习兴趣、儿童的天性和儿童的幻想，并认为这样可以让儿童学得更好一些。18世纪末，新英格兰等地的各市镇所设的初等学校大部分按学科分立。1789年，波士顿为7~14岁的儿童建

---

① ［美］L. 迪安·韦布：《美国教育史：一场伟大的美国试验》，陈露茜、李朝阳译，83页，合肥，安徽教育出版社，2010。

② ［美］伯纳德·贝林：《教育与美国社会的形成》，王晨、章欢译，19页，合肥，安徽教育出版社，2013。

立了三所阅读学校、三所写字学校，儿童先用半天时间在阅读学校学习，再用接下来的半天时间到写字学校学习。当时，通用的教材是诺亚·韦伯斯特(Noah Webster，1758—1843)编写的《蓝皮缀字书》(*Blue-backed Speller*)，该教材在1784年出版后曾多次再版。这一教材流行了一百多年，其内容几乎完全世俗化了，儿童通过语音法进行识字、拼写、阅读。由音节开始学习，并由单音节词过渡到多音节词。此书大约25%的篇幅都是短小精悍的故事，内容强调了服从、节俭、可靠、尊敬上司、忠于国家等多种美德。①

由克里斯托弗·多克(Christopher Dock，1698—1771)编写的《学校守则》于1770年出版，成为当时大多数教师必备的教学法指导书。"多克的这本书，当时在美国被许多学校奉为经典。多克强调奖励、同情、理解、彼此尊重与热爱的作用，并认为这样的教学方法比恐吓、惩罚、试图摧毁儿童意志的做法好得多。他的主张使人们回想起了当年的夸美纽斯来。"②

第三节　中等教育

18世纪美国的中等教育领域主要有三种类型的学校：拉丁文法学校、私立学校和文实学校。在这一历史时期，由于社会经济的发展，拉丁文法学校渐趋式微，私立学校和文实学校逐渐增多。

一、拉丁文法学校

18世纪时，拉丁文法学校是美国中学的一种重要类型。在殖民地发展的

---

① [美]S.E.佛罗斯特:《西方教育的历史和哲学基础》，吴元训、张俊洪、宋富钢等译，385~386页，北京，华夏出版社，1987。

② [美]S.E.佛罗斯特:《西方教育的历史和哲学基础》，吴元训、张俊洪、宋富钢等译，386页，北京，华夏出版社，1987。

初期，拉丁文法学校提供中等教育第一个阶段的教育。拉丁文法学校既有公立的，也有私立的，它们的产生均是出于满足富裕家庭的男孩进入下一阶段学习的需要。男孩在此主要学习拉丁语，也学习一些希腊语、希伯来语，还学习一定的古典教育科目，以为升入大学做准备。每天学习时间为 8 个小时，每周学习时间为 6 天，学习年限一般为 6~7 年。学生可根据家境的变化情况决定退学或复学。当时，哈佛大学接收的学生必须具有当场阅读西塞罗的作品，使用拉丁语交谈和写诗，写出希腊语中动词和名词的变格与词形变化的能力。因此，对上述技巧的学习理所当然地会受到拉丁文法学校的重视。女孩不能进入拉丁文法学校学习。富裕家庭会通过聘请家庭教师、送女孩至私立学校就学、让女孩参加妇女讨论会等途径，让女孩接受中等教育。

由于拉丁文法学校只重视古典知识，无法培养振兴实业的中级人才，1711 年，波士顿市有人起草了一份对拉丁文法学校中因教授古典语而浪费时间的情况表示不满的抗议书。

二、私立学校

为满足手工业与商业界的需要，在 18 世纪，一些私立学校应运而生，它们不再教授希腊语、拉丁语，而是着力于英语学习和职业训练。由于它们不受培养学生升入大学这一任务的约束，因此，能按学生家长的需要提供较为新颖的学科知识。不少私立学校也向女子开放，开设的课程包括读、写、算、几何、法语、英文语法、历史、簿记、会计、现代语、素描、着色画、唱歌、器乐、缝纫和书法等。① 实用而多样的教学内容使私立学校广受欢迎。当然，私立学校在开始时并不能称为严格意义上的学校，而只是一种单纯的私人教学形式。

---

① ［美］S.E. 佛罗斯特：《西方教育的历史和哲学基础》，吴元训、张俊洪、宋富钢等译，387页，北京，华夏出版社，1987。

这一时期，中部和新英格兰殖民地一些城市中也兴起了各种私立学校。这种私立学校在开始时一般由个人在家中设立，设立者自任教师，进行私人教学，这种学校还算不上严格意义上的学校。这种学校的上课时间灵活，很多课程的安排能够考虑到就学者的方便程度。不少学校在夜间上课，并且招收女生。私立学校因其教学内容实用和多样而深受欢迎。

随着开设的新学科的日益普及，私立学校等中学需要一些新课本。很快，由国家出版机构出版的各种书籍不断增多，旋即满足了这一需求。1778年，尼克拉斯·派克（Nicholas Pike）出版了《新编算术大全》。托马斯·迪尔沃思（Thomas Dilworth）的《英语语言最新指导》是美国第一本英语语法课本。该书于1740年在英国首次出版，后来在美国再印出版。待到韦伯斯特的语法书出版后，迪尔沃思的课本就停用了。1784年，公理会牧师杰第迪亚·莫尔斯（Jedidiah Morse）出版了《美国通用地理学》一书，他于12年后又写出了《地理基础》一书。1787年，约翰·麦卡洛克（John Mocalloch）编了一本《美国历史入门》，该书内容多出自韦伯斯特的著作。1792年，哈佛大学教授、私人数学教师艾萨克·格林伍德（Isaac Greenwood）出版了颇具实用性的《通俗十进制算术法及其在各种手工业和商业事务中的应用》。[①] "在拉丁学校、中等学校和私人学校中使用的大量书籍使印刷业忙碌不已，给作者和出版商带来了大笔收入。美国的中等教育急剧扩展，到处都在渴求着知识，教师、作家和编辑家们奔忙着在为更好的学习准备必需的资料。"[②]

三、文实学校

文实学校顺应时代发展，拉开了美国中等教育改革与发展的序幕。在美

---

① [美]S.E.佛罗斯特：《西方教育的历史和哲学基础》，吴元训、张俊洪、宋富钢等译，387页，北京，华夏出版社，1987。

② [美]S.E.佛罗斯特：《西方教育的历史和哲学基础》，吴元训、张俊洪、宋富钢等译，388页，北京，华夏出版社，1987。

国教育史上，一般称文实学校为"Academy"，它既设文理科目，又设实际应用科目。事实上，文实学校之间的差别是非常大的。"尽管今天'文实学校'（academy）这个词给人的印象是一所纯粹的私立教育机构，它主要以学院预备课程，或者军事训练为主，但在 18 世纪末 19 世纪初，这个词的应用范围要广得多。有些文实学校的确是赫赫有名、独一无二的。但有些文实学校仅仅是一间小木屋。"①

18 世纪时，拉丁文法学校是只传授古典科目的贵族中等学校，服务于培养有钱人家的子女，使其升学或至欧洲深造，以便将来充任教会骨干和担任行政官员。这种学校并不太适合当时美国社会政治、经济发展的实际需要。出于满足政治上统一、生活上发展、商业上扩充的需要，18 世纪中期的美国需要大批实用之才。"北美殖民地在十八世纪中叶，面临着与英国相同的社会背景，工商业的发展对教育提出了新的要求，人们对崇尚古典的脱离实际的文法学校日益不满。"②在这种形势下，注重实用学科的文实学校应运而生。1749 年，富兰克林在《关于宾夕法尼亚州青年教育的建议》一文中力倡为青年人提供在生活中实用的知识。根据上述思考，他和友人于 1751 年共同创办了费城文实学校（the Philadelphia Academy），又称富兰克林文实学校。"这是 18 世纪中期美国中等教育界的新生事物，是美国中等教育的发展进入新阶段的标志。"③就课程设置而言，富兰克林主张最好教给学生"所有实用的和装饰性的知识技能：但艺术课程所需时间太长，而他们的时间又太少，因此建议让他们学习那些最实用、最具装饰性的东西，那些他们想从事的几种职业所必需的东西"。④ 从上述原则出发，富兰克林还详细列出了文实学校的具体课程

----

① ［美］L. 迪安·韦布：《美国教育史：一场伟大的美国试验》，陈露茜、李朝阳译，137 页，合肥，安徽教育出版社，2010。

② 贺国庆：《近代欧洲对美国教育的影响》，17~18 页，保定，河北大学出版社，1994。

③ 吴式颖、李明德：《外国教育史教程（第三版）》，174 页，北京，人民教育出版社，2015。

④ ［美］劳伦斯 A. 克雷明：《美国教育史（一）殖民地时期的历程（1607—1783）》，周玉军、苑龙、陈少英译，348 页，北京，北京师范大学出版社，2003。

安排。课程兼顾古典课程和实用课程。开设古典课程是出于对传统习俗的考虑,而开设实用课程是出于对社会需求的考虑。他还特别重视培养仁慈宽厚的精神和奉献精神:"所有这一切都应该充满一种追求仁慈宽厚的精神,而富兰克林把这种精神看作是良好教养的基础;还应该具有奉献精神,他把这种精神视为'一切教育的伟大的目标'。"①

文实学校因学费比较高昂,所以并不普及。尽管如此,时至 1800 年,美国已有 100 多所类似的文实学校。这时的文实学校尽管还带有古典性和宗教性色彩,但因适应社会发展的需求而存在了多年,为其后美国中等教育的发展奠定了基石。

第四节 高等教育

18 世纪,殖民地学院不断涌现,先后出现 7 所学院,与之前的哈佛学院和威廉玛丽学院并称为殖民地九大学院,奏响了美国高等院校多样化的前奏。不同移民的不同宗教信仰造成美国没有占统治地位的宗教,这为美国高等教育的世俗化发展提供了良好的条件。因应社会政治、经济的发展,美国广泛借鉴他国高等教育经验,这为美国高等教育形成自己的特色奠定了坚实的历史基础。不同于欧陆大学的治理模式,殖民地学院形成了学术法人制度,通过董事会拉近了与社会的距离,在很大程度上弱化了少数群体对学术的垄断,从而有利于知识的普及。发展至 18 世纪后期,实践理性这一现代大学的特质逐渐展露。

---

① [美]劳伦斯 A. 克雷明:《美国教育史(一)殖民地时期的历程(1607-1783)》,周玉军、苑龙、陈少英译,349 页,北京,北京师范大学出版社,2003。

一、地方分权下的高等教育多样化发展

18 世纪，地方分权而治的治理结构造成了美国高等教育多样化的特质。"美国 18 世纪的高等教育开创了多样性的先河，并且伴之以诸多挑战。"①从起源来看，美国高等教育从一开始就十分注重公共选择，不断尝试通过创新进行开拓性发展。特别是步入 18 世纪后，美国高等教育更是发生了巨大的变化。从历史上看，美国高等教育的早期现代化从一开始就是自下而上的现代化。对美国而言，先有教育，后有美国。在美国成立前，殖民地学院的发展是一种有宗教而非教派主义的发展。美国人深信，教育是统一社会的主要方式，学校应由社区控制，学校管理应采取地方分权的方式。确立上述教育立场的关键时期正是 18 世纪，这与 18 世纪美国的整体发展关系密切。在 18 世纪结束之时，学校的控制权已经分散到各个有关机构手中了。作为教育塔尖的高等教育更是美国人关注的重中之重。18 世纪，美国高等教育尽管发展艰难，但仍得到了创新性拓展。

1701 年，康涅狄格殖民地法院颁布了《自由建立一所学院学校法》(An Act for Liberty to Erect a Collegiate School)，耶鲁学院创办。不久，皮尔森 (Abraham Pierson，1641—1707)被推举为第一任校长。这是 18 世纪北美殖民地创办的第一所学院。耶鲁学院的创办与哈佛学院的自由化发展存在着千丝万缕的关系。当时，新英格兰很多在社会上有一定地位和较高声望的人认为，哈佛学院所教的知识与培养的道德过于自由化，他们出于保持清教正统的目的，创建了耶鲁学院。耶鲁学院在创建初期并无校舍，学生分散在六个城镇学习，后来定址于纽黑文。当然，殖民地学院也存在着一定程度的相似性。这些殖民地学院与它们的英国原型学院非常相似，而且最为突出的特色体现在师生的共同生活方面。

---

① ［美］苏姗·R. 考米斯、［美］达德利·B. 伍达特等：《学生服务：高校学生事务工作手册(第四版)》，本书译委会译，7 页，北京，中国青年出版社，2008。

初创时期的耶鲁学院对科学研究、学术发展秉持一种保守的态度。哈佛学院、威廉玛丽学院和耶鲁学院均由教会资助所建，目的在于培养各州殖民地所需的牧师和其他领导者。康涅狄格州政府试图参与一些耶鲁学院的管理事务，但被果断拒绝了。出于报复，州政府把每年给耶鲁学院的补助金撤销了。在历经多年争论之后，公共势力和私人势力对两者的分歧进行了调解，结果是州长连同副州长都成了耶鲁学院社团正式成员。

1785 年，佐治亚州建立了自己的州立大学。1789 年，北卡罗来纳州建立了自己的州立大学。1805 年，南卡罗来纳州建立了自己的州立大学。上述州立大学的建立，使弗吉尼亚以南各州普遍缺少高等教育机构的状况得到改善。

1781—1789 年，联邦政府赠予各州土地，用于发展教育。这是美国联邦政府通过赠地发展教育事业的肇端。需要指出的是，1785 年颁布的土地法规定，联邦政府的土地只用于支持初等教育的发展。后来，联邦政府才决定赠地发展高等教育。

美国最初的殖民地学院旨在培养牧师和贵族，多数为私立性质，不同的教派往往会创办不同的学院，这从源头上开启了多元化的美国高等教育模式，也开启了美国高等教育高度重视地方利益的传统。美国独立之后，学院培养法律人才、医学人才的任务逐渐凸显，师生的人数逐渐增多，学院才先后改称为大学。殖民地学院培养的人才对美国社会具有重要意义："18 世纪的学院教育承担了严肃的、局限的社会功能，将潜在的懒惰、放纵的特权青年群体，转变成有责任感的博雅精英，献身于殖民地和之后建立的国家。"[1]从 18 世纪开始，学院与教会的关系逐渐疏远，学院的世俗性逐渐增强。

---

① [美]苏珊·R.考米斯、[美]达德利·B.伍达特等：《学生服务：高校学生事务工作手册(第四版)》，本书译委会译，8 页，北京，中国青年出版社，2008。

在 18 世纪的美国高等教育领域，授予学位已经成为一种普遍的现象。这为美国高等教育学位制度的确立奠定了历史基础。但是，这一过程并非一帆风顺。殖民地时期的美国人口很少，接受过高等教育的人更是凤毛麟角。殖民地学院不仅授课，有的学院还颁发学位，但有的学院从来没有颁发过学位。在 17 世纪，北美殖民地先后创办了两所学院，即 1636 年创建的哈佛学院和 1693 年创建的威廉玛丽学院。哈佛学院在马萨诸塞州，由加尔文派创办，1642 年首次授予学位，今名为哈佛大学。威廉玛丽学院在弗吉尼亚州，由圣公会创办，1700 年首次授予学位。进入 18 世纪，在美国成立前，殖民地又先后创办了 7 所学院。1701 年创办的耶鲁学院在康涅狄格州，创办者是公理会，耶鲁学院在 1702 年首次授予学位，今名为耶鲁大学。

18 世纪中期，大觉醒运动的唤起作用使教派矛盾激化，经济的繁荣使人们有了足够的金钱送子孙进入学院上学，也使他们有了能力拿出钱来建造校舍。于是，殖民地学院纷纷拔地而起。出于各自宗派利益的考虑，不同教派纷纷创办了属于自己教派的学院。1746 年，长老会教徒创办了新泽西学院，后改名为普林斯顿大学。1754 年，圣公会成员设立了国王学院，后改名为哥伦比亚大学。1764 年，浸礼会创立了罗得岛学院，后改名为布朗大学。1766 年，荷兰新教建立了皇后学院，后改名为罗格斯大学。1769 年，公理会会众设立了达特茅斯学院。因受英国式办学思想的影响，这些学院的宗教性色彩仍比较浓厚。

殖民地学院先后都获得了学位授予权。新泽西学院于 1748 年首次授予学位，国王学院于 1758 年首次授予学位，费城学院于 1757 年首次授予学位，罗得岛学院于 1769 年首次授予学位，皇后学院于 1774 年首次授予学位，达特茅斯学院于 1771 年首次授予学位。（表 6-1）

表 **6-1**　北美殖民地九大学院首次授予学位情况一览表①

学院原名	创立时间/年	所属殖民地	今名	所属教派	首次授予学位时间/年
哈佛学院	1636	马萨诸塞州	哈佛大学	公理会	1642
威廉玛丽学院	1693	弗吉尼亚州	威廉玛丽学院	圣公会	1700
耶鲁学院	1701	康涅狄格州	耶鲁大学	公理会	1702
新泽西学院	1746	新泽西州	普林斯顿大学	长老会	1748
国王学院	1754	纽约州	哥伦比亚大学	圣公会	1758
费城学院	1755	宾夕法尼亚州	宾夕法尼亚大学	非教会	1757
罗得岛学院	1764	罗得岛州	布朗大学	浸礼会	1769
皇后学院	1766	新泽西州	罗格斯大学	归正会	1774
达特茅斯学院	1769	新罕布什尔州	达特茅斯学院	公理会	1771

　　美国独立战争前的殖民地学院发展受到了英国殖民地不同方式的扶持，受到了牛津大学和剑桥大学不同程度的影响。在 18 世纪专业教育开始发展的时候，学院入学考试水平低浅、学费低廉，这样学生就能得到专业证书或获得学位，这在实际上起到了既消解教育特权，又使知识普及的双重作用。从办学层次上说，殖民地学院实质上是介于中等学校和高等学校之间的学校，一般规模不是很大，人数少则几十人，多则几百人。1746—1769 年，北美殖民地学院的数量为之前 100 年的两倍；1769—1789 年，数量又比之前的 20 年增长了一倍。

　　从历史的角度来看，殖民地学院无疑是美国高等教育早期现代化发展的基石。政治上的去中心化、独立战争后国教的解体、相对宽松的法律氛围等使这些学院得以创办和发展，使其影响得以广泛传播。"在独立战争之前，殖民地经历了一个学院或'大学学院'丰富多样的发展时期，这些学院的建立在

---

　　①　贺国庆、王保星、朱文富等：《外国高等教育史（第二版）》，133 页，北京，人民教育出版社，2006。

某些方面有相似性，在另一些方面则有所不同。但最为明显的是没有一个至高无上的权力控制它们。这些高等教育机构的成立多是受到了公共权力机构的鼓励或是受到了强大的私人赞助者的推动。因此，对于殖民地的美国人而言，这些经验对建立高等教育机构是一种非常好的训练。为后来殖民地时期建立新学院提供了必需的技术和态度。所以说，旧的教育机构所提供的管理模式直接导致了革命后学院和大学的繁荣。"①在独立战争胜利之后，美国与英国皇室之间不再存在隶属关系。为消除殖民色彩，美国高等院校纷纷改用新名。随着美国独立后经济的不断恢复、环境的逐渐改善、新思想的广泛传播，美国高等学府的教学内容更加趋向现实。1782年之后，哈佛大学和达特茅斯学院分别设立了医科。1793年，哥伦比亚学院出现了法学讲座。1795年，新泽西学院开设了化学课。与此同时，神学课的教派影响不断弱化，有的学校在录取新生时直接取消了教义标准。1766年，摩拉维亚教会创办了一所女子学校，该学校后来发展成为萨利姆学院。这所学院的建立对在美国高等教育领域实现教育性别平等具有里程碑式的意义。当然，为了满足生存的需要，众多学院都在竞争极为稀缺的资源，都在某种程度上深受"营养不良"的煎熬。

二、董事会制下的高等教育拓新性发展

殖民地时期的学院通过调和教会与世俗之间的关系，变成了知识化和世俗化兼有的智力场所。殖民地学院虽然移植了欧陆大学模式，但是并未完全复制。换言之，殖民地学院具有其独特的创造性，主要在于殖民学院形成了学术法人制度。欧陆的大学体现出很强的垄断性，而殖民地学院的学术法人制度却有助于打破这种垄断性，更有利于把学术融入社会，更有利于高等院

---

① 马万华：《多样性与领导力——马丁·特罗论美国高等教育和研究型大学》，4页，北京，教育科学出版社，2011。

校走出象牙塔,拉近与社会的距离。学术法人制度为殖民地学院提供了强有力的法律和制度保障,不仅避免了单纯依靠精神力量发展的无根性,也在事实上确立了学院相对于教会、殖民地政府的独立性,从而更加有利于学院的自治和学术的自由发展。

具体来说,在18世纪前期,美国高等院校在管理上深受英国式管理思想的影响,由学校全员(全体教员和全体行政人员)参与制定政策、管理学校,实行全员参与的集体性自治。后来,这种管理高等院校的组织逐渐被校外的董事会取代。这种外在的控制起到的效果是把美国高等院校引向社会,为高等教育服务社会的职能的确立提供了便利条件,即通过制度把大学与社会彼此之间的关系确立了起来。这也决定了美国高等教育的学术逻辑实质上遵循的是社会逻辑。这表明,与欧洲大学的学者行会传统不同的是,美国学院不再是学者自治行会,而是卷入社会的学术机构。学者行会背后的知识逻辑是为知识而知识的知识观,而殖民地学院则拓新了这种知识观,把知识与社会紧密联系起来,从而为高等教育服务社会职能的形成提供了良好的现实土壤。1701年,耶鲁学院成立之际,由10名牧师组成了董事会,董事会成员构成单一。直到1745年之前,耶鲁学院校长都被排除在董事会之外。后来,校外董事会才得以成立。在刚开始的时候,"校外董事会的成立是教会帮助学院牢固地控制学校生活及其课程,从而保证它们有正确的道德观念和传统的一种手段"①。后来,这种状况发生了变化,校外董事会的宗教性变弱,世俗性增强。

在美国成立后不久,第一批州立大学成立时,遵照的是以前的管理模式:外行董事会负责财务和校长任命,校长管理学校的日常事务。州立大学的主要区别是废除了教会对董事会和课程的影响。在其他方面,这些学校的运转

① [美]S.E.佛罗斯特:《西方教育的历史和哲学基础》,吴元训、张俊洪、宋富钢等译,382页,北京,华夏出版社,1987。

与以前的私立院校相同。由于社会的发展，殖民地学院在课程设置上也发生了由重传统向重现代的转向。"新产生的大学大部分是各教派势力兴办的，尽管如此，这些大学在课程的设置上则不能不受到社会进步的影响，向学生提供了一些测量、航海、商业、物理等课程，就连古典主义浓厚的哈佛学院，也在 18 世纪 20 年代增设了数学和物理讲座。不过古典的和宗教的教育仍占主导地位，学校也都十分简陋。"①

1776 年，美国宣布脱离英国的殖民统治而独立，美利坚合众国正式成立，北美大陆开启了一个崭新的时代，开始发生翻天覆地的变化，美国高等教育也由此进入了一个新的历史发展时期。在美国成立伊始，这些民主派别的领袖们就把建立完整的教育体系和使私立高等院校变为国家管理和主办的院校奉为信条，并努力在实践中推而行之。耶鲁学院被寄予厚望，复兴者们希望把耶鲁学院改造得适合时代的发展。他们认为，耶鲁学院享受公共税收资金的事实，已表明它成为半国有化的机构了。② 但事与愿违，院长托马斯·克拉普（Thomas Clap）强烈反击了这一说法，并取得了胜利。在他看来，事实上，耶鲁学院为一所私立的、自治的高等院校。为了实现自己的培养目标，耶鲁学院有权以其认为必需的一切内容去要求学生。

1795 年，北卡罗来纳州的州长向州议会提交了一份计划书，提议建立北卡罗来纳州的州立大学，该提议被采纳。1779 年，杰斐逊做出努力，想把威廉玛丽学院改造成为州立大学，但未能成功。后来，杰斐逊在吸收法国启蒙思想的基础上，创办了弗吉尼亚大学，并为之确立了广泛的课程内容和选修制度。

随着美国的独立，美国高等教育也发生了变化，即由成立前的宗教性浓厚转变为成立后的政治性分明。对美国高等教育来说，"在建国初期，高等教

① 吴式颖、李明德：《外国教育史教程（第三版）》，175 页，北京，人民教育出版社，2015。
② ［美］S.E. 佛罗斯特：《西方教育的历史和哲学基础》，吴元训、张俊洪、宋富钢等译，383 页，北京，华夏出版社，1987。

育所据以存在的合法根据主要是政治性的。我们把学院和大学看做是提供牧师、教师、律师和医师的场所，这种观念是从殖民地时代继承下来的，而这种观念在殖民地时代又是从欧洲继承下来的。当然，美国的学院所提供的真正的专业教育不像提供专业生涯所必需的自由教育那么多。只是在以后，新建的大学才开始既开设自由学科，也开设专业学科"①。1787年，《美利坚合众国宪法》颁布，1789年通过的人权法案成为宪法的10条补充条款。宪法明确规定了宗教信仰自由、政教分离的原则，规定了凡未经宪法明确的事项，各州或人民均有保留权。宪法以及其补充条款中都没有提及教育问题。换言之，美国联邦政府放弃了对包括高等教育在内的教育管理权，而把这一权力交给了各州。宪法中的上述规定为美国高等教育的世俗化、分权化和多样化提供了法理基础。美国联邦政府颁布的《1787年西北土地法》(The Northwest Ordinance of 1787)则正式启动了国家探索高等教育政策的先河。这项法案不仅推动了早期西部公立大学的建立，也为日后赠地于高等院校的政策的建立积累了历史经验。

独立战争不仅在美国史上具有里程碑式的意义，也是美国高等教育发展的一道分水岭。一方面，独立战争对推动美国高等教育机构数量的增加功不可没。这一时期，高等院校数量增加的主要原因有三。首先，得益于大多数州在政策管理上的宽松；其次，大批西进移民有迫切接受学院教育的实际需要；最后，多数教派选择成立自己的学院而不让教徒在其他教派开办的学院里受教。另一方面，在独立战争之后，这些高等院校在对学生出身与社会地位的要求、宗教性挑选条件、课程设置等方面都发生了很大变化。独立战争后的美国高等院校逐渐显现出民主的气氛，学生的出身与社会地位不再像以前那么重要，宗教性挑选条件也不再那么严格，尤其是课程体现出很强的现

---

① [美]约翰·S.布鲁贝克：《高等教育哲学》，王承绪、郑继伟、张维平等译，16页，杭州，浙江教育出版社，2002。

代气息，如课程的民主性增强、宗教性减弱、科学性渐浓。

　　由于殖民地学院侧重服务于狭隘的宗派利益，引起了世俗力量的极大不满；因此，围绕高等院校的归属权问题，宗教力量和世俗力量展开了长期博弈。但是，由于宗教力量根深蒂固，博弈的结果是，在高等教育的办学方面，美国始终没有出现国立高等院校，而形成了私立高等院校、公立高等院校共存的高等教育格局。独立战争后，美国高等教育领域出现了高等院校国家化（国有化）的新倾向，即包括高等教育在内的整个教育体系应当由国家建立，政府应当介入并改造高等院校，把高等院校由私立变为国有。这种新倾向反映了高等院校宗教性与世俗性的较量。换言之，高等院校的国家化（国有化）要求高等院校放弃或消减其始创时的宗教性，而增强高等院校活动与课程的世俗化。当时很多学院都表现出了世俗化的倾向。第一，体现在课程的变化上。哈佛学院于 1727 年设立了数学和自然哲学教授席位，科学课程的课时在1760 年已占到总课程的 20%。第二，体现在毕业生职业的变化上。尽管神学研究仍然十分流行，但是大批学院毕业生开始转向法律、医学和商业领域，这也使学院成为独立的、有益于社会发展的中心。

　　18 世纪的美国高等教育还难以满足美国经济发展和政治发展的需要。虽然高等教育的贵族性在变弱，教育内容的实用倾向也有所增强，但仍带有浓厚的古典气息和宗教色彩，特别是高等院校研究能力屡弱，与产业界几乎毫无联系。这种状况在 19 世纪才逐渐得到改变。但是，"如果说美国的高等教育在服务社会方面总体上是成功的话，这应该归功于美国的学院和大学及高等教育系统在创建时学术水平的低下和经费不足"①。这宛如一个刚出生的婴儿，在刚出生之际屡弱无力、懵懂无知、行动迟缓，但其却能随着岁月的洗礼而不断发展，由小变大，由弱变强。

---

　　① 马万华：《多样性与领导力——马丁·特罗论美国高等教育和研究型大学》，3 页，北京，教育科学出版社，2011。

三、实用取向下的高等教育现代化启动

对美国而言，市场的发展先于社会的发展，这决定了美国高等院校从其诞生之际就必须直面市场竞争，满足社会需要。殖民地学院的教育目的不仅具有宗教性，也具有世俗性，其世俗性教育目的主要体现在职业性倾向和实用性倾向上。在18世纪，殖民地学院不仅要培养合格牧师，而且要培养公共事务管理人才、掌握世俗知识的人才。耶鲁学院院长克拉普在1754年时指出，耶鲁学院为传教士的社团，其宗旨在于培养担任传教士的人才。在他看来，具体而言："学院是宗教社团，是所有社团中最崇高者，教区也是社团，即在训练一般民众；而学院是牧师团体，更应培养牧师人才。有些人认为学院的设计，仅仅在于教导文学及科学，至于宗教，则并非是高等教育的一部分；因之学院法规不应规定宗教仪式或崇拜，每一学生可以就性之所好，并根据家长或监护人之指导而随地作宗教祈祷。但是在地球上所成立的学院，是不可能有此种学院法规不涉及宗教的。本学院的设计，系根据教会原则及教义而来(且也经本地公民同意)，因此本设计及其后继者都应履行此种责任来达成宗教任务。宗教因素太过重要了，文学及科学无论如何高明，如无宗教，则价值就低。"[①]耶鲁学院是应"精神需要"(spiritual necessities)而生的，是"牧师的托儿所"(nursery of ministers)，更是"教会之子"(child of church)。耶鲁学院因此变成了美国学术界及宗教保守分子的堡垒。

发展至18世纪后期，美国高等教育领域兴起了大学化运动，主要途径有两种。一种途径是把原来的一些学院扩大规模，使其升格成为大学，或者基于学院建立州立大学。1780年，马萨诸塞州议会通过了州宪法，将哈佛学院正式称为哈佛大学，并对哈佛大学的财产、权力、特权及监事会的权力给予

---

① 贺国庆、王保星、朱文富等:《外国高等教育史(第二版)》，136页，北京，人民教育出版社，2006。

了永久的确认和保护，哈佛大学的法人地位获得了质的提升，这为哈佛大学的自治奠定了坚实的基础。[①] 1798 年肯塔基议会创办的特兰塞尔比尼亚大学于 1845 年改建升格为肯塔基大学。另一种途径是通过设立管理机构，把州内所有学校加以合并，使其成为一个州立大学。1777 年，达特茅斯学院院长提出了把该院改为州立大学的建议，指出各个慈善学校和中学都作为大学的一部分来发展。纽约州立法机关于 1784 年通过了一项法令——《关于在州内设立一所大学的法令》（An Act for Establishing a University Within This State）。此法令申明，在该州，州立大学有权在州内任何地区设立学校，而且这些学校自始至终都应被视为州立大学的一部分，而且绝对服从该大学董事会的管理及指导。

　　在 18 世纪的美国，启蒙运动使学术界的神学性、先验性使命逐渐瓦解，直至丧失。启蒙运动倡导的思想、方法、科学、理性、进步逐渐对美国高等教育产生了实质影响。这为美国高等教育的创新性发展提供了理论和实践的双重基础。随着启蒙运动的思想影响越来越深入人心，美国高等教育领域发生了一些变化：仅仅关注宗教利益和少数人利益的传统被放弃，理性主义观点与经验主义观点得以结合，较为民主的文法受到青睐，课程方面的科学成分开始被重新考虑，高等教育踏上了功利主义道路。发展至 18 世纪末期，美国出现了 27 所高等学府。其中，1780 年以前建立的有 9 所，1780 年以后建立的有 18 所，在数量上增加了一倍。只是这些高等学府的规模都很小，所有高等学府的教师总数不到 100 人，学生总数也不到 2000 人。教派和私立机构是控制这些高等学府的主要力量，课程以神学、古典语为主体，没有一所学校招收女生。在这 27 所高等学府中，不被特定教派控制的有 6 所，州立大学占 4 所。州立大学主要有三种类型。第一种类型是由文实学校扩充而成的州立大学，如宾夕法尼亚大学。1779 年，富兰克林文实学校升格为宾夕法尼亚州立大学；1791 年，这所学校更名为宾夕法尼亚大学。第二种类型是由州依法直接接

① 张斌贤、李子江：《美国高等教育变革》，10 页，北京，教育科学出版社，2017。

管原有私立学院、教会学院而成的州立大学。第三种类型是由州直接创办的州立大学，如北卡罗来纳州立大学。与之前不同的是，这一时期，州开始直接插手创办大学，并通过增加州代表、宗教人士等组成委员会来控制大学。

18世纪的美国高等教育领域，在学术体系上发生了缓慢却影响深远的转变，即从传统的司法—宗教性学术制度转变为现代的政治—经济性学术制度。传统的学术制度兼具司法性和宗教性，公共领域和私人领域边界模糊，裙带关系明显；而现代的学术制度中公共空间与私立空间界限分明，个人能力本位凸显。在18世纪末期，美国高等教育的实质性变化还体现在学习观上，即由之前狭隘的学习观转变为视野更为开阔的自由的学习观。美国的这种自由的学习观深嵌在西方自由教育传统之中，重点指向人之潜能的充分发挥，而且这种自由的学习观已经超越了传统的自由教育观，社会生活气息变得逐渐浓厚。有论者指出："将近十九世纪时，美国的高等教育发生了实质性的变化，那种认为文科大学就是用来培养牧师的狭隘观念已被抛弃。人们相信，一个青年希望四年的高等教育应当为他提供一种真正自由的学习，包括古典文学、哲学、数学、科学和商业性质的实用学科。高校的赞助人们有权力要求由他们赞助的青年受到更民主的待遇。严格的宗教、道德规范已开始削弱，允许有较自由的思想和行动了。宗教大学拼命抵抗这种变化，但是慢慢地连它们自己也意识到，美国生活中正在发生着变革，如果它们不能适应的话，就将被这种变革淘汰。"①

18世纪美国高等教育所处的社会历史环境与欧洲中世纪大学诞生之际的社会历史环境有着高度的相似性。中世纪的欧洲四分五裂，高度分权，不存在至高无上的中心或权威，相反，权力不断下移。在这种分权与社会思想盛行的时代背景之下，学者或学者团体几乎不受政治控制和宗教控制，于是，自由沉思之风变得蔚为大观。这为中世纪大学的诞生提供了得天独厚的社会

① [美]S.E.佛罗斯特：《西方教育的历史和哲学基础》，吴元训、张俊洪、宋富钢等译，390~391页，北京，华夏出版社，1987。

历史环境。美国高等教育也是如此。从很大意义上来说，美国大学是中世纪大学的改进升级版。

在 18 世纪百年时间里，面对殖民地等待被开垦利用的广阔土地、尚未拓展的生活环境，美国人普遍高度重视实用知识，美国高等教育被打上了功利的烙印。殖民地学院的不断涌现成为美国高等院校多样化的前奏。不同移民的不同宗教信仰造成美国没有占统治地位的宗教，这为美国高等教育的世俗化发展提供了良好条件。还有，因应美国社会政治、经济的发展，美国兼收并蓄他国高等教育经验，结合本国现实需要，立足自主创新，从而为美国高等教育形成自己的特色奠定了坚实的历史基础。

可以说，高等教育在 18 世纪美国教育中发展得最为突出，孕育出美国高等教育的实践理性特质。美国大学的实践理性中天然蕴含着市场逻辑，"市场环境从一开始便让美国大学形成了独特的组织与治理模式"①。殖民地学院注重公共选择的多样化开端、董事会制下卷入社会的学术逻辑，以及朝向现实的市场逻辑，共同汇聚成美国高等教育后续发展的基因。对市场逻辑的尊重在很大程度上降低或减少了美国高等教育对政府的依靠，因此，美国高等教育能够在发展上保持高度的自主性。

美国大学充当了理论取代信仰、国家取代教会的中介机构。但是，美国大学的建设与美国的建构在一开始并没有同步：美国大学的建设要早于美国的建构。这为美国之后没有一所大学是国立大学埋下了历史伏笔。"美国大学刚开始时也不是'美国的'，殖民地时期的大学基本是英国大学模式的移殖，后移殖德国大学的模式。美国大学之所以成为'美国的'，生成了美国大学模式，是因为在美国大学理性被赋予新的意涵。美国大学在多元发展的过程中，

---

① 戴维·拉伯雷：《复杂结构造就的自主成长：美国高等教育崛起的原因》，载《北京大学教育评论》，2010(3)。

发展出与德国大学知识理性迥异的实践理性。"①与德国大学背后的国家主义的知识理性不同,美国大学的实践理性的内核是实用主义。这是一种将大学工具化的发展思路,导致美国大学在价值功能上存在缺位的风险。后来,美国高等教育领域为弥补这种缺位兴起了通识教育。

美国高等教育经过 18 世纪的百年发展,其高等教育系统最主要的特征基本形成:"在世界上几个主要的先进国家的高等教育系统中,美国的系统是最缺乏组织的,几乎完全是一种相互之间自由竞争的市场。这种系统完全由可称为'社会选择'的无组织的决策所左右,是与统一的官僚系统相对立的另一极端。"②美国政府对大学采取不干预但不放任的政策,充分呵护了民间办学的积极性,尽可能保障了美国大学拥有自由发展的环境。发展至今,美国仍然没有国立大学,在美国诞生的包括哈佛大学、耶鲁大学、斯坦福大学在内的诸多举世闻名的世界一流大学都是私立大学。这显然与 18 世纪美国高等教育的奠基性、前瞻性、创新性发展密不可分。

第五节　家庭教育与社会教育

家庭教育与社会教育是 18 世纪美国教育的重要组成部分。美国家庭教育的传统与精神沿承了欧洲家庭教育的传统与精神。美国社会教育主要指社会意识的教育和社会化的教育活动,旨在涵养参与社会的受教育者的社会精神和公民精神。美国成立后,社会教育得到了快速发展。

---

① 李福春:《大学理性是中国大学改革与发展之基——读〈大学理性研究〉一书》,载《北京大学教育评论》,2015(3)。

② [加]约翰·范德格拉夫等:《学术权力——七国高等教育管理体制比较》,王承绪、张维平、徐辉等译,124 页,杭州,浙江教育出版社,2001。

一、家庭教育

(一)18 世纪美国家庭教育的实况

18 世纪，一些比较富有的、有着良好教育氛围的家庭留下了较为翔实的家庭教育记录。早在 1706 年，一个名叫马瑟的人就用日记详细记述了他每天养育其孩子时运用的技巧，近乎完美地表现了当时家庭教育的实况。这些技巧包括祈祷、讲故事、信仰训练、写字、熟悉行事原则、谈话、教义问答、布道等。

随着殖民地学院数量的缓慢增加，其学生和毕业生有时在家庭中辅导孩子。他们被称为"驻家"辅导教师，司教学和管教孩子之责。"后殖民地时期最为著名的辅导教师应当是菲利普·费斯安，他就读于普林斯顿神学院，从 1773 年 10 月到 1774 年 10 月，他一直在诺米尼堡教罗伯特·卡特的几个孩子。从费斯安在弗吉尼亚时期写的日记和他写给朋友的信件中，我们可以清楚地了解他当时作为一个辅导教师所应尽的责任，以及他对种植园日常生活的种种洞见。"①

(二)18 世纪美国家庭教育的功能

不同于 17 世纪的地荒民穷，18 世纪美国各地区的家庭逐渐积累了一定的财富。美洲移民家庭一般三代同堂，亲眷、奴仆也属于大家庭成员，形成了扩大版的家庭网络。这时的家庭既承担着教育功能，也是生产单位，家庭子弟多学习生产劳动知识。"以纽约的叔耶洛(Shuyler)的家庭为例。这是由丈夫彼得(Peter)和妻子玛格丽特(Margarita)组成的家庭。彼得曾任上校军官，家道富裕，因无子女，乃过继一些侄男、侄女为子嗣，进行家教。1758 年，彼得死后，由玛格丽特继续操持工作。"②

18 世纪美国家庭的特征影响了儿童的发展。到了 18 世纪中期，美国家庭

① [美]韦恩·厄本、[美]杰宁斯·瓦格纳:《美国教育：一部历史档案(第三版)》，周晟、谢爱磊译，33 页，北京，中国人民大学出版社，2009。

② 滕大春:《美国教育史(第二版)》，82 页，北京，人民教育出版社，2001。

的典型特征已经显现：以婚姻关系为单位，血缘关系最大程度疏远，可分割的遗产，以及多族系发展。① 美国成立后，家庭教育仍然十分重要。"在建国后的美国，家庭依旧是社会的基本组织和传递文化的重要机构。建国后向西推进和开拓的地区，习称为边疆地区，其家庭教育正和殖民地时期中部和南部殖民地区一样，由于学校尚未建立和教会尚在初创，家庭就发挥着教会和学校的功能；在原已教育发达的各州，家庭则和教会、学校以及其他社区单位，共同担起培育青少年的重担。"②

在宇宙中、世界上、社会中，林林总总的事物都有由其源和流构成的历史。从历史的角度看，虽然随着学校的日趋发展和完善，在总体上美国家庭教育的功能相对有所弱化，但是美国人重视家庭教育的传统却并没有完全丧失。这为后来美国家庭学校（home school）的萌芽、发展乃至繁荣埋下了历史伏笔。

二、社会教育

（一）图书馆、博物馆增多

殖民地时期，印刷机构渐次成立，印刷的报纸、杂志、法规、年鉴、教会文件等流布各地，给人们以社会生活、宗教、政治、科技知识等方面的指导。由于书刊昂贵，人们便协同购书买报阅读，群众性的图书馆自然而然地形成。1762年创立的巡回在各地的流动图书馆，助推了自学之风和钻研学术的风尚。图书馆的增多使图书馆协会、联合图书公司等组织开始建立。富兰克林就是一位殖民地时期以印刷工作者的身份致力于社会文化普及的人。他还创立了图书馆，鼓励青年自学，促进了科学发展和社会改革，给后人树立

---

① ［美］伯纳德·贝林：《教育与美国社会的形成》，王晨、章欢译，14页，合肥，安徽教育出版社，2013。

② 滕大春：《美国教育史（第二版）》，221页，北京，人民教育出版社，2001。

了良好的风气。

在 18 世纪，作为一名植物学研究者，约翰·巴特拉姆（John Bartram，1699—1777）设计并创立了一所植物园，内有收集的一些动植物，供其子威廉·巴特拉姆（William Bartram，1739—1832）进行科学研究之用。医生霍赛克（David Hosack，1769—1835）曾拥有多箱矿物标本，后捐给了新泽西学院。1782年，西米特里（Pierre Eunum Du Simitiere，1738—1784）所建的自然兼社会博物馆开幕。1782 年，美国著名画家皮尔（Charles Wilson Peale，1741—1827）成立展览室，其后该展览室扩建成为费城博物馆。1791 年，科学工作者贝克尔（Gardener Baker）设立了美国博物馆。同年，马萨诸塞州的麻省历史学会的历史博物馆也得以正式成立。①

另外，18 世纪还流行自学、互学形式的读书会。

（二）教会地位变弱

独立后的联邦宪法确立了政教分离原则。各州行政管理体制的确立强化了政府对各项事业的法律化干预。教育管理发生了由学区制到州、市、县领导管理的转变。在这种情况下，教会学校获得经费的机会变少，教会在学校教育中的地位变弱，宗教教育的内容变淡。

（三）学区制度确立

学区肇端于马萨诸塞州，继而向缅因州等地推广。为使农村儿童接受教育，马萨诸塞殖民地于 1725 年开始在乡村设教学点，定时集中教学点附近的儿童，由教师来此给儿童巡回上课，形成乡学区制（Rural District System）。其后，又在各教学点所在地独立办学，这成为日后"学区制"的萌芽。这些巡回学校后来发展成为学区学校。康涅狄格殖民地于 1776 年率先承认了把市镇以外地区划分为若干学区的必要性。在 18 世纪末，学区制获得了合法地位。1768 年和1789 年，马萨诸塞州率先从法律上对学区的地位予以确认。特别值得指出的是，

---

① 滕大春：《美国教育史（第二版）》，244~245 页，北京，人民教育出版社，2001。

"1789年，马萨诸塞州颁布法令规定了50户、100户、150户、200户四种规模的学区，并赋予学区与市镇同样的办学权，学区制度从此得以确立"[1]。

---

[1] 吴式颖、李明德:《外国教育史教程(第三版)》，175页，北京，人民教育出版社，2015。

第七章

18 世纪美国的教育思想

18 世纪美国的教育思想是 18 世纪美国政治、社会生活和民族特征的反映，是北美 13 个殖民地向美国国家体制转型的过程中的产物。由于其独特的历史境遇，因此，美国呈现出适合其时代特征的思想风采。这就是世俗的和功利的、联邦主义和民族主义的教育理念等。

第一节　富兰克林的教育思想

美国启蒙运动时期①有两位完整生活于 18 世纪的著名思想家，即乔纳森·爱德华兹（Jonathan Edwards，1703—1758）和富兰克林。爱德华兹从加尔文主义出发，阐述教育问题时以神学思想为基础。他的教育思想的旨趣更多是清教主义的、保守的。而相比而言，富兰克林的教育思想则具有更鲜明的世俗性、科学性特征，代表了时代进步的趋势。"在多数历史学家看来，他是

---

① 美洲新大陆的启蒙运动的时间，一般认为是从 18 世纪中期（1765 年）至 19 世纪中期（1875年）。而在此之前，欧洲已经完成了科学、哲学以及宗教的一系列变革。18 世纪的美洲新大陆直接受益于欧洲的启蒙运动成果。

他那个时代的第一流的美国人。富兰克林的生活在许多方面体现了美洲殖民地正在出现的中产阶级的利益和思想。"①

一、富兰克林的生平和成就

富兰克林1706年1月17日出生于波士顿的一个平民家庭。他一生中当过印刷作坊的学徒、排字工人,开过印刷厂,办过报纸;他进行过科学实验,发明了避雷针,取得了许多著名实验成果;他曾担任费城邮政局正副局长、议长、外交官等;他建立了市警察局,组织了志愿救火队,创办了图书馆、学校(即后来的宾夕法尼亚大学)以及哲学研究团体等;他还是《独立宣言》起草委员会的成员和宣言签名人。富兰克林的启蒙教育思想都是与这些活动紧密联系的。他去世后,遗留下来大量文章和书信。在教育方面的著名遗作有:《关于推进英属北美殖民地实用教育的倡议》(*Proposals for Promoting Useful Knowledge Among the British Plantations in America*,1743年),《关于宾夕法尼亚州青年教育的建议》(*Proposals Relating to the Education of Youth in Pennsylvania*,1749年),《英语学校的思想》(*Ideas of the English School*,1751年),《穷人理查德的进步:年鉴和历书》(*Poor Richard Improved:Being an Almanack and Ephemeris*,1758年)等。

富兰克林是美国新兴中产阶级的代表,其启蒙教育思想带有强烈的功利主义性质,贯穿着理性的道德观,并且包括了建构美国现代教育制度的设想。他的教育思想具有鲜明的美利坚民族性格特征。

二、富兰克林教育思想的功利主义特征

富兰克林的社会地位决定了他向现实靠拢的倾向:热爱工作、勤于学习,

---

① [美]S. 亚历山大·里帕:《自由社会中的教育:美国历程(第8版)》,於荣译,54页,合肥,安徽教育出版社,2010。

主动思考和行动，积极改善自己和周围人们的处境。毫无疑问，研究18世纪美国社会结构中的中产阶级，是分析富兰克林启蒙教育思想的基本前提。

从北美当时社会的阶级构成上来看，上层社会主要由种植园主、银行家、进出口商和其他具有高级职位的人组成；下层社会由契约奴组成；社会的中层主体是中产阶级，主要由农民、工匠、小商人和职员等组成。西部边疆除农场主外，还有各种职业的人，如猎户、律师、商人、教士、医生等，但大多数人是定居的农民。这些人构成了18世纪和19世纪前期以中产阶级为主体的美国农业社会。但与欧洲封建制度下的农业社会的不同之处在于，不断流动是美国农业社会的重要特性。还有一点特别重要：社会地位的决定因素不是出身门第或特权，而是工作与财富。正如富兰克林指出的那样，美国人不问你是什么人，而问你有何等能力。因为他们推崇的是能力，而不是家庭背景。由于人们来自欧洲不同的地域或宗教势域，宗教宽容成为其得以共存的必要条件，宗教宽容的发展为政治宽容提供了多元民主的基础。而富兰克林的启蒙教育思想以美国当时这种以中产阶级为主体的社会为基础；它得以在流动的、宽松的、相互谅解的，因而也是蓬勃向上的社会氛围中产生和发展，从而显示了朝气蓬勃的特征。美国社会教育史学家柯蒂(Merle Eugene Curti, 1897—1996)也认为，富兰克林的教育思想代表着渴望在社会上提高其地位的新兴的中产阶级，也最符合中产阶级的实际需要。[①]

例如，在富兰克林看来，知识必须为人所理解，更应对人产生实际效用，即所谓学以致用；教育是生活的一部分，知识是进步社会的组成部分，教育和知识是为人生和社会服务的。因此他认为，应该训练青年凭着尊重自己、尊重国家的信念来服务大众，并使他们在商业方面有所成就。[②] 他认为，有价

---

① Merle Eugene Curti, *The Social Ideas of American Educators*, with New Chapter on the Last Twenty-five Years, Paterson, N.J., Littlefield, Adams & Co., 1959, p.35.

② Merle Eugene Curti, *The Social Ideas of American Educators*, with New Chapter on the Last Twenty-five Years, Paterson, N.J., Littlefield, Adams & Co., 1959, p.36.

值的课程是那些有助于人在政治上获得成功的课程。这种课程是贵族不能再垄断的,对商业、对中产阶级从事的职业有益处的课程。在课程设置上,应当有数学、会计、商业史、自然哲学、机械等实用性内容。他与洛克一样,认为养成良好的习惯比单纯获得知识要重要得多;有良好的道德,尤其是忍让、遵守秩序、勤劳、节俭,以及通过亲身体验领悟的美德,掌握很熟练的英语,这些都是中产阶级和下层阶级人们之间的不同之处。

富兰克林在 1743 年发表的《关于推进英属北美殖民地实用教育的倡议》、在 1749 年发表的《关于宾夕法尼亚州青年教育的建议》等,都是根据社会实际需要制定的地区教育计划,是体现他普及实用知识思想的具体方案。特别是当时的费城,是 13 个州中工商业最发达的城市,而传统的崇尚古典的博雅教育显然难以适应现实的需要。在费城出现的由私人传授实用技艺的补习学校修业期短而收费低廉,但其造就了机械工人、售货店员、文牍人员、测量人员、翻译人员等,这极大地满足了费城社会发展的实际需求。受此启发,富兰克林以其远见卓识和民主情怀,积极倡议建立文实学校,正式向具有浓厚传统的古典拉丁文法学校提出挑战。文实学校成为殖民地时代拉丁文法学校向 19 世纪美国公立学校过渡的桥梁,其建立具有重要的历史意义。

三、富兰克林的办学理念

富兰克林颇具功利主义色彩的教育思想,具体体现在他的两份办学建议里,尤其体现在这两份办学建议关于教学目标、课程设置、教学方式方法等方面的论述中,其文实兼顾的适应性、实用性、科学性十分突出。这就是他的《关于宾夕法尼亚州青年教育的建议》和《英语学校的思想》。在这里,他提出了自己的办学理念。

(一)《关于宾夕法尼亚州青年教育的建议》中的办学理念

《关于宾夕法尼亚州青年教育的建议》是 1749 年写出并发表的,其目的是宣传办学理念。富兰克林广泛征求社会建议，拟筹建一所源自英国的文实学校"Academy"。[①]

这个建议的诞生，一是受欧洲启蒙教育思想的影响。17 世纪首先流行于英国的文实学校"Academy"此时也流行于欧美。在这样的氛围中，富兰克林也不例外地对这种新式学校情有独钟。二是为满足宾夕法尼亚州本地社会的需要。富兰克林在此份建议前面的"告读者"中明确提出：

> 一直以来都有一个不幸的遗憾，就是我们这个州没有一所文实学校能让青年们完成正规教育。[②]

他还告诉读者，此份建议引用了许多欧洲有教育经验的名家如弥尔顿（John Milton，1608—1674），洛克等的论述，关于筹建文实学校的设想也已经获得了不少活跃于宾夕法尼亚州公共领域的人们的支持，并希望有兴趣提出建议和给予支持的人们及时和他沟通联系。

在此份建议的开头，富兰克林将教育放在了极为重要的地位予以重视，说教育是实现家庭幸福和获得公共财富的最可靠的基础；再好的能力也需要培养，如同优良的种子也需要大地培育一样。[③]

建校的过程是，先由时间富余和公德心强的人向政府申请特许，制定章程，然后聘请管理者和教师，接受捐赠，购买土地，开始设校。他在此份建

---

① "Academy"一词早期用于称呼柏拉图开办的学校，多译为"学园"；17 世纪英国工业革命后出现的一种新型学校当时也被称为 Academy。这种学校中既开设传统的装饰性博雅课程（文科课程），也开设新兴社会行业需要的实科课程；教学水平高于初等教育。为突出此学校文科、实科两方面兼顾的特点，我国的教育史学者大多将这样的"Academy"译为"文实学校"或"文实中学"，以区别于其他情况下译成的"学园"或"学院"。

② S. Alexander Rippa, ed., *Educational Ideas in America: A Documentary History*, New York, David Mckay Company, INC, 1969, p.104.

③ S. Alexander Rippa, ed., *Educational Ideas in America: A Documentary History*, New York, David Mckay Company, INC, 1969, p.105.

议中陆续提出的学校教育理念主要有：

> 捐助者经常参观学校，关心和鼓励学生，改善学校条件；
>
> 校长和教师对待学生要像对待自己的孩子一样，适应学生的爱好，鼓励学生的进步，激励青年人的思想等；
>
> 学校除了校舍以外，还要有花园、草地以及果园和田地，建在地势高而干燥的地方；
>
> 学校要有图书馆、地图和地球仪以及机器等；
>
> 校长必须道德高尚、通情达理、勤奋耐心、有丰富的学识、善于演说。
>
> 教师也应像校长一样，并且能够带领学生一起锻炼身体、共同活动，帮助学生养成良好习惯。

学生学习的课程的设置参照了英国文实学校的办学原则，文、实两方面兼顾。富兰克林提出的原则是：

> 至于他们的学习，如果能教他们一切有用的东西和一切装饰性的东西，那就好了。然而艺术是永恒的，而他们的时间是短暂的。因此，建议他们学习那些最有用、最具装饰性的东西，并考虑到他们将要从事的一些行业。[1]

富兰克林在此份建议中提出的基本的学习要求包括书写应既快又好、了解绘画透视的基本原理、知道计算和记账、了解一些几何和天文学方面的基

---

[1] S.Alexander Rippa, ed., *Educational Ideas in America: A Documentary History*, New York, David Mckay Company, INC, 1969, p.106.

本知识等。这份建议还对英语、历史、地理、年代学、社会习俗、道德、拉丁语、希腊语、法语、种植、商业及多种实用学科的实际意义和学习方法进行了较为详细的论述。最后，这份建议还提出了青年人各方面能力提升的重要性，认为这应当是"所有学习的伟大目标"。

　　富兰克林关于文实学校的思想不仅对美国中等教育的更新有着重要的意义，而且对18世纪的美国高等教育也具有同样的意义。当时包括哈佛大学、耶鲁大学在内的高等学校都处在北美这个或那个教会的领导之下，其主要任务是培养高等级别的神职人员，因此充其量只是神学学校，而不是现代世俗大学。但是，当时的现实生活却迫切要求建立世俗的高等教育体系，"这一问题的解决跟富兰克林的活动最密切地联系在一起"①。之所以这样说，不仅是因为富兰克林提倡设置的这所学校是宾夕法尼亚大学的前身，而且富兰克林重视实科知识的思想对高等教育的教学产生了重要影响。而重视实践、把思想迅速转化为实际行动的作风，也展现了富兰克林教育思想的实用主义、功利主义色彩；费城文实学校的出现也是18世纪美国费城社会需求迫切的表现。

　　费城文实学校成立后，代表现实要求的英语、数学等实科诸课程在实际中并没有得到足够的重视。因为当时一些人根本就不相信没有拉丁语的教育会是一种真正的教育，他们认为英语等实科教学仅仅是为店主和机械工这些无法在社会上占据高位的人提供的。因此，也有专家评论："富兰克林的创造必须视为一种超越于那个时代但远不能成功的制度典范。"②尽管如此，实科课程的教学作为一项学校制度能够建立起来，本身就是对古典教育的一种挑战，也是对长期以来偏爱古典教育、歧视实用职业教育的思想和行为的挑战。

---

　　① Good, H.G., *A History of American Education*, 2nd Edition, New York, the Macmillan Company, 1962, p.76.

　　② Good, H.G., *A History of American Education*, 2nd Edition, New York, the Macmillan Company, 1962, p.76.

实际上，在美国 18 世纪中后期兴办起来的文实学校里，实科课程还是越来越受到了重视，学校也大受青年及其家长的欢迎，以至这种文实学校的数量远远超过了过去古典的拉丁文法学校，文实学校一时成为美国中等教育的主流学校。

(二)《英语学校的思想》中的办学理念

《英语学校的思想》①全称《英语学校的思想，为费城文实学校的受托人所考虑而拟定》，可见此文写于《关于宾夕法尼亚州青年教育的建议》之后，其内容涉及建校责任人所做的关于文实学校的一些具体安排和教学设想。所谓"英语学校"，实际上还是指"费城文实学校"。同样，富兰克林在这里也认为学习者必须精通英语、数学、记账、自然哲学、普通机器运转等方面的知识，并且熟谙保持身心健康的原则。

富兰克林规定儿童年满 8 岁可以入学学习，但年龄也并不固定；修业 6 年，学习内容可以分为 10 类。①体育运动，包括跑、跳、角力和游泳；②书写，包括绘画及透视；③数学，包括会计学、几何学、天文学；④英语，包括文法和文学；⑤历史，包括美国古代史、现代史和英国史；⑥地理学；⑦辩论和雄辩；⑧逻辑；⑨道德学，包括宗教；⑩博物学，包括园艺、农业等。由此可见，的确是文科、实科兼顾的。但富兰克林在《英语学校的思想》中主要论述的还是教学方面的内容。

他提出一年级主要学习一些语法规则，特别是要让学生在正字法方面得到提高。为此，可以采取配对竞争、奖赏书籍、短篇小故事训练等方法，使学生得到阅读、讲述和书写训练。

二年级加强阅读的声调训练，方法有短文训练、早晨学习、分析词类和句子结构、记住规则、配合动作、学习散文和诗歌、使用词典等。

---

① S.Alexander Rippa, ed., *Educational Ideas in America: A Documentary History*, New York, David Mckay Company, INC, 1969, pp.109-112.

三年级可学习修辞、议会简短演讲、悲喜剧、自己民族和殖民地历史，开始学习自然和机械历史、商业贸易的简单知识、一些新的手工艺技巧等。

四年级开始进行写作教学，要求书写正确美观、语句优美；可以从简单的应用文写作如各种信件开始（贺信、请求信等）。与此同时，学习道德教育方面的著作、年代学和地理（地图和地球仪）等。

五年级继续提高写作水平，可以开始写散文、诗歌，丰富表达方式；继续阅读历史书目，训练阅读和演讲。

六年级继续前面的对历史、修辞、逻辑、道德和自然哲学的学习，进一步学习名家的作品，如弥尔顿、洛克的著作以及重要报刊上的高级论文和译文等。每年举办一次体育比赛和三次学业比赛，颁发奖励。

这样，六年之后，学生走出学校，就能适应任何职业，并继续学习任何业务知识。

费城文实学校于1751年建立，富兰克林出任该校校长。1753年，该校领取了办学许可证。

四、富兰克林的道德观及自我教育

因18世纪美国中产阶级的兴起而流行的功利主义、实用主义思想，也赋予了富兰克林个人主义的道德观或理性利己主义的道德观。但他在强调个人主义道德的同时，把个人的道德思想与物质利益联系起来考虑。他认为，个人道德具有政治意义，一个具有高尚道德的人，一定能够主动地为社会全部成员谋福利，在社会生活中发挥积极作用。

富兰克林特别重视理性在道德生活中的作用，认为理性是道德的立法者，反对非理性主义的道德观。因此，他强调自然的或感性的善与道德的或理性的善之间的区别。他认为，自然的或感性的快乐持续的时间等同于有关的活动持续的时间；而就道德的或理性的快乐而言，即使有关活动已经结束，所获得的快乐仍会绵延不断，它通过回忆长存于心中，促进人的良好道德的形成。

富兰克林主张人要对过度的情欲进行自我克制，认为自我克制正是最大的善，是最高的自我满足。他还提出道德的快乐大于感性的快乐，其原因是道德的快乐接受理性的指导，而感性的快乐则缺乏这种指导。人的幸福或主要的善在于人是按照理性来进行活动的。看来，理性是人的主要能力，也是人的主要的善。这种善不是由一般的活动构成的，而是由理性的活动构成的。所谓理性的活动，是指那些为人类所从事的，会自然而然地带来真实的和纯粹的幸福的活动。

既然人们的真正的幸福或善产生于正确的行动中，而正确的行动又依赖于正确的判断或正确的认识；那么，应密切注意使自己对事物的认识符合事物的本性，正确的认识是一切美德和幸福的基础。

基于上述观念，富兰克林心目中的中产阶级不可或缺的素质是美德——健全的道德观念，自我克制，讲究秩序、勤奋、节俭以及其他习惯。他认为一切美德中最具重要意义的有13条。[①] 根据它们的重要程度，依次为：

节制：食不过饱，饮酒不醉。

少言：言必于人于己有益，避免无益的闲聊。

秩序：每样东西应放在一定的地方。每件事务应有一定的时限。

决心：当做必做。决定做之事，持之不懈地做下去。

节俭：于人于己有利之事方可花费。勿浪费一切东西。

勤勉：勿浪费时间。时刻做些有用的事。杜绝一切不必要的行动。

诚实：不虚伪骗人。思想要公正纯洁，说话亦如此。

公正：不做有损他人的事。不要忘记你应尽的义务，做对人有益

① [美]本杰明·富兰克林：《富兰克林自传》，李瑞林、宋勃生译，96~97页，北京，国家行政学院出版社，1998。

之事。

中庸：不走极端。容忍别人给予的伤害，将此视作应该承受之事。

清洁：力求身体、衣服和住所整洁。

镇静：勿因小事、平常的或不可避免的事故而惊慌失措。

节欲：为了健康或生育后代起见，不常行房事。切忌过度伤体，以免损害自己或他人的安宁与名誉。

谦逊：效法耶稣和苏格拉底。

重要的是，富兰克林还设计了记录自己道德行为的方法。每星期专注于践行一条特定的美德，检查自己的行为是否有错，记下这些错误。用13个星期把这些美德都践行一次。每个回合完成后重复一次，一年进行4个回合。为了进行这样的安排，富兰克林设计了一种小小的记录簿，每条美德占一页，每页中的格子代表一个星期中的各天。当犯了某些不符合那些美德的错误时，他就采用一种符号记录下来。当用这种方法清除了每页上的符号时，他就可以看出行为的发展变化。通过13个星期每天做出的反省，他要达到的目标是有一本干干净净的记录簿。

美国教育史家克雷明(Lawrence A. Cremin，1925—1990)认为富兰克林道德观念和道德行为的基本教益在于："它提供了一个富有进取心的人利用教育达到自己目的的榜样……有助于把一种积极进取的教育风格引入美国人的语汇中，并且在美国人的想象中，给予靠自己奋斗成功的人的自我教育和自决教育一个重要的地位。"甚至有人评论说，富兰克林的自传中表达的道德观念和记录的道德行为，是美国道德教育的理想典范；自传留给世人最重要的教导是富兰克林所说的"大胆而又艰难地实现道德完善的计划"，即通常所说的

"美德的艺术"。①

富兰克林的上述道德实践本身就是一种自学精神的体现。除此之外,就是阅读式的自学:毕生喜爱阅读;他获得不同领域的、广泛的科学知识是自我教育,首先是阅读的结果。"富兰克林是天才的自学者。他所知道的一切都是自学的结果,他整个一生都在自学。"②

五、富兰克林的民族主义教育思想

富兰克林的民族主义教育思想,体现为要求通过教育培养美利坚的民族性格,并使移民美国化。这是美国教育史上一个永恒的课题。美国社会教育史学家柯蒂认为,富兰克林时代的中产阶级不仅认同人道主义和自助的信条,赞同商业美德和科学的广泛应用性,而且也提倡民族主义。富兰克林相信学校会在塑造美国人方面起到重要作用。1753年,富兰克林就曾提出过一项通过教育以实现美国化的政策建议。

富兰克林民族主义教育思想的形成与18世纪中叶美国社会人口的状况密切相关。当时北美人口猛增,大批苏格兰人、爱尔兰人、法国人、德国人和非洲人纷纷涌入中部和南部各殖民地,于是,教派纷争渐起,随之而来的是文化纷争。在富兰克林所在的宾夕法尼亚州,一方面,德国移民的文化与殖民地英国的文化显然具有很大的差异,英国当局对境内的移民采取国教同化的政策,但不同宗教的移民不能屈从;另一方面,德国移民内部早期移民与18世纪20年代以后的德国移民之间存在矛盾。前者大多是虔信派教徒,属于中产阶级;后者多数是农民,在教派上属于路德派和革新派教徒。德国移民在语言、宗教教义、思想、性格上与众不同,尤其与英国国教格格不入。富

---

① Lawrence A.Cremin, *American Education*, *The National Experience*, *1783—1876*, New York, Harper and Row, 1982, p.254.

② [苏联]P.伊凡诺夫:《富兰克林传》,伊信、谷鸣译,8页,北京,商务印书馆,1996。

兰克林担心，如果不替德国移民的子女设立英语学校，那么大批德国移民集中的地区可能会对保全"我们的语言乃至政府"有危害。他甚至指责德国移民企图以文化来压服英国，指责德殖民者企图把英属殖民地改为德属殖民地。因为他们不讲英语而讲德语，儿童不入英语学校而入德语学校。早在1740年，他对德国移民使用德语极不放心：几年之内，这里将成为德属殖民地。显然，富兰克林的思想充分反映了其民族主义的品质。他认识到，为了维护政治的稳定，需要在宾夕法尼亚州的德国人居住区进行英语教学，否则，对"我们的语言乃至政府"的维护都将是棘手的事情。实际上，富兰克林把教育理解为社会控制的一种手段，尤其是一种确保自身族群的政治和文化优越性的工具。

富兰克林将上述思想付诸具体的行动，曾提出了更适合美国表音法（正字法）的改革主张，并鼓励诺亚·韦伯斯特在他的计划中加强美国民族主义教育等。特别是从1732年起，他每年出版一本《贫穷的理查德年鉴》，到1757年为止，出版了25册。当时，富兰克林面对的是一个尚未有统一文化或者说无同质性的民族性格的社会，而造就何种价值观来培养民族性格对他来说是一个挑战。在他看来，缔造新大陆的人们的质朴、勤奋、坚忍、节约的心理状态和思想意识有助于民族性格的形成。《贫穷的理查德年鉴》的出版正是富兰克林为实现这样的梦想而做出的努力之一。

尽管富兰克林的思想具有浓重的民族主义性质，但他的反种族主义精神也体现在他对教育的认识上。他深信，新兴的美国只有消除奴隶制度和种族主义者人为的障碍，才能向平等、正义和美德方面迈进。他曾经协助成立了几个有关黑人儿童及青年教育的委员会。他是呼吁准许自由黑人入学或替他们另建学校的运动的领袖。他认识到学校教育与就业的重要关系，设立了一个替黑人找工作的机构，必要时甚至创办工业，雇用受过教育的黑人。

总之，富兰克林相信学校会在塑造美国人方面起到重要作用。在世界各

地的移民纷至沓来的历史背景中，富兰克林的民族主义教育思想的确应该成
为美国教育史上值得书写的篇章。

第二节　杰斐逊的国民教育思想

18世纪美国的国民教育思想，主要是指美国独立战争前后涌现出来的、
诸多思想家对美国国民教育进行思考的思想成果。美国成立前后的几十年间，
缔造者们提出了一系列教育改革计划，以满足美国社会的需要。以杰斐逊在
1779年提出的《关于更普遍地传播知识的法案》(A Bill for the More General
Diffusion of Knowledge)为代表，思想家们寻求通过教育促进更加一致的民族精
神的形成；到了18世纪90年代末，已经明确要求建立统一的公共国民教育
体系，以培养民族精神。[①] 杰斐逊的国民教育思想确立了教育与政府目标之间
的现代关系，提出了普遍追求的教育现代化的目标；更重要的是，他建构了
一体化的现代化教育制度结构。在这个结构中，国家化、法制化和世俗化的
教育现代化思想彰显出来。他强调的教育均等的思想贯穿于美国整个教育现
代化的历程中。

一、杰斐逊国民教育思想的理论基础

(一)杰斐逊的理想农业社会理论

杰斐逊的美国农业理想主义，即期望"使社会的每一成员容易地获得土
地，以便提高获得平等机会、自由与公众德行的前景"[②]。他认为，政府只要

---

① R. Freeman Butts, *Public Education in the United States*: from Revolution to Reform, New
York, Holt, Rinehart and Winston, 1978, p.26.
② 李庆余、周桂银等:《美国现代化道路》，21页，北京，人民出版社，1994。

仍然是农业的，在数百年内都会保持美德；没有一个时代，没有一个国家曾在耕种者中产生过道德败坏现象。由此看来，杰斐逊的理想社会是一个采用民主制度的、道德纯洁的农业社会；所追求的理想是在美洲建立和平、安宁的世外桃源般的生活。但是，美国成立初期面临的一系列国内、国际复杂形势，迫使杰斐逊由理想主义向现实主义转变，尤其是拿破仑战争与 1812 年对英战争造成的严峻形势，使杰斐逊农业立国的梦想破灭，他认识到追求独立的经济发展与建立大工业的必要性，从而逐渐改变了自己的政治立场。杰斐逊强调自由、民主和道德，杰斐逊的教育思想更多反映了他关于自由、民主和道德的价值观。我们也可以从他的政治理论、人性学说中领略到这种教育上的追求。

(二)杰斐逊的政治社会理论——共和政体理论

杰斐逊的政治社会理论，就是建立酷似古希腊城邦的"小型共和国"，"意指一种由全体公民按照多数确立的规则、直接而亲自进行治理的政体"。他说："每一个分区本身都是一个小型共和体，而且其中的每个人在共同治理中都成了起作用的一员，亲自行使或履行它的很大一部分法权和职责；这些法权和职责实际上被置于从属位置，同时也很重要，而且完全属于他能力所及的范围。人的智慧无法为一个自由、持久和管理良好的共和国设计一种比这更稳固的基础。"①所以，杰斐逊把县划分为分区的规模(县对他来说实在是太大了)，分区使每个公民在被召唤时都能参加并亲自行动。他们治理的范围包括"照应他们中的穷人，管理他们的道路、治安和选举活动，陪审员提名，轻微案件的裁判，民兵的基本训练，(以及)所有那些如果由他们照应会比更大范围的县或州共和国管理得要好的事务"②。如果每个公民都成为治理过程中

---

① [美]肯尼思·W. 汤普森：《宪法的政治理论》，张志铭译，130 页，北京，生活·读书·新知三联书店，1997。

② [美]肯尼思·W. 汤普森：《宪法的政治理论》，张志铭译，131 页，北京，生活·读书·新知三联书店，1997。

起作用的一员，担任适合他的职位，那么国家的独立、国家的共和宪法将会得到爱护。杰斐逊构想的这种"小型共和国"的政体限于非常狭窄的空间范围和非常有限的人口数量，因此，对美国这样规模的国家，他又设想了一种代议民主制，它是分区共和政体的一个自然延伸。他说："我应该认为它是通向一种完完全全的共和政体的最便捷的途径，它在国土辽阔、人口众多的情况下是切实可行的。"①这种以代议民主制的形式，使地方的分区民主制适合于一个大国的设想是一种完全原创的思想。

　　总之，杰斐逊主张在理想的共和政体中实行直接的民主；在一个国家组织里，人人都应享有平等的权利。杰斐逊的分区政治社会理论成为他构建学校教育制度的基础，人们直接参与共和政体的管理思想成为他的教育普及化思想的源泉。

　　(三)杰斐逊的"人性"学说——道德意识论

　　杰斐逊声称，人是一种注定要在社会中生活的动物。他还进一步把这种社会本性归因于一种与生俱来的"道德意识"。它由三种独特而相关的品质构成。①人的道德选择能力，或者对善与恶的认识以及在选择善的过程中基于这种认识的行动自由；②一种对他人的与生俱来的认同，一种对他人的忧虑和痛苦的同情，以及一种在他人解除痛苦和获得幸福时的愉快；③由上述两种品质结合而来的一种天生的正义感。② 没有正义感，社会交往就无法维持。拥有正义感是人的一种普遍特征，而道德感、道德意识在个人中间的分布是非均衡的，道德感在一些人身上是缺乏的或不完善的。因此，杰斐逊认为，若道德意识存在缺陷可以通过指导和培育加以完善，如同视觉和听觉可以经训练变得精确而敏锐一样。他对人通过道德教育而获得发展的能力抱有信心，

---

① [美]肯尼思·W. 汤普森：《宪法的政治理论》，张志铭译，132 页，北京，生活·读书·新知三联书店，1997。

② [美]肯尼思·W. 汤普森：《宪法的政治理论》，张志铭译，121~122 页，北京，生活·读书·新知三联书店，1997。

像知道善并选择善、同情他人遭受的苦难、关心整个社会的幸福等道德意识可以通过训练来强化一样，这就要诉诸教育。培养公民的道德情感是立法者的事，道德意识既要求在政治生活中加以培养，又要求在其中加以实践。

二、杰斐逊的公共教育体系及其重要理论特征

1779 年，杰斐逊在弗吉尼亚州提出了《关于更普遍地传播知识的法案》。他强调国家有权利也有义务为"大多数人"，包括无力受教育的贫穷人家子女提供正当的教育；要求建立广泛的公立学校制度来教育人民，实现教育的一律平等。这种公共教育旨在"改进每个公民的道德和学识，使每个人都懂得他对邻居和国家应尽的责任；了解自己享有的权力，维护秩序和正义……学会按自己的意愿选举自己信任的人进代表机构；学会聪明又正直地观察自己身处其中的所有社会关系"①。总之，使每个人成为国家的合格公民。

(一)杰斐逊公共教育体系的设想

杰斐逊在 1779 年提出了《关于更普遍地传播知识的法案》，精心设计了现代化的教育体系。他提议把每一个县划分为有足够面积和人口的"分区"(5~6平方英里②和 100 个公民)，每个区建立一所小学。凡居住在分区中的儿童都就近入学，小学督学由县法院和本地居民推选，他们必须是民俗居民。小学学习期限为 3 年，用公费向所有的儿童传授阅读、写作和算术等必须掌握的知识，同时还进行历史(古代的和近代的)教学。

在县级设立普通中学的公共教育形式，这是由县办的或几个县联合办的。全州设 20 个中学区及相应的 20 所普通中学，传授拉丁语、希腊语、英语、地理学和高等数学等知识。每一年都为小学毕业的儿童举办"公正的考试"，以便决定在"才华和品行最优秀、最有前途的孩子"中间，哪一些将享受公费

① 张民选：《杰斐逊公立教育思想述评》，载《上海师范大学学报》，1992(4)。
② 1 平方英里≈2.59 平方千米。

进入古典式的普通中学学习。此后，每年从每一个县普通中学的班级中选出一名最优秀的学生，继续接受另外 4 年的公费教育。于是，杰斐逊的教育体系中培养出了一个优质群体，他们当中有 50% 的更出类拔萃的人才进入大学学习，并继续由公费资助。

在大学 3 年里，学生会学习"所有有用的学科知识"(从物理学到哲学、伦理学和经济学)。大学由州创办，建在州的中心地区。有关大学的一切法规由州议会和立法部门颁布。州立大学的最高管理机构是"大学视察委员会"，由州议会推选任命的民俗人士组成，负责选聘校长、教师，决定学校发展方向，监督大学日常事务，选拔考评新生。此委员会还负责州公共教育的发展规划和大政方针的制定，它必须对州议会和本州公民负责并接受监督。

(二)杰斐逊公共教育体系的现代化特征

杰斐逊构建的小学、普通中学、大学三级一体化的线性结构的公共教育体系，反映出多方面的现代化特征。

1. 国家性、法制性和世俗性

杰斐逊的教育思想中强调"教育是国家的事务"，要通过立法来办教育。他多次呼吁修改宪法以支持公共教育，呼吁各州颁布"改进民众教育的法律"。杰斐逊作为一名律师，起草了《关于更普遍地传播知识的法案》《关于改革威廉玛丽学院宪章和法案》《建立公立小学制度的法案》《关于建立弗吉尼亚大学的法案》《弗吉尼亚大学章程》《弗吉尼亚大学的目标与课程规程》《弗吉尼亚宗教自由法案》《公共图书馆法案》等与教育有关的法案和其他法规文件。而《关于更普遍地传播知识的法案》不仅为美国各州和欧洲各国提供了周密而完善、合理而可行的公共教育制度的法制蓝图和理论指导，而且作为"美国公共教育的第一部宪章"载入史册。

杰斐逊还认为，公共教育必须是世俗教育，必须与宗教相脱离。杰斐逊亲自起草了《弗吉尼亚宗教自由法案》，确立了政教分离的原则。他宣称，教育与宗教的决裂是政教分离的必然结果；公共教育与宗教决裂的重大意义，在于它为美国的政体排除了像欧洲封建君主专制国家一样利用宗教进行统治的企图，铲除了独立战争前英国国王、贵族和教会三位一体的对13个殖民地的政治思想统治。杰斐逊坚持主张宗教信仰纯粹是个人事务，国家无须去支持任何一种宗教；强迫人们去接受某种宗教就是剥夺人的信仰自由的权利。因此他提出，公共教育必须适合所有人，学校不应开设宗教课程。另外，教会和神职人员不得参与对各级学校的管理，公款不得用以支持教会学校，不得用以资助牧师的说教活动。杰斐逊这些思想的影响延续至今，具有重要的历史意义。

2. 免费性

杰斐逊的现代化公共教育体系中，所有教育都是免费的，由国家提供教育经费。从他的教育均等思想出发，为了解决实际上大多数家庭因贫穷而无力供养子女接受教育的问题，他提出应该用公款为所有儿童提供"三年的免费教育"。再从贫苦儿童中发现和选择天资聪颖、操行优良、有培养前途的学生，继续由社会供养，让他们免费上中学和大学。

杰斐逊提出了他的公共教育经费筹措的思想。为了保证公共教育有稳定可靠的经济来源，他先后提出了三种途径。第一是必须建立教育税收。他针对当时富人、贵族对公共教育漠不关心，不愿为公众出资办学的状况，提出了这一要求。第二是从社会公共财产中拨出一定比例的经费作为教育费用，建议各县、各社区都通过立法制定若干条款，将本地区的一部分公有财产、土地和收入用于支持教育。第三是设立专项基金，支持公共教育事业。这一主张的成果之一是弗吉尼亚州在19世纪初创立了"文教基金"，每年筹款4500美元。弗吉尼亚大学就是以这个基金为主要经济来源而筹建起来的。

3. 均等性

杰斐逊主张教育全体公民，人人都应该有机会受到教育，不论贫富、性别、种族、阶级，都应接受教育。《关于更普遍地传播知识的法案》中特别强调，应该让所有儿童，不论男女，都接受三年免费教育。他指出，为了使女子成为自食其力的公民，能在艰苦条件下履行母亲的职责，她们都应该受到扎实的基础教育。为此，杰斐逊还为女子设计了包括读、写、算，历史、地理等基础教育课程和家政、体操、舞蹈、绘画、音乐等科目在内的教育方案。他认为应该教育儿童和青少年，提供职业训练，使他们能独立生活甚至在西部创建他们自己的家园。

4. 优异性

杰斐逊从时代的需要出发，以他的"人为贵族"和"天然贵族"理论为前提，提出了美国教育现代化的另一个重要目标，即为国家和社会培养统治人才。于是，他的教育现代化思想中又体现了另一个特征——优异性。

杰斐逊并不否认人当中有贵族存在，但应区分天然贵族和人为贵族。天然贵族以德行和才能为依据；人为贵族以财产和门第为依据。在他看来，天然贵族是"大自然最珍贵的礼物"，对于教育和统治社会极有用处。他甚至说："哪种政体能用最有效的方法将这些天然贵族吸收进政府机关，这种政体就是最好的。"① 相反，以财产和门第为依据的"人为贵族"是有害的，甚至是危险的。既然"天然贵族"以德行和才能为依据，那么"天然贵族"的造就就离不开教育。他说：

> 凡天赋高、品德好的人，应使他们受到与之相称的充分教育，从而使他们能够维护本国国民享有的神圣权利和自由，而且还应委托他们承担这种职责，而不考虑财产、出身或其他非本质的情况和境遇，只有这样才会有利于促进公众的幸福；然而，大多数人的贫困使他无法靠自己的力量使自己子女中那些资质好、有希望成为社会有用人才的子女受

---

① [美]梅里亚姆：《美国政治学说史》，朱曾汶译，82 页，北京，商务印书馆，1988。

到上述教育。应当设法发现这样的人才，由全社会共同供他们受教育，这比使全社会的幸福被平庸或邪恶的人左右要好。①

实质上，从他的"贵族"划分学说中，我们可以看到杰斐逊一方面竭力废除弗吉尼亚土地世袭贵族的最后特权；另一方面又致力于使农业共和国里的另一种贵族——以德行和才能为依据的天然贵族得到承认，使其成为一个负责治理和立法的统治阶级。要想实现国家政权的稳固、社会的长治久安、公众的自由幸福，不仅需要具有良好素质的公民，而且需要一代代德才兼备、廉洁自律的政治领袖、统治人才。他以"贵族理论"为依据，认为应把散布于各个阶层的德才兼备的"天然贵族"挖掘出来。"天然贵族"虽然具备了特有天赋，但必须通过充分的教育和训练才能成为政治领袖、统治人才。他通过公共教育这一筛选机制，把公共教育的均等性和优异性巧妙地结合了起来。

5. 杰斐逊的奖学金制度思想

杰斐逊从他的"贵族"划分学说出发，认为政府有责任不论贫富、不计出身地使所有的"天然贵族"都受到适合他们禀赋的教育；在他们的家庭没有能力承担教育费用的时候，应该向他们提供经济资助，让他们在完成了所有人都享有的三年免费教育以后，能够继续依靠公共资金的资助，完成中等教育和大学教育。为此，他规划了美国弗吉尼亚州的公立教育系统和大学生资助方案，目的是让拥有合适的天赋、足以成为有用之才的人得以完成国家安排的更高阶段的教育。

综上所述，杰斐逊的公共教育体系设想，以及贯穿其中的一系列创新思想，具有深刻的内源性和原创性的特征，不仅超越了同时代的美国思想家，而且比法国启蒙思想家更有前瞻性。《杰斐逊评传》的作者吉尔贝·希纳尔

① Lawrence A.Cremin, *American Education, The Colonial Experience, 1607—1783*, New York, Harper and Row, 1970, p.440.

(Gilbert Chinard)甚至认为,法国大革命的计划尤其是孔多塞(Marie Jean Antoine Condorcet, 1743—1794)的公共教育计划都深受杰斐逊思想的影响。但是,法国的拿破仑从他的"革命"需要出发,在教育上重视优异而忽视了均等;德国的柏林大学虽然对现代高等教育体系的形成产生了不可估量的影响,但似乎缺少了像杰斐逊那种协调与平衡均等和优异的关怀。

第三节 华盛顿的联邦主义教育思想

一、联邦主义政治哲学和国家教育问题的争论

美国独立战争结束后,在政治体制问题上展开了邦联制和联邦制之争,即地方分权与中央集权之争。以杰斐逊为代表的政治家主张邦联制,要求各州享有相当充分的自主权和独立地位,把美国理解为一个由各州联合而成的颇为松散的邦联国家。而以华盛顿、汉密尔顿为代表的政治家提出联邦制,要求限制各州的权力,加强联邦政府的权力,使美国成为一个比较紧密的、中央集权的联邦国家。汉密尔顿从联邦与政治利益角度论证了联邦政府必须拥有充分的权力,如此才能彻底执行其职能,完成人民委托给它的任务。联邦政府应当完成的各种职能中,首先是保卫国家,为此必须拥有大量的资金。因此,征收税款是联邦政府的一项必不可少的权力,联邦政府可直接与人民打交道。联邦政府要达到的目标是无限的,它为实现这一目标需要的权力也是无限的。总之,在汉密尔顿看来,联邦政府要想成为一个强有力的中央集权政府,就需要充分运用自己的政治权力,特别是自己的财政大权,积极支持全国工商业的发展,使工商业主因获得实际利益而积极支持联邦政府的各项措施,达到政治权力与经济权力密切结合的目的,使联邦政府建立在财力雄厚的经济基础之上。

18 世纪美国联邦主义者的上述基本主张无疑给当时的教育观带来了巨大的冲击。加强联邦政府的教育管理，建立统一的国家教育制度等观点与之相呼应。

联邦主义的代表性著作是《联邦党人文集》(*The Federalist*，又译《联邦主义者》)。尽管我们在书中没有看到其代表人物汉密尔顿等人对教育问题的阐述，但这种联邦主义的政治哲学间接地反映在了当时许多重要人物对教育问题的思考上。1787 年的《美国博物馆》(*American Museum*)刊载了本杰明·拉什(Benjamin Rush，1745—1813)的文章《致美国人民》，文章中提出了设置联邦大学的建议。次年，他又撰写了《联邦大学规划》。他强调政治革命必须以革命的文化和教育为手段，要求建立国立大学和实施免费教育。他提倡培育美国的公民意识和道德品质，尤其是国家意识。之后，麦迪逊(James Madison，1751—1836)也向制宪会议提议，国会有权设置国立大学，但提案未获通过。而华盛顿的"国立大学"计划体现了联邦主义政治哲学的运用。

与政治体制争论相类似的教育问题争论要数美国哲学会在 1795 年因举办征文竞赛而激起的教育问题论战最为典型。这次征文的题目是"如何建立切合合众国政府主旨的教育体制和教学体制"。两位年轻的学者塞缪尔·斯密(Samuel Smith，1772—1845)和塞缪尔·诺克斯(Samuel Knox，1766—1817)分别获得了征文竞赛的第一名和第二名。斯密在 1798 年撰写了《教育评论》(*Remarks on Education*)；诺克斯在 1799 年撰写了《自由教育的理想体制》(*An Essay on the Best System of Liberal Education*)。

斯密是革命期间最年轻的教育改革宣传家，他 15 岁就毕业于宾夕法尼亚州立大学，曾担任多年的《国家情报》(*National Intelligence*)的编辑。他根据自己提出的教育目标——美德、智慧和幸福，确定了国家教育的原则："监督，甚至强迫儿童受教育是一个国家的职责。"从最高利益上考虑，教育要独立并超越于父母的权力。他指出公共教育的原则如下：①受教育期限为 5～18 岁；

②每一个男孩毫无例外地受教育；③区的教师严于职守，不把孩子送给教师教导之父母应受法律惩罚；④不愿让自己的孩子在规定的教育制度内受教育之父应按公共教育制度规定的要求教育孩子；⑤教育经费应按公共的财产比例分配；⑥教育制度分初等学校、中学和大学三个部分。① 斯密还提议建立一个"全国文理科十四人委员会"，监督自上而下的国家教育制度，职责包括选择所有学校的教材。

诺克斯毕业于格拉斯哥大学，是长老会的牧师。他强调革命时期的三个主要目标：公共福利、公民自由和平等。他主张全国公立学校中心制，即公共教育制度为"全面的、普及的、一致的国家教育体制"。诺克斯制订了在那个时代比较完备的教育计划：建立最高的"国家教育委员会"，在全国形成一个阶梯形的、完整的公共教育国家教育制度，包括四年制的初等学校(8~12 岁)和县中等文实学校(12~15 岁，这是严格的学院预备寄宿学校，专修拉丁语、希腊语)；每一个州建立一所学院，进行传统文科教育，学生毕业后可获得学士学位。他特别指出，穷人孩子受教育，可以先入初等学校，念完后经挑选进入文实学校和州学院，享受公共教育费用的资助。诺克斯提出的"一体化教育计划"不仅可以培养和谐的情感、协调的行为和举止，而且可以培养公民的爱国主义情感。②

美国首任总统华盛顿提出的联邦政府的"国立大学"计划，与上述两人一样，也是 18 世纪联邦主义教育思想在教育领域的具体展现。不过，华盛顿比他们提出得更早一些。

二、华盛顿的联邦主义教育思想的主要内容

华盛顿是北美殖民地独立战争的军事统帅，也是美利坚合众国第一任总

---

① R.Freeman Butts, *Public Education in the United States: from Revolution to Reform*, New York, Holt, Rinehart and Winston, 1978, p.38.

② R.Freeman Butts, *Public Education in the United States: from Revolution to Reform*, New York, Holt, Rinehart and Winston, 1978, p.40.

统，是美国历史上一位伟大的政治家。由于他主张建立一个强有力的共和制的中央政府，因此，他的教育思想带有很强的联邦主义特征。最重要的是，他主张建立国立大学。知识的传播、教育的发展价值以及对教育在美国文化同一性形成中的作用的认识是其教育思想中的主要内容。

（一）"国立大学"计划与知识的传播

华盛顿"国立大学"计划的最早提议，是 1790 年 1 月 8 日他在向国会两院发表的演说中提出的。他念念不忘的是创建一所在联邦政府资助下的国立大学，其目的在于通过高深的科学和文学的教育，塑造理性的公民和国家的未来领导人，大力促进科学和文学的发展。他认为知识是公众幸福的最可靠的基础。

华盛顿强调广泛普及知识的价值。他说，"在我们这样的国家中，社会舆论可以直接对政府的措施作出反应"①，因此，掌握一定水平的知识是必不可少的。华盛顿把知识提高到可以维护自由宪法的认识水平，认为知识"可以使那些受托担任政府职务的人懂得，政府的每一重要目的都会得到民众通情达理的信任；它可以使民众理解并珍视他们的权利；使他们能预见到并预防这些权力可能遭受侵犯；使他们懂得什么是压迫，什么是必须行使的合法权威；使他们懂得，什么是由于不顾他们的困难而加给他们的负担，什么是不可避免的社会需要带来的负担；使他们分清：什么是自由精神，什么是无法无天；使他们懂得珍视前者，避免后者，联合起来，尊重法律的不可违犯性；并保持警惕，防止人们犯法"②。实际上，华盛顿规定了在民主社会与共和制国家中，公民是有政治理性的人。所以，他提出："通过资助现有的学院、筹建新的国立大学，或者其它有效办法，是否能很好地促使这一理想目标的实现，

---

① ［美］乔治·华盛顿：《华盛顿选集》，聂崇信、吕德本、熊希龄译，261 页，北京，商务印书馆，1989。

② ［美］乔治·华盛顿：《华盛顿选集》，聂崇信、吕德本、熊希龄译，261 页，北京，商务印书馆，1989。

须由立法机关作为一项议题予以慎重考虑。"①

　　1795 年 1 月 28 日，华盛顿在《致联邦政府所在地行政长官》的信中再次谈及在华盛顿建立一所大学的事。他说："在联邦政府所在地创建一所大学的计划已成为人们经常谈论的话题。"②他提出了许多问题，如"究竟以何种方式创办这所重要学府，应有多大规模，用什么方法使计划实现，经费如何解决，目前取得哪些进展"③等。

　　华盛顿在把青年送往国外接受教育的问题上，曾进行过认真思考，结果使他"深感遗憾"。因为他认为，虽然在出国的青年中有许多人并未接受不利于联邦政府的影响，"但这些热情敏感的青年人，有可能在他们还未了解我国的政治制度以前，便过早地热烈地崇信外国的政治制度，这种可能，我们不应低估"④。由此我们可以看到华盛顿创办国立大学的目的，在于通过大学教育让青年认识和熟悉联邦共和政治制度，而不是欧洲的君主立宪制度。

　　华盛顿在《致联邦政府所在地行政长官》里，进一步指出了大学知识学习的内容，包括艺术、科学、文学等多方面的知识。他说："我极希望看到制定一项计划，使艺术、科学、文学等课程的讲授达到最高水平，具有欧洲教学的一切优点，并且拥有使能获得人文科学知识的一切设施，而这些知识，对使我们的公民在社会或私人生活中能胜任地应付紧急事变，是很必要的。"⑤华盛顿在 1796 年 9 月 17 日的《致合众国人民》的告别演说中又提出在大学中

---

　　① ［美］乔治·华盛顿：《华盛顿选集》，聂崇信、吕德本、熊希龄译，261 页，北京，商务印书馆，1989。

　　② ［美］乔治·华盛顿：《华盛顿选集》，聂崇信、吕德本、熊希龄译，301 页，北京，商务印书馆，1989。

　　③ ［美］乔治·华盛顿：《华盛顿选集》，聂崇信、吕德本、熊希龄译，301~302 页，北京，商务印书馆，1989。

　　④ ［美］乔治·华盛顿：《华盛顿选集》，聂崇信、吕德本、熊希龄译，302 页，北京，商务印书馆，1989。

　　⑤ ［美］乔治·华盛顿：《华盛顿选集》，聂崇信、吕德本、熊希龄译，302 页，北京，商务印书馆，1989。

必须培养良好道德，因为"品行或道德是民主政府的必要的源泉"，这是一条"对各种自由政府起支配作用"①的规则。华盛顿不否认，也不可能否认宗教的道德力量。"因理智与经验都告诉我们不能期望在排除宗教原则的情况下全民道德能普遍提高。"②可以说，华盛顿在提倡普及知识的时候，已经规定了公民的道德和宗教品性，而这种品性又是为民主政府服务的。华盛顿重点关注的是高等教育，而没有将初等和中等教育的概念纳入自己的论述之中。

（二）教育的发展价值

华盛顿在 1796 年 9 月 1 日的《致亚历山大·汉密尔顿》的私函中，再次表达了他对大学的"眷恋之绪"，并且用非常明确的语言阐明了教育对国家发展具有的意义，同时他对自己的"计划"被耽搁表示遗憾。他说："我一直感到遗憾的是另一项我认为与国家利益密切相关的主题，却没有被提到。我指的是教育。教育是启发和确保我国公民具有正确思想的一种最有效的措施。"在这里，华盛顿把教育与国家利益和公民的政治品质联系在了一起。华盛顿反复论证了大学的培养目标，反映出他对政治人才的渴望。他认为："建立大学更具有特殊意义。"因为在大学里，"那些有志于从事政治的人不仅可接受理论和原则的教育，而且他们自己也能为实际工作奠下扎实的基础"。③ 华盛顿甚至把大学校址定在了首都，赋予其政治的意蕴：1790 年的演说中没有提到这个问题，而到了 1795 年，华盛顿指出大学校址应在联邦政府所在地，因为它具有胜过别的地方的优点，"联邦政府所在地属于中央，其他方面的优点亦胜过

---

① ［美］乔治·华盛顿：《华盛顿选集》，聂崇信、吕德本、熊希龄译，321 页，北京，商务印书馆，1989。
② ［美］乔治·华盛顿：《华盛顿选集》，聂崇信、吕德本、熊希龄译，321 页，北京，商务印书馆，1989。
③ ［美］乔治·华盛顿：《华盛顿选集》，聂崇信、吕德本、熊希龄译，310 页，北京，商务印书馆，1989。

别的地方，理应是建立这所大学的合适地址"①。他在1796年给汉密尔顿的私函中直接指明了大学所在地的政治优势。他说："因为这所学院位于全国政府的所在地，立法机关每半年在那里开会一次，理所当然地要对国家的利益和政治进行讨论。"②华盛顿创办大学的政治目标是很明确的。

(三)教育与文化的同一性

华盛顿还提出大学具有可以消除各地的偏见的功能。实质上，他走上了与富兰克林、韦伯斯特等人一样的思想道路，即通过教育培养美国人的民族主义意识。他说："在大学里来自美国各地的青年琢磨有关艺术、科学和文学方面的学问。"他们"聚集于此，会逐渐发现联邦的某一部分并无理由对另一部分存在忌妒和偏见"。③ 在华盛顿看来，这是他考虑的重要方面。他在《致联邦政府所在地行政长官》的信中说："来自这个正在发展中的共和国各地的青年，会聚在一起，彼此交往，互通情况，这将有助于消除因各地情况有异所引起的种种偏见。"④实际上，华盛顿洞见到了美国早已存在的移民的异质性，因此有必要通过教育，培养出忠诚于美国的同质的公民。我们也可以把他的大学看作"联邦大学"。华盛顿所指的大学是否指现代意义上的大学，尚待深入研究；但他对大学中的青年是寄予厚望的，"在我国进入更先进的阶段时，这些年青人十有八九会居于前列，为国家出谋划策"⑤。

华盛顿于1790年提出建立"国立大学"，客观上是适应美国的需要的，因

① [美]乔治·华盛顿：《华盛顿选集》，聂崇信、吕德本、熊希龄译，302页，北京，商务印书馆，1989。

② [美]乔治·华盛顿：《华盛顿选集》，聂崇信、吕德本、熊希龄译，310页，北京，商务印书馆，1989。

③ [美]乔治·华盛顿：《华盛顿选集》，聂崇信、吕德本、熊希龄译，310页，北京，商务印书馆，1989。

④ [美]乔治·华盛顿：《华盛顿选集》，聂崇信、吕德本、熊希龄译，302页，北京，商务印书馆，1989。

⑤ [美]乔治·华盛顿：《华盛顿选集》，聂崇信、吕德本、熊希龄译，311页，北京，商务印书馆，1989。

为这时的美国已不是 1776 年的美国，而是一个联邦共和制国家。一方面，培养有优良政治品质的公民、培养国家未来的政治人才的需要，促使他孜孜追求"大学"的建立；另一方面，这也体现了当时的联邦共和政府控制"大学"的国家权力意志，华盛顿希望能在他有生之年实现这一愿望。

华盛顿建立"国立大学"的愿望并没有实现；不过，他在 1799 年 12 月 12 日的《致亚历山大·汉密尔顿》的人生最后一封信中谈到的要建立一所"国立军事学院"的愿望则在后来有了着落。建立这所学院的计划被国会采纳，1802 年，纽约州西点成立了美国第一所正式的工程教育学院——美国军事学院（The United States Military Academy），其常被称为西点军校（West Point）。

第四节　韦伯斯特的民族主义教育思想

教育是民族联合纽带的观念，在美国成立时期众多思想家的意识中占有重要地位。例如，诺克斯认为民族教育是把来自欧洲的不同背景、根源的人联合成为美国人的唯一途径；拉什敦促民族教育不仅要获得社会同质性，而且要产生与国家路线一致的政治同质性，像法国人已经在努力争取的一样。毫无疑问，富兰克林、杰斐逊、华盛顿等美国的开国元勋们也一致持有这种看法。

韦伯斯特不仅持有相同的观点，而且还是这一理念的特殊实践者。韦伯斯特 1758 年出生于康涅狄格州的西哈特福，当过教师和律师，在独立战争时期曾服过役。尤其值得注意的是，他在康涅狄格州和纽约州建过学校。不过，他之所以让后人敬仰，是因为他被人称为"美国文法和辞典之父"。体现民族主义的最重要的要素——语言文字，成为韦伯斯特最关注的对象。

一、文化民族主义思想

《独立宣言》中确立了美国政治的"独立"原则，但在文化方面，美国也应从英国宗主国的羽翼下独立起来。这是美国成立后摆在缔造者面前的一项紧迫而繁重的任务。在众多伟人中，努力完成这一任务并做出卓著功勋的要数韦伯斯特。韦伯斯特的成功之处在于，他是通过编纂美语词典来传达其民族主义思想的，并由此唤醒了美国人对教育民族化的需求。他说，美语词典是为"在美国的英国学校的教学而设计的"，"我们国家的荣誉，需要有我们自己的一套体系，政府，语言……国语是国家团结的纽带"。① 韦伯斯特还竭力反对把美国孩子送到国外去接受教育的做法，担心语言与本土社会的脱离。

实际上，韦伯斯特的文化民族主义思想是18世纪美国民族主义思潮里的一朵浪花。比如，托马斯·潘恩(Thomas Paine，1737—1809)就曾写道："当我听到人家对于合众国——我们自由和安全的伟大保障——稍有微词之时，就感到我自己受到了伤害……我们在合众国的公民身份，是我们的民族特性，而我们在某一州的公民身份，只是我们的地方特色。"②华盛顿在1783年也宣称："我们不是因为别的特性，而是作为美利坚合众国而闻名于世界各国的。"③又如，当时康涅狄格州产生了一批出色的年轻人，他们用文学和艺术讴歌的对象是美国这个民族国家，而不仅仅颂扬自己所在的州。约翰·特朗布尔(John Trumbull，1756—1843)以一系列历史油画描绘了美国革命的重大事件；乔尔·巴洛(Joel Barlow，1754—1812)尝试写了一部美国史诗《哥伦布的

① [美]约翰·S.布鲁柏克：《教育问题史》，吴元训主译，60页，合肥，安徽教育出版社，1991。

② [美]J.布卢姆、[美]S.摩根、[美]L.罗斯等：《美国的历程》上册，杨国际、张儒林译，204页，北京，商务印书馆，1988。

③ [美]J.布卢姆、[美]S.摩根、[美]L.罗斯等：《美国的历程》上册，杨国际、张儒林译，204~205页，北京，商务印书馆，1988。

梦想》；杰第迪亚·莫尔斯出版了一部《美国通用地理学》；而韦伯斯特则独树一帜地关注了美国的语言问题，他的重要贡献在于编写了用来教美国人的英语课本，特别是编写了确立美国统一语言规范的美语词典——《美国英文大辞典》(*American Dictionary of English*)。

韦伯斯特之所以倾注了巨大精力，独闯美国语言文化独立的难关，是基于他的政治信念的。他认为美国在文化上独立是美国在政治上独立的可靠保证。在他的思想中，语言是国家文化不可分割的一部分，一种为人民所共同认可的国家的语言是国家统一和人民团结凝聚成为整体的纽带。在《初等学校拼音课本》(*Webster's School Spelling Book*)出版 6 年之际，他为此书撰写前言时说，美国是一个独立国家，我们的光荣迫使我们在语言方面和政治方面都具有完整的体制。他认为，英国语言不能作为美国语言的模范，美国要制定具有特点的语言，摆脱英国的缰绳的束缚。而且，美国人都应操相同的语言，但也要祛除美国各地方不雅的社会惯用语和鄙俗语言。韦伯斯特在寻求语言文化普及和统一的途径时，认为只有通过学校教育和采用标准课本进行教学，才能实现语言文化独立的目标。

韦伯斯特的民族独立论的杰出贡献在于他开拓了美国语言文化独立的发展道路。他"以全部热情追求美国语言的纯洁性和统一性"①。他于 1783 年写成了《初等学校拼音课本》。此书是针对当时美国学校普遍使用英国《通用拼音读本》(*Universal Spelling Book*)和《英国语文学习指南》(*The New Guide to the English Tongue*)的现象而写的。因为这两本书都使用了伦敦标准读音和英国常用语言，与美国人惯用的发音和用法不同。韦伯斯特的这本书销量极大，成为美国人家喻户晓的读本，截至 1837 年共售出约 2400 万册，差不多可以与富兰克林的《贫穷的理查德年鉴》相媲美，和潘恩的《常识》(*Common Sense*)相

---

① ［美］丹尼尔·布尔斯廷：《美国人　开拓历程》，中国对外翻译出版公司译，320 页，北京，生活·读书·新知三联书店，1993。

匹比。《初等学校拼音课本》分为三部分。第一部分是拼音教材；第二、第三部分合称"英语文法结构"，包括文法与读本两部分。韦伯斯特的卓越功绩还在于他以25年的艰难岁月撰写了《美国英文大辞典》。正如他自己预言的那样，"北美大陆将定居着一亿讲着同一种语言的人口"。美国开辟了"一个新时代，使整个世界四分之一土地上的人将能象（像）一家人一样，用同一种语言互相沟通和交谈"①。韦伯斯特为美国语言文化的独立树立了一座不朽的丰碑。重要的是，他认识到美国语言的统一主要依靠学校教育和普及识字。韦伯斯特强调指出，只有创办学校和统一教材，才能消灭口语方面的差别，从而保持美国语言的纯洁性。

二、教育与民族独立性思想

韦伯斯特在1785年所著的《美国政治素描》中说，要想加强美国的政治权威，必须实行中央集权的政治体制，还需要适合于这种体制的教育，以谋求人民精神的和谐和团结。向全国各阶层的人士普遍传授知识或提供教育，可以使他们运用知识解放自身和抛弃根深蒂固的谬误或偏见，这些谬误或偏见是人民之间友好的大敌，是激起人民之间分裂的火种。韦伯斯特看到了移民杂居给美国带来的潜在威胁，因此，他认为培养适应独立政治的思想和性格是教育最迫切的任务。他说："没有比奴隶般地模仿外国人的为人态度、日常语言和种种劣行更加愚蠢、可笑的了。不顾我们的政府尚处于幼年时期，不顾我们当前尚无能力进行欧洲人那般豪华的享受，而盲然仿效欧洲人的一切，是比任何事物更能暴露美国人的可鄙的向往的。一个美国人所应向往的不是伦敦或巴黎的时尚如何，而是当前形势下对我们更加适用，更使我们显得神

---

① ［美］丹尼尔·布尔斯廷：《美国人 开拓历程》，中国对外翻译出版公司译，308页，北京，生活·读书·新知三联书店，1993。

圣而不可侵犯的东西。"①

韦伯斯特关于与欧洲传统决裂的论述更加尖锐。他说:"美国在将来必须凭它的学术成就的优势而从别的国家中显示出来,正和它目前显示的,凭借它的政府和教会可以保证人民享有自由一样。"②他指出,欧洲已经由于愚昧、贪污和专制而衰落了。欧洲国家的法律已经失效,生活已经奢侈糜烂,文学趋向衰落,人性趋向卑鄙。韦伯斯特然后说:对正处在孩提时代的美国来说,如果运用这些衰老国家的现行成训,不啻是把一些陈旧观点印在含苞待放的花朵之上,不啻是在蓬勃发展的国土上播种罪恶的种子。当然,韦伯斯特并不否认旧世界的经验,但他告诫说:"一旦不加区别地接受欧洲的关于政府的观念、社会的风俗和文学的意趣,并且以它们为我们建立社会体制的基础,那么过不了多久,我们将会洞察到一座坚实而堂皇的大厦是不能建筑在过时的、虚饰的支柱上面的。"③

韦伯斯特在教育上的主张鲜明地体现了美国的"独立"原则。韦伯斯特认为,美国文化独立发展的大前提是树立美利坚合众国的高尚而一致的民族性。"为了实现这些目标,我们必须制定一个完备的政治规划,并且把这项规定安放在一个系统广泛的教育基础之上。"④韦伯斯特在1790年发表了一篇题为"论美国的青年人教育"的论文。全篇贯穿了教育与道德、教育与国家休戚相关的主题思想。他说:"我国宪法尚未牢固确立,国民性格尚未塑造成功,这是公共教育制度要完成的宏伟目标。这种制度,不但应传播科学知识,而且应在美国青年一代的头脑中牢固树立德行和自由的思想,以公平和自由的政

---

① Lawrence A. Cremin, *American Education*, *The National Experience*, *1783—1876*, New York, Harper and Row, 1982, p.263.

② Lawrence A. Cremin, *American Education*, *The National Experience*, *1783—1876*, New York, Harper and Row, 1982, p.569.

③ Lawrence A. Cremin, *American Education*, *The National Experience*, *1783—1876*, New York, Harper and Row, 1982, p.569.

④ 转引自滕大春:《美国教育史》,144页,北京,人民教育出版社,1994。

治思想激励他们，以对自由国家神圣不可侵犯的依恋感情勉励他们。"①也就是说，不仅应当利用教育普及科学知识，而且应在美国青年的心中，树立道德和自由的原则，鼓励美国青年养成正义感和对政府的忠诚品质，使他们效忠于祖国。

为了实现美利坚国民性的优美和和谐，要建立新的教育制度。韦伯斯特认为，这种教育制度一定要抛掉欧洲人陈腐的价值观、做人的态度和传统的观念。他大声疾呼："美国人！要打断你们心头上的锁链！要像独立国家的人民那样言行！""你们已经有个新国家需要依靠你们的努力来发展和支持了！已经有了国民性需要依靠你们的智慧和品德来建设和扩大了。为了实现这些宏伟的目标，就必须制定高瞻远瞩的政策，并且把这种政策建立在一种广泛的教育体制之上。"②

他还认为建立这种教育制度应当是至高无上的立法机关的事业。他说："教育应当是立法机关的首要任务，不仅要建立公立学校制度，而且要以最杰出的教师来武装学校，因为建立和采取一种维护道德的有效制度(指教育制度——作者注)比以刑事法令纠正道德邪恶的制度要强得多。"③

令人感兴趣的是，韦伯斯特的民族独立性思想迫使他从广泛意义上理解教育。他强调，在美利坚合众国中，教育要在新生一代的心灵中播下道德和自由的种子，要燃起他们对祖国的不可分割的依附之情。他在《美国英文大辞典》中对教育的释义是这样的：教育是向人们的心中灌输关于艺术、科学、道德、宗教和行为的原则。成功地教育儿童是家长和保护人最重要的职责。那

---

① R.Freeman Butts, *Public Education in the United States: from Revolution to Reform*, New York, Holt, Rinehart and Winston, 1978, p.31.

② Lawrence A.Cremin, *American Education*, *The National Experience*, *1783—1876*, New York, Harper and Row, 1982, pp.265-266.

③ R.Freeman Butts, *Public Education in the United States: from Revolution to Reform*, New York, Holt, Rinehart and Winston, 1978, p.32.

么，如何实施这种教育呢？韦伯斯特认为："一部分要由父母注意和尽职；一部分要靠公开的报章宣扬；还有一部分要靠到美国各地旅游，使青年通过考察各州、各地的情况完成他们的文化教育，即通过留意各地的河流、土壤、人口、建设情况和商业利益，而且特别留意各地居民的精神和作风、法律和风俗以及设置的机构，从而获得深切的启发和领悟。"①显然，在韦伯斯特的理想中，每个儿童都应对国家的历史、地理和政治有所了解。为此，每个儿童都应学会正确地说英语、读英文和写英文。

美国18世纪的种种教育理念和思想理论，包括富兰克林、杰斐逊、华盛顿、韦伯斯特等人的教育思想，都是适应美国独特的立国之路而产生的，根植于"独立战争"这片沃土之上；但同时，也受到了欧洲启蒙教育理论的影响。美国独立战争对教育的重大意义在于它重新规定了政治社会的教育内容：新的共和政体制度的建立需要新的公民，新的公民需要新的公共教育体制；同时，新的教育担负着维护一个人口不断异质化的、处在襁褓中的政治社会的重大职责。韦伯斯特在《初等学校拼音课本》的"读本"部分的序言中说："我在选文时，是注意美国政治的。当独立战争开始时，人们在国会中的最著名的讲话，乃是包含关于自由和爱国主义的、高尚的、正义的和争取独立的感情的杰作，我无法不把它们放置在新生一代的胸襟之中。"②《论美国的民主》一书中也深刻地揭示了这一点，"在美国，对人们所进行的一切教育，都以政治为目的""没有疑问，美国的国民教育对维护民主制度是有大帮助的"。③

---

① Lawrence A. Cremin, *American Education, The National Experience, 1783—1876*, New York, Harper and Row, 1982, pp.265-266.

② Lawrence A. Cremin, *American Education, The National Experience, 1783—1876*, New York, Harper and Row, 1982, p.263.

③ [法]托克维尔：《论美国的民主》上卷，董果良译，353~354页，北京，商务印书馆，1997。

第八章

18 世纪日本的教育

　　17 世纪日本教育领域虽然孕育了新的因素，但是仍然受幕藩体制和封建意识的约束，还属于典型的封建教育形态，平民受教育的水平依然很低。江户时期的教育走出缓慢、沉闷的发展阶段，是从 18 世纪开始的。从当时的享保改革、洋书弛禁，到 18 世纪后期的"宽政异学之禁"，近百年间江户教育形成了第一个发展高潮。这一时期，"兰学"拓展、"国学"诞生，各学派学术成长较为自由，教育机构数量有了明显增加，教育新观念、新内容也开始传播。幕府和各藩对学校教育机构的重视程度也在不断提高。这是 17 世纪末期以来日本社会经济发展、商业繁荣带来的直接结果，也与幕藩体制下固有的社会矛盾走向表面化和尖锐化有着密切的联系。①

第一节　社会背景

一、幕藩政治体制的发展

　　从 1192 年到 1868 年，日本处于军事封建贵族（武士贵族）专政的武家统

---

　　① 杨孔炽：《江户时代日本教育研究——近代日本教育历史基础的初步探索》，博士学位论文，北京师范大学，1997。

治时期，共经历了镰仓时代(1192—1333 年)、室町时代(1336—1573 年)、安土桃山时代(1573—1603 年)和江户时代(1603—1868 年)四个武家统治时代。其中，在德川幕府统治的 265 年间，尤其是经过 17 世纪统治的积淀，到了 18 世纪，组织严密的幕藩体制被演绎得越发"淋漓尽致"，武家统治发展到了巅峰。①

在幕藩体制下，幕府是国家的最高政权机关，将军是国家的最高统治者。德川家康(1542—1616)取得政权后，建立了德川幕府。为了巩固其统治，除了将全国最富庶和最险要的地区作为将军的直辖领地外，他还将其余的土地分封给了近 300 个封建领主"大名"，大名的领地称为"藩"。为了牵制各藩，防止大名叛乱，巩固幕府统治的中央政权，幕府实行了所谓的"参觐交代"制度，要求大名将妻子和子女留在江户做人质，自己则必须定期到江户觐见将军，定期交替居住在本藩和江户。除此之外，幕府支配大名的统治制度，还有兵农分离制度和石高制度。幕府禁止领主(武士)直接占有领地(农村)和与领民(农民)有从属关系，从而使领主与领地、农民与农业分离；幕府的直臣居住在江户，各大名的家臣则居住在各藩的首府。武士的领地大小，无论是大名还是一般武士，都用"石高"(领地年贡的收获量)来表示。石高不仅是计量领地大小的单位，而且还是幕府对各大名、大名对家臣分派军役、赋役的基准单位。兵农分离制度和石高制度的实行，扼制的是领主与领民之间的主从关系，鼓励的是武士阶层内部领主与家臣之间的主从关系。同时，禁止农民前往邻国他乡，把农民束缚在固有土地之上。此外，支撑幕藩体制的还有森严的身份等级制度。幕府把全体人民划分为士(武士)、农、工(手工业者)、商四个等级，除了武士外，其余均是被统治阶级，各等级之间不可逾越。皇室、公卿、神官、僧侣等游离于身份等级制度之外，其重要性和幕藩领主的实力成反比。而且，这一时期不仅武士和农、工、商之间有严格的身

---

① 饶从满：《日本现代化进程中的道德教育》，31 页，济南，山东人民出版社，2010。

份差别，武士阶层内部也有着森严的身份等级制度，按照血统和世袭的原则加以维持。[1]

德川幕府为了巩固其统治而开创的上述统治制度，贯穿于整个江户时代。进入18世纪后，在其森严的等级制度和高压统治下，各种社会矛盾不断激化，农民起义频繁发生。幕府和各藩不得不实行多次改革，以打击新兴的社会阶层和防止农民起义，维护自己的统治体制。幕府强化幕藩体制的第一次大的改革，是在18世纪初进行的。当时的幕府将军是德川吉宗(1684—1751)，天皇年号为"享保"，故这次改革称为"享保改革"。德川吉宗力主武家节俭和尚武，注重法令的完善和财政的改进，奖励开垦新田，鼓励种植经济作物和吸收新技术、新方法，并加强对商人、手工业者和商业经营的统治与管理等。德川吉宗企图通过尚武，以恢复刚强节俭的士风为手段，重振幕府创业时代的专制武家统治。在具体方法上，他提倡鹰猎、射箭、马术、刀枪、拳法、游泳等，设立竞赛制，令亲信大名率先实行，甚至还请荷兰人克茨尔(Ketzer)教练武士。[2]

在原有幕府体制的基础上，经过18世纪初的一系列改革，到18世纪上半叶，德川幕府形成了一种所谓的二元政治结构。主要表现为以下方面。

第一，幕府集权和诸藩分权的二元政治结构。幕府将军在政治上，通过强化幕府官僚机构、颁布法令、进行人身控制、给予区别对待等手段，加强对大名的控制；在军事上，拥有朝廷授予的统帅天下兵马之权，掌握最高军事指挥权，而且还垄断了外贸并把持着外交。幕府将军正是以强大的军事实力为依托，对全国实行着"集权式"的统治。但是，分布在全国的各藩仍然保有很大的自治权力。诸藩大名在效忠将军、遵守幕府法度和完成幕府摊派的

---

① 饶从满：《日本现代化进程中的道德教育》，31~32页，济南，山东人民出版社，2010。

② 杨孔炽：《江户时代日本教育研究——近代日本教育历史基础的初步探索》，博士学位论文，北京师范大学，1997。

赋役的前提下，有相对的独立性。他们在自己的领地内，拥有独立的司法权、行政权和税收权等，并拥有自己的军队。各藩的内政不为幕府所干预。也就是说，在18世纪的江户时代，幕府集权、支配全国与大名分权、坐镇地方相互制衡，形成了中央政权和地方政权各为一元的二元政治结构。

第二，将军至强与天皇至尊的二元政治结构。幕府将军"至强"的一元，集中表现为以强大的经济、军事实力为后盾，掌握统治国家的实际权力，对天皇朝廷实施监控。天皇之所以"至尊"，一是因为儒学的君臣大义名分论、建国神话、神道信仰等传统因素还保留着影响，二是因为大权旁落数百年的天皇朝廷不但对将军无害而且有益。在幕府将军允许范围内，天皇"至尊"主要表现为：①天皇具有至高无上的神格；②天皇拥有君臣名分上的优势；③天皇是"国体观念"的人格化。①

二、社会经济形态的发展

幕藩体制不仅构成了日本封建统治的政治基础，也随之衍生出了日本封建社会的经济形态。尤其是频繁的参觐交代制度，为农村经济中的自由种植和城市商人的活动留下了充足的发展空间。这种制度不仅促进了日本全国性的交通发展和商品经济的扩张，也让广大武士阶层成了脱离生产、领取禄米的官僚消费者。如果他们不能将手中的禄米兑换成货币，并用货币购买生活必需品，或者如果不能将各地的产品通过海陆运输集中到城市进行交换，他们就无法在城市中生活下去。因此，幕藩体制下的江户社会，尤其是发展到18世纪的江户中期，虽然是一个以农业和农村经济为基础的封建社会，但也存在着与它本身相矛盾、发展到一定程度便会破坏封建制度本身的商品经济

---

① 饶从满：《日本现代化进程中的道德教育》，32~33页，济南，山东人民出版社，2010。

因素。①

18世纪的日本，农业生产高度发达，发明了锋利的备中锹，它能用来深耕水田和旱地的碎土；普遍使用了踏车、千齿脱粒器等高效能的农具；肥料也开始多样化，除粪肥外大量使用豆饼和干鱼粉等；城市近郊种植蔬菜，畿内农村开始大面积推广棉花种植，农民能够在家进行棉布生产等。另外，采矿业、纺织业、制窑业、酿造业等也得到了长足发展。18世纪初，日本的蚕丝能够自给，京都西阵地区成为生产高级工艺丝织品的中心。茶道盛行，茶具需求也随之增加，吸收了朝鲜的制造技术，一批制陶的主要产地出现，如肥前的"有田烧"、尾张的"濑河烧"极负盛名。畿内的伊丹、滩五乡是全国酿造业的中心，京都仅酱油酿造最盛时竟有250余家。② 18世纪的日本在亚洲国家中称得上是一个高产和高效率的农业生产基地。自17世纪末兴起的农民商品生产及由此产生的资本主义生产方式开始萌芽，进入18世纪后迅猛发展，至18世纪末，一些地区已经基本进入工场手工业发展阶段。③

德川幕府建立了统一的中央政权后，基本消除了地方割据状况，商业活动发展成为全国性的商业经济。尤其随着交通的发展，大阪和江户之间的联系不断密切，更是促成了商品经济在日本东西部的交流。到18世纪初，大阪因成为全国性的商业中心而繁荣起来，以大阪为中心的辐射各藩市场的全国性单一市场体系形成。全国性的商业经济也因此更加兴盛。工商业的发展推动了城市化的进程，18世纪的日本已经进入了一个以城市商业经济为中心的新阶段。江户、大阪、京都作为日本的"三都"，成为日本商业经济的重要依托。此时，日本全国有1/10的人口居住在城市，过着完全城市化的生活，日

---

① 杨孔炽：《江户时代日本教育研究——近代日本教育历史基础的初步探索》，博士学位论文，北京师范大学，1997。

② 赵建民、刘予苇：《日本通史》，123~124页，上海，复旦大学出版社，1989。

③ 吴廷璆：《日本近代化研究》，82~89页，北京，商务印书馆，1997。

本社会已经开始出现脱离农业的现代趋向。①

三、思想文化的发展

　　江户时代是学术文化思想流派异常活跃的时期，其特色主要体现在以下方面。首先，被奉为官学的朱子学说面临着极大挑战，新学说层出不穷，"百家争鸣"，新型知识分子集团形成；其次，各新学说流派相互交融、互联互通，为近代日本发展战略提供基本思路的经世学派形成。② 在 18 世纪，日本思想文化领域对教育产生重大影响的是 1720 年的"洋书弛禁"及其带来的"兰学"和"国学"的发展。

　　自 1639 年德川幕府最后一次颁布锁国令以来，幕府官吏们对外国书籍的排斥是武断专横的。无论书的内容如何，只要和西方有关或者有宗教字眼，哪怕是由外国人编著的汉文著作，一概禁止进入日本国内。即使在允许与荷兰人进行贸易往来的长崎，也不允许阅读荷兰书籍，仅允许口头翻译，称为"通词"。③ 18 世纪初，当时的幕府将军德川吉宗为了缓和武家统治的困境，巩固德川幕府的统治，推行了"享保改革"，在思想文化教育领域的重要体现是 1720 年开始的"洋书弛禁"。④ 德川吉宗之所以推行此政策改革，除了满足自己的好奇心和好学心外，直接目的在于获取西方在天文历法和农耕方面的知识，以缓解当时幕府统治的经济困难。"弛禁"不久，《泰西水法》《测量法义》等有关西方技术的汉文著作进入日本并在民间流传开来。德川吉宗还命人学习机械和炮术、修建天文台和计时器等，并派青木昆阳（1698—1769）到长崎荷兰商馆学习荷兰语，使其成为日本当时阅读荷兰语书籍的第一人。

---

　　① 饶从满：《日本现代化进程中的道德教育》，34~35 页，济南，山东人民出版社，2010。

　　② 宋成有：《新编日本近代史》，33 页，北京，北京大学出版社，2006。

　　③ 杨孔炽：《江户时代日本教育研究——近代日本教育历史基础的初步探索》，博士学位论文，北京师范大学，1997。

　　④ 所谓"洋书弛禁"，是指允许非基督教的西方书籍进入日本。

1742 年起，青木昆阳陆续写出《荷兰货币考》《荷兰文字略考》等有关荷兰的书籍。[①]

18 世纪 50 年代至 80 年代，田沼意次（1719—1788）掌握实权。他注重发展商业，鼓励种植经济作物和发展新兴产业，奖励学术，更加推崇"兰学"，除了引入大量外国书籍和技术外，还聚集众多兰学研究者共同钻研兰学。1744 年，青木昆阳的门人前野良泽（1723—1803）和杉田玄白（1733—1817）等人将荷兰语著作《解体新书》翻译成日语并公开出版，使其成为日本首部大型荷兰语译著，进一步引起了日本学者研究兰学的兴趣，兰学发展在日本呈现出兴旺的局面。兰学研究也从语言和医学方面延伸到天文学、动植物学、地理学等其他学科，研究范围也从长崎和江户拓展到各主要藩国。1786 年，前野良泽、大槻玄泽（1757—1827）在江户开设"芝兰堂"，讲授荷兰医学，使其成为当时兰学教育与研究的中心。[②]

18 世纪，日本兰学的发展使西方的知识输入闭关锁国的日本及其教育的内容之中，培养了开国的观念，对近代日本教育的产生与发展做出了历史性的贡献。[③]

如果说兰学是通过从西方引进新的知识，促进当时日本的学术和社会发展的，那么国学则注重对日本自身历史文化的研究，在客观上起到了以古讽今的作用，借此批判当时被奉为"官学"的儒学，尤其是朱子学说。在日本国学发展的过程中，一定要提到的是集国学之大成的本居宣长（1730—1801），他充分肯定了劳动所得的合理性和自然感情流露的合理性。他说："不管积蓄多少，都不是在上的所赐，又不是偷盗别人的东西，也不是违背法律而得来

① 杨孔炽：《江户时代日本教育研究——近代日本教育历史基础的初步探索》，博士学位论文，北京师范大学，1997。

② 杨孔炽：《江户时代日本教育研究——近代日本教育历史基础的初步探索》，博士学位论文，北京师范大学，1997。

③ 杨孔炽：《江户时代日本教育研究——近代日本教育历史基础的初步探索》，博士学位论文，北京师范大学，1997。

的，都是各人祖先或自己劳动所得的金钱，因此虽是一文钱也没有强取的道理。""农民商人群集结队，抗议暴动……这种事件的发生，并不是在下的不好，而是在上的不好……如果不是令人不堪忍受，是不至发生这种事的。"①本居宣长的这种思想，是其作为在文献学方面做出重大贡献的史籍研究家基于客观观察所得的结论，同时也在客观上与商人、农民的利益和他们对自由的渴望极为吻合，因此得到了传播。②

早于本居宣长的国学者荷田春满（1669—1736）把当时对和歌的研究推广到整个古典研究的范围，并建议在京都设立国学学校。在其《创学校启》（1728年）中，他详细阐述了发扬日本固有文化的意义。但本居宣长之后的平田笃胤（1776—1843）则将国学与神道紧密联系起来，提倡神道和以日本为中心的复古思想，这一思想成为19世纪尊王讨幕的思想来源之一，同时也是日本攘夷思想和对外侵略扩张思想的重要源泉。③

国学和兰学相对于朱子学、阳明学和古学等儒学各家来说，属于18世纪新开拓的学术领域。而儒学本身在18世纪也有一定的进展。例如，18世纪初，儒学者新井白石（1657—1725）不仅因参与幕政改革而闻名，而且精于史学。1712年，他在《读史余论》中，第一次对日本历史进行了较为合理的分期。他还重视对文学、政治和西洋情况的研究。1715年，他以《西洋纪闻》一书开兰学研究之先河。在此书中，他认为西学"只是精于形器"，是属于"形而下"的东西，而"形而上"的"道"在西学中是不足取的。在这里，他在日本历史上第一次以"道"与"器"来衡量西方学术，其思想是明治维新前后"东洋道

---

① ［日］近代日本思想史研究会：《近代日本思想史》第一卷，马采译，15~16页，北京，商务印书馆，1992。

② 杨孔炽：《江户时代日本教育研究——近代日本教育历史基础的初步探索》，博士学位论文，北京师范大学，1997。

③ 杨孔炽：《江户时代日本教育研究——近代日本教育历史基础的初步探索》，博士学位论文，北京师范大学，1997。

德、西洋艺(技)术""和魂洋才"等思想的历史来源。[①]

活跃在18世纪江户思想文化和教育舞台上的人物还有倡行"心学"的石田梅岩(1685—1744)、手岛堵庵(1718—1786)以及博学的三浦梅园(1723—1789)、激进的思想家安藤昌益(1707—1762)等。其中,"心学"吸收儒、佛、神诸说,用通俗的语言讲解普通人特别是市民阶层朴素的处世术和修养法,这一形式成为18世纪中、后期城市社会教育的重要形式。[②]

第二节　江户时期德川幕府的"教化"政策

一、江户前期的文教政策

德川幕府的创立者德川家康虽然是实力雄厚的"战国大名",深知武力在夺取政权方面的实用性,但同时他也认识到依靠武力只能取得政权,而不能治理天下,要治理天下,还必须奖励学问,实行文治。[③] 所以,早在德川幕府建立前的1593年,德川家康就聘请当时著名的儒学家藤原惺窝(1561—1619)到其领地讲授《贞观政要》等典籍,收录各方面的知识,吸取历史上政治统治的秘诀和经验教训。1601年,他在山域伏见建立了学校。1602年,他又将荒废多年的金泽文库的藏书移至江户域内的富士见町,创建了富士见町文库。他还热衷于收集整理古典文献,使用木板活字刊印了《贞观政要》《孔子家语》《周易》《武经七书》《大藏一览》《群书治要》等各种古书。

德川家康取得政权后,更加重视当时以朱子学说为代表的儒学,积极倡

① 杨孔炽:《江户时代日本教育研究——近代日本教育历史基础的初步探索》,博士学位论文,北京师范大学,1997。

② 杨孔炽:《江户时代日本教育研究——近代日本教育历史基础的初步探索》,博士学位论文,北京师范大学,1997。

③ 王桂:《日本教育史》,62页,长春,吉林教育出版社,1987。

导复兴儒家学说。1605 年，他聘请藤原惺窝的弟子林罗山（1583—1657）为德川幕府的顾问。林罗山对朱子学说颇有研究，他在幕府主讲《论语集注》，传播朱熹的学说。朱子学说也逐渐成为德川幕府的意识形态，在社会上广为传播。此后，林氏家族世代担任德川幕府主讲儒学的教官——大学头，对德川幕府的学政影响很大。1615 年，德川家康颁布《武家诸法度》和《禁中并公家诸法度》等法令，其中都有奖励学问、倡导学习的规定。例如，"文武弓马之道""弓马之事乃武家之要项"，极力强调武士教育中的武士技能训练；"应励文武忠孝，正礼仪""应修文武两道，明人伦，正风俗"，试图通过学问削弱公家势力，却对社会起到了道德教化的作用。①

德川家康一方面积极奖励复兴儒家学说，另一方面对天主教的传播和洋书的输入加以严格限制。1612 年，他下令禁止天主教的传教活动，并颁布"锁国令"，只留长崎一处作为对外交流的窗口。锁国体制对江户时期的文化教育来说是一把"双刃剑"。首先，闭关锁国状态下的日本是一个独立的文化圈，没有外来文化的影响，这为日本本土文化的发展提供了一个相对宽松的社会环境，日本文化也逐渐形成了自己的特色；其次，闭关锁国政策下出现的精神空缺，给朱子学说在日本的传播提供了广阔的空间，使其有机会成为"官学"。②

德川家康对儒学的热心和倡导，主要原因在于朱子学说的伦理学和经济论能够为封建身份等级制度提供理论依据，有利于维持封建社会秩序，而这正是德川家康维护幕藩体制必需的。德川家康奖励儒学的政策被他的子孙继承，历代幕府将军都遵循其遗训，积极奖励学问，尤其是五代将军德川纲吉（1646—1709）更为重视儒学的发展。德川纲吉不仅有深厚的儒学造诣，而且还亲自在幕府讲授经书，并招募林罗山的孙子林凤冈（1644—1732）为"大学

---

① 耿华英：《日本江户时代的武士教育》，硕士学位论文，贵州师范大学，2014。
② 耿华英：《日本江户时代的武士教育》，硕士学位论文，贵州师范大学，2014。

头",在幕府任官。此外,德川纲吉还非常关注林家私塾的发展,对其进行了积极改造和扩建,将其迁徙到神田汤岛,并赐名"圣堂",任命林凤冈为祭主,并且林家代代做圣堂的祭主,逐渐使圣堂成为一个半官半私的学校。儒学者越发得到幕府的信任和重用,社会地位得以提高。①

二、享保改革时期的民众教化

江户中期,幕藩体制下的农民日益贫困,参觐交代制度也使得武士阶层财力困顿。幕府转嫁经济危机的措施使"恨其主犹如恨其敌"的局面出现。②18世纪初,幕府八代将军德川吉宗主政时期进行了德川幕府的第一次重大改革——享保改革③。也正是基于此次改革,德川幕府将民众教化融入了文教改革当中,而民众教化主要是通过转变教育观念、在寺子屋等平民教育机构中普及和加强道德教育等途径实现的。

(一)转变教育观念,奠定教育普及的社会基础

由于德川幕府时期商品经济的发展,平民在日常劳动和生活中离不开文字和数的计算,读书写字在一般人中习以为常,接受学校教育逐渐被认为是人生和社会中不可缺少的重要活动。受教育的程度和能力与社会地位、生活水平的关系也逐渐被人们所认识。

享保改革后,幕府尝试打破教育上的身份制度,推动教育普及,开始宣扬"对人的尊重"和"人本身是平等的"等观念,将受教育人群逐渐拓展到平民阶层。各流派也在自己的学说中宣传教育普及的观念,并为幕府的享保改革

---

① 王桂:《日本教育史》,63~64页,长春,吉林教育出版社,1987。

② 耿华英:《日本江户时代的武士教育》,硕士学位论文,贵州师范大学,2014。

③ 德川幕府时期曾进行过三次大的改革,按顺序分别为享保改革(1716年)、宽政改革(1787年)、天保改革(1841年)。其中,享保改革是最有成效的一次,针对当时政治体制混乱、幕府经济窘迫、社会生活奢靡之风日盛等情况,采取了厉行节俭、整顿风俗、提高米价、完善法制、重视科学以及开垦荒地等一系列措施,稳定、延续了幕府的统治。

提出建议。阳明学派的主要代表人物中江藤树（1608—1648）曾说："学习可以使人成为圣人。"①室鸠巢（1658—1734）曾说："人本无贵贱之分，只依声望而生贵。其原因在于，人生于天地之间，身体相同，知觉无异。皆取之于天地，居住于天地，食之于天地。不以谁人为贵，不以谁人为贱。"②他还把"人人生而平等"的思想放在了毋庸置疑的位置上，为提倡平民教育和主张士庶教育平等提供了理论基础和舆论支撑。中井竹山（1730—1804）在《草茅危言》和《建学私议》等著作中，除了大力宣扬、赞赏幕府建立昌平坂学问所外，还建议在江户、京都、大阪等地建立更多具有一定规模的幕府直辖学校，同时在各中心城市和幕府直辖地，也要建立适应当地情况的各种规模的学校，并加强对寺子屋等平民教育机构的管控，充分发挥其功能和作用。③

（二）加强道德教育，造就幕藩统治的忠良顺民

享保改革最直接的目的就是缓和武士阶层和平民阶层的矛盾，让平民阶层顺从武士阶层的统治。所以，在文化教育领域，除了转变教育观念，倡导平民阶层接受教育外，还对平民教育机构进行了介入和干预，将其作为教育领域改革的一部分。

首先，注重教材的选择和编纂。德川吉宗曾下令翻译中国清代学者范鋐所著的《六谕衍义》，同时令日本当时著名的朱子学者室鸠巢编写与之配套的《六谕衍义大意》，并将上述两本著作无偿分发给百姓和江户地区的平民教育机构。这种做法的目的在于普及朱子学说的伦理道德和向平民阶层灌输三纲五常的封建思想，让人们安于幕府的统治。室鸠巢在给武士奥村源卫门的书信中记录了《六谕衍义大意》的创作过程："幕府命令我为此书写序和跋。当地（江户）人向我推荐了尊元流（书法流派）的浪人石川勘助。在考察过此人的书

---

① 杨孔炽：《论江户时代日本教育中的近代因素及其研究意义》，载《日本学刊》，1996(6)。

② 杨孔炽：《论日本江户时代的教育思想及其近代意义》，载《福建师范大学学报(哲学社会科学版)》，1998(3)。

③ 杨婧：《日本江户时期教育普及的特征及其启示》，载《现代教育科学》，2007(6)。

法后,我决定让石川勘助来书写《六谕衍义大意》。"①1722年,德川吉宗还命令京都的柳枝轩书店出版《六谕衍义大意》,并把它作为幕府的出版物,分发给全国平民教育机构的师匠(教师),让他们应用到日常对平民子弟的教育当中。1730年,德川吉宗还下令编著和发行《五常和解》和《五伦和解》,并发布谕告:生员习字应从御法度书(幕府的法律条文)开始,读懂《五人组帐前书》,熟知有关人伦道德和礼仪。应让其临摹、书写和背诵。② 同时,德川吉宗还令人编写了《五常名义》和《五伦名义》,将其和《六谕衍义大意》一起,规定为平民教育机构的习字本。他还提出将德川幕府历代御法度书和《五人组帐前书》作为平民教育机构的教材,将尽忠尽孝、勉学勤奋、慎言笃行作为平民教育的中心内容,不仅重视对平民的文字教育,而且还试图通过教育改变各地区社会集团的伦理道德。这也充分说明享保改革后的平民教育机构已经不再是单纯的教授文字的机构,而正在逐渐成为宣扬人伦道德、强化民众文化道德修养的场所。③

其次,重视教师的管理和培养。德川吉宗除了重视平民教育机构教材的选择和编纂外,还非常重视对师匠(教师)的管理,将编纂教材和管理教师置于同等重要的位置,试图通过顺从的师匠队伍宣扬幕府的统治,并将三纲五常、伦理道德等思想灌输到平民阶层,以达到统治人们思想的目的。德川吉宗对平民教育机构师匠的管理主要通过奖励来实现。1722年,德川吉宗在狩猎途中经过武藏国岛根村时,在视察当地医生吉田顺庵在自家教授近邻儿童御法度书的情况后,大为感动,当场奖赏吉田顺庵,并赐给他《六谕衍义大意》一书。自此之后,历代幕府将军和官吏都继承了师匠褒奖政策,使之成为德川幕府的一种传统。④

---

① 石川謙:《寺子屋》,82页,東京,至文堂,1966。
② 石川謙:《寺子屋》,83页,東京,至文堂,1966。
③ 朱玲莉:《日本江户时期的平民道德教育》,载《伦理学研究》,2010(6)。
④ 朱玲莉:《日本江户时期的平民道德教育》,载《伦理学研究》,2010(6)。

随着社会的发展，原本属于武士阶层的教育内容，如习礼、绘画、茶道、花道等礼仪类课程，也纷纷出现在平民教育机构中。除了礼仪方面外，平民教育机构的师匠还在交友处世、提倡节俭、反对奢侈等更多方面对平民子弟进行道德教育。道德教育的着力点在于让人们养成自觉实践伦理规范的行为习惯，强调使社会倡导的伦理道德规范既内化为人们的自觉意识，又外化为人们的自觉行动。虽然此时的平民教育机构还是幕府统治民众、灌输统治思想的工具，但是它在提高整个平民阶层道德素质水平等方面也有着重要作用。①

（三）推广女子教育，培养道德规范的贤妻良母

女子教育，从广义上说，是指以一定的女性观为基础，以女性为对象的教育活动；从狭义上说，是指女性的学校教育。日本女性的学校教育虽然是从近代才开始发展起来的，但是从广义角度看，日本的女子教育却经历了一个漫长的历史过程。在日本，由于受到中国传统文化中"女子无才便是德""女子读书无用"等观念的影响，在很长一段时期，女子教育被限定在特殊阶层，女子未能享有和男子同等的接受教育的权利。在江户时代以前，平民女子教育全部被限定在家庭内部，家庭教育是平民女子教育的主要形式。

进入江户时代后，随着商品经济的发展，德川幕府实施了大兴文教的政策，女子教育日渐兴起和发展。于是，人们在一定程度上提倡女子应该读书习字、发展智力。尤其是在享保改革后，在德川幕府倡导的"人人平等接受教育"观念的影响下，人们对教育需求越发强烈，与女子有关的平民教育机构纷纷涌现且教育形式呈现出多样化发展，如裁缝塾、针屋（学习针线活的场所）、寺子屋等教育设施广布民间，为平民女子教育提供了广阔的空间。这些教育形式超出了以往女子只能在家中接受教育的单一形式，使之能够通过多种渠

---

① 朱玲莉：《日本江户时期的平民道德教育》，载《伦理学研究》，2010(6)。

道提高学识修养、提高生产和生活技能。[1]

　　平民女子教育的内容除包括习字、纺织、裁缝等家政知识外，主要以"妇德"为主，重点体现"敬"和"顺"二字。这种思想在 18 世纪前期最为畅销的女子启蒙教材《女大学》中表现得淋漓尽致。[2] 该书由 19 章构成，其主要内容如下。

　　　1. 女子要在父母的教育下成长；

　　　2. 女子应心胜于容；

　　　3. 正男女之别，女子必须具有独自的德行；

　　　4. 女性真正的家是夫家，七去之法；

　　　5. 尽孝养于公婆胜似亲生父母；

　　　6. 妇人必须视夫为主君；

　　　7. 与丈夫的兄弟姐妹和睦相处；

　　　8. 勿生妒忌之心，谏夫之法；

　　　9. 说话谨慎；

　　　10. 日常生活中的行为规范；

　　　11. 勿为巫术所惑；

　　　12. 妻子须按照在家中的地位理家；

　　　13. 女子年幼，勿近男性；

　　　14. 保持衣裳清洁；

　　　15. 善待夫家亲戚；

　　　16. 对待公婆应比娘家父母更热心；

---

① 朱玲莉:《日本江户时期的平民道德教育》，载《伦理学研究》，2010(6)。
② 朱玲莉:《日本江户时期的平民道德教育》，载《伦理学研究》，2010(6)。

17. 妻子在家应做之事；

18. 使用下女之法；

19. 女性心性不好的五种毛病，严守顺从之德。

纵观其内容，我们可以看出，该书包含了从女子出嫁前的行为准则到成人妻后要遵循的道德规范，其戒律繁多且面面俱到，更体现出了当时社会男性的专制，强调了妇女应该屈从于男权，无视女性的独立人格。

《女大学》一书还提出了"七去"和"三从"等封建儒教男尊女卑的思想。"七去"列举了七条丈夫休妻的条件，即"不顺从父母去、无子去、淫去、妒去、有恶疾去、多言去、盗窃去"，全面否定了女性的自主权和独立性。"三从"是指"幼时从父、既嫁从夫、夫死从子"，大肆宣扬了封建礼教。女性一生的宗旨只有"服从"二字，完全被置于家庭和社会的最底层。贝原益轩（1630—1714）在极力宣扬女子服从论的同时，也进一步提出了"女主内"要注意的"四德"，即"妇德、妇言、妇容、妇功"，从女子的品德、辞令、仪表、家务四个方面对女子进行了限制和要求，其中最为重要的是"妇德"。① 这些实际上就是为了培养幕藩统治下的忠顺良民和贤妻良母。

三、宽政改革时期的教育政策

宽政改革是德川幕府十一代将军德川家齐（1773—1841）统治初期，在宽政年间（1789—1800），由首席老中②松平定信（1785—1829）主持进行的改革。这次改革是幕府统治由衰落期进入动摇期（即后期）的标志。

宽政改革的核心内容为提倡节俭，整顿风纪，加强文化、学术、思想的

---

① 朱玲莉：《日本江户时期的平民道德教育》，载《伦理学研究》，2010(6)。

② 老中，是德川幕府的官职名。职位大致相当于镰仓幕府的连署、室町幕府的管领，是征夷大将军直属的官员，负责全国的政务，是幕府的最高官员。定员四至五名，采取月番制轮番管理不同事务，原则上从二万五千石领地以上的谱代大名中选任。

统治。在文化教育领域，表现为以享保改革为蓝本，振兴文教，奖励朱子学说和宣扬封建伦理道德。为此，德川幕府下令重修武家家谱，以提高武士阶层的荣誉感，同时编写《孝义录》，不论公领私领，还是市井乡里，抑或是百姓町人，凡有孝行善行者，均将其事迹汇编成书，以为人之楷模。① 德川幕府企图用这种方式将人们培养成为忠顺良民，完全服从幕府的统治。

虽然宽政改革是以享保改革为蓝本的，但是二者的文教政策并非完全一致。前者一方面提倡振兴儒学，另一方面又提倡实学，积极吸收西方的科学技术，缓和禁书令，允许进口、买卖与宗教相关的科学书籍。但是宽政改革时期的统治者却害怕诸说盛行，人心动摇，危及统治，因此对朱子学说以外的一切新思想和新学问都加以压制。1790年，幕府下令全国教育机构以朱子学说为宗，禁止其他异学，同时对兰学采取幕府独占的方针，下令收集"红毛之书"，全部藏于幕府，禁止在民间流传；禁止民间议论国政，违者施以严厉处罚；颁布出版令，禁止出版新书、借古讽今的小说以及无作者署名的书，企图用强制命令和朱子学说来抵消其他思想，使人们的思想回到以前那种对领主无条件服从的一统思想上。②

宽政改革时期，幕府大力优待儒学、推崇儒学，不断加强对其直辖学校的管控，而且还以资助经费和实施奖学政策的方式，加强了对藩校等其他教育机构的影响。受德川幕府推崇的各学派的儒学家们，大多数都在幕府直辖学校、各藩校或者民间私塾中执教。③ 这一方面扩大了以朱子学说为代表的儒家学说在社会上的影响力，另一方面充分体现了通过对教师的管控，幕府对各级各类学校的掌控力的加大。

---

① 沈仁安：《德川时代三大改革的比较研究》，载《日本学刊》，1996(6)。
② 沈仁安：《德川时代三大改革的比较研究》，载《日本学刊》，1996(6)。
③ 杨婧：《日本江户时期教育普及的特征及其启示》，载《现代教育科学》，2007(6)。

第三节　幕府直辖学校的改革

幕府直辖学校是为幕臣子弟设置，培养辅佐幕政的官吏和实务人才的教育机构。在德川幕府"宽政改革"前，日本并没有实际意义上的直辖学校，幕府对社会的教化和对幕臣子弟的教育是通过半官半私性质的林家私塾实现的。在宽政改革中，德川幕府十一代将军德川家齐通过一系列改革将其收为官办，建立了幕府的第一所官办教育机构——昌平坂学问所（又称"昌平黉"）。自此之后，直到明治维新，幕府共建立了21所直辖学校。从教学内容上看，这些学校大致分为汉学堂和洋学堂。其中，绝大多数幕府直辖学校建立在19世纪50年代"黑船来航"①、日本国门洞开之后，但是创办时间最长、影响范围最广的直辖学校还是被称为江户时期儒学教育最高学府的昌平坂学问所。

一、幕府直辖学校官立性质的确立

德川幕府建立初期，国家无力开展教育事业，教育领域出现了国家权力的真空局面。但是，德川家康及其后人都充分认识到教育是维护统治最有力的工具，所以，德川幕府自建立之初就非常重视教育的发展。

1607年，德川家康接受藤原惺窝的推荐，聘请儒学学者林罗山到幕府讲授儒学。林罗山凭借自身儒学的深厚造诣得到了幕府的重用，1623年担任德川幕府三代将军德川家光（1604—1651）的侍讲。1630年，德川家光赐予林罗

---

① 1853年7月8日，美国海军准将佩里（Matthew Calbraith Perry，1794—1858）率领舰队强行驶入江户湾的浦贺及神奈川。在美国的武力胁迫下，幕府接受了开港要求，于1854年3月31日在神奈川签订了《日美亲善条约》（《日美神奈川条约》），日本被迫同意开放下田、箱馆两个港口，美国船可以在这两个港口加煤上水，并得到粮食等物品的供应。条约还允许美国在上述两港派驻领事，并享有最惠国待遇。不久，英、俄、荷等国援例而至，也和日本政府签订了类似条约。日本被迫结束锁国时代，幕藩体制也随之瓦解。

山领地和赏金,支持其在江户忍冈①创办林家私塾,专门讲授朱子学说。自此,林家私塾受到了德川幕府的高度重视和重点支持,德川家光还曾出席并听讲林家私塾的"尚书"课程。从林罗山开始,林氏后代一直在德川幕府担任要职,同时还兼任林家私塾的主讲教师,致使林家私塾在创办初期其私立性质并非十分纯粹,而是具有官办教育机构的雏形(教师为幕府官员)。这一时期,林家私塾通过主讲的朱子学说实现了对部分民众的教化,这也与当时的政治制度相适应。②

自德川幕府四代将军德川家纲(1641—1680)开始,德川幕府不断加大对林家私塾的支持和干预力度,使其逐渐发展成为一所具有官办性质的教育机构。1663年,德川家纲赐名,将林家私塾改称为"弘文馆"。此后约30年的时间,弘文馆的日常运营一直获得德川幕府雄厚的财政支持。1691年,德川幕府五代将军德川纲吉下令由幕府出资在神田汤岛的昌平坂建立学问所,将弘文馆搬迁至此,并赐名"圣堂",由林罗山的后人林凤冈担任圣堂的"大学头"和圣堂的祭主。也正是从此时开始,德川幕府明令改变以往学生入学无明确限制,武士、平民都可以入私塾就学的状况,禁止平民进入圣堂就学,只有上层武士子弟才有资格进入。③搬迁后的林家私塾依靠幕府财政资助,扩大了地盘、新建了孔庙,并获赐名"圣堂",而且获得了德川纲吉的高度重视,德川纲吉曾多次在圣堂向臣子讲授《周易》④,但是圣堂的教育事业仍然由林氏家族的学者经营,所以此时的林家私塾应该具备了半官半私的性质。林家私塾的此次搬迁,应该与德川纲吉个人对儒家学说的追捧和弘扬朱子学说的社会需求有关,德川幕府并没有把林家私塾转变为官立性质的自觉要求。所

---

① 今东京上野。
② 耿华英:《日本江户时代的武士教育》,硕士学位论文,贵州师范大学,2014。
③ 耿华英:《日本江户时代的武士教育》,硕士学位论文,贵州师范大学,2014。
④ 据史书记载,德川纲吉曾先后8年在圣堂向臣子讲授《周易》等儒学典籍,累计240余次。

以，德川纲吉之后的德川家宣（1662—1712）、德川家继①（1709—1716）主政之时（约至 1716 年）并没有采取进一步的措施发展圣堂的教育，圣堂的发展处于维持现状发展的状态。②

18 世纪初，受多重因素的影响，幕藩体制的统治出现种种危机，德川幕府八代将军德川吉宗实施"享保改革"，以强化幕藩体制的统治，并以此为契机，着手教育领域的改革。德川吉宗视教育为"灭人性、正民心"的良方，决定再兴圣堂，采取了一系列积极的改革措施，如新设高仓房宅（供讲学用）、招募幕臣和大名并亲自带领他们到圣堂讲授朱子学说、奖励旗本③至圣堂听讲、允许平民子弟进入圣堂听讲等。④ 1718 年，德川吉宗还令非林氏门人的荻生溪北、木下菊潭来圣堂讲学，打破了林家私塾历来由林家一门独占的局面，有明显的变圣堂为官立教育机构的倾向。⑤ 但是，由于当时德川幕府财政困难，暂停了对圣堂的财政资助，再加上兰学、国学等学说学派的冲击和林氏后人对朱子学说的造诣浅薄，1772 年和 1786 年的两场火灾等，圣堂发展逐渐没落，朱子学说也逐渐走向衰微。⑥

虽然圣堂的发展日趋萎靡，但是德川幕府对它的管控却丝毫没有减弱。1788 年起，德川幕府陆续任用柴野栗山、冈田寒泉、尾藤二洲等人到圣堂任教，其中除了柴野栗山曾经就学于林家私塾外，冈田寒泉和尾藤二洲均出自山崎暗斋门下。林氏门人以外的势力进入圣堂，为减弱林氏家族的势力、开展改革创造了条件。1789 年，德川幕府的"宽政改革"给圣堂复兴带来了机

---

① 由于当时德川家继年幼，实际掌权者为儒学者新井白石。
② 杨孔炽：《江户时代日本教育研究——近代日本教育历史基础的初步探索》，博士学位论文，北京师范大学，1997。
③ 旗本，未满 1 万石的江户时期的武士，是德川幕府将军的直属家臣，拥有自己的军队。
④ 耿华英：《日本江户时代的武士教育》，硕士学位论文，贵州师范大学，2014。
⑤ 杨孔炽：《江户时代日本教育研究——近代日本教育历史基础的初步探索》，博士学位论文，北京师范大学，1997。
⑥ 耿华英：《日本江户时代的武士教育》，硕士学位论文，贵州师范大学，2014。

遇。当时，幕府为了稳定因连续的天灾、农民起义、物价上涨、尊皇思想抬头等而造成的社会动荡和幕藩体制动摇的局面，采取了一系列社会改革措施，其中就包括所谓"宽政异学之禁"这样的思想文化政策，把朱子学说奉为"正学"，禁止在圣堂讲授朱子学说之外的任何学问，即"异学"。1790年，执掌幕府实权的首席老中松平定信通过若年寄①京极高次（1563—1609），传给圣堂祭主林锦峰一封指令，其中指出：幕府自建立以来，代代信用朱子学说，有关专家也以此为正学，门人共取，代代相励。但近来社会上出现种种新说，以致异学流行，有害风俗，此全系正学衰微之故。听说就连圣堂门下也有学术不正者，应予严格取缔，应急着圣堂门人，共异学相禁，不论自门他门，都致力正学，取立人才。林锦峰接到这一指令后，第二天即向全体学生传达，并相继告知塾外的门人。不久，他又开除了不服从命令的高徒关松聪及平泽旭山，显示出严格执行"异学之禁"的态度。② 此后，1793年制定的新学规中又进一步做出了具体规定：

2. 行仪。……宜笃实谦让，必信必礼，勿议国政……

3. 修业。经史作文各因其材，而教导亦须由四书小学始，尤禁败俗非圣之书，新奇怪异之说……

4. 讲会。……讨论义理，讲求精微，言必有据，切禁无稽之说……③

1793年制定的新学规还规定圣堂只招收将军直属家臣的子弟入学。同时，还制定了8条相关的管理规定，内容主要包括：在教学人员之外，设行政管

① 若年寄，仅次于老中的重要职务。

② 杨孔炽：《江户时代日本教育研究——近代日本教育历史基础的初步探索》，博士学位论文，北京师范大学，1997。

③ 海後勝雄等：《近代教育史》，304頁，東京，誠文堂新光社，1951。

理人员 11 名，分别担任负责人、督导、会计等，进行书籍管理、报时、登记、接应来客，以及管理学校的门、锁和名单等各项工作。①

1795 年，幕府又下令各藩禁止任用"异学"学者。这样，不仅幕府的学校成为"异学"的禁地，整个学界的"异学"发展一时间也遭受挫折。一些学者被迫转型，一些学塾则被迫解散。1797 年，幕府下令将圣堂改称为"昌平坂学问所"，1799 年增建新庙和学校设施，1800 年完工。至此，林家私塾完全变成了由幕府兴办和管理的昌平坂学问所，确立了其完全官立的性质。②

昌平坂学问所主要服务于幕府的家臣，分散在幕府直辖领地的武士子弟则入幕府创办的昌平坂学问所的分校进行教育。这些分校同昌平坂学问所一样，以儒学造诣高深者为师，对学生进行儒学教育。学有所成的学生大部分由幕府派往各藩任教，继续对各藩实施儒学教育。③

幕府直辖学校除了昌平坂学问所及其众多分校外，还有诸如 1647 年建立的长崎明伦堂、1790 年创建的甲府徽典馆、1791 年通过划拨财政经费收归官办的私立汉医馆、1793 年通过划拨财政经费置于昌平坂学问所管辖之下的和学讲谈所等。④

二、幕府直辖学校教学方面的改革

德川幕府对昌平坂学问所进行的教学改革主要体现在"宽政改革"之后。教学内容方面，1790 年"宽政异学之禁"禁止幕府直辖学校讲授朱子学说之外的一切学问。学校教师的教和学生的学都以儒教经典为教材。教材有经书

---

① 杨孔炽：《江户时代日本教育研究——近代日本教育历史基础的初步探索》，博士学位论文，北京师范大学，1997。

② 杨孔炽：《江户时代日本教育研究——近代日本教育历史基础的初步探索》，博士学位论文，北京师范大学，1997。

③ 耿华英：《日本江户时代的武士教育》，硕士学位论文，贵州师范大学，2014。

④ 長田新：《日本教育史》，100 頁，東京，御茶水書房，1982。

("四书五经")、历史书(《左传》、《史记》、"两汉书"、《通鉴纲要》)、诗文等。教学方法方面,采用"素读""讲释""会读""轮讲"等教学方法,将封建伦理道德灌输给学生。"素读"的要求在于读,读音以中国汉音为标准,是一种自学方法。在"素读"的基础上,教师制订一定时期的学习计划,对学生进行儒家经典的讲解,此称为"讲释",面向已有较高文化水平的学生。"会读"和"轮讲"是集体教研,形式比较自由,通过学术质疑,加深学生对问题的认识。[1] 另外,幕府直辖学校还强制推行"学问吟味"和"素读吟味"。"学问吟味"指对将军直属家臣("旗本""御家人")15 岁以上的子弟进行的一种学问考试,于 1792 年实行,每三年进行一次;"素读吟味"是指对幕臣 15 岁以下的子弟(开始时以这类子弟为"童科"学生,1797 年改称"句读科")进行的有关读书的考试,于 1793 年实行,每年进行一次。两种考试都重视对"四书五经"及朱子学派的注释,其结果使得人们专注于对朱子学说的学习,被史家看成"又一种异学之禁"。[2]

三、幕府直辖学校改革的影响

昌平坂学问所作为幕藩体制下的最高学府,历来是地方学校尤其是藩校的蓝本,所以,它的"公营化""异学之禁""学问吟味""素读吟味"等一系列改革都会对地方学校产生深远的影响。但是,在当时的社会氛围下,"异学"并不会因为"禁"而消失,"异学"是有其时代需求的。德川幕府对昌平坂学问所的直接经营管理,其专职管理人员的配备和教学内容与教材的一致性,以及对考核方式、入学条件的重视等,必然会对各藩的办学思路有着鼓励和示范作用,此举必然会推动 18 世纪末和 19 世纪初藩校及其他学校的建立和发展,

---

① 耿华英:《日本江户时代的武士教育》,硕士学位论文,贵州师范大学,2014。

② 杨孔炽:《江户时代日本教育研究——近代日本教育历史基础的初步探索》,博士学位论文,北京师范大学,1997。

对武士教育的内容、程度、学级划分也有着规范化的作用。而它将"素读吟味"作为重要的制度加以确定，也隐约显示了重视初等教育的思想。由此，人们可以获得继续向上学习或者学习其他学科的基础。

18世纪末，昌平坂学问所改革的近代意义是十分明显的。幕府抛弃了160余年对林家私塾的保护政策，采取了一系列的措施，将昌平坂学问所完全变为官立学校，这是历史上前所未有的事情。通过学校的官立化和"异学之禁"，幕府把教育的目标统一到维护幕藩体制的方向上来，并保证了教学内容上的一致性（朱子学说）和对人才要求上的标准化（"吟味"）。这显然对危机中的幕府本身是有利的。这也是幕府当局的主观意愿。这种情况在客观上则反映出一种对学校教育的新认识，即对教育作用的肯定。否则，就不可能在财政并不宽裕的情况下着力于教育，并改变教育交由私人处理的历史惯例。抛开遥远的古代教育不论，与近代日本国家教育制度有着直接历史联系的教育史实，就是幕府政权的这种对学校教育事业的干涉，特别是直接管控和管理。换句话说，明治政权对于教育的强力干预和集中统治，可以从这里找到它的历史源头。同时，日本近代教育中遇到的一系列重要问题，如公立教育与私立教育的关系问题、国家政权与教育自主的关系问题、学问自由和教育自由的问题等，也已经隐含在幕府"宽政改革"的一系列教育革新措施之中。[1]

第四节　藩校

各藩武士子弟接受教育的主要场所是藩校。藩校是以昌平坂学问所为蓝本，由各藩设置和直接经营的教育机构。德川幕府初期，幕府和各藩以武治

---

[1]　杨孔炽：《江户时代日本教育研究——近代日本教育历史基础的初步探索》，博士学位论文，北京师范大学，1997。

为主，不注重文治，轻视儒学教育。藩主中只有少数好学者奖励学问和设立学校，其目的是把儒学教育纳入武士教育中，培养武士对上忠于幕府和大名，对下有统治平民的自觉性和知识、能力，以维护幕藩体制。当时藩主设立的学校非常少，多半是利用儒学者的私塾和藩主的圣堂或者讲堂改建而成的。这种方式不但节省时间和减少精力的耗损，而且儒家私塾丰富的教育经验保证了藩校的办学质量。幕府中期以后，各藩竞相设立了学校形态的藩校，藩校也由此兴盛起来。各藩设立的藩校都有自己的名称，如"时习馆""明伦馆""学问所"等，大多数是以儒学为中心，给予学生道德、历史等人文教养，培养学生读、写、算等基本能力的学校。进入 19 世纪后，各藩又兴办了许多专门教授欧美语言和科技的专门性学校，这些也称为广义上的藩校。无论何种藩校，都是以培养本藩经世治国的人才为目标，主要面向本藩武士的教育机构。[①]

一、藩校的创办和发展

藩校大量创办之前，各藩的武士子弟主要通过家庭、寺子屋、家塾或者私塾获得修养、能力和知识。显然，这是一种分散而不成体系的教育模式，既无统一计划，也无长远目标，不能适应 18 世纪以来社会发展的需要。[②]

对人才的渴求是促使各藩设置藩校的主要原因。进入 18 世纪后，城市经济发达，市民生活更为丰富，作为"四民之首"的行政管理者——武士面临的行政事务、内外交往等也更为复杂多样。统一培养一定规格的人才已成为各藩面临的迫切问题。尤其是 18 世纪后期，武士贫困、各藩财政拮据的状况日益严重，各藩为解脱困境纷纷采取各种"殖产兴业"政策，因此对人才的需求

---

① 杨孔炽：《江户时代日本教育研究——近代日本教育历史基础的初步探索》，博士学位论文，北京师范大学，1997。

② 杨孔炽：《江户时代日本教育研究——近代日本教育历史基础的初步探索》，博士学位论文，北京师范大学，1997。

更为急切。但当时武士的培养处于自发、分散的状态，加上不同学派所设的私塾繁多，其中与当局政见不合的或者教学内容局限于儒家学说、与实际需要差距甚远的，都不能培养出当局期望的人才。在这种情况下，各藩当局基于"修齐治平"的儒家理念，又以幕府支持和接收林家学塾为榜样，把兴办藩校摆上了议事日程，结果在 18 世纪后期形成了创办藩校的高潮。① 尤其是从德川幕府四代将军德川家纲到八代将军德川吉宗时期，藩校迎来了设置的黄金时期。当时，影响较大的藩校除了江户时代创办最早的藩校名古屋学问所（设立于 1632 年，后改称为"明伦堂"）外，还有 1697 年米泽藩创办的藩校（1776 年改称为"兴让馆"）、1719 年长州藩创办的"明伦馆"、1773 年萨摩藩创办的"造士馆"等。②（表 8-1）

表 8-1　18 世纪各藩藩校增设情况统计③

时间	跨度	创办数量
1710 年以前	87 年	23 所
1711—1750 年	40 年	18 所
1751—1780 年	30 年	26 所
1781—1803 年	23 年	58 所

从以上数字我们可以看出，18 世纪藩校数量的增长速度比 18 世纪之前要快得多。实际上，不仅数量上呈现出显著的增长，性质上也发生了明显的变化。

性质上的变化首先表现在办学目的方面。18 世纪之前的早期藩校，多以帮助本藩武士陶冶自我精神为目的。例如，1641 年冈山藩创办的花畠教场，其《花畠会约》中指出创办藩校的目的是以文武为耕耘之事，以养育精神的成

① 杨孔炽：《江户时代日本教育研究——近代日本教育历史基础的初步探索》，博士学位论文，北京师范大学，1997。
② 耿华英：《日本江户时代的武士教育》，硕士学位论文，贵州师范大学，2014。
③ 内山克己：《近世日本教育文化史》，30 页，東京，学芸図書株式会社，1961。

长。1689 年，芝村藩藩主对藩内下属武士下达的告谕中也指出：夸耀技艺而诽谤其他艺术，从而赚取名利是很虚伪的。可见，当时学文习武都不是为了功利目的，而在于精神的提升。但是到了 18 世纪后期则大不相同，办学不单是为了藩内武士的修养，更多是为了辅佐藩政，以图治世安民。1762 年，冈山藩的学校奉行①在对校内全体人员的告谕中指出：应以修身为本而补天皇趣意之万一。1784 年秋月藩藩校再兴之际，家老②传达的《文武艺业趣意》中也指出：学问之事为治世安民之要道，造就有用之才为国家之事效力，乃第一须留心之事。由此可见，18 世纪中期以后的社会变化已经迫使统治阶级把教育和政治、经济联系到一起，唤起了他们在这个问题上的自觉认识。③

综上所述，各藩创办藩校的途径一般有三种。第一，将藩内原有的文化建筑如孔庙或者讲堂等改设为藩校。各藩校所设的定期对公众开展讲学的讲堂是 17 世纪末受德川纲吉在江户开展公开讲学的影响而形成的，如长冈藩、笠间藩、新发田藩、天圣寺藩等在 17 世纪末至 18 世纪 30 年代都曾建有这样的讲堂。后来，新发田藩创办的藩校道学堂(1772 年)和伊势崎藩创办的藩校学习堂(1775 年)都是由讲堂改建而成的。第二，将儒学者的家塾提升为藩校。松江藩藩校文明馆(1758 年)就是如此。有的利用原有的建筑，有的则用各藩财政经费建筑或购买房屋，仍由原儒学者主持教学。这种做法与幕府对林家私塾的收改方式基本上是一致的。第三，不依赖原有的任何文化设施，专门设计和修建藩校。例如，熊本藩的时习馆(1755 年)就是专门修建的规模较大的藩校。总的来看，依据原有的文化设施创办藩校，是 18 世纪创办藩校

① 奉行是日本存在于平安时代至江户时代期间的一种官职。德川幕府成立后，奉行成为官僚体系中的主力职位。上至幕府，下至各地方的大小藩主，都依各种政务需要设置许多奉行职位。

② 家老一般有数人，采取合议制管理幕府和领地的政治、经济和军事活动。在幕府或藩中地位很高，仅次于幕府将军和藩主。作为大名的重臣，统率家中的所有武士，总管家中一切事务。一藩有数名，通常为世袭。

③ 杨孔炽：《江户时代日本教育研究——近代日本教育历史基础的初步探索》，博士学位论文，北京师范大学，1997。

的主要方式。"宽政异学之禁"之后，则更多效仿幕府的做法收管私塾，使其成为藩校。①

二、藩校的教育教学设置

藩校以幕府直辖学校为蓝本创办，所以在培养目标、教师队伍、教学内容和学生入学资格等方面都与幕府直辖学校秉承一致。

在培养目标方面，受幕府"文武两道"文教政策的影响，藩校确定了"崇圣学、述明道、践大义"的培养目标，体现了藩校儒学伦理道德教育和武士教育的本质。藩校以儒学经典为教材，但却没有将儒学经典局限在朱子学说上，阳明学派、古学派等儒学派别的儒学者都曾到藩校任教，这是藩校和幕府直辖学校的不同之处。例如，冈山藩藩主池田光政就邀请了阳明学派的儒学者到藩校讲学。藩校还鼓励平民子弟入学，与武士共同接受教育。学生中的优胜者还可以入仕做藩政的官吏或留校任教。藩校中出现了形式超前的"学术互访"，由幕府主持并提供资金保证，选取藩校中成绩优秀者作为培养对象，在各藩进行学术访问以增长学问。由此看来，在走向近代的过程中，藩校走在了幕府直辖学校的前面。②

在教学科目和教学内容方面，江户时代中前期，各藩无一例外都把汉学作为唯一的教学内容。汉学是藩校教育的传统学科，也一直是藩校最基本、最重要的学科，藩校是围绕着汉学开展教育活动的教育机构。③ 江户时代中期之后，藩校为了适应时代的发展，在原先单一汉学学科的基础上，开始对其教学内容和学科科目进行扩充和改革，呈现出多样化的倾向。例如，1736 年创办的仙台藩藩校养贤堂，在建校之初聘请的 4 名教师均为儒学学者，教授

---

① 杨孔炽：《江户时代日本教育研究——近代日本教育历史基础的初步探索》，博士学位论文，北京师范大学，1997。

② 耿华英：《日本江户时代的武士教育》，硕士学位论文，贵州师范大学，2014。

③ 张梅、胡学亮：《江户时代日本藩校教学活动的考察》，载《教育学报》，2014(4)。

内容也局限于汉学经典。但到了18世纪末，该校开始对教学科目进行改革，将原来单一的汉学学科扩充为汉学、习礼、算术三门学科，并增设了西洋学问所，教授俄语和铸炮造船技术。① 萨摩藩藩校创办于1773年，初称"圣堂"，后改称"造士馆"，内建有宣城殿(孔庙)、讲堂、学舍、文库等，是江户时代日本最具代表性的一所藩校。造士馆的教学科目为汉学、和学、书道三门学科，另设医学院(中医)。造士馆汉学的教学顺序为：《大学》、《论语》、《中庸》、《小学》、《易经》、《书经》、《诗经》、《礼记》和《春秋》。② 在第八代藩主岛津重豪(1745—1833)制定的"学规"中，第一条就明确规定：读书须读"四书五经"、《小学》、《近思录》等，注解以程朱理学为主，禁止任意夹带异说。读书要上至经传，下至历史百家，但不允许阅读不正派的书籍。③因此，藩校造士馆的教学以儒家经典为主，兼学和学，而儒学中又以朱子学说为正学，力图排除其他学说。

在入学年龄和教育年限方面，藩校分为强制入学和自由入学两种类型。大多数藩校要求武士子弟达到一定年龄后必须入学。比如，加纳藩藩校在"校则"中规定，入学年龄不得超过八岁，儿童秉性聪慧，亦可六七岁入学。④ 龙野藩藩校也明确规定，武士子弟年届八岁，如有不入学者，须追究由。⑤ 与此相反，少数藩校对入学年龄未做统一规定，如八户藩藩校认为武士子弟可根据各自意愿入读藩校，学习年限亦不做规定，但九岁、十岁入学乃本地风俗⑥。藩校的教育年限也因校而异。大多数藩校规定教育年限为6至12年不等。还有一些藩校实行终身教育，如郡山藩藩校规定，武士子弟年届十岁均

---

① 宫城县史编纂委员会：《宫城県史⑧》，14~22頁，仙台，宫城県史刊行会，1957。
② 文部省：《日本教育史资料③》，288頁，東京，文部省総務局，1890。
③ 张梅、胡学亮：《江户时代日本藩校教学活动的考察》，载《教育学报》，2014(4)。
④ 文部省：《日本教育史资料①》，477頁，東京，文部省総務局，1889。
⑤ 文部省：《日本教育史资料②》，521頁，東京，文部省総務局，1890。
⑥ 文部省：《日本教育史资料①》，724頁，東京，文部省総務局，1889。

须入读藩校，学习文学①，并强调终身都要修业，无退学期限之规定②。此外，极少数藩校实行强制性的"课程主义"教育，即武士子弟必须学完规定的教育内容，否则不允许退学（或毕业），如久居藩藩校"学则"第一条就规定，九岁的正月入学就读，十五岁的十二月退学，但未读完"四书五经"、《国史略》、《十八史略》者不允许退学③。

不同藩校的教育年限之所以不同，是因为有的藩校实行的是文武兼修，而有的则实行的是文武选修。教育年限较长的藩校大多属于文武兼修的藩校。例如，萩藩藩校明伦馆于 1719 年制定的《文学诸武艺稽古之式》就明文规定，武士若不从少幼学习文学，则难有成就，故 10 岁前后要开始素读儒学经典，15 岁开始专心攻读文学，随着身体壮健，再修炼武艺，文武同时兼修，直至40 岁。④ 也就是说，文武兼修的藩校明伦馆的教育长达 30 年。小泉藩的修道馆也是"8 岁开始习文，12 岁开始习武"的文武兼修的藩校，其在校学习年限规定为"终身修业""无退学之期限"。⑤ 与之相反，文武选修的藩校教育年限相对较短。例如，柏原藩藩校崇广馆是一所"允许生徒从文学和武艺中选择其一专修"的藩校，该校生徒一般八九岁入学，15 岁左右退学。⑥ 也就是说，教育年限仅为 7 年左右。三田藩藩校造士馆也是"文武兼修或择一选修由个人喜好而定"的藩校，学生 10 岁入学，21 岁退学，但因就职或习武，十七八岁退学者甚多。⑦ 因此，实际在校学习时间仅为七八年。

在教学方法方面，藩校无统一的规定和要求，但约定俗成，相沿成习，在 200 多年的教学实践中形成了较为固定的教学方法和教学顺序。例如，安

---

① 文部省：《日本教育史資料①》，6 頁，東京，文部省總務局，1889。
② 文部省：《日本教育史資料①》，9 頁，東京，文部省總務局，1889。
③ 文部省：《日本教育史資料①》，102 頁，東京，文部省總務局，1889。
④ 山口県教育会：《山口県教育史》上卷，16~17 頁，山口，山口県教育会，1925。
⑤ 文部省：《日本教育史資料①》，20 頁，東京，文部省總務局，1889。
⑥ 文部省：《日本教育史資料②》，350 頁，東京，文部省總務局，1890。
⑦ 文部省：《日本教育史資料①》，56 頁，東京，文部省總務局，1889。

中藩藩校造士馆遵循"教学以汉学为主，读书最初采用素读方式，然后逐渐导入会读、轮讲"①的教学方法。② 和歌山藩藩校讲释所则主张"生徒素读合格后，方听闻讲释，而后出席质疑及会读、轮讲"。③ 这些藩校的教学方法是，一般先从"素读"开始，继而"讲释"，学生具有一定的阅读理解能力之后，再参加"会读""轮讲"。另外，有些藩校还导入了"独看""质问""诗文会""释奠释菜"等教学活动。

所谓"素读"，就是不去理解文章的意思，只按字面放声朗读。"素读"是藩校学生必须掌握的一项最基本的学习方法和技能。这是因为大多数藩校都使用古汉语教科书，所以教师首先要教学生如何断句，因此，"素读"又称"句读"。同时，汉文对日本人来说又是一种外文，因此，教师还要教学生如何用与其字义相同的日语读汉字。④

所谓"讲释"，就是向学生"讲明白书中的文章及注解的字义、文义"的教学活动。⑤ 田中藩藩校日知馆要求教师在"讲释"时，做到容貌端严、音吐清亮、开谕明畅，令听者油然有喜悦之心矣。⑥ 西尾藩藩校脩道馆认为，讲释有三义。一曰精，以辩字句；二曰深，以极事物；三曰广，以审治忽。"精"所以明训诂之法也，"深"所以博知识之道也，"广"所以知政务之要也。三者学问之大体，而诸生之要务也，故师必讲说，使子弟遍听之。⑦ 讲释也是各藩校普遍采用的一种教学方法。例如，庭濑藩藩校规定，讲释每月三八之日举行。⑧ 德山藩藩校鸣凤馆的做法是，讲释每月四九之日从辰时至巳时举行，内

① 文部省：《日本教育史资料②》，826~827 页，东京，文部省总务局，1890。
② 群马县教育史研究编纂委员会：《群马县教育史》第一卷，21~22 页，前桥，群马县教育委员会，1972。
③ 文部省：《日本教育史资料②》，826~827 页，东京，文部省总务局，1890。
④ 张梅、胡学亮：《江户时代日本藩校教学活动的考察》，载《教育学报》，2014(4)。
⑤ 张梅、胡学亮：《江户时代日本藩校教学活动的考察》，载《教育学报》，2014(4)。
⑥ 文部省：《日本教育史资料①》，208 页，东京，文部省总务局，1889。
⑦ 文部省：《日本教育史资料①》，148 页，东京，文部省总务局，1889。
⑧ 文部省：《日本教育史资料②》，617 页，东京，文部省总务局，1890。

容涉及《小学》、《近思录》、"四书五经"。① 德岛藩藩校长久馆设定，每月二七之日为讲释之日，逢二日讲释《小学》，逢七日讲释《论语》及《孟子》，学头和助教轮流讲授。②

　　"会读"和"轮讲"都是以完成了"素读"的年长学生为对象的学习方式。不同于以教师为中心的"讲释"，"会读"和"轮讲"更强调学生学习的主体性，是在教师指导之下，学生对书本文章进行解读，并相互讨论、质疑、批评的学习方式。比如，小城藩藩校实施的"会读"方法为，"生徒围坐于教谕之前，以抽签定一名或数名生徒，令解读既定文章意义，诸生互评之，而后乞求教谕判定"。③ 久居藩藩校要求学生会读时，"要熟读其书，了解其意，懂得思考，要有疑虑，不明白时要请教前辈，不要因为是初学者而害怕提问，同学之间要相互切磋"。④ "轮讲"在大多数藩校中与"会读"相似。西尾藩藩校脩道馆认为，"圣贤之微言，概而在经传，今古诸儒，所难其解也，虽有力者，不能独识以定其说，故设轮讲"，并且"轮讲"要做到"举一二章，一人讲之，众人论之，究其精微，探其秘奥，必折衷义理，而后始休矣"。⑤ 莲池藩藩校成章馆规定，"每月双日轮讲，以抽签定生徒朗读课文，解释其意，生徒相互讨论读字解义之误谬，教师静听默记，待讨论充分成熟时，再断定其当否"。⑥ 由此可见，这些藩校实施的"轮讲"与"会读"颇为相似。但有些藩校将两者略微区别开来。比如，德山藩藩校鸣凤馆 1785 年制定的《鸣凤馆学制》要求，"轮讲涉经义，会读类博通"⑦，即"轮讲"的教学内容主要为经书类，而"会读"主要涉及《史记》《左传》等史书以及其他子集书籍。各藩校安排的"会读""轮讲"教

① 文部省：《日本教育史資料②》，779 頁，東京，文部省総務局，1890。
② 文部省：《日本教育史資料②》，857 頁，東京，文部省総務局，1890。
③ 文部省：《日本教育史資料③》，161 頁，東京，文部省総務局，1890。
④ 文部省：《日本教育史資料①》，103 頁，東京，文部省総務局，1889。
⑤ 文部省：《日本教育史資料①》，148 頁，東京，文部省総務局，1889。
⑥ 文部省：《日本教育史資料③》，180 頁，東京，文部省総務局，1890。
⑦ 徳山市史編纂委員会：《徳山市史料》下巻，223 頁，徳山，徳山市史編纂委員会，1968。

学时间多寡不一，少则每月数次，多则每天举行。比如，中津藩校"会读每日未时始申时毕"①；柳川藩校"三八日午后二时至四时，书目为《孟子》《论语》《大学》《中庸》"②；松代藩藩校规定每月三次，自午后二时至五时，如若"议论的结果迟迟不能达成，则以秉烛时间为限"③。

尊孔崇儒、教化武士、扭转世风是藩校举行释菜礼、释奠礼的主要原因。山口藩藩校1791年颁布的《明伦馆释奠式序》中写道，"设为庠序学校以教之，皆所以明人伦也，学记曰，君子如欲化民成俗，其必由学乎……孔子祖述尧舜，宪章文武，上传先王之业，下垂后世之法，由之则治，舍之则乱，故曰万世帝王之师，夫重其道者，必尊其人"，所以一定要举行释菜礼。④ 米泽藩藩主上杉纲宪深受幕府五代将军德川纲吉尊崇儒学的影响，在官邸设立孔庙，私下参拜，1697年借修缮孔庙之机，将其扩充为藩校，并于1698年3月首次举行了公开释奠礼。⑤

在教学组织形式方面，各藩校非常重视知识的注入和学生的背诵、记忆，虽也有"集生徒于一处"的班级教学，但更多采用分层教学和个别教学等方式。所谓"分层教学"，是指藩校在"素读""会读""轮讲"乃至"诗文会"等教学方面，往往根据学生的能力和素质，为其分配不同的学习计划，讲授不同的学习内容，设置不同的学习进度。例如，左仓藩藩校的"授业规"，要求教师"教授素读章句的多寡，需按受业者的能力而定"。⑥ 柳川藩藩校传脩馆的方法为，"教授进度按生徒的达到度进行，不受教科书前后循序所限"，"轮讲"也不是按同一本书的先后顺序进行的，而是按"生徒各自进度，选择不同书籍及

---

① 文部省：《日本教育史资料③》，75頁，東京，文部省総務局，1890。
② 文部省：《日本教育史资料③》，49頁，東京，文部省総務局，1890。
③ 文部省：《日本教育史资料①》，505頁，東京，文部省総務局，1889。
④ 文部省：《日本教育史资料①》，114頁，東京，文部省総務局，1889。
⑤ 上倉裕二：《山形教育史》，1~2頁，山形，山形教育研究所，1952。
⑥ 文部省：《日本教育史资料①》，282頁，東京，文部省総務局，1889。

文章"。① 田中藩藩校日知馆要求在"文会"上，学生写文章应"各量生员力授体，若蒙稚未能辨文体，先教译文"；在"诗会"上，学生作诗"亦各量生员力以授体"。② 津和野藩藩校养老馆甚至还规定，"按学生出席的早晚讲授相应内容"③，由此可以推测该校未统一规定学生到校时间。由于学生到校早晚不一，所以学生花在学习上的时间多寡不一，学习进度或快或慢。教师则根据学生的不同学习状况，安排相应的学习内容。④ 所谓"个别教学"，是指在藩校教学中，由于每个学生的学习进度和学习内容不尽相同，教学大都采用师生一对一的个别指导形式。冈田藩藩校敬学馆在《授业方法》中写道："对一个个学生分别授业应作为通常授业方式。"⑤丰冈藩藩校《稽古堂学规》要求教师："每日根据对学生的评价结果，句读师（教师）应一对一地仔细讲授。"⑥柳川藩藩校传习馆的做法是："每天五位句读师授业，一位句读师分别教授两名生徒……将各生徒每天读书的进展记录于册，根据进度快慢安排座位，以引起生徒相互竞争之心。"⑦举母藩藩校崇化馆的做法为："教师按学生学习进度快慢顺序，先唤进度最快的甲生至讲桌前，令其复习前日功课，后授新课，甲生当场复习数遍，待甲生熟知新课后，再传呼乙生。"⑧由于个别教学是建立在学生自学基础上的，所以藩校特别重视培养学生的自学能力。比如，在"素读"课中，当教师在指导某个学生时，其他学生要么独自复习前日课程，要么朗读或背诵当天刚学的课文。当学生具有一定的汉学基础时，教师又非常重视培养学生的"独看"能力，要求学生"潜心独看，在不明之处贴上纸条，待向

① 文部省：《日本教育史资料③》，48 页，東京，文部省総務局，1890。
② 文部省：《日本教育史资料①》，208 页，東京，文部省総務局，1889。
③ 文部省：《日本教育史资料②》，505 页，東京，文部省総務局，1890。
④ 张梅、胡学亮：《江户时代日本藩校教学活动的考察》，载《教育学报》，2014(4)。
⑤ 文部省：《日本教育史资料②》，261 页，東京，文部省総務局，1890。
⑥ 文部省：《日本教育史资料②》，401 页，東京，文部省総務局，1890。
⑦ 文部省：《日本教育史资料③》，48 页，東京，文部省総務局，1890。
⑧ 文部省：《日本教育史资料①》，17 页，東京，文部省総務局，1889。

教师请教"。① 又如，在"讲释"课中，当教师指导某个学生时，其他学生"独看"课本，轮到自己接受教师指导时，再向教师讨教。这样，不同学习进度和学习不同内容的学生，在同一时空里，都能得到教师的适当指导，从而使个别教学顺利进行。

三、藩校发展的影响

藩校原本是各藩为武士子弟学习汉学而创办的教育机构，因此，汉学在藩校教育中始终居于核心地位，"四书五经"、《小学》、《孝经》等儒学经典，《史记》《三国志》《汉书》等中国历史典籍以及汉诗文集等都是各藩藩校学习的核心内容。藩校如此热衷汉学是有其重要的社会原因的。江户时期的日本结束了长期战乱，出现了260余年的和平时期，作为"战士"的武士阶层存在感急剧降低，幕府及各藩由此产生了改变武士培养模式的倡议，即由从前的"专修武艺"转变为"文武兼修"。这里的"文"就是追求稳定与和谐的儒学经典。统治阶级将其定为官学，使其成为统治阶级的主流意识，并以此作为统治原理来教化武士阶层。② 以汉学为中心的藩校教育推动了汉字、汉学在日本的传播和普及，为日本成为儒学国家奠定了基础。另外，藩校在200余年的教育教学实践中，总结出了"素读""讲释""会读""轮讲"等日本人学习汉学的教学方法和个别教学、分层教学等教学组织形式。③ 由于汉学对于日本人来说属于外国语言和学术，因此明治维新前后，日本人很自然地将教授和学习汉学的这些方法应用到了荷兰语、英语的教育教学方面④，这对日本人学习和吸收西方的文化起到了至关重要的作用。

---

① 张梅、胡学亮：《江户时代日本藩校教学活动的考察》，载《教育学报》，2014(4)。
② 胡学亮：《近世日本の藩学と中国の県学に関する比較研究》，载《アジア文化研究》，2004(11)。
③ 张梅、胡学亮：《江户时代日本藩校教学活动的考察》，载《教育学报》，2014(4)。
④ 福沢諭吉：《福翁自伝》，85~86頁，東京，角川書店，1953。

第五节　寺子屋

18 世纪日本教育的发展，首先表现为幕藩当局积极关注武士阶层的教育，逐步将教育权集中起来，加强了对学校及教育指导思想的控制；其次，由于商品经济的发展促进了农、工、商阶层教育需求的增加和教育思想的觉醒，以寺子屋为代表的民间教育机构也像武士阶层的教育机构那样获得了较大发展。与此同时，幕府和各藩也开始关注民间教育机构的发展，并通过改革加强了对它们的控制。

一、寺子屋的发展与普及

寺子屋是江户时代专门为平民子弟开设的民间初等教育机构。"寺子屋"这个名称是江户时代才出现的，但是，这种教育机构早在平安时代就已经出现，它起源于寺院向世俗贵族子弟开放并实施教育的模式，经过镰仓时代和室町时代的发展而逐渐盛行起来。进入江户时代后，小的寺院专门承担了对世俗子弟的教育，寺院之外也出现了这种教育机构。[①] 但是，这种教育机构的真正发展与普及是从 17 世纪末 18 世纪初开始的。

(一)寺子屋发展与普及的原因

1. 城市町人阶层的价值观变化

在江户时代的身份等级制度中，以商人和手工业者为代表的城市町人阶层被排在了后面。不过，随着商品经济的快速发展，町人阶层的经济实力大大增强，进入 18 世纪后，有钱的町人阶层的社会地位与影响力不仅远远高于普通农民，甚至还超过了一些中下级武士，他们创造的町人文化也逐渐超越了武士文化和贵族文化，逐渐成为江户城市主流文化之一。町人阶层开始寻

---

① 王桂:《日本教育史》，89 页，长春，吉林教育出版社，1987。

求自己的主张和权力,他们的价值观和人生观在潜移默化中发生了改变。这一改变还波及了教育领域。他们开始重视教育和才智,自觉地锻炼书写能力,关注子女的教育问题,使教育带上了功利化的色彩并朝着更加世俗的方向发展。寺子屋正是在这种背景下承担了平民教育的功能。

2. 兵农分离的社会管理体制

这一时期,武士一般居住在城市里,属于社会的统治阶级;农、工、商等平民中,只有商人与手工业者聚居在城市的"城下町"里,占社会人口绝大多数的农民一般居住在山村或渔村等广大偏远地区。作为统治阶级的武士,需要通过文书或法令间接管理广大平民,这种文书式的管理方式也是江户时代政治生活的特征之一。因此,客观上作为被统治阶级的广大平民也需要具备一定的文字阅读能力。而农村的政治生活一般实行自治管理,村里成立诸如"五人组"这样的自治组织,实行村政管理。对于农民来说,要读懂上面颁发的文书或法令,并向上级汇报或申诉,文字的读写能力就成为一种必要的技能。所以,"江户时代的各级统治者们与土地处于分离状态,依靠文书管理与土地有关的各种问题,武士(尤其是上级武士)成了地道的文牍主义者。因而,识字的农民往往会成为传达大小领主传令的代言人。这样,识文断字也就成了普通农民的教育需求"①。

3. 经济生活的实际需要

当时农民的年贡以村为单位实行所谓的"村请制"(以村为单位的一种包干制)。每村都有固定的额度,在固定额度下,村里每户人家的缴纳份额自行商讨。所以,若不具备一定的文字和算术能力,在商讨自家缴纳份额时难免会吃亏上当。江户时代的税收制度以"石高制"为基础。所谓"石高制",是指对分配的土地进行丈量后,利用大米产量来计算赋税的一种制度。江户后期商品经济与货币经济的快速发展促使农民的年贡米产生商品化的倾向,许多地

① 于洪波:《日本教育的文化透视》,130 页,保定,河北大学出版社,2003。

方要求农民把年贡米折换为货币后再上缴。若不具备一定的文字和算术能力，普通农民在和商人打交道的过程中难免吃亏上当。另外，由于农业生产力的不断提高，有些农民会自发地开发新的农田，修筑一些简易的水利工程等。若不具备足够的水利基础知识和算术测量的技能，便无法开展此类工作。同时，18世纪的日本已步入所谓的"农书时代"，为了使农民从事农业劳动更有效率，幕府和诸藩发行了许多农业常识方面的书籍。因此，江户社会人口基数最大的农民阶层，为了看懂分发到手的农书，不得不自发地锻炼识字和读书能力。①

4. 幕府和各藩的寺子屋政策

德川幕府建立之初对学问与教育比较重视。江户初期的文教政策以复兴儒学为主，确立了朱子学说作为官学的主导地位。面向武士的学校教育发展很快，先后开办的幕府直辖学校有21所之多②。对于平民教育，幕府的态度大体上是不加干涉、顺其发展的。但随着商品经济的持续发展，以及广大平民对文化教育需求的迅速增加，以寺子屋为代表的平民教育机构开始蓬勃发展。而与此同时，以幕藩体制为基础的封建统治秩序日益动摇。为了维护统治与社会稳定，幕府逐渐对寺子屋实行越来越多的干涉与引导政策。寺子屋的开办门槛很低，自主经营、自负盈亏，经营者与教师队伍也鱼龙混杂，出现了一定程度的混乱状况。这种状况的出现使政府力量的介入与整顿成为一种必要，"给了幕府一个绝好的理由对寺子屋采取干涉和整顿政策"③。幕府寺子屋政策的出发点是维护封建统治秩序，通过平民教育训育和教化广大民众，这对推动寺子屋的进一步繁荣产生了正面的影响。然而在幕府的干涉和引导下，寺子屋日益体现出类似公办小学的某些特征，这些特征也为明治维

---

① 大石慎三郎：《江戸時代》，166頁，東京，中公新書，2006。
② 王桂：《日本教育史》，85頁，长春，吉林教育出版社，1987。
③ 石川松太郎：《藩校と寺子屋》，145頁，東京，株式会社教育社，1978。

新以后寺子屋被强制改造为西方新式公立学校埋下了伏笔。

江户时代共有255个藩，每个藩各自独立，但都要服从于幕府。藩主也叫大名，在各自领地拥有很大权力。各藩的文教政策都不一样，所以，寺子屋政策也不尽相同。总体而言，各藩的寺子屋政策大多跟随幕府的寺子屋政策。据统计，日本全国共有25个藩对寺子屋采取过积极的干涉和引导政策，其中最早实行的是冈山藩。1673年，冈山藩藩主池田光政下令调查藩内的寺子屋，并下令采取改革措施。池田光政认为："手习所（即寺子屋）不应该单纯教孩子写字和算术，还要教孩子德行和如何办事……要将手习所改造为国民学校。"①冈山藩试图将寺子屋全部从私立性质改造为公办性质，按统治阶层的意愿开展教学活动。但改革没进行多久，池田光政便去世了，被改造为公办性质的123所寺子屋到了第2年就减少到14所，到了第3年只剩下闲谷学校一所了。1792年，金泽藩藩主前田治脩为了实现所谓的"四民教导"，下令兴办"文武学校"，派人调查藩内的寺子屋，然后颁布政策，试图将寺子屋由私立性质改为公办性质。此外，彦根藩对寺子屋也采取过类似的"转公"政策，但也以失败告终。②

各藩除了试图通过政策改革实现寺子屋公有化外，还通过颁布政策的方式对其加以限制和约束。表8-2列举了典型的藩政当局对寺子屋的政策。

表8-2　18世纪日本藩政当局对寺子屋的政策统计③

序号	藩名	藩主	俸禄	现今所在地	政策
1	芝村藩	织田长易	1万石	奈良县	每年巡视藩内的寺子屋，奖励优秀教师
2	狭山藩	北条氏恭	1万石	奈良县	禁止寺子屋有不正当的经营或教学行为
3	尼崎藩	松平忠兴	4万石	大阪府	年末奖励优秀教师

---

① 石川謙：《日本庶民教育史》，327頁，東京，刀江書院，1929。

② 李超：《江户时代的平民教育——寺子屋》，硕士学位论文，东北师范大学，2010。

③ 石川謙：《日本庶民教育史》，342頁，東京，刀江書院，1929。

续表

序号	藩名	藩主	俸禄	现今所在地	政策
4	松本藩	松平光则	6万石	长崎县	要求寺子屋上报学生每个月的背书情况；奖励优秀教师
5	馆林藩	秋元礼朝	6万石	群马县	奖励从事平民教育的神官与僧侣等
6	安中藩	板仓胜殷	3万石	群马县	要经过批准才能开办寺子屋；寺子屋的教师必须是专职教师；在规定的地区，维护和修缮寺子屋的费用可以通过申请财政补贴获得；资助贫困家庭的子弟上学
7	小幡藩	松平忠恕	2万石	群马县	通过登记管理寺子屋并开展定期检查
8	会津藩	松平容保	28万石	福岛县	鼓励开办寺子屋，按照藩校规章办法奖励学生
9	米泽藩	上杉齐宪	15万石	山形县	每年举办两次背诵竞赛，奖励优胜者
10	山形藩	水野忠精	5万石	山形县	规定每村至少有一所寺子屋
11	小滨藩	酒井忠氏	10万石	福井县	要求每天汇报学生的出勤人数
12	丸冈藩	有马道纯	5万石	福井县	奖励优秀寺子屋；优秀学生在寺子屋老师的推荐下可以申请与武士子弟一起考试
13	胜山藩	小笠原长守	2万石	福井县	月末要汇报学生的出勤人数
14	富山藩	前田利同	15万石	富山县	取缔不正当经营的寺子屋
15	高田藩	神原政敬	15万石	新潟县	必须经过批准才能开办寺子屋；奖励优秀经营者
16	丰冈藩	京极高厚	1万石	京都府	奖励寺子屋的经营者；鼓励平民教育的发展
17	龙野藩	肋坂安装	5万石	兵库县	奖励优秀教师
18	赤穗藩	森忠典	2万石	兵库县	奖励优秀教师
19	三草藩	丹羽氏中	1万石	兵库县	奖励优秀教师和优秀学生
20	津山藩	松平庆伦	10万石	冈山县	定期调查寺子屋的学生出勤数
21	足守藩	木下利恭	2万石	冈山县	开办寺子屋需经过批准；定期视察，给予奖励或处罚
22	广岛藩	浅野长训	42万石	广岛县	给予寺子屋老师生活补贴

综上所述，各藩和幕府在寺子屋政策方面基本上是一致的，这些政策的出发点都是维护封建统治秩序。各藩和幕府把寺子屋作为教化民众的场所，基本态度是鼓励寺子屋的发展，这对其在江户后期的普及有积极的作用。①

(二)寺子屋发展与普及的概况

18世纪寺子屋的蓬勃发展首先表现在数量的增加上。表8-3列出了18世纪及以前日本寺子屋的数量，18世纪的发展速度要远远快于以前。

表8-3　18世纪及以前寺子屋的数量统计②

时间	开办数量/所
1469—1624 年	17
1625—1681 年	38
1682—1716 年	39
1717—1735 年	17
1736—1743 年	16
1744—1750 年	14
1751—1764 年	34
1765—1771 年	30
1772—1780 年	29
1781—1788 年	101
1789—1800 年	165

实际上，这一时期寺子屋的发展不仅体现在总体数量的增加上，而且从分布上看，也体现了较为均衡的发展趋势。除了北海道地区开发时间较晚外，日本各地均能找到寺子屋的踪影，这说明寺子屋在这一时期已经相当普及。从表8-4的数据统计中，我们可以充分看到这一点。

---

① 李超：《江户时代的平民教育——寺子屋》，硕士学位论文，东北师范大学，2010。
② 内山克己：《近世日本教育文化史》，75 頁，東京，学芸图书株式会社，1961。

表8-4 18世纪日本各地寺子屋开办情况统计①

单位：所

时间	关东	东北	中部	近畿	中国地方	四国	九州	北海道
1469—1624 年	1	4	6	3	1	1	1	0
1625—1681 年	1	6	9	13	3	0	6	0
1682—1716 年	2	8	15	6	4	2	2	0
1717—1735 年	2	4	6	2	0	2	1	0
1736—1743 年	2	3	8	1	1	1	0	0
1744—1750 年	2	3	6	1	1	0	1	0
1751—1764 年	3	5	11	3	3	4	5	0
1765—1771 年	0	3	7	4	9	5	2	0
1772—1780 年	1	9	10	5	0	1	3	0
1781—1788 年	2	13	30	26	16	8	6	0
1789—1800 年	4	31	45	39	18	11	17	0

此外，18 世纪以后寺子屋经营者的身份也发生了一些变化。18 世纪以前以僧侣和神官为主，所占比例为一半多；但到了 18 世纪中期，僧侣和神官身份的经营者所占比例减少到 25%左右，越来越多的平民与武士开办起寺子屋。这一特点可以在表 8-5 的统计数据中得到充分体现。

表8-5 十七八世纪寺子屋经营者的身份比例统计②

身份	17 世纪中期(1624—1680 年)	18 世纪中期(1716—1788 年)
僧侣、神官	55.17%	25.13%
武士	10.34%	22.11%
平民	34.48%	36.18%
医生	0%	16.57%

① 石川謙：《日本庶民教育史》，385~386 頁，東京，刀江書院，1929。
② 内山克己：《近世日本教育文化史》，76 頁，東京，学芸図書株式会社，1961。

二、寺子屋教育活动的开展

(一)入学和日常管理

进入寺子屋学习一般称为"寺入"。寺子屋的入学时间较自由,一年中没有固定的入学时间,只要得到老师允许,就可入学。也有的在普遍认为较吉利的日子入学,如二月初午①、六月初六和五大传统节日等。入学年龄一般没有限制,绝大部分孩子在7岁或8岁入学,也有的6岁就入学,但10岁后才入学的很少。

学费不是由经营者和老师规定的,而是家长根据家庭的经济条件自由决定的。当时,"一对白扇、水果、咸鱼和大米等"是常见的学费。② 孩子在"寺入"当天要穿较正式的衣服,随同家长(通常是母亲)去拜谒老师。老师在寺子屋门口迎接,互相问候后就意味师生关系的确定,当天或第二天就可以进入寺子屋学习。老师在当地拥有较高的社会声望,尤其受到学生家长的普遍尊敬。过节时,绝大部分家长都会给老师送礼,煎饼和糯米馅饼是当时常见的礼物。③

学生请假比较随意,只要得到老师的允许即可,请假是寺子屋很常见的现象。到了农忙季节,许多学生会请假帮助家里干农活和家务活。④ 寺子屋没有年级和学期的划分,只是每个学生的学习内容和学习进度不尽相同。一般情况下,孩子会在寺子屋学习3到7年,如果7岁或8岁入学,原则上12岁或13岁就可以结业。结业也是相当自由的,没有特别的考试或考评,只要得到老师的允许,学生在任何时候都可以结业,而且老师一般会尊重孩子和家长的意愿。从学生的年龄段看,寺子屋属于一种初等教育形式。寺子屋的学习生活压力很小,学生基本上不会再继续升学,所以寺子屋的学习生活没有

---

① 二月初午,日本旧历的二月最初的午日,一般在二月初五左右。
② 唐澤富太郎:《增補日本教育史——近代以前》,163頁,東京,誠文堂新光社,1978。
③ 唐澤富太郎:《增補日本教育史——近代以前》,153頁,東京,誠文堂新光社,1978。
④ 辻本雅史:《学びの復権》,49頁,東京,角川書店,1999。

过多的功利性和强迫性，是自由的。平民把孩子送到寺子屋，目的也很单纯，没有人希望孩子通过寺子屋、通过受教育将来能出人头地。这样一来，教育本身的纯朴性在江户时代的平民教育中得到充分的体现。①

(二)教材

江户初期的寺子屋以练字为主，读书只是练字过程中附带的。读书和练字大约在18世纪后期才逐渐分开。极少数的寺子屋开始讲授算术课程，而且文字读写和算术是由不同的老师教授的。② 可见，当时社会上能讲授算术的寺子屋老师较少。在一定程度上，这也说明当时的商品经济还未充分发展，普通民众在日常的生活和生产中用到算术的地方还比较少。到了19世纪以后，算术与读书、练字才发展成为寺子屋传统教学内容。

课堂上或课外教师和学生使用的所有教学材料都可以称为教材。教材能说明诸多教学活动的特征。教科书是狭义的教材，寺子屋的教科书可以归纳为"教训物""布令物""四书""往来物"四大类。"教训物"主要指道德训育之类的书，较著名的是《六谕衍义大意》，1722年德川吉宗下令将其作为寺子屋的一种教材分发给江户地区的寺子屋。该书的前身是古代中国传入日本的《六谕衍义》。该书经过荻生徂徕(1666—1728)训点、室鸠巢翻译后变成《六谕衍义大意》。"布令物"主要指幕府或诸藩的文书和法令等，如《京都御式目》和《町役心得条目》等。"四书"即古代中国的儒家经典。"往来物"主要指由形式和内容规范的信通过整理编成的教科书，优点是实用性强和便于模仿。"往来物"这种教科书在日本历史上经久不衰，成为进行儿童启蒙教育的经典教材。③ 除了教科书外，寺子屋还有其他教材。起初，老师会亲自制作一种叫"手本"的纸片，每张纸片上有2~4个汉字或假名，每次发一两张，供学生练

---

① 李超：《江户时代的平民教育——寺子屋》，硕士学位论文，东北师范大学，2010。

② 内山克己：《近世日本教育文化史》，81頁，東京，学芸図書株式会社，1961。

③ 李超：《江户时代的平民教育——寺子屋》，硕士学位论文，东北师范大学，2010。

字时临摹。①

综上所述，寺子屋的教材有以下四个特征。

第一是实用性强。教材的实用性特征也反映了寺子屋具有鲜明的实用性教育倾向。不论是江户初期还是江户末期，往来物均是根据当时平民生活与生产的实际需要编写而成的。② 伴随商品经济的发展，讲授以算术为主要内容的往来物，如《尘劫记》和《新编尘劫记》等，被越来越多的寺子屋重视。另外，由于地域与学生身份的不同，教材的选用也不尽相同。例如，城市的寺子屋多商人子弟学生，多使用《商卖往来》《商家日用往来》《商卖用字尽》等往来物；农村的寺子屋多农民子弟学生，多使用《百姓往来》《田舍往来》《农业往来》等往来物；渔村的寺子屋多渔民子弟学生，多使用《番匠往来》《船方往来》《船由来记》等往来物。③

第二是有明显的平民化倾向。往来物这种教材原本只限于古代贵族子弟使用，然而到了江户时代，成为平民教育中广泛使用的教材。此外，往来物从单一的往来书信集发展至总共有7000余种内容的规模，其中绝大部分内容与平民的日常生活和生产活动密切相关。④

第三是存在男女之别。有些往来物被认为适合男子学习，如《实语教》、《童子教》、"四书"和《孝经》等；但是有些被认为是专门提供给女子使用的，如《女大学》《女今川》《女实语教》《女庭训往来》《百人一首》等。⑤

第四是分成练字用的和读书用的两大类。练字用的往来物，字体较大、字数不多；读书用的往来物，字又小又多。例如，《实语教》和《童子教》被认

---

① 李超：《江户时代的平民教育——寺子屋》，硕士学位论文，东北师范大学，2010。

② 唐澤富太郎：《增補日本教育史——近代以前》，157 頁，東京，誠文堂新光社，1978。

③ 李超：《江户时代的平民教育——寺子屋》，硕士学位论文，东北师范大学，2010。

④ 李超：《江户时代的平民教育——寺子屋》，硕士学位论文，东北师范大学，2010。

⑤ 加藤仁平、工藤泰正、遠藤泰助等：《增補新日本教育史》，119 頁，東京，協同出版株式会社，1979。

为是读书用的。使用这类往来物时，要大声朗读并尽量背诵。寺子屋的读书也被称为"素读"，是只顾读书、不求甚解的意思。①

（三）课程设置

寺子屋传统的教学内容是读书、练字和算术，课程设置则由老师自主安排，老师在安排学生的教学活动方面有充分的自由。② 寺子屋老师会根据学生的年龄、性别、聪明程度和家庭背景等因素，为每个学生设计不同的课程。江户时代的身份等级制度森严，平民的社会地位和未来职业基本上在刚出生时就已经确定。农民的子弟长大后还是农民，老师一般让其学习《农业往来》之类的往来物；商人的子弟长大后还是商人，老师一般让其学习《商卖往来》之类的往来物，还会着重训练其算术的能力。可见，寺子屋在课程设置上充分体现了古代中国传统教育中"因材施教"的教育理念。③ 老师在课程设置上拥有的自主权和学生在学习内容上的自由选择权，在一定程度上都体现出寺子屋"因材施教"的教育理念和实用性的倾向。

（四）教学方法

寺子屋的教学时间一般是从上午 8 点到下午 3 点左右。许多寺子屋本是经营者或老师自家中的一个房间，到寺子屋也就是到老师的家里。所以，学生进门时要先向老师及其家人问候，经老师许可后才能进寺子屋学习。上午一般练字，老师常不在寺子屋里，学生之间要互相帮忙与指导。使用毛笔练字，由于当时纸张价格不菲，要反复利用。有些偏远地区如青森，流行"砂书"与"灰书"的练字方法，指使用笔杆在盛满沙子或土灰的盘子上面练字，这种方法能省略掉纸张。下午一般读书与学习算术，有时学生要到老师跟前背诵，表现差的要接受体罚。④

---

① 李超：《江户时代的平民教育——寺子屋》，硕士学位论文，东北师范大学，2010。
② 石川松太郎：《藩校と寺子屋》，215 頁，東京，株式会社教育社，1978。
③ 李超：《江户时代的平民教育——寺子屋》，硕士学位论文，东北师范大学，2010。
④ 李超：《江户时代的平民教育——寺子屋》，硕士学位论文，东北师范大学，2010。

由于寺子屋学生的年龄、学习内容和层次等五花八门，一般不用统一的课堂讲授方式，个别指导、分组讨论和课堂练习等成为寺子屋主要的教学方式，其中以课堂练习为主。个别指导时，老师一般会先把学生分为若干组，每组3~4名学生。学生按组轮流坐到老师前接受指导。老师和学生中间放2~3张书桌，老师的座位稍高。由于是面对面指导，老师要使用"倒书"教授写字。所谓"倒书"，就是把字倒着写，日本学者认为"倒书"是江户时代寺子屋老师普遍掌握的一种书写能力①。以上这种个别指导并不是每天都有，寺子屋的教学还是以学生在课堂上的自主性学习为主。老师对学生的作用主要体现在启发、引导和纠正上。这种以自主性学习为主的教学方式对学生的学习"悟性"也是个挑战，领悟能力的高低往往决定了学习的好坏。②

寺子屋的课堂练习还倡导"互教法"，这是学生互相交流和帮助的一种学习方法。一般是年龄大的帮年龄小的，学习好的帮助学习差的。寺子屋允许学生在课堂上互相交流和讨论，所以课堂也是比较自由的。"互教法"是寺子屋比较流行的一种教学方法，有助于增进学生之间的感情和培养学生的交往能力，以至于在某些地区寺子屋又被称为"友学び塾"③，意思是学习交朋友的地方。虽然寺子屋的课堂相对自由，但也是有纪律的，违反纪律的学生同样会受到惩罚。惩罚以体罚为主，一般情况下，家长会支持老师的体罚。对待学生过于严厉的老师被称为"雷师匠"④，形容老师发起怒来像打雷般恐怖。

(五)师生关系

寺子屋的师生关系在当时被认为是一种相当亲密的私人关系。当时，七八岁的孩子即可进入寺子屋就学，若条件允许，可以在寺子屋学到十五六岁

---

① 辻本雅史：《学びの復権》，38頁，東京，角川書店，1999。
② 李超：《江户时代的平民教育——寺子屋》，硕士学位论文，东北师范大学，2010。
③ 加藤仁平、工藤泰正、遠藤泰助等：《増補新日本教育史》，119頁，東京，協同出版株式会社，1979。
④ 辻本雅史：《学びの復権》，38頁，東京，角川書店，1999。

结业。这几年被认为是孩子成长发育的关键期。由于寺子屋的办学特征独特，孩子好几年都跟随同一位老师学习，这样，孩子就会不可避免地对老师产生相当的依赖与崇拜，还会全盘接收老师对社会、对人生的各种观点。当时，寺子屋老师的社会地位也比较高，大多数家长自身缺乏教育孩子的能力或空暇，他们把孩子送到寺子屋就意味着把教育权托付给老师。也就是说，家长对寺子屋老师是相当尊敬且信任的。有学者认为寺子屋的师生关系，"不夸张地说相当于一种父子关系……很少带有经济和物质方面的味道"。① 因此，寺子屋的师生关系既稳固又长久。

三、寺子屋的影响

寺子屋本来是平民中间发展起来的初等教育机构，其组织形式很像私塾。严格来说，它还不是近代意义上的学校。但是，它在日本教育史上占有重要地位。它以平民的生活为背景，成为日本近代学校制度的前身。明治维新后，日本普及小学，无疑是和江户时代寺子屋的繁荣密不可分的。它是 18 世纪日本教育历史上留下来的宝贵教育遗产。②

同时，18 世纪日本寺子屋开展教学活动的时候，将"往来物"作为普遍性的教材，使其在日本列岛上普及开来。而这种全日本寺子屋普遍使用的教科书，并不是由幕府或诸藩下令强制使用的，而是自发使用的，当时的寺子屋老师在选择使用教科书上拥有充分的自主性。需要注意的是，寺子屋教育是面向平民的教育，一些往来物在全日本的普遍使用，促使日本逐渐形成了统一、规范的日语书写和表达方式。③ 这无形中扩大了平民的生活圈和文化圈，使各地的语言和文化差异逐渐缩小，不知不觉增强了各地民众之间的认同感，

---

① 浜田陽太郎：《近代日本教育の記録上》，28 頁，東京，日本放送出版協会，1978。
② 王桂：《日本教育史》，90 頁，长春，吉林教育出版社，1987。
③ 辻本雅史：《学びの復権》，31 頁，東京，角川書店，1999。

有利于提高大和民族的凝聚力①,具有深远的历史意义。

江户时代的教育机构服务于幕藩体制。官办教育机构培养治理国家的官员,私立教育机构培养武士统治下的顺民。幕府直辖学校为幕政服务,承担着对幕府家臣子弟的教育。藩校由各藩自主设立,受到幕府的支持,培养藩政管理人才。平民教育主要教授读、写、算的内容,以满足农民、町人开展经济活动的需求,并推行武士风尚。幕府还通过奖励优秀教师等影响平民教育活动。总之,江户时代的教育由武士阶级主导,以武士教育内容为主体,并服务于幕府"富国强兵"的目的。②

18 世纪江户时代商业资本的发展,德川吉宗、德川家齐时代的改革,以及以长崎为窗口引进的西欧文化涓涓细流的触发,造成了当时学派林立、学者辈出的文化发展局面。日本学者认为,这是日本思想史上的"第一次启蒙时代",而且是极少接受外国影响的"内发性的启蒙期"。这一时期既形成了具有日本民族特征的思想和文化,也孕育了日本资本主义的启蒙精神的胚芽,奠定了江户后期日本继续发展并转入近代的历史基础。在这样一个批判精神产生发展、新知识不断涌现,但同时封建专制仍然具有重要作用的社会环境之下,江户教育既受到当权者的控制,也受到新思想的影响。因此,无论是面向武士的教育,还是面向平民的教育,无论是专门的学校教育,还是民间的社会教化,都出现了新的局面。其主体虽然仍然是封建性的,但是在面向新兴社会阶层扩展教育内容和完善多种多样的教育机构等方面积累的进步因素,客观上起到了突破封建专制教育的作用,打下了江户末年教育转变的基础。整个江户时代教育进步的主要倾向,可以说在 18 世纪已经基本上清楚地显现出来了。③

---

① 石川松太郎:《藩校と寺子屋》,215 页,東京,株式会社教育社,1978。

② 耿华英:《日本江户时代的武士教育》,硕士学位论文,贵州师范大学,2014。

③ 杨孔炽:《江户时代日本教育研究——近代日本教育历史基础的初步探索》,博士学位论文,北京师范大学,1997。

第九章

18 世纪日本的教育思想

进入 18 世纪之时，日本社会意识形态的舞台上，主角依旧是日本的朱子学。朱子学的教育理念不仅被幕府当局推崇，而且这一理念也在社会各阶层受到崇信，因此依然左右着日本的主流教育观念。但同时，经历了 17 世纪中期至 18 世纪初的稳定发展之后，日本社会进入了一个几十年的社会环境相对宽松的时期，日本思想领域的发展也出现了一些新的气象，如 18 世纪"兰学"的拓展、"国学"的诞生，各派学术的研究和发展也较为自由。这是日本思想史上的"第一次启蒙时代"，提供了教育思想走向进步的重要条件，教育上的新观念开始传播。这一方面是 17 世纪后期以来经济发展、商业繁荣导致的结果，另一方面也与幕藩当局致力于改革藩政以缓和社会矛盾、巩固统治地位有着密切的联系。

第一节　新式教育观念的萌芽

18 世纪中期前后，日本社会环境的相对宽松和学术思想的新气象，为教育思想的进步创造了良好的条件。特别是社会价值观的变化和自然科学的进步,极大地冲击了历来占统治地位的朱子学的宇宙观和方法论,拓展了思想的视野,扩大了思想的领域,丰富了思想的基础,延伸了思想的深度,逐渐改变了人们对世界、对社会、对人性的看法,从而也改变了对儿童、对教育的看法,尤其导致了关注教育平等、关注儿童的教育等方面的教育思想的进步。

一、18 世纪日本思想领域新气象

日本江户时代德川幕府著名的三大幕政改革,其中就有两次发生在 18 世纪,分别是 1716 年发生的享保改革和 1787 年开始的宽政改革。改革意味着变动,也必然伴随着思想领域的变化;而直接影响 18 世纪日本思想领域的,主要还是第一次改革,即发生于 18 世纪前期的享保改革。这次改革,给 18 世纪的日本思想界带来了新的变化、新的气象。

(一)思想视野的拓宽:兰学的产生和发展

在享保改革的一系列改革措施中,对 18 世纪教育思想有着直接影响的措施是 1720 年的"洋书弛禁",即当时的幕府大将军德川吉宗允许部分非基督教的西方书籍进入日本国内。

德川吉宗实行"洋书弛禁",不仅是因为他自己的"好奇",更主要的是因为他将"殖产兴业"作为缓解幕府经济困难的策略之一。弛禁的一个重要目标是获得关于天文历法及农耕方面的知识。他还派青木昆阳和吕野元丈(1693—1761)到位于长崎的荷兰商馆学习荷兰语,通过荷兰了解西方世界。后来,吕野元丈完成了《荷兰禽兽虫鱼图和解》、《荷兰本草和解》12 卷。青木昆阳也陆续写出了《荷兰话译》《荷兰文字略考》《荷兰文集》等书籍。此外,还有新井白石的《西洋纪闻》和《采览异言》等完成。这些学者是日本人中掌握荷兰语并进行著述的先驱,他们的这些著作是日本"兰学"的开端。兰学的出现,客观上向外拓展了日本的思想领域,也拓宽了日本教育思想界的视野。

到了 18 世纪 80 年代，幕府进一步注重发展商业，鼓励经济作物的种植和发展新兴产业，奖励学术，更加推崇兰学。兰学的研究从语言、医学方面发展到其他各学科，从长崎、江户扩展到其他主要藩国。1786 年，前野良泽、大槻玄泽还在江户开设"芝兰堂"，讲授荷兰医学，使其成为当时兰学研究的重镇和兰学教育的中心。

虽然此时的兰学还只是以学习以荷兰为代表的西方的医学、天文等自然科学为主，欧洲的哲学、经济学、法学、政治学等几乎还不为人所知，但也在一定程度上冲击了华夷观念以及儒家学说的传统世界观、自然观等，使日本人对西方文明产生了新认识，开阔了日本人的眼界，启发了日本人的思考与探索，对教育思想的启发和日本近代教育的产生具有历史性的影响。

(二)思想复古的极端：国学的发生和神道化

与 18 世纪兰学发展相并列的，是注重日本自身历史研究的国学派的出现。国学的主张是通过对日本古籍的研究，破除儒学和佛教的思想桎梏，恢复日本的古诗歌、古典著作在日本人生活中的主导地位，恢复日本人自身的天性、日本民族的固有精神("古道")。实际上，国学"不外是以侵蚀着封建经济而勃兴起来的商业资本家阶层为背景，主要以城市知识分子为代表的封建制下的改良主义思想体系的产物"①。国学以 18 世纪初的荷田春满(以及僧人契冲)为先驱、以 18 世纪中期的贺茂真渊(1695—1769)为确立人、以 18 世纪后期的本居宣长为集大成者而达到发展的高峰，特别是日本是神国、是万国之冠以及尊奉天皇等观念，将国学转变为复古的神道学说。

国学强调日本的历史文化，在 18 世纪客观上起到了以古讽今、批判儒学特别是朱子学的作用。在教育上，一方面，著名的国学者荷田春满曾建议在京都设立国学学校，并在《创学校启》中详细地阐述了发扬日本固有文化的意

---

① [日]近代日本思想史研究会：《近代日本思想史》第一卷，马采译，13 页，北京，商务印书馆，1992。

义。但另一方面，本居宣长、平田笃胤等人则将国学与神道紧密联系起来，提倡神道和以日本为中心的复古思想。19世纪的皇国主义以及后来的军国主义的教育思想，就是从这当中吸取了历史的酵素。

此外，以编纂《大日本史》为中心而产生的"水户学派"①，在18世纪也完成了《大日本史》的纪传部分。这是18世纪前期趋于低潮的日本朱子学派的重要成果。水户学派的学术"水户学"，在《大日本史》中倡导和贯彻大义名分论的尊皇思想，这是以朱子学为中心，又综合了国学和神道观念的学问。

(三)思想领域的突破：儒学思想在反击中的新变化

国学和兰学相对于朱子学、阳明学和古学等儒学各家来说，属于18世纪新开拓的学术领域，它们对儒学思想体系的批判都是十分直接的。面临新的思想环境和社会现状的挑战，儒学本身在18世纪也有了一定的进展和变化。

在儒学思想理论的众多变化中，值得注意的是荻生徂徕的思想。荻生徂徕的思想本属17世纪儒学中的古学派特别是"古文辞学派"，进入18世纪以后，其思想与朱子学理论进一步区别开来。朱子学主张自然秩序观，即认为现存社会秩序("道")是天定的、不可变更和抗拒的；而荻生徂徕则认为现存社会秩序不过是先王、圣贤、君子们制定的，因此也是可以改变的。他的思想以鼓励人为的改革为特征，客观上具有一定的解放思想的意义，为18世纪日本教育冲破旧观念的束缚提供了思想力量。

本属朱子学派的儒学者新井白石，是一个文武双全、博学多才的学问家，他也突破了朱子学的学术范畴，十分重视对历史、地理、文学、政治及西洋情况的研究，著作等身。特别是在1715年，以《西洋纪闻》一书开兰学之先河。他还以《读史余论》(1712年)第一次对日本历史进行了较为合理的分期。

---

① 水户学派是以水户藩彰考馆为基地、以编纂《大日本史》为中心形成的日本儒学流派。《大日本史》自1672年开始编纂，至1720年完成《本纪》73卷、《列传》170卷。全书于1906年编辑完成，计397卷。

（四）思想基础的丰富：自然学科成就的思想启发

18 世纪不仅是日本社会思想各派争鸣发展的时期，也是日本自然科学和医学的萌芽相继出现的重要时期。例如，关孝和（1642—1708）的《发微算法》中创造了日本独特的数学"和算"；安井算哲（又名保井算哲、涩川春海，1639—1715）首次编制了日本人自己的历书《贞享历》；稻生若水（1655—1715）写出了具有划时代意义的《庶物类纂》。此外，当时虽然因锁国而抑制了金属活字印刷术的发展，但木刻印刷技术已经接近成熟，以这种技术印刷的书籍，在 17 世纪末就已经有 3.5 万册以上。

这些被称为"经验的自然研究"的成果虽然刚刚产生，但是"经验研究的进展，逐渐促进了批判意识的成长，致使固守朱子学或者阳明学等特定学派的精神因而逐渐涣散"[1]，显然有利于更新对人自身（包括对儿童天性、教学活动等）的思想认识，扩展并丰富了教育思想的实践基础。

（五）思想观念异彩纷呈、百花齐放

18 世纪日本思想领域中值得关注，并且对当时教育观念有较大影响的，还有对老庄学说的研究和发挥。当时出现的研究老庄学说的专门著作很多，如《郭注庄子》《老子愚读》《庄子口义愚解》《王注庄子》《老子特解》《老子经音义》《老子愚说》《老子妙皦》《老子全解》等。其中一些观念的提出，为教育观念的变化提供了思想基础。例如，荻生徂徕的弟子太宰春台认为，所谓"老子之无为"，就是"任天地自然之势，于天下事不加干涉，随其发展而不顾"[2]，这种观念亦成为对待儿童的"消极教育"的思想根源。

18 世纪日本激进的思想家安藤昌益提倡"自然真营道"，赞美农耕时代单纯的"自然世"社会。他批判现实社会（"法世"）的不平等现象，把矛头指向了

---

①　[日]永田广志：《日本哲学思想史》，陈应年、姜晚成、尚永清等译，99 页，北京，商务印书馆，1983。

②　叶渭渠：《日本文明》，138 页，福州，福建教育出版社，2008。

任何不直接农耕("直耕")的学派及其人物。因此,其思想是最彻底的批判性理论,也包含"道法自然""回归自然"的意蕴。

属于阳明学的"心学"思潮,吸收儒、佛、神诸学,用通俗的语言讲解普通人特别是市民阶层朴素的处世术和修养法,这一形式成为18世纪中、后期城市社会教育的重要形式。其"现实本位"、面向社会基层、注重现实需要和亲身实践的精神也是值得注意的方面。

给18世纪的日本思想界带来了新变化、新气象的这些异彩纷呈的思想观念,为教育思想的更新提供了新动力和广泛的基础。

二、现实本位与人性平等思想的展开

进入18世纪以后,日本社会的文化、政治、经济状况,将思想家们的注意力进一步引向现实社会,"现实本位"的世界观及理论在日本思想界开始形成,并促成了对封建等级制度的尖锐批判。对现实世界的关注和对人与社会的关系及其性质的探索,是引发新的教育观念的思想基础。

室鸠巢是18世纪中期日本思想界肯定"现世"、否定"来世"的重要人物之一。他虽然一度作为幕府的高官为日本封建统治阶级出谋划策,但他的现实本位思想在当时却是十分突出的。他在撰写的《骏台杂话》中提出:深山和海角的磷火因为不能照亮物体,所以不是真正的火,只有能够照亮物体的才是真正的火;同样,虚幻的世界如"不灭的净土"等,因为不能给人以各种现实的感觉,所以是没有任何意义的黑暗的世界,是不存在的。只有现实的世界才是真正的世界,因为它能够提供种种对象和环境,提供使人们畅快地施展自己一切机能的境界,从而刺激人的感官,使之产生视觉、听觉和味觉,并促使人进行思考。这种对"来世本位""神佛本位"观念的一定程度的脱离,以及贝原益轩等人"经验的自然研究"导致的注重实证的思维方式的初步发展,使得18世纪的一些日本学者对人本身的看法也有了观念上的转变,特别是对人本身的关注程度、对人的自然天性的认识水平，以及人与人之间平等的观念等，都得到了较大的进步。在这方面，18世纪初的贝原益轩曾经提出"天地之间，人人皆我兄弟"的命题(《初学训》)。此后，室鸠巢则进一步论述说：

> 人本无贵贱之分，只依声望而生贵。盖因人生于天地之间，身体相同，知觉无异。皆取之于天地，行之于天地，居之于天地，食之于天地。不以何人为贵，也不以何人为贱。[①]

在这里，他以"身体相同，知觉无异"以及人与自然的关系的客观事实为论述的依据，说明了人在本质上和根源上的平等性，天生不应有人上之人，也不应有人下之人。同时，在思想方法上，一种新的特征也得以显现，即撇开天神与圣人制定的标准，撇开权威，把人人生而平等的思想放在了以自然事实为依据的、无可置疑的地位。

与室鸠巢同时代的三轮执斋(1669—1744)也指出：上至人君，下到武士、平民以及乞食者，都是人。[②] 他还指出，一个人固有的东西，以及圣人、凡人乃至异端恶人等所有人共同的东西，就是每一个人都意识到自己是人，并由此固执且自负地活动着，这才是人的共同本质。他认为人与人虽所处的地位和职业不同，但实际上都是"士"。他说："士乃人也，无位而不贱之称。卿大夫乃贵位也，去此贵位，此人则为士；农工商贾为贱业也，若去此贱业，其人亦为士。"[③]这就是说，当人们排除了身份地位和社会职业这类附着于自身的外在物之后，富贵和贫贱的差别对于他们来说就没有了。这种强调各阶级人的共同性、强调人人生而平等的思想，无疑为提倡平民教育、主张武士教

---

① 長田新：《日本教育史》，78頁，東京，御茶水書房，1982。
② 長田新：《日本教育史》，82頁，東京，御茶水書房，1982。
③ 笠井助治：《近世藩校の総合的研究》，185~186頁，東京，吉川弘文館，1982。

育与平民教育平等提供了一定的理论基础。

三、士庶教育平等和广泛设立学校的主张

力倡平民教育，呼吁平民教育和武士教育的平等，并由此提出广建学校的建议，是 18 世纪日本教育思想发展的重要特征。

在提倡教育平等方面，室鸠巢和三轮执斋都有自己的独特见解。如前所述，室鸠巢以"身体相同，知觉无异"论述了人无贵贱之分的平等思想。他认为，道德心是万人共通的普遍观念，既内在于为君者中，也内在于平民中。所以，在《不亡钞》中，他在叙述了武士之子的教育后特别指出，农、工、商诸人一般也应遵照此旨有所取舍①。他把平民与武士的教育看成相同性质的教育加以论述，这与 17 世纪熊泽蕃山(1619—1691)等人在教育上"武士优先"的主张有了区别。受这种思想的影响，室鸠巢所在的木门一派②在金泽藩所设的藩校明伦堂，从一开始就以武士与平民共学为原则，这在日本平民教育史上具有重要的意义。

被称为"民间教育界巨星"的阳明学者三轮执斋也是力主士庶教育平等的思想家。他认为，人不论贵贱，都必须有"士心"。有"士心"的人就是"大丈夫"。由此，他又认为不论何人，都有一样的学习任务和宗旨，这就是"立士心"。他说：

> 或问：为学之道如何？曰：立士心。又问：何为士心？曰：愤发也。
> 再问：为学乃自天子至庶民皆应从事者，何独云士？答曰：士乃人也……富贵不能淫乃贵人之士心，贫贱不能移乃贱者之士心，此乃为大

---

① 長田新：《日本教育史》，84 頁，東京，御茶水書房，1982。

② 木门一派，指 17 世纪日本儒学教育家木下顺庵(1621—1698)门下的儒学学派。室鸠巢曾师从木下顺庵，为著名的"木门十哲"之一。

丈夫。①

在这里，他将"为学"视为全体社会人的共同义务，将"立士心"视为为学的共同目标。三轮执斋的"士心"，大约相当于我们所说的人格或人性。在这个意义上的自觉人的自学性活动，被三轮执斋称为"愤发"。他认为："四时相继，天之愤也；生生不息，地之愤也；仁义忠信而时时无不感通，人之愤也，是故其所学，常在士心之愤发。"②

为了弘扬这样的"士心"，三轮执斋力倡教育的必要性，主张广泛建立学校。教育在以士心的陶冶、人性的形成为目标这一点上，虽然没有士庶和贵贱之别，但三轮执斋又认为由于自中世纪以后武士和平民就有了区分，因此教育实施也就有了先后顺序。特别是为政者，最重要的事除了"治人"之外，便是"教人"，所以为政者自己应先受教育。尽管有先有后，但结果是，不论是武士还是平民，都要接受教育。他还认为，为了获得更好的教育效果，应当从儿童期开始抓好教育。

广泛地建立学校，是倡导平民教育和教育平等的题中应有之义。在这方面，室鸠巢曾希望以公费营建和维持学校，以利于人民修得职业技能、培养人性的自觉，并且认为这是主君应尽的职责。应当说，这一构想是面向全体民众、主张教育机会均等的公费教育制度的思想萌芽。

比室鸠巢的主张更为详细的设想，是大阪怀德堂的中井竹山在 1789—1791 年向幕府提出来的。他在《草茅危言》《建学私议》等著作中曾经设想，除昌平坂学问所之外，在江户、京都、大阪都建立规模足够大的直辖学校；在奈良、大津、池田、兵库及其他地方的中心城市及幕府直辖地，建立适应当地情况的各种规模的学校。不过，学校未必全部官营，有的可由幕府资助，

---

① 笠井助治：《近世藩校の総合的研究》，185~186 頁，東京，吉川弘文館，1982。

② 笠井助治：《近世藩校の総合的研究》，186 頁，東京，吉川弘文館，1982。

促动地方有志者兴办。这些都是程度较高的学校，不分社会出身，招收有才能者入学。对于一般儿童的教育，中井竹山认为"寺子屋"是数百年前儿童在寺院受教育时的用语，与当今时势已不相合。他建议改造寺子屋，将其作为普通教育机关予以重建。中井竹山的弟弟中井履轩(1732—1818)更是在其《华胥国物语》中做了一番"理想国"式的设想。其中，男女老幼人人受教，村学、县学及国府的学校层层选拔学生；也要认真选择教师，其中的杰出者，也可依此模式，层层选拔进入上一级学校任教等。

从中井竹山等人的这些建校设想中，我们可以看到近似于后来的《学制》中描绘的全国各级学校网的蓝图和改建寺子屋，使其成为小学的情景。甚至学者们的办学热情和超越现实的急迫感，也在江户末年和明治时代被继承下来。大阪作为全国的商业重镇，确乎是一个产生新思想的摇篮。但是宽政改革(18 世纪末)之后，幕府政治、经济上捉襟见肘的局面使得学者们无法实现理想。不过，也仅仅过了半个多世纪，"明治维新"就使这种理想变成了现实。这大概也是中井竹山诸人不曾料到的事情。

四、儿童研究的开端和适应儿童天性的教育思想

18 世纪日本社会价值观的变化和人们对世界、对人性的关注，以及学术界注重经验的实证性研究的倾向，在一定程度上也促进了对儿童的观察和研究。在教育适应儿童天性和儿童发展阶段等方面，思想得到进一步的发展，更为明确的教学原则进一步提出。

(一)儿童研究的开端

在对儿童的观察和研究方面，江村北海(1713—1788)是当时重要的代表人物之一。

江村北海 21 岁时作为朱子学者曾为官于宫津，30 岁时则专任宫津的京都留守官，是杰出的经营者。离开宫津后，他在京都开设私塾"树梢馆"招收学

生，实践自己的教育理想。他的代表性著作是《授业篇》，共 10 卷，涉及幼学、经书、历史、作文、诗学等各方面的教学。在书中，他对学习顺序、方法以及注意之点详加论述，其中不少内容都是他对自己的孩子进行观察和实验后得到的结论。

江村北海是首先主张胎教的日本学者。他说："人出生之时，有所谓尽早教导的说法。但不等出生，从在母胎内的时候起就进行教育，也是有道理的。"①在这里，江村北海把教育的起点上溯至胎儿时期，在当时，这可以说是一个开创性的见解。

此外，他主张运用图解、谈话的方式进行幼儿教育，并主张用游戏自然地导入新内容，这样就无须任何其他的强迫手段。当儿童年龄稍长、可以阅读的时候，他主张开始时不教汉字读音，而教儿童日语发音（训读），并逐渐向孩子提供各种各样的读物，以提高他们的阅读能力，并通过读书积累各种知识。

江村北海以教育的眼光观察和研究具体的儿童个体，从中得到相应的教育结论的做法，无疑是颇具近代儿童教育研究特色的。不过，他的儿童观察和实验，当时还不是建立在对儿童生理和心理充分了解的基础上的教育研究，仍然只是通过个别观察的经验总结。它的意义主要在于，作为 18 世纪日本教育思想方法变化中一种进步的象征，它影响了后来的儿童研究。他的门下出现了日本最早的试图进行儿童研究的镰田鹏，这绝不是偶然的现象。

（二）遵从儿童天性的教育原则和讲求实际的教育内容

继承了 17 世纪末、18 世纪初贝原益轩等人关于新生儿存在天性差异、注重实际知识教学的主张，18 世纪中期的日本学者们在这方面的研究上有了更大的进展。

荻生徂徕认为，天性不同，顺其天性予以延伸是最重要的，不可强迫他

① 　乙竹岩造：《近世教育史》，116 頁，東京，東京培風館，1952。

们定于一种类型。天性虽有高下之别，但没有完全不行的人，不应当轻率地抛弃他们，而应予以帮助。对善恶进行零碎而周详的指责，并非教育人的方法。显然，这是一种以儿童天性自由发展为主导的、倾向于自然主义的教育态度。

细井平洲(1728—1801)也说："好马带缰，弱马上蹬，让有才与无才之人两方共进，应尽此心也。"①这同样表明了他对教育的信心和依人的天性的差异加以教导的思想。

江村北海也指出：

　　倘若大半领悟，必须逐渐教授后面的内容。不过应掌握进度，审慎地教授后面未懂的东西。或一次教授多一点东西。其多少的程度应根据该儿童天生资质高低而定。②

可见，江村北海也注意到了儿童天赋的差异和学习的连续性。他进而认为，教师的任务在于清楚地了解学生的性格、能力，讲求对不同学生的不同善导之道；对于不能立即领悟的东西，学生可在接受教师的指导之后，独立地钻研，直到不懂的地方完全明白为止。不要求统一的进度和划一的教材。

室鸠巢在其著名的《不亡钞》中提出的"由浅入深，由粗至细，依据性情，习趣事而至大道"③的原则，也以儿童的兴趣为起点。他像贝原益轩那样安排了"为士之人教子的应有顺序"。

　　7~8岁：学文字、书写，以及家庭杂务之事。

---

① 乙竹岩造：《近世教育史》，132頁，東京，東京培風館，1952。
② 乙竹岩造：《近世教育史》，117頁，東京，東京培風館，1952。
③ 長田新：《日本教育史》，84頁，東京，御茶水書房，1982。

　　9~10 岁：各种领受、让与表达的顺序，学剑、矛之术。

　　11~12 岁：书信、礼法，弓、小兵器的使用，相扑等。

　　13~14 岁：勇士之典故、日汉书籍，军术，诗歌、文章的写作。

　　15 岁以后：专事家业，有余力则学道。①

　　18 世纪初的这份武士之子的教育年表，其内容中虽然没有自然科学的一席之地，但与贝原益轩的"随年教法"的内容相比，"四书五经"之类的教材以及儒家的道德训诫之类的教导，也同样没有特别突出。从整体上看，对日常应用之需及武艺的学习是其主要的内容。"学道"——对儒家学说的学习和研究，只不过是 15 岁以后有余力的情况下才学习的事。可见，室鸠巢认为"学道"对于武士们来说，已经是可有可无的了。他还认为："学习不限于读书。读书以讲求义理，及物以穷其事理，作为相同的致知之事，力行为始。""一事一物，无不是致知之地。"②江村北海则主张首先学习士、农、工、商职业中和环境中必要的语言与生活知识等。这反映了 18 世纪日本教育思想当中以人及人的社会生活需要为本位的一种倾向，也反映了当时知识进步的背景。

第二节　怀德堂和石门心学教育实践中的新思想

　　平民社会中的一些突出的文化教育现象常常能较为集中地表现出一个时代教育思想的新倾向。例如，18 世纪日本一些学者除了著书立说之外，常常自设私塾或受聘主持藩校及乡校。这些学校便成为民间学者们实现自己的教

---

① 長田新：《日本教育史》，83 頁，東京，御茶水書房，1982。

② 小林澄兄：《劳作教育思想史》，141 頁，東京，玉川大学出版部，1971。

育理想的实践舞台。又如，当时逐渐流行起来的"石门心学"①文化教育活动，也表现出新兴商业阶层独特的教育理念。而 18 世纪日本社会中这些现象的出现，与人们普遍的价值观的变化有着密切的关系。

一、社会价值观的变化及其影响

随着 18 世纪日本城镇的商品经济的出现和发展，商人及城市手工业者的思想意识逐渐强化。商人富裕奢华、武士贫困潦倒的严酷现实，也使得大批原先位于"四民"之首的武士们(特别是下层武士)不仅在物质生活上依附于商人阶层，而且许多人还不得不亲自投入(后来是主动地投入)新的经济活动之中。当时的文学作品《世事见闻录》卷之五所说的"举世倾慕町人"②，就是社会价值观变化的生动写照。当时的长崎富商西川如见(1648—1724)在其著名的《町人囊》中也感叹："生于武家，烦扰甚多。一生恐恐然侍奉主君而心无松懈之时。以名利为第一谨言慎行。相比之下，还是町人轻松愉快。"③他又把商人比作流水，流水虽在万物之下但滋润天下万物；商人虽在四民之末，但也为世间不可或缺。武士的权威和高贵地位可谓一落千丈。

城市商人的这些新的打破常规的思想意识在学术思想上的反映，首先是对历来封建的世界观特别是对朱子学的宇宙观、方法论的怀疑和批判。这为将注重推理的思辨型学术研究逐渐向注重实际的实证型学术研究推移提供了有利的思想条件，有关自然科学的知识和日常实用的知识日益受到重视。

与此同时，朱子学的"格物致知""穷理"思想也已被 18 世纪的思想家们做

---

① "石门心学"，18 世纪二三十年代由商人思想家石田梅岩创立。它以王阳明心学为本加以改造，主张面对现实、注重实学，提倡正直、节俭、守信等为商之道和经济伦理，并广泛组织讲学，一时形成较大的影响。

② 加藤仁平、工藤泰正、遠藤泰助等：《增補新日本教育史》，121 頁，東京，協同出版株式會社，1979。

③ 長田新：《日本教育史》，67~68 頁，東京，御茶水書房，1982。

了不同形式的改造和引申。他们以"格物致知""穷理"这种朱子学的语言，表达了自己的完全不同于朱子学的观点，反对朱子学的偏重做内心功夫的"居敬"，讲求对实际事物进行实证研究，在教育上促进了对实际知识的学习和运用。

毋庸置疑，虽然 18 世纪日本统治阶级的思想支柱——朱子学仍然占据思想界的中心地位，但与此同时，兰学、国学等也逐渐成长起来。17 世纪朱子学、阳明学和古学的兴起，表明那时的学者们注重的是何为儒学的正统，即什么是真正的儒学的问题，基本上仍然是面向内部的，以儒学本身为学问的对象、为真理予以追求。然而到了 18 世纪，有一大批人并不以儒学为真理予以追求，而是使用它的用语借以说明自己追求的真理。换言之，18 世纪有更多的学者把目标转向了儒学外面的世界，以自身为主体，根据自己的要求去探寻真理。不拘一格的自由研究之风由此而生，孕育了探索精神和革新思想，奠定了接受新事物的思想基础，客观上起到了突破封建专制教育的作用。

二、怀德堂的办学思想

18 世纪，一些学者自设私塾或受聘主持藩校及乡校。其中，以细井平洲主持的米泽藩藩校兴让馆、荻生徂徕的私塾萱园塾、山口藩的明伦馆、熊本藩的时习馆、地处商业重镇大阪城的怀德堂等最为著名。其中，怀德堂的办学实践更为集中地表现了一种新的办学思想。

怀德堂又称怀德书院，是由儒学者三宅石庵（1665—1730）在大商人及富裕的市民武右卫门、吉左卫门等人的支持下于 1724 年创办的私塾。1726 年，第二代塾主中井庵获得幕府支持，怀德堂成为半官半民的教育机关。及至中井竹山任第四代塾主时（18 世纪后期），怀德堂进入黄金时代，直到明治初年。怀德堂以其 146 年的历史，特别是以其颇具新风的"怀德堂学派"在日本思想史上占据了一席之地。

以重视大阪商人阶层为社会背景的怀德堂教育，必然要反映出这一新兴阶层的实际需要和思想倾向。它不以培养政界要员和职业学者为主旨，而以开展适应职业要求的实用教育为中心，教学内容注重满足经济需要。有余力时，学生也可学习各类诗词歌赋或医学知识等。阳明学派的学者三轮执斋及古学派的伊藤东涯也常被邀请到此讲学。第一代塾主三宅石庵无论对朱子学还是对阳明学都颇有见地，对古学派亦不排斥，其思想被人称为"鵺学问"①。怀德堂的学生以一般平民为主体，其中培养出了富永仲基、山片蟠桃等著名人物。在学校的组织方面，第二代塾主中井庵 1726 年 10 月公布的学则《怀德堂壁书三条》则显示出教学形式的相对自由：

①学问以尽忠孝、勤职业为上，讲述亦以此为趣旨。傍于此义，则未持书本之人听讲，不予申斥。万一有事亦可中途退堂。

②武家听讲者可就坐于上席。但讲述开始后到达者无此差别。

③第一次出席者与中井忠藏(即中井庵)联系，忠藏外出之时，由经办人道明寺屋的新助给予帮助。②

以上学则将"勤职业"提高到与"尽忠孝"不相上下的地位。对迟到、早退、有无书本及座席方面的宽容态度，也适应了商人忙碌的特点和对自由、平等的要求。第四代塾主中井竹山更是一位力倡教育平等、普及和实用的学者。他进而规定"书生之交，不论贵贱贫富，均应视为同辈"③。1792 年怀德堂遭遇火灾之后，中井竹山借幕府补助之力，扩大其规模，加强实学教育，

---

① "鵺学问"，意指四不像的学问。鵺，yè。

② 国民教育研究所：《近代日本教育小史》，36 页，东京，草土文化，1985。

③ 水田纪久、有坂隆道：《日本思想大系 43：富永仲基 山片蟠桃》，646 页，东京，岩波书店，1979。

使其更加适应"町人之都"大阪的实际情况，把怀德堂推入全盛的时代。在学术方面，第三代塾主五井兰洲（1697—1762）对阴阳五行的否定、对西方"实测"式的研究方法的推崇，以及后来中井竹山和中井履轩对人体解剖学的研究、对教育理想的申述和建议等，都反映了18世纪日本教育思想发展的新方向。

三、石门心学教育实践的教育思想

18世纪"心学"教化运动的产生和开展，是日本平民教育兴起的一个突出表现。这里的"心学"，并非完全是中国王阳明所说的"圣人之学"或宋明性理之学，而是由石田梅岩于18世纪20年代末开创的、面向平民的通俗的生活哲学。它选取神、儒、老、庄等学说中的有关思想，并将其合为一体，主张从人性的自觉开始，进而不断地改善社会的组织和提高道德水平。为此，石田梅岩主张必须追求"人之为人之道"，认识人性。知性乃学问之纲领，知心为学问之开端，把"性"与"心"置于其学说的中心地位。后来，石田梅岩的传人手岛堵庵以更通俗的"知本心"一词取代了"知性"的提法，继续石田梅岩的事业，在民众中广泛进行"心学"的传播教化。石田梅岩开创的"心学"以及心学的传播，被后人称为"石门心学"的社会教化运动。

石门心学的兴起是17世纪中期城市商人的经济力量逐渐强大、文化创造力日益提高的产物。当时的商人一方面是依附于封建经济的、在流通领域中与封建领主们共同瓜分农民的剩余劳动的阶层，另一方面又是受封建专制压迫的阶层之一。他们迫切需要建立一定的社会形象，取得相应的社会地位。

这种政治、经济上的两重性，使心学有两方面的性质。一方面，仍然主张以"忠""孝"等儒家观念为最主要的道德规范，主张安分守己，服从天命；另一方面，积极宣传商人、武士、农民对社会的同等重要性，肯定商人职业的存在及盈利的合理性。"士农工商，治天下之助也。若无四民，则无助……

士乃有位之臣，农人乃草莽之臣，商工乃市井之臣。"①商人获取正当的利润，就如同武士取得俸禄、农民获得收成一样天经地义。同时，石田梅岩又通过提高"正直"和"俭约"两大道德规范的重要性，要求商人以正当的手段获得利润，要求社会尊重经商交往中的交换关系、借贷关系、所有权问题等。所以，石田梅岩及其门人实际上既在为提高商人的社会地位而呼号，又在为建立良好的商业秩序而奔走，这在客观上为日本商业资本主义的发展开辟了思想道路。石门心学的这种思想，正是通过石田梅岩及其后人忘我地开展社会教育运动而传播于社会的各个阶层之中的。

石田梅岩从小受到当农民的父亲的严格教导，恪守本分。在 11 岁到 14 岁、23 岁到 30 岁时，他两度到京都商人家当学徒、帮工和管家。他像当时所有的城市青少年一样，一边做工，一边学习商业技术和实务，但他比别人更为勤奋。18 世纪初期，各种学问和思想较为流行，石田梅岩学习了神道、儒学等，接触了多方面的知识。由于直接担当着商人的角色，他痛感商人肩负的社会压力和对伦理秩序的需要，故而立志"若果无闻道者，即便是摇铃过市，也当劝说人之为人之道"②。他 45 岁的时候，终于在京都自己的住宅里开设了一个小小的私塾，开始践行自己的理想。

石田梅岩的教育工作一开始并不顺利。作为一个普通的管家，他设置"讲习"，遭到别人嘲笑和冷遇是可以想见的。当时，常常来听讲的人不过五六个。但是，他的私塾有其特色，反映了石田梅岩以面向平民、性别平等、通俗实用、方式灵活为主要特征的教育主张。

第一，不收费。他在门外贴的告示中写道：不论何时，免费开讲。欲听诸君，即使未曾联系，亦可不客气地光临。欢迎听讲。③ 这可能是日本实行免

---

① 柴田实：《日本思想大系 42：石門心学》，471 頁，東京，岩波書店，1979。
② 加藤仁平、工藤泰正、遠藤泰助等：《増補新日本教育史》，123 頁，東京，協同出版株式会社，1979。
③ 源了圓：《德川思想小史》，109 頁，東京，中央公論社，1973。

费社会教育的最早例证，后来竟成为风气。

第二，私塾也同样对女子开放。他门外的招牌上也写有：欲听诸君，不必客气，欢迎光临。女子亦请尽可能入内听讲。① 这在当时保守风气极强的京都，十分难得。石田梅岩将讲学对象放开，扩大了影响。

第三，自由听讲，不必履行拜师当徒的一套手续。

第四，教学时间的安排十分灵活。既有白天的讲座，也有晚上的讲解，一般每天上午和每隔一天的晚上授课，以方便不同工作时间的听众。

第五，在教学方法上采用"见性""会辅""道话"等多种方式。

所谓"见性"，就是认识自己的本性。为此，他要求随从弟子像禅者那样打坐，还学习禅宗向修行者提出"公案"（议题）、尝试回答的办法。比如，预先提出问题，他和弟子们分别准备答案，在讨论会上讨论。这实际上近似于一种集体的专题研讨会。

所谓"会辅"，就是设讲席，集中听讲者，进行轮流讲解、集体阅读等。

所谓"道话"，是以通俗、流畅的语言，浅显地向听讲者讲说先哲的名言和民间谚语、故事等，从中启发听讲者对心学主张的认识。

石田梅岩当时以"会辅"为中心，采取了以上多种灵活的方式讲学，适应了城市商人、手工业者闲暇少而文化水平低的状况。这与历来的寺院说教和孔庙的儒家讲释相比，显示出一种新的面貌。新的教学方法加上热情的献身精神及通俗新颖的讲解内容，逐渐吸引了更多的商人、手工业者。石田梅岩于1738年扩充私塾，并前往大阪等地讲学，影响逐渐扩大。

石田梅岩的著名弟子手岛堵庵和中泽道二（1725—1803）等，是18世纪后期推广石门心学的主将。他们在教学方法上主要采用吸引听众的"道话"进行劝导，以致后来"道话"成了心学的代名词。他们又通过创作或采用含有教训意义的诗歌、摇篮曲等材料和散发纪念品的方法，使心学主张更加容易地流

---

① 長田新：《日本教育史》，139 頁，東京，御茶水書房，1982。

行开来。1760 年至 1786 年的 20 多年中，心学波及 14 个藩，22 个心学讲舍建立，宣讲对象也扩大到儿童和妇女群体，以及农民和武士阶层。18 世纪末，中泽道二以江户为中心积极活动，使心学进入了它的黄金时代。1803 年，中泽道二去世时，心学讲舍已达 81 所，扩展到 40 多个藩。

18 世纪的心学教化活动，以新颖的社会教育方式广泛传播了富有近代意义的商人思想。心学推行者们对社会教育的意义的新认识、在方式方法上的新做法，是从江户时代普通日本人当中独立产生出来的教育创新，在日本教育史上具有开创性的意义。

心学进入 19 世纪以后有了更广泛的传播和发展，成为推动江户后期社会改革、教育改革向明治维新过渡的重要力量之一。不过，心学教化运动同时也将肯定封建社会等级制度的思想、安分守己的机能主义的社会分工思想传播开来，所以，在当时幕府及各藩重视教育教化的氛围下，它也受到了当权者的默许，这大约也是心学教育得以流传的原因之一。

综上所述，18 世纪的日本教育思想中确然出现了近乎近代教育思想的萌芽。尤其是关于士庶教育平等的观点、关于儿童天性及进行相应教育的主张、注重实学的要求、对学校教育体系的设想以及教育研究思想方法的转变等，显得格外突出。不过，教育思想上的种种进步也像 18 世纪日本整个思想界、学术界具有的启蒙倾向一样，尽管在形式上与明治初年的"第二次思想启蒙"有某些酷似之处(如提议广建学校、普及教育等)，但相比之下，其局限性却更为严重。这些新的倾向作为一种主导行为方式的思想，仅仅存在于一小部分学者之中或为数不多的学校范围内；一些重要的思想著作，在那时还只是靠手抄流传，其思想传播范围的局限可想而知。然而更为关键的一点是，引起新思想产生、发展的社会基础——城市商人本身，依托于寄生在封建制度上的商业资本而诞生，封建统治阶级的思想仍然是占统治地位的思想，它在商人及其思想代言人的身上必然留有深深的印迹。因此，新的思想不经历一定时日的变化过程，是不可能脱出旧胎而占据上风的。"学问之道，以信圣人为先"①等就是思想局限的突出表现。这种情况，直到 19 世纪中期(江户末年)才有所转变。

---

① 奈良本辰也：《近世日本思想史研究》，99 頁，東京，河出書房新社，1965。

第十章

18 世纪印度的教育

18 世纪，欧洲新兴资产阶级高举"自由""平等""人权"的旗帜，掀起了反对封建政权的斗争，建立起资产阶级的政治统治。资本主义也从一种包含对世俗生活的向往、对财富的贪婪、对海外进行扩张的思想理念和具体的政治经济活动，逐渐发展成为一种深刻影响世界历史发展进程的社会制度。

以履行"文明使命"职责的名义，英国殖民者在印度扮演着征服者、殖民者、统治者和开化者等多重角色。他们在治理与掠夺印度的过程中，摧毁了印度原有的社会与经济结构，推进了印度社会的近代化发展，用强力手段将古老的印度拉进了以英国为中心的世界资本主义体系。

英国殖民统治对印度的政治体制、经济结构、教育制度和社会观念产生了深远影响。就教育而言，东方教育和西方教育在不同办学理念下逐步向前推进，英国殖民教育的体制、目标、对象、规模、内容、教学形式与方法对印度教育产生了巨大的影响。东西方教育博弈的过程中，涌现出了一大批东方学家以及致力于印度民主主义教育改革的人士。

第一节 社会背景

一、帝国衰落

18 世纪，印度处于莫卧儿王朝统治时期，帝国衰落而软弱无力，政局分裂，中央集权领导乏力，无力抵御来自西北方的外族入侵。1748 年，阿富汗人侵入莫卧儿北部，几度进占德里。古老的印度面临着伊朗人、阿富汗人和马拉特人的进攻，各族长期混战，社会动荡不安。不过此时，决定印度命运的因素还是新生的欧洲列强。随着殖民国家的扩张，印度成为欧洲争相掠夺的对象。

英国人武力征服孟加拉国来得如此简单，远远超出了英国人自己的预料，而这一切对印度日后的发展命运产生了深远的影响。当时的封建王公们还没对这个事件给予重视，仍旧在你争我夺、互相厮杀。在他们看来，孟加拉国的新变化就像在其他地方发生的统治者更替一样平常无奇。英国人在巩固了自己的地位后，又向着既定目标迈出了下一步。当英国人来到封建王公们的势力范围时，这些王公们才意识到问题的严重性，仓促应战。少数王公抗英坚决，但由于未做充分准备，大势已去。王公们一个接一个被征服，庞大的印度被小小的英国东印度公司(British East India Company，成立于 1600 年)蚕食鲸吞。①

结果，正如马克思分析的那样，"大莫卧儿的无限权力被他的总督们打倒，总督们的权力被马拉提人打倒，马拉提人的权力被阿富汗人打倒；而在大家这样混战的时候，不列颠人闯了进来，把所有的人都征服了"②。

---

① 马从祥：《印度殖民时期建筑研究》，硕士学位论文，南京工业大学，2014。
② 《马克思恩格斯全集》第九卷，246 页，北京，人民出版社，1961。

二、英国殖民

最早在印度建立殖民地的欧洲国家是葡萄牙，其殖民地位于莫卧儿帝国版图之外。此后，荷兰人也积极介入，并打败了葡萄牙人。英国是在印度最早建立商业公司的早期殖民国家之一。印度当地各权力之间存在着极不稳定的关系。18世纪，印度国内出现政治混乱局面，英国与法国等殖民国家在印度的商业竞争日益激烈。

18世纪的印度国内割据势力相互削弱，各种力量在经历的多次较量、对峙和战争中均遭重创，这为英国实施殖民侵略提供了便利。1744年，英国与法国甚至在印度海域发生战争。英国与法国在印度争夺，法国逐渐战败，无立足之地。东印度公司在打败了法国竞争者之后，成为印度强有力的管理机构之一，由最初的一个海上冒险的垄断贸易公司发展成为一个拥有军队、领土甚至有宣战、谈判的权力的机构，支配起整个印度的命运。英国开始对印度发动侵略战争。经过普拉西战役等几次战役，1757年以后，印度逐步沦为英国殖民地。

英国东印度公司在英国最终成功征服其他国家的过程中发挥了重要作用，其主要作用可概括为以下几点。

第一，它是扩张大英帝国领土的先头部队。

第二，殖民掠夺，积累原始商业资本。

第三，侵占印度次大陆这一战略要地，直指阿富汗、中国以及东南亚各国，使得印度半岛成为英军有力的战略支撑点。

第四，进一步加深属地殖民化，将殖民地转化为英国原材料的供应地及工业产品的市场，在扶持国内资本主义发展的同时，将殖民属地进一步"殖民化"。

第五，成功排挤掉了欧洲其他殖民大国。

第六，长期在印度的统治为日后帝国政府的直接统治管理积累了经验。

18 世纪，英国东印度公司在印度贸易事务中的影响和势力逐渐扩大。到 18 世纪中期，各殖民者中，英国东印度公司势力最为强大，其通过私营公司的名义对印度进行殖民侵略活动。

1773 年，英国政府通过了《东印度公司管理法》，在印度建立起一套殖民统治机构，如实行总督制，委任各级官吏控制各个领地的行政、司法大权，逐步确立起对印度的殖民统治。1784 年，英国政府又通过了《印度法》，规定由政府和公司共同管理印度，而政府拥有最终控制权；规定此后由政府任命英属印度总督，公司在其统治地区重新建立一套统治机构，取消"双重管理制度"。从此，英国东印度公司逐渐由官商公司向英印政府过渡。英国政府逐渐接过了在印度的统治权，东印度公司对印度的掠夺变成英国国家对印度的掠夺，掠夺成为一种政府行为。长期以来存在的东印度公司的腐败现象受到遏制，私人不受节制的掠夺有所收敛。此后，东印度公司的商业特权已不再像从前那样神圣不可侵犯。[①]

英国在印度的统治区域可以分为两部分：一部分是公司实施直接统治的区域，称作"英属印度"；另一部分是众多的附属国，称作"印度土邦"。虽然印度实现了统一，但人为地在一定程度上把分裂状态固定了下来，造成"分而治之"的状态，严重制约了此后印度政治、经济的发展。

三、殖民教育的开端

英国殖民统治在带给印度人民无尽血腥和灾难的同时，也在一定程度上为印度社会变革提供了外部动力。印度的政治体制、经济结构、教育制度和社会观念在殖民统治期间发生了变化。在掠夺财富的同时，英国人也把他们的文化思想、工业革命的最新科学技术带到了这里。印度原始的公社制自然

---

① 张亚东：《18 世纪英国在印度的贸易统治》，载《湛江师范学院学报》，2004（2）。

经济逐步瓦解，取而代之的是资本主义的不断盛行。①

18 世纪中叶，英国东印度公司战胜各方竞争对手，开始了近两个世纪的殖民统治，印度教育制度逐步以英国教育制度为样板。不过，在殖民初期，东印度公司以盈利为目的，不太过问印度的教育，并且对印度社会传统问题保持谨慎态度。

当 1757 年东印度公司开始早期的殖民政治统治时，印度几乎还没有任何由政府组织和支持的教育制度。这个时期的教育基本上沿袭着殖民前的状况，主要由两大宗教团体即印度教和伊斯兰教掌控。英国人也并没有试图去改变这种教育状况，通常是维持现状。因为他们进行殖民统治的主要目的就是开展经济贸易和财富掠夺，以为当时英国国内正在进行的工业革命提供源源不断的资源。他们本无意参与印度的教育，但是迫于管理国家的需要，他们需要一些懂本土语，如梵语、阿拉伯语和波斯语的印度官员，于是便复兴了一些印度的教育制度。

在殖民教育过程中，东印度公司本无意承担教育的责任，其原因包括以下方面。英国教育体制中，政府不负责教育事务，为和国内保持一致，东印度公司无意负责教育事务；东印度公司担心印度人民一旦接受高等教育，就会反抗英国的殖民统治，进而威胁英国在印度的利益；东印度公司只想为少数人提供教育，满足管理政府事务所需的少数印度人的教育需求；东印度公司认为印度人本身并不对他们实施的教育感兴趣，只有施加一定的压力，他们才愿意接受教育；英国殖民者的主要兴趣在于为英帝国积累更多可能的财富，而不是将金钱投在对印度人的教育上；东印度公司的政策是在满足其自身利益的基础上制定的，鉴于宗主国受公众压力所迫，东印度公司才改变漠不关心的态度，被迫承担教育责任，从殖民者利益角度出发考虑发展印度教育。

---

① 马从祥：《印度殖民时期建筑研究》，硕士学位论文，南京工业大学，2014。

然而，随着东印度公司的发展，为满足自身的经济扩张需求，它越来越需要干预教育事业。首先，因对高效率的行政系统有需求，所以有必要将英式教育移植到印度，以培养合格的行政职员，使他们拥有在政府工作必需的英语技巧和性格倾向。其次，职员工资过高，亟须寻找廉价替代者以解决经费紧张问题。这个时候，东印度公司发现印度拥有大批的剩余劳动力，但是他们需要接受教育才能胜任公司事务。英国遂开设英语教育，改变印度的传统教育和传统文化。虽然 18 世纪的印度仍然注重古典语言文学和宗教哲学的教育，对西方教育无动于衷，但由于印度内部政治斗争的混乱，加上外族入侵的冲击，传统教育不断衰落，西方教育逐步进入印度。

马克思在《不列颠在印度统治的未来结果》中写道："英国在印度要完成双重的使命：一个是破坏的使命——消灭旧的亚洲社会，另一个是建设的使命——在亚洲奠定西方社会的物质基础。"①英国在对印度实施殖民统治期间，对印度进行经济掠夺和强权统治；但同时，出于政治和管理的需要，也开始将英国教育移入印度。

殖民当局在 18 世纪末开始推行西方教育，东方教育和西方教育在不同办学理念下逐步向前推进。1813 年，英国议会颁布了《东印度公司特许状法》，规定印度总督每年应从公司税收中拨出不少于 10 万卢比的经费用于复兴文学、鼓励印度本地的学者，以及在英属印度领地的居民中介绍科学知识。② 1854 年，《印度教育人宪章》的颁布标志着印度现代教育体系的最终形成。

---

① 《马克思恩格斯论殖民主义》，76 页，北京，人民出版社，1962。
② H.H.Dodwell, *The Cambridge History of India* Vol.6, London , Cambridge University Press, 1932, p.103.

第二节　初等教育

18世纪前半叶，印度初等教育承袭传统教育形式，由伊斯兰教初等学校（麦克台卜，maktab）和印度教初等学校——小学（婆达沙拉，pathshala）等机构实施。

一、印度教初等学校

印度教教徒的初等教育机构遍布全国，基本上每个村庄都会有自己的小学。这些学校大多数只有一名教师承担教学任务。①

二、伊斯兰教初等学校

第一，教育目的。初等教育的目的主要是推广知识，传播伊斯兰教教义、法律和社会准则。教义建立在宗教之上。初等教育不以考试为目的，也不热衷于取得分数、文凭等，旨在培养人们的伊斯兰教意识，帮助学生为适应现世生活或另一个世界做准备，更多是为了自我进阶，为了促进物质世界的繁荣。

第二，教育机构。学生接受初等教育的主要机构是麦克台卜，然后，学生进入马德拉沙（madrasah）接受高一级教育。在麦克台卜接受教育期间，学生主要背诵《古兰经》中的部分内容，也学习阅读、作文和数学知识。学过阿拉伯文学之后，再学习波斯语及波斯文学。教师给学生讲述有关穆斯林的故事，教给他们写作和交谈的技巧。学生入麦克台卜的第一天就要穿戴一新。学生按要求和日程安排到麦克台卜接受教育。

---

① A.P.Sharma, *Contemporary Problems of Education*：*with Special Reference to India*, New Delhi, Vikas Publishing House Pvt Ltd., 1986, p.24.

第三，教学组织。穆斯林先知鼓励其弟子学习、传播伊斯兰教，因此，进行宗教哲学形式的教育。穆斯林教育是在宗教的基础上进行的，麦克台卜都设在清真寺里面。穆斯林统治者注重采用较为宽松的教育政策。所有人的子女都可以在此接受初等教育。富人子女一般不入麦克台卜学习，他们经常在家接受初等教育。印度教教徒的子女也可以进入麦克台卜学习，但是首先要学会阿拉伯语和波斯语。皇家子女则在皇宫中由专业的教师传授军事、宗教、文学、管理等知识。

第四，教育内容。教育内容主要是简单的读写算知识以及不可避免的宗教知识，如宗教神话与故事传说。这个时期的教育以印度教教育和伊斯兰教教育并存为特点，教学语言也因地而异，或是梵语、孟加拉语，或是波斯语、印第安语等。

麦克台卜的课程安排是先教授读写，然后学习《古兰经》的一部分内容。学生不必理解《古兰经》的内容，只需记住就行。

皇家子女在皇宫中学习，公主除学习阿拉伯语、波斯语和伊斯兰教教义之外，还会学习政治学、法学和军事学；王子必须学习军事学。高级种姓的子女既要学习管理知识，还要学习实践知识。开展军事训练主要是考虑到穆斯林统治者必须具备高超的作战技术和军事组织能力。年轻的王子需要到战场上接受战事考验。艺术也是宫廷教育重视的，因为伟大的艺术家能够将宫廷装饰得更为华贵。

第五，教学方法。以口头教育和背诵布置为主，大多数学生的时间都花在了背诵和祷告上。因为采用的是口头教学方法，教师的主要任务就是讲解，学生一般被动听讲，跟着教师复述和背诵学习内容。教师不在的时候，高年级学生也可以教授低年级学生。教师一般教授学习字母和数学的方式。学生学习字母后就学习一些难词，如《古兰经》中的一些词。临摹也是初等教育非常强调的，学生需要临摹当时一些好的字帖。会读写后，学生就学习文法知识等。麦克台卜主要是让学生记住古兰经教义，学习阿拉伯语和波斯语，还有一些文学算术类的基础知识。学生完成初等教育后就会被送到马德拉沙接受高等教育。

第六，纪律和奖惩。学生若不遵守纪律就会被处以残酷的体罚。教师是学生行为是否符合标准的唯一评判者，也是对学生实施何种处罚的决定者。没有人质疑教师权威。一般学生会被罚站或罚跑，还会被倒悬起来。学生非常害怕这种体罚。聪明勤奋的学生会受到奖励。教师也会指定一些高年级学生做班长，指导、管理低年级学生。

第七，生活管理。一般学生都是住在大自然的怀抱中的，隐遁山野，修身养性，过着艰苦朴素的生活。禁止物质享受。

普通女童的初等教育主要还是以家庭教育为主要形式，由母亲教授女童缝纫、纺织、做家务或进行其他基本活动的知识。少数高级种姓家庭的女童可以接受简单的知识教育。伊斯兰教教育是不反对女性接受教育的。在一定的年龄范围内，女童和男童接受同样的教育。但是，过了一定阶段后，女童就不再接受教育了。女童只能在麦克台卜接受初等教育，学习阅读、作文和数学知识，不能进入马德拉沙接受高一级的教育。公主则在皇宫内接受教育，教师是精选出来的，教授公主音乐等。富人则在家中为女儿提供教育。①

在师资培养方面，东印度公司最初对教育采取的是"中立政策"(neutral policy)，既不干扰也不支持。但是，随着西方传教士在涌入印度的过程中创办了越来越多的学校，师资培养越来越重要。1793年，丹麦传教士卡雷(Carey William)等人在孟加拉国的塞兰布尔开办了印度历史上第一所师范学校。1789—1796年，英国人贝尔(Andrew Bell，1753—1832)运用"导生制"来培训教师。之后，这一方法成为当时印度培养师资的主要方法，其特点就是训练

① 王长纯:《印度教育》，52页，长春，吉林教育出版社，2000。

年龄大的学生教授年龄小的学生。

三、基督教教会学校

　　殖民初期，传教士在传播西方教育方面起着重要的作用。这个时候，在初等教育领域，西方传教士创办的教会学校开始出现。为了传播基督教，他们几乎在印度所有城镇建立起教育机构，主要以初等教育机构为主。教授内容为基督教教义，也涉及一些简单的读写算知识，一般采用学生的母语教学。比如，在印度德里，佛雷泽(Fraser)为柴明达尔的儿童开设了学校，用波斯语进行读写教学。

　　综上所述，18 世纪前叶，印度初等教育还是以读经、讲经等传统教育为主，在教学方法上要求死记硬背，强调纪律管理。从殖民初期开始，印度初等教育制度呈现出日趋衰落之势。尽管初等教育的主要机构麦克台卜、婆达沙拉还比较普遍，但是规模已经大不如前，学生数量已经很少。初等教育机构中一般只有一个教师以及十几个学生。印度初等教育衰落的同时，西方传教士和东印度公司官员从事的教育活动则发挥了一定的作用。

第三节　中等教育

　　学生接受初等教育的主要机构是麦克台卜，然后进入马德拉沙接受高一级教育。伊斯兰教中等教育机构主要包括马德拉沙①和清真寺②。马德拉沙是比麦克台卜高一级的学校，相当于中学；清真寺是伊斯兰教教育体制

---

　　①　马德拉沙，伊斯兰教教育机构，与普通教育机构并行，兼有中等教育和高等教育功能，因此，既可被视为中等教育机构，又可被视为高等教育机构。
　　②　初等教育机构和高一级学校一般都设于清真寺内。

中水平最高、规模最大的教育场所，后来发展为穆斯林大学。随着教育的发展，马德拉沙和清真寺通常合为一体，学生的中学和大学课程都是在同一场所中完成的。

马德拉沙是用劈开的石头建造的，有祈祷用的大厅，庭院周围都是一些拱形的建筑，可以作为藏书室或演讲场所。马德拉沙主要由政府或慈善人士创办，学习年限一般为10~12年，聘用德高望重者任教，不受制于政府。教学内容一般以宗教经典为主，如《古兰经》，同时也学习语言、文学、数学、天文学、逻辑学、法律、诗体学等。在马德拉沙，不同的学科分别由不同的教师讲授。

伊斯兰教统治期间，教育得到政府的大力支持。穆斯林统治者创建了许多马德拉沙，资助了许多学者，也为许多学生提供了奖学金。马德拉沙具有鲜明的宗教色彩。印度教的信徒不能在这些场所接受教育。教育只对上层和中层人士开放。普通人的孩子无法接受教育。

最初来印度的传教士为了使更多的人信奉基督教，大多非常尊重印度的生活方式和风俗习惯，和印度本土冲突很小。但18世纪，随着东印度公司在印度政治、司法权方面的延伸，一些英国官员对印度教育产生了浓厚兴趣。有少数人建立了高级学校，其中既有用英语教学的西方式学校，又有以印度语为主的东方式学校，但主要以后者为主。

18世纪70年代和80年代，由施瓦茨在坦焦尔、兰纳德和希沃刚创办的学校是最先向印度基督教徒传授英语的学校。此外，塞兰布尔的浸礼会传教士威廉·凯里(William Carey)、威廉·沃德(William Ward)和乔斯华·马什曼(Joshua Marshman)等人，伦敦传教会和孟买的美国卫理公会教徒们也都做了一些开拓性的工作。他们用英语编写教材和翻译作品。

西方传教士办学的目的在于传播基督教教义，许多印度人也是通过传教士的活动熟悉西方教育的。比如，威廉·凯里于1793年在加尔各答创立了英语教会学校，编写教材，翻译西方经典作品。教学内容为基督教教义，授课语言一般采用学生的母语。

总体来讲，这个时期的中等教育没有形成自己的体系，缺乏独立性，中等教育发展是有限的。在教学实践中，过多使用英语教学给学生造成了极大的心理负担；死记硬背，机械学习，忽略对科学和实用知识的学习，缺乏户外活动或其他创造性活动；学校僵化、无弹性，只有单调的统一。①

第四节 高等教育

高等教育主要由维德亚拉亚和马德拉沙提供，这两类机构普遍设立于全印度，不过在学人数少，规模较小。维德亚拉亚主要由印度教教徒创办，用梵语教学，教学内容主要是文学、医学、逻辑、法律、奥义书、语法等。马德沙拉最初由伊斯兰教教徒创办，后印度教教徒也参与办学，主要用阿拉伯语或波斯语教学。马德拉沙意为"上课场所"，往往和伊斯兰教教育体制中水平最高、规模最大的清真寺合并在一起，是高等教育的场所。阿拉伯人和突厥人把伊斯兰教的教育形式带到了印度，在高等教育上，这一形式就体现为马德拉沙。18世纪，印度实施高等教育的主要机构就是马德拉沙这样的高等教育中心以及旧制大学，注重古典语言和宗教哲学的教育。

在办学条件方面，作为高深知识中心，马德拉沙会获得国王划拨的土地或村庄，也会接受社会各方面的资助，富人也会资助马德拉沙。学识渊博的学者出任校长，并在教授的协助下开展教学工作。国王不干涉学校管理事务。

---

① S.R.Vashist, Ravi.P.Sharma, *History of Education in India*, New Delhi, Radha Publications, 1997, p.32.

个别君主为了获得个人名誉，或因为对教育感兴趣，或为了传播伊斯兰教，会为学生提供住处。

在考试制度方面，一般由教师决定学生是否接受高等教育。虽然没有衡量学生学习是否成功的具体标准，但往往以颁发奖学金或奖品的形式，对表现出色的学生加以认可。虽然不举办定期的学年考试，但会在实际生活中对学生进行考核。在宫廷，一般以讨论和作诗的方式对学生进行知识和成绩评价。皇后和知名的学者都会参与，他们认真对学生进行评价，并以奖金或奖品的形式奖励优秀者。通过考核的学生会获得"Alim"学位，那些学完逻辑教育知识的学生则会获得"Alim""Fazil"学位。

在生活管理方面，国家为马德拉沙的学生准备了各种学习用品、衣服、食物和其他东西。政府对马德拉沙的学生照顾得非常周到。有些马德拉沙附近还设有校医院和游泳池等。

穆斯林教育中心德里创设了多所马德拉沙，德里也逐渐发展成为高等教育中心。莫卧儿帝国时期，德里兴建了一所能够学习天文学、地理、波斯语、语法和哲学的学校，地位进一步提高。许多著名的学者都在德里学习过。阿格拉也兴建了一些马德拉沙，这里以浓厚的知识和文学氛围而闻名，促成了伊斯兰文化和哲学的灿烂。许多学者千里迢迢来到这里接受高等教育。雅温普尔也开设了马德拉沙，学生来此接受历史、政治学、哲学、战术等不同知识，但随着莫卧儿帝国的衰落，其学术中心地位逐渐衰落。毕达尔是一座南方城市，也是知识中心，建有许多麦克台卜和一所马德拉沙。该地还建有图书馆，收藏了有关伊斯兰神学、哲学、医学、天文学、历史、农业等方面的书籍。

18世纪，英国殖民者在印度开办了马德拉沙和贝拿勒斯梵语学院。在东印度公司建立不久之时，为了获得有影响的印度人士的支持，进一步巩固地位，东印度公司为印度教和伊斯兰教中有能力的学者提供了英国政府的财政资助，并先后在加尔各答、马德拉斯和贝拿勒斯各建立了一所大学，以提供高等教育。当穆斯林上层阶级要求建立一所马德拉沙时，英国人立即答应了这一请求，这也反映出英国政府当时亟须获得有影响的穆斯林的支持。黑斯廷斯（Warren Hastings，1732—1818）作为英国驻印度行政官员，首任孟加拉总督（1774—1785），也是英国驻印度的第一任总督，首先开始殖民教育。他鼓励复兴印度学，1780 年就在加尔各答举行了马德拉沙奠基仪式，创设了马德拉沙。东印度公司为马德拉沙提供经费支持。受其影响，为获得上层社会支持，瓦纳勒斯的驻印官员乔纳森·邓肯（Jonathan Duncan）也于 1792 年建立了梵语学院（Benares Sanskrit College），学院设有印度教、法学和其他学科，用梵语教学。这两所学校重视培养印度教和伊斯兰教法律专家，以便其将来可以担任英国法院顾问。

埃尔芬斯通（Elphinstone M.）在印度西部的浦那市为印度教教徒建立了一所学校。以上这些学校通过个人努力而建立，大都是因为东印度公司的一些英国官员对发展高等教育有着浓厚的兴趣，他们认为要巩固统治，必然需要考虑到本地人的宗教偏爱和社会习俗。加尔各答宗教学院的建立，是为了使伊斯兰教绅士们的儿子有资格担任加尔各答政府官职。学院开设古兰经神学、自然哲学、几何学、算术、逻辑语法等，授课语言为阿拉伯语。

18 世纪末，殖民地政府为保持与印度教和伊斯兰教上层的友好关系，还极力主张发展印度传统教育，并投入大量精力和财力兴建梵语学院和各种宗教学院，拨款刊印一些梵文、阿拉伯文和波斯文著作等。①

在教学内容上，伊斯兰教的学校中学生所学的知识局限于宗教知识，一些世俗性知识被排除在外。

总之，18 世纪的教育制度仍然保存着印度自身的传统，但随着英国在印度逐渐建立起行政管理体系，英国教育因素已逐渐渗透至印度的传统教育体

---

① 张立芳：《英语在印度的传播历程研究》，硕士学位论文，山东大学，2009。

系之中。① 印度国内已经初现西方教育和东方教育的观念纷争。

第五节　教育观念

在西方教育文化渗透进印度本土文化的过程中，包括罗姆·摩罕·罗易（Ram Mohan Roy，1772—1833）和威廉·琼斯（Sir William Jones，1746—1794）等人在内的一些有识之士，深感革除传统宗教教义束缚的必要性，呼吁革除那些不符合时代要求的宗教信条和陋习，以适应社会发展的需要。

一、罗易的教育活动与教育观

罗易，印度近代宗教变革者和社会改革者。属婆罗门种姓，出生于一个富裕的印度教家庭。他曾进入巴特拿（Patna）回教学校学习阿拉伯语、波斯语，深受回教宗教思想影响。1804年至1814年，他任职于东印度公司，开始学习英语、梵语，接触印度传统文化，接受西方近代文化与思想的洗礼。

1815年，他定居加尔各答。为改变印度社会停滞不前的状况，他积极参与宗教与社会改革运动。他批判印度教的偶像崇拜，颂扬《奥义书》真义，用英语及孟加拉语翻译《奥义书》，批判社会旧俗。

1828年，罗易创设了梵教会。该教会为宗教与社会改革团体。从宗教理想上看，罗易并非主张简单的宗教复古，也不是宣扬全新的启示，而是尝试促成印度思想与西洋思想或印度教与基督教的交流。1830年，为学习基督教及西欧之文明，他到英国考察与交流，并就印度之征税、司法制度等问题发

---

① Aparna Basu, *Essays in the History of Indian Education*, New Delhi, Concept Publishing Company, 1982, p.1.

表自己的意见。后客死于布里斯托尔。①

罗易从资产阶级民主思想出发，基于印度教传统的经典理论，倡导社会与宗教改革，以改变印度封建愚昧的状态，启发民智。

罗易深知祖国的贫弱和同胞饱受殖民压迫的痛苦，认为欲振兴祖国，必首先振兴宗教，振奋民众的民族精神。为此，他从复兴印度传统文化入手，从多角度对印度教意识形态的代表流派——吠檀多教派哲学进行了重新解说。他认为，古代吠檀多教派经典，尤其是《奥义书》中的很多精华内容都遭到了歪曲和误解，有必要对传统的吠檀多教派经典进行重新解说，以此挖掘传统文化的精髓并加以发扬光大，重新武装人民的头脑，从而达到开启民智、振奋民族精神的目的。因此，他花费了大量时间将《奥义书》中的梵文翻译成孟加拉文和英文，并做了大量的注释和评论，使得吠檀多教派梵文经典从婆罗门的故纸堆中解放出来，能够为普通民众所阅读和理解。后《由谁奥义书》《伊莎奥义书》《伽塔奥义书》等一系列相关翻译著作得以出版。此外，罗易还撰写了一些论述吠檀多哲学的著作，阐述自己的新观点。1815 年，他出版了一部关于吠檀多哲学的著作《吠檀多精髓》，采用孟加拉文写成。罗易重新翻译和评注了《奥义书》，并撰写了一些阐述吠檀多哲学的著作。不过，他的新吠檀多思想并未形成完整体系。

罗易是近代印度率先采用新视角对传统吠檀多进行重新解释的先驱，促使中世纪陈腐的吠檀多哲学重新焕发出新的活力。

罗易精通印度教和伊斯兰教教义，并且熟知基督教和佛教，对于西方哲学和政治思想也非常了解，广博的学识和开阔的眼界为他以后改革传统吠檀多哲学奠定了必要的思想基础。他重新审视了印度古代的吠檀多哲学，从多民族教义学说角度对印度哲学进行了优劣比较。他吸收了伊斯兰教和基督教的神论思想，同时运用了西方理性主义和绝对一元论观点重新解释了传统吠

---

① 黄心川：《印度近现代哲学》，12～18 页，北京，商务印书馆，1989。

檀多教派教义。因此，他的吠檀多哲学既继承了传统吠檀多不二论(Advaita Vedantism)的精华，又具备新的内容和特点，为近现代新吠檀多主义哲学流派的形成和发展奠定了理论基础。

在罗易看来，最高的本体——梵是吠檀多哲学的一个永恒主题。[①] 那么，如何体验和感悟到梵呢？他反对传统吠檀多派的等级观念和脱离社会实践的做法，力求将西方的理性主义和人道主义思想吸收进来。罗易比古代的吠檀多派更加重视道德修养。他认为，真正崇拜梵的人需要遵守道德法则，并且要不断克服自己的私欲，进行道德心理修炼，克制个人内在的情感和外在的感官体验，履行《吠陀》要求的各种善行。在认识论方面，罗易重视人的感性经验和理智判断，而古代吠檀多学者大多否定人的感性和理性作用。罗易认为，人能运用自身的理性能力辨明宗教经典中阐述的道理是否正确，辨明好坏和善恶。这种理智思维和感觉能力绝不会是无用的。[②]

罗易重新解释吠檀多不二论的目的在于复兴吠檀多哲学和传统文化，他试图通过传统文化提升印度民众的自豪感和自信心，以抵御西方宗教文化的入侵。这种复兴不是简单的重复，而是引入西方思想、改造传统文化。罗易以《吠陀》为思想理论基础，建立了自己的思想体系。梵是一种抽象性的存在，看不见、摸不着，因此，人们只能运用理性加以感悟，不需要繁文缛节。在宣扬新的宗教思想的同时，罗易积极引进近代科技知识，普及世俗教育，并大力兴办新型学校。他是现代印度的伟大先驱，宣扬了人性、科学和民主思想，破除了种族、迷信、专制中消极、落后的一面。

罗易是印度现代教育制度的开拓者和积极宣传者。在他看来，西方国家之所以能够有强盛的国力，是因为掌握了社会科学和自然科学的知识。因此，

---

① B.C.Robertson, *Raja Rammohan Ray*, *The Father of Modern India*, Delhi, Oxford University Press, 1995, p.168.

② D.H.Bishop, *Thinkers of the Indian Renaissance*, New Delhi, New Age International, 1982, p.11.

罗易主张抛弃中世纪经院式的教育制度，采取以英语为媒介，传授现代科学知识的新型教育体制。他认为，印度必须利用欧洲的知识和成就，学会控制和征服自然。如果让英国处于无知的状态，当初就应该禁止用培根的哲学取代中世纪经院哲学，使无知永远保持下去。同样，旧的梵文教育制度也会使印度这个国家处于永远的黑暗之中。政府想要改善印度居民的生活，就应该建立一种更加自由、开明的教育制度，使大家学习包括数学、自然哲学、化学、解剖学等在内的各种有用的科学。① 正是在这种思想的指导之下，19 世纪初，罗易创立了印度第一所西式现代大学——印度学院。这所大学不仅用孟加拉语讲课，而且用英语讲课，讲授内容涵盖哲学、社会科学、自然科学等，对在印度传播科学知识和先进思想起了重要作用。他批判传统的教育方式，推行西方现代教育。与此同时，他还反对建立梵语学院以及梵文教育制度，并与英国殖民当局和印度封建势力结合起来共同进行的文化复古运动做了坚决的斗争。罗易是印度较早一批资产阶级思想家之一。在英国殖民统治下，他们接受英语教育，在英语思想、文化的影响下成长起来，无论从人数上看，还是从力量上看，都显得相当弱小。但是，罗易作为近代启蒙思想的先驱，为民族复兴和觉醒做出了不可磨灭的贡献，他宣传的科学和理性观念，自由、平等、博爱思想对以后一代又一代的思想家产生了直接和深远的影响。②

二、琼斯的教育活动与教育观

琼斯，英国东方学家、语言学家、法学家、翻译家，曾在印度当法官，用业余时间学习东方语言。

东方学能够在 18 世纪晚期的欧洲兴起，与琼斯关系密切。他建立了世界

① 朱明忠：《罗姆莫罕·罗易——印度启蒙思想运动的先驱》，载《南亚研究》，2004(1)。
② 朱明忠：《罗姆莫罕·罗易——印度启蒙思想运动的先驱》，载《南亚研究》，2004(1)。

上第一个专门研究东方学的"亚洲学会"(Asiatic Society),积极开展梵语和波斯语研究,推动了东方语言研究的发展。琼斯还将一些东方文学经典,如阿拉伯的《悬诗》、印度的《沙恭达罗》、中国的《诗经》等译介到欧洲。他不仅开创了东方学的纯学术传统,而且还促进了东西方文化交流。

18 世纪中叶前后,欧洲人对东方一些主要的民族已经有了不同程度的认识。相对而言,欧洲人对埃及、巴比伦和波斯文明了解得更多一些,对印度的了解主要通过阿拉伯人来实现。近代时期,虽然欧洲人在印度的殖民活动比较频繁,但是鉴于梵语晦涩难懂,到过印度的欧洲人仅对印度文化有些许了解。

琼斯是英国人,但他长期生活在印度,其主要学术成就和影响也在印度体现。琼斯在印度从事司法工作之余,把几乎全部时间都用在了语言学习和东方学研究上。他研究印度及其周边国家的语言和文化,尤其是古印度的梵语。琼斯不遗余力地收集、保护东方文献,尤其是古代经典著作。这些文献大部分是梵文经典,另有小部分汉语、波斯语和阿拉伯语典籍。

(一)创建亚洲学会

1784 年,琼斯在加尔各答创建了亚洲学会。他一直担任亚洲学会会长,直到去世。

1784 年到 1794 年,琼斯每年年初都会在亚洲学会会议上发表年度演讲,演讲内容涉及对印度、阿拉伯、波斯、中国的民族研究等主题。同时,他还就东方民族起源与谱系、亚洲文明史、自然史和科学等进行专题演讲。琼斯的很多演讲主题具有开创性。在其担任第一任亚洲学会会长的十年间,亚洲学会会聚了威尔金斯(C. Wilkins, 1749—1836)、科尔布鲁克(H. T. Colebrooke, 1765—1837)等东方学者。在加尔各答,以琼斯为灵魂人物的"琼斯学派"或"东方学派"形成,并引发欧洲国家效仿,掀起了一股建立亚洲学会或东方学会和研究东方学的热潮。

(二)研究东方语言

东方语言研究是琼斯东方学的基础。琼斯曾学习 28 种语言,精通梵语、波斯语、阿拉伯语、拉丁语、法语、希腊语等。琼斯的语言才华为其开展东方学研究提供了极大的方便。1771 年，琼斯出版的《波斯语法》一书成为欧洲人学习波斯语的必备书籍，琼斯也被认为是欧洲第一个真正掌握梵语的人。欧洲人学习、研究梵语的热潮逐渐掀起。在琼斯的影响下，科尔布鲁克撰写、出版了西方第一部梵语语法著作，弗·施莱格尔（Friedrich von Schlegel，1772—1829）撰写、完成了《论印度人的语言和智慧》。琼斯在打开梵语大门的同时，也开启了印度文化研究的大门。他广泛而深入地研究了印度等东方国家的历史和文化，撰写、出版了《关于印度人的编年史》及补编、《论印度人的阴历年》、《论印度人的音乐模式》、《论印度人的棋艺》、《印度星相史》等。他甚至认为不管梵语多么古老，它的结构是令人惊叹的，它比希腊语更完美，比拉丁语更丰富，比希腊语和拉丁语更精练。

（三）译介东方文学

琼斯将大量印度、波斯、阿拉伯和中国的文学经典译介到欧洲，对欧洲文化产生了重要而深远的影响，并在一定程度上改变了欧洲的东方观。琼斯最早关注的是波斯诗歌，曾翻译内扎米（Nezami，1141—1204）的《秘密宝库》。1770 年，他翻译了《哈菲兹诗歌》，这引发了欧洲对哈菲兹（Schansoddin Mohammad Hafiz，1315—1390）以及波斯诗歌的兴趣，诗歌中蕴含的激情和神秘感激发了拜伦（George Gordon Byron，1788—1824）等人的灵感，拜伦在其早期抒情诗中也模仿了其押韵的格式。琼斯还译介了阿拉伯文学著作。1782 年，《悬诗》英译本受到了欧洲作家长时间的追捧和欢迎。

琼斯接触印度文学的时间最晚，但是取得的成就和产生的影响却最大。他到达印度后，就满怀热情地与印度学者交流，对印度文化有了较多了解。之后，他利用收集到的素材创作了许多诗歌，其中，"印度神颂诗"对欧洲浪漫主义诗歌产生了较大的影响。1786 年，琼斯翻译了《嘉言集》；1789 年，翻译了《牧童歌》。其中，尤以《沙恭达罗》的翻译成就最大。1789 年，他将其直译成拉丁语出版，后又将其翻译成英语出版。《沙恭达罗》让欧洲人领略了印度文学的高超艺术成就，改变了欧洲学者的东方文化观。歌德在创作《浮士德》中的舞台序曲时即受到了《沙恭达罗》的启发，歌德也是通过琼斯的译本接触到《沙恭达罗》的。① 琼斯翻译这些作品的时候，坚持逐字翻译，尽可能尊重原文。他对东方文学做出的高评价都是在研究、翻译原文之后完成的，具有较强的客观性。他甚至将印度文学与古希腊文学置于同等地位，这反映出他是从一种世界文学的大视野来观察东方文学的。他通过对欧洲文学和印度、波斯、中国、阿拉伯、希伯来等民族文学的比较，肯定了东方文学的成就，形成了较为完整的世界文学观。18世纪末19世纪初，在东西方各国交往日益密切的情况下，欧洲的"世界文学"概念已经变得颇为清晰。

(四)再现吠檀多教派思想

吠檀多，梵语名，由"吠陀"(veda，意为知识)和"终极"(anta)两个词组成，意思是吠陀之终极，原指《吠陀》末尾的《奥义书》。吠檀多教派是印度六派吠陀哲学中最有势力的一派。其他五派指的是正理派、数论派、胜论派、瑜伽派、弥漫差派。这六派在学理方面彼此贯通且相互补充，共同组成了印度教中占据统治地位的哲学流派。②

在一篇名为"亚洲哲学"的文章里，琼斯解释了吠檀多教派的哲学要旨，认为该教派不否认物质存在，但在认知方面，又不同于一般对存在的认知，主张存在必须依赖于人的心智才能体现出存在性，"存在"和"觉知"是可以互换的术语。一切有形的、无形的存在，包括人的感知都是虚幻的。琼斯还详尽地介绍了吠檀多教派的核心学说——不二论。在琼斯看来，吠檀多教派并

---

① 于俊青：《威廉·琼斯与东方学的兴起——兼论其东方文学与世界文学观念》，载《山东社会科学》，2011(10)。

② 张春晖、杨亚德：《威廉·琼斯与吠檀多哲学思想》，载《佛山科学技术学院学报(社会科学版)》，2015(1)。

未否认世界的物质性，而是改变了人类对物质性质存在的看法。①

　　面对纷乱复杂的印度宗教，琼斯有着足够清醒的意识。尽管印度宗教哲学体系纷乱如麻，但是只要将注意力集中于能够代表印度教核心信仰和正统哲学的吠檀多教义，就能梳理清楚其他繁杂的宗教。琼斯在发现了这种基于奉献、热爱和虔诚基础之上的知识体系之后，立即对吠檀多哲学产生了浓厚的兴趣。他意识到吠檀多教派思想提供了一种其他无神论缺乏的道德观和虔敬精神。在某种程度上，琼斯通过诠释印度的宗教道德观，改变了西方根深蒂固的成见。1787年，琼斯在写给朋友的一封信中表示，自己虽然并非印度教教徒，但认为和进行无休止的灌输、惩戒的基督教相比，印度教则更加理性。② 在是否以吠檀多教义为自己的信仰问题上，琼斯一贯含糊其词；不过，琼斯希望英国知识界重新审视和观照印度教的立场却是明确的。在琼斯不断地向英国读者介绍印度教思想体系背后蕴含的道德基质和学理深度的过程中，英国知识界人士对印度教应该敞开胸襟迎纳，而不是轻率拒斥。③

　　18世纪之前，印度在英国人心目中是一个富裕的国家，但多有想象成分；进入18世纪之后，随着英国实力的不断增强，英国人心目中的印度形象趋向负面。在英国驻印度首任总督黑斯廷斯的推动下，18世纪末，英国涌现出了一大批东方学家，对印度的历史、语言、法律及社会风俗等诸多方面进行了开创性研究，这使得印度形象具备了学术基础。不过，这些研究多侧重于对印度古代文明的研究，并塑造出印度的光辉传统文化在莫卧儿帝国统治时期日趋衰落、需要英国拯救的印度形象。印度辉煌的古代文明与当时英国殖民

---

　　① 张春晖、杨亚德：《威廉·琼斯与吠檀多哲学思想》，载《佛山科学技术学院学报（社会科学版）》，2015(1)。

　　② Garland Cannon, *The Letters of Sir William Jones* Vol. Ⅱ, Oxford, Clarendon Press, 1970, p.766.

　　③ 张春晖、杨亚德：《威廉·琼斯与吠檀多哲学思想》，载《佛山科学技术学院学报（社会科学版）》，2015(1)。

统治的需要，为18世纪末英国东方学家开展印度研究及建构印度形象提供了条件。反过来，这种形象建构服务于英国对印度分而治之的殖民统治策略，扩大了印度不同群体间的隔阂，并埋下了印巴分治的种子。在东西方教育博弈的过程中，印度文化与教育发展表现出两大主题：一是东西方之争明显，二是传统民族教育发展。

就东西方之争而言，18世纪，在东西方教育逐渐分门立户的基础上，西方人在印度日益频繁和扩大的教育活动引发了进行东方教育还是西方教育的争论。东印度公司的格兰特(Charles Grant)主张进行西式教育，认为印度人愚昧无知，英国应该承担起解救印度民众的使命，解救的唯一办法就是传播基督教义、自然哲学、文学和天文学等西方知识，让印度人感受到一个"富于新思想的世界"。格兰特是第一个主张教授英语，主张向印度引入西方文化的人。坚持推行西方教育一派也认为，西方文化和科学知识远比印度传统知识先进，西方教育也优于印度教育，与其向印度人灌输那些晦涩难懂的梵语以及没有实用价值的知识，不如提倡教授学以致用的知识。

不过，格兰特的建议产生的影响微乎其微。直到18世纪末，殖民者在印度推行的教育仍然以东方教育为主，殖民地当局并不赞成在印度推行西方教育。殖民地当局担心西方民主、自由思想一旦被印度人掌握，那么势必会引起印度人的觉醒和反抗，局势可能会失控。

虽然东印度公司的官员们内心轻视印度传统教育，但是仍继续进行东方教育，通过熟悉印度的风俗习惯、掌握印度本土语言，维护自身的利益和巩固自己的统治。

就传统民族教育的发展而言，在东西方教育互相博弈的过程中，印度一些有识之士开始有所觉悟。以罗易为代表的民族主义者，支持西方教育并主张对传统教育进行改革。他们主张通过引进西方教育体制和内容，实现西方科学和印度传统文化的融合，既可以英语为教学语言，又可运用印度语言教学。

18 世纪，虽然传统教育机构仍然存在，并且占据主导地位，但随着殖民者的入侵，印度传统教育的作用已经明显减弱，西方传教士和东印度公司的官员开始成为实施教育的主要力量。传教士和东印度公司各有不同的目的。前者是为了传播基督教义，宗教性明显；后者是为了达成政治目的，培养出更多精通梵语、波斯语和阿拉伯语的印度人，以便协助其统治国家。另外，东印度公司为了达到管理目的，也积极拉拢印度上层阶级，巩固自己的统治。西方教育为了达到各种目的开办学校，客观上促使印度人对西方文化有了初步了解。但是，此时期还是根据传统的原则，鼓励对梵语和阿拉伯语的学习，实施东方教育仍是这一时期的主要特征。

结　语

18世纪的世界教育发展成就，可简要概括为以下内容。在教育思想层面，启蒙教育思想成熟，在启蒙教育思想的影响下国民教育思想成型，卢梭、裴斯泰洛齐、康德、维柯、普罗科波维奇等教育家在其社会观、哲学观的基础上，回应各自所在国家社会发展对新型人才的需要，提出了各具特色的教育观点和理念，代表着18世纪人类关于教育理性思考的成果，对世界教育实践产生了深远影响，并为各民族国家各具特色的教育实践提供了理论指导；在教育实践层面，在批判地继承文艺复兴和宗教改革时期教育制度遗产的基础上，为适应新兴资产阶级经济发展和社会进步的需要，各民族国家和政府以教育国家化和教育法制化为手段，逐步将教育发展与管理权力从教会收归国有，致力于创设包括初等学校、中等学校、高等学校在内的教育体系，致力于相应的国家教育管理机构的构建与完善，教育成为国家事务，国家承担起引领和促进国民教育发展的职责，通过颁布教育法令、提供教育经费、制定教育标准等方式参与教育事业的发展，强化教育的国家化、世俗化和实科化发展，注重发挥教育在促进经济和社会发展中提供人才支持和知识服务的作用。

一、启蒙教育与国民教育：教育思想现代性的初步积累

就世界教育思想发展的整体历史而言，与18世纪"启蒙运动时代"相适

应，18世纪世界教育思想的内容可简要概括为启蒙教育思想的成熟与在其影响下国民教育思想的成型。

（一）启蒙教育思想

启蒙教育思想的成熟是以启蒙观念的提出与完善为基础的。启蒙观念极大地深化了人们对权力来源、理想政体形式、个人权利与政府权力的关系的理解，在思考理想社会政治制度建设与个人责任等相关论题中，启蒙教育思想以及得益于启蒙思想影响的国民教育思想和自然教育思想等得以形成。其间之关联，可从卢梭社会契约论之于其自然教育思想、裴斯泰洛齐社会民主政治观之于其"穷人教育学"和民众教育思想、康德社会解放之于其启蒙教育思想、孟德斯鸠三权分立学说之于其政体教育理论的关系中得以展现。统言之，正是18世纪启蒙思想家们提出的"自由""平等""博爱"等启蒙观念在社会政治领域中的应用，促使社会政治与经济现实等发生变化，进而对教育提出了新要求。在适应这一理想的政治现实和新型社会理念的过程中，推崇"教育自由""教育平等""民众教育""国民教育"的启蒙教育思想以及国民教育思想获得了发展的理论动力和社会基础。

在继承、升华文艺复兴和宗教改革时期关于人性发展、个人价值和尊严、个人发展和社会环境、世俗教育和宗教信仰之间的关系等观点的基础上，启蒙思想家们从不断提升个人理性水平和促进社会进步的角度，就现代教育的基本原则、基本框架与基本准则等核心问题进行了深入思考。启蒙思想家们主张以理性和科学精神启迪民众，弘扬民众理性意识，培育科学精神，批判封建教育和教会教育以专制和欺骗的方式将民众陷于普遍的愚昧无知和长期宗教迷信的状态之中的做法，呼吁剥夺教会势力对教育事业的垄断权力，以国家教育体系取代基督教教育体系，以科学知识取代宗教信仰，以具有现代国民意识和理性精神的公民的培养取代基督教信徒的造就。

法国启蒙教育思想代表了18世纪启蒙教育思想可能达到的理论高度。法国大革命前夜，法国独特的社会状况和思想文化领域新理论、新思潮的不断涌现，使源于英国的启蒙运动在法国步入高潮。在主动适应启蒙时代法国社会现实理性张扬和科学进步需要的过程中，一系列具有鲜明启蒙色彩的教育思想先后涌现，如伏尔泰有关培养"健全理性的自由人"的教育思想，孟德斯鸠的政体与国家教育思想，孔狄亚克基于感觉主义的教育思想，爱尔维修强调教育即生活之和、发挥国家制度的生态教育功能和道德功利主义教育思想，狄德罗唯物主义与无神论教育思想，霍尔巴赫强调人是环境的产物和普及教育思想，孔多塞的构建国家教育体系和培养现代国民的教育思想，均显现出18 世纪法国启蒙思想家教育思考的理论水平。在思想品性层面，一方面，法国启蒙教育思想彰显个人理性，注重借助包括教育在内的一切手段发展个人理性，系统的知识教育成为提升个人理性意识和理性能力的主要手段；另一方面，启蒙教育思想突出科学，主张在批判宗教神学的同时，对传统的社会习俗、道德状况以及政治权威滥施等社会现象进行审视。

18 世纪启蒙教育思想还直接或间接体现于德国启蒙教育思想、法国空想社会主义教育思想以及意大利维柯的教育思想之中。作为启蒙运动晚期的杰出代表，康德着重就"人为什么要接受教育""人为什么能够接受教育""人怎样接受教育"等问题进行了深入思考和精辟解答，认为人只有通过接受教育才能成为真正意义上的人；人天生具有先天直观形式、先天知性形式、先天道德形式和先天美的形式，具有掌握理解知识、完善道德品质和发展审美能力的自然禀赋(种子)，这决定了智育、德育、美育的可能性。歌德受卢梭自然教育观的影响，主张教育要以遵循儿童天性为基础，注重发展儿童拥有的各种潜力、潜能和潜质，培养其和谐个性。席勒着眼于通过审美教育实现人性解放和个人全面发展，培养个人崇高感，实现崇高感和美感的结合。意大利著名学者维柯基于人性孱弱且普遍陷于堕落这一认识，强调人类需要通过教育实现自知自省，强调发展人自身拥有的自由意志和自由选择能力。有效的教育可促使国家文化繁荣和国力强盛，可促使个人形成美德，提高个人心智能力，最终提升人类处理自身事务的实践能力和智慧水平。

18 世纪，法国空想社会主义者以启蒙思想家们的"理性论"作为检视以往人类历史、宗教信仰与社会制度的理论工具，主张建设一种消灭阶级差别和社会不平等现象的公有制社会，注重发挥教育在建设理想的公有制社会中的作用。梅叶抨击封建专制统治的暴虐，认为私有制为人间万恶之源，主张推翻以私有制为基础的封建专制统治，实行公有制，面向广大民众提供一种平等的教育，使所有儿童无差别地接受科学和艺术教育的熏陶，养成健康的生活习惯和良好的道德品行。摩莱里以"自然法"为理论武器，认为人类原始共产主义制度向私有制社会的转变是对自然法的背离，人类社会中的不平等现象和私有制是对自然法的背离，主张取消私有制，建立公有制，发挥教育在公有制社会建立及发展实践中的作用，发挥教育在社会成员理性培育中的作用。他主张适应公有制社会的教育是一种面向全体儿童平等实施的教育，是一种与生产劳动相结合的教育，是一种重视儿童道德品质养成和道德意识熏陶的教育。巴贝夫提出，国家制度设计应致力于为人民谋利益，主张教育是一种国家事务，应体现公共性和平等性。教育的主要任务在于向青年一代传授文化与科学知识，养成其热爱祖国、热爱劳动、遵守纪律、勇于奉献等道德品质。

(二)国民教育思想

启蒙教育思想的理论影响还表现在其为欧美国家国民教育思想的形成提供了核心元素和理论基础。比如，在批判耶稣会教育空疏与陈腐的基础上，拉夏洛泰就法国国民教育制度和目标做出规划和设计，呼吁为实现培养心智完善、品德高尚、身体健康的法国人民这一目标，需要构建一套完整的隶属于法国政府、依靠法国政府并服务于法国国家利益和人民需要的国民教育制度体系。杜尔阁在痛陈法国国民教育改革必要性与迫切性的基础上，提出设立专门的领导与发展国民教育事业的"国民教育委员会",强调国民教育为国家事务,国民教育服务并服从于国家利益。米拉博则将恢复和发展个人天赋权利与国民教育联系起来,并提出其国民教育观点:旧社会制度的破坏,始于旧教育制度的破坏;新社会制度的建设,始于新教育制度的建设。应实施初等教育、中等教育与高等教育制度改革,切实造就一代新人。塔列兰将理想的国民教育表述为:国民教育是保障公民享受自由的必要条件,发展国民教育是政府不可推卸的责任,国民教育应遵循普及化和一致性原则,构建结构衔接、功能完善的国民教育体系是发展国民教育事业的制度保障。雷佩尔提则提出,以"国民教育之家"为推进初等教育普及化的教育组织机构。国民教育之家注重提供公民教育、爱国主义教育和劳动教育,注重开展知识教育、体育和道德教育,以培养新型公民。拉夏洛泰等人有关国民教育的理论思考成果,在引领并指导法国大革命时期及之后法国国民教育实践开展的同时,也在一定程度上影响了同期其他国家国民教育思想的发展和国民教育实践的开展。

18世纪英国国民教育思想的发展,主要体现为亚当·斯密、威廉·葛德文以及马尔萨斯等古典经济学家、政治哲学家和人口学家对国民教育的实施与国家的发展、人口素质的提升与国家教育责任的承担的思考。亚当·斯密认为,国家财富总量与该国拥有的实际劳动能力存在密切关联,熟练的劳动能力是个体花费时间和学费接受教育的结果。因此,一个希望提高财富总量的政府需要重视发展国民教育事业,重视普通民众的读、写、算教育。威廉·葛德文则从其无政府主义立场出发,在分析君主政体、贵族政体和民主政体教育功能的基础上,反对实施自上而下的国民教育,认为国民教育束缚民众观念和信仰,忽视人类天性发展,忽略甚至伤害个人发展的可能性。马尔萨斯的国民教育思想集中体现在其对人口数量、质量与国家发展的关系的思考上,主张依据社会财富总量与人口之间的适应关系,推行必要的人口抑制政策；同时，政府应实施国民教育以提升人口素质，提高个人改变自身生活水平的能力，使民众养成健康谨慎的生活习惯。

相对于法国、英国等资本主义经济先行发展的国家而言，18 世纪，俄罗斯和美国在有选择性地移植欧洲启蒙教育思想的基础上，结合该时期俄罗斯和美国社会发展的实际，做出了相应的转化和改造，形成了适应本国教育实践需要的教育思想。就俄罗斯而言，为适应俄罗斯社会"欧化"和经济发展"西方化"的需要，彼得一世时期和 18 世纪中后期俄罗斯的教育家们，就俄罗斯教育事业的推进与俄罗斯国家的强盛之间的关系、俄罗斯教育实践推进等问题提出了自己的见解。普罗科波维奇认为，俄罗斯君主应像重视司法与国家安全那样重视教育事务，要关心儿童的读、写、算教育，注重发展教育，以为俄罗斯社会发展和国家强盛储备必要的人才。塔季谢夫则为俄罗斯儿童提出了一个广泛的学习计划，注重培养儿童具有信仰自由、坚持国家利益至上、睿智理性等品质和素养。波索什科夫在拥护君主专制制度的基础上，提出了较为温和的民众教育思想，认为俄罗斯君主和地主应爱惜农民，应提高商人社会地位，认识到普及教育的重要性，注重引导青年们学习现代外语、建筑学、筑城学、工程制图等实用知识和技术，使其成为掌握实用知识和实用技能的俄罗斯人民。罗蒙诺索夫不但以莫斯科大学的创办而彪炳俄罗斯教育史册，而且其对俄罗斯青年教育的理论思考成果，也切实丰富了俄罗斯国民教育思想的宝库。罗蒙诺索夫强调俄罗斯青年要发奋学习科学知识，熟练运用俄罗斯民族语言，在俄罗斯强国富民事业中贡献自己的力量。别茨科伊提出教育是一切善的根源，教育在个人发展和社会生活中发挥着关键作用，主张通过教育培养"新型的人"。新型的人即敬畏上帝、热爱劳动、掌握文化知识和实用技能的人，俄罗斯强盛大业有赖于通过教育造就一大批"新型的人"来实现。诺维科夫认为教育是推广人类知识的有力工具，是增进和确保人类幸福的得力手段，有必要对儿童实施全面的体育训练、知识教育和道德品质教育。拉吉舍夫提出，教育目的在于培养热爱祖国的公民，在于造就具有善良感情和高尚品格的个人。教育既要注重向青少年提供全面的知识教育，以发展其心智；又要重视开展体育、美育和劳动教育，注重养成青少年健康的情感、健全的人格。

18 世纪美国的教育思想既包括殖民地时期对欧洲大陆国家教育思想的移植，也包括北美独立战争期间及美利坚合众国成立后美国政治家、思想家对适应美利坚合众国政权巩固与社会发展需要的新型教育的思考成果。作为其中的代表，本杰明·富兰克林主张真正的教育是实用的教育和功利主义的教育，是能够为人生和社会发展提供服务的教育。真正的教育还应该注重使个人养成个人主义或理性利己主义的道德观，养成健全的道德观念。杰斐逊则从其理想农业社会理论、共和政体理论和道德意识理论出发，强调要构建一个促进美利坚合众国国家利益实现和民众幸福的公共教育体系，注重向青少年提供公共教育。该教育体系应体现国家要求，应借助国家权力参与和教育法制化等手段，在教育对象上体现均等性、免费性，在教育内容上体现世俗性，在教育标准上体现优异性。韦伯斯特则着重就教育与民族(文化)关系做出清晰阐释，认为教育是实现民族联合和提高人民凝聚力的纽带，民族教育有助于实现来自不同社会背景、具有不同文化传统和宗教信仰的人之间的融合和联合。

相对于国民教育思想更多地从国家利益和民族联合等角度解析教育的功能而言，18 世纪自然主义教育家卢梭则以呵护个人善良天性为教育的出发点，进而构建起自然主义教育体系。卢梭强调人生而自由、生而平等、生而善良，主张教育归于自然，主张在尊重儿童天性的基础上实施归于自然的教育。在卢梭的自然教育思想体系中，教育更多地意味着引导与引领，意味着儿童天性与潜能的展示与发挥，而不是积极的知识传授和品质训练，教育应该是一种消极教育，而非积极教育。裴斯泰洛齐教育理论的贡献在于基于其长期的教育教学实践，提出以教育革新实现社会革新，以文化教育实现民众生活状况改善，将发展民众教育事务视为政府的主要责任。他主张在学科教育实践中贯彻要素教育要求，全面推行道德教育、身体教育和知识教育的融合，培养脑、身、心协调且均衡发展的完善而和谐的个人，主张教育心理学化。

18 世纪，备受日本幕府与社会各阶层推崇的儒学（朱子学）、逐渐扩大影响范围的"兰学"和新生的"国学"，成就了日本"第一次启蒙时代"的到来，也为具有近代色彩的教育思想的诞生提供了文化基础。在对内适应幕藩体制、国学传统和封建统治，对外"洋书弛禁"、适度引入兰学与西方文化的背景下，日本教育思想界提出教育服务于现实需要、教育适应儿童天性特点、人性平等、士庶教育平等等新观念，呈现出较为鲜明的近代教育色彩。尽管此类教育新观念还更多停留于社会上层，仅在部分学者的著述或少数学校的实践中彰显，但却代表着一种适应日本近代社会与教育发展需要的教育新思想与新观念的诞生，并开始发挥教育思想引领的作用，标志着日本学校教育体系建设的启动以及教育研究思想方法转变的开端。

二、教育国家化：民族国家教育体系建构与国民教育运动开展

在教育实践引领层面，启蒙教育思想主张的彰显个人理性、注重科学知识的传授和科学精神的形成等启蒙教育主张，国民教育思想强调的关于国家教育职责以及理想国民教育体系建构等国民教育理念，空想社会主义教育思想倡导的教育公共性、平等性，重视劳动教育，实行教育与生产劳动相结合等教育观点，客观上从不同层面为现代国民教育制度体系构建提供了理论指导，为现代教育制度建设指明了发展方向。卢梭自然主义教育思想和裴斯泰洛齐要素教育思想则为民族国家教育教学实践的具体开展提供了指导。

18 世纪法国政府基于提高军事和经济效率的考虑，主要在技术和职业教育领域进行了卓有成效的国家干预和指导。在拉夏洛泰、杜尔阁、米拉博、

塔列兰、雷佩尔提等人的国民教育思想和规划的影响下，更借助于法国大革命期间孔多塞、塔列兰、雷佩尔提等人的国民教育计划的直接促动，法国大革命期间法国政府对国民教育的关注达到了一个前所未有的新的历史高度。"教育被认为是促进民族团结、为国家输送受过教育的干部、促进大众认同新阶级的意识形态的一个必不可少的工具。"①

1791年，法国宪法宣布，建立一种面向全体公民的公共教育。法国大革命期间，先后走向法国政治舞台中心的立宪派、吉伦特派和雅各宾派分别提出了各自的教育改革方案，计划就国家教育体系构建、普及教育原则、教育内容世俗化和科学化等实施改革，但终因政局动荡和不同政治派别的权力频繁交替而未能真正推行。法国国民教育体系建设和教育改革事业，一直到19世纪初法兰西第一帝国时期借助于《帝国大学令》的颁行才真正落实到实践层面。但改革的理想及基本原则却已充分显现于大革命时期出台的教育改革计划和方案之中。

18世纪，法国国民教育发展还表现为教育世俗化追求。耶稣会垄断教育事业的状况遭到普遍谴责和批判，1764年耶稣会被驱逐，其垄断法国中等与高等教育的局面得以终结。

作为西方国民教育运动的先行者，法国国民教育运动还对其他国家的国民教育实践产生了影响。1772年，应波兰伯爵威尔豪斯基之请，卢梭撰写了《关于波兰政府的筹议》，强调借助全民教育，培养爱国者和波兰公民。同一时期，狄德罗则应俄国女皇叶卡捷琳娜二世之邀撰写了《俄罗斯大学计划》，为俄罗斯制订了一项具有民主色彩的国民教育发展计划。

18世纪，普鲁士君主们主要通过颁行教育法令的方式，将教育事务逐步掌握在政府手中，并建立起国民教育制度。1717年，普鲁士国王腓特烈·威

---

① ［英］安迪·格林：《教育与国家形成：英、法、美教育体系起源之比较》，王春华、王爱义、刘翠航译，158页，北京，教育科学出版社，2004。

廉一世颁布《普鲁士义务教育令》，规定送子女入学是父母的义务，明确对宗教、阅读、书写及计算的学习与掌握是增进个人幸福的必要手段，明确初等教育属于国家事务，而非宗教或地方事务。此后，普鲁士国王相继颁布了《普鲁士一般学校令》(1737年)、《普通学校规章》(1763年)等相关教育法令，就普鲁士初等学校教育目的、入学要求与保障、学时与学期、学费、教学内容、教师资格和责任等进行了详细规定，初步构建起较为系统的初等学校教育体系。1794年，《普鲁士民法典》颁布，就教育事务做出了专门规定：学校和大学均为国家公共机构；只有得到国家认可和批准，才能开办学校；所有公立学校和教育机构都应该接受国家监管，随时接受国家考核和检查。《普鲁士民法典》有关教育事务的规定，在法理上确立了教育的国家属性，将包括初等教育机构在内的教育机构纳入国家公共机构系统，成为国家管理和监督的对象，将对学校的支持确定为国家和全社会的共同责任。18世纪普鲁士实科学校的创办与发展，则体现出普鲁士教育的世俗化努力及取得的实践成果。弗兰克、席姆勒和赫克分别创办了哈勒学园、数学机械学经济学实科学校、经济学数学实科学校等实科学校。哈勒学园除向学生传授拉丁语知识外，还增设了德语、法语、数学、历史、地理等课程。在教学方法上，重视直观教学和实物教学。数学机械学经济学实科学校与经济学数学实科学校普遍重视数学、物理学、机械、天文、地理、法律、制图等实用课程的学习，学校以为学生提供现代生活实际需要的知识和技能为教育宗旨，着重讲授实际生活和工商业经济必需的实用知识，赋予普鲁士国民教育以鲜明的实科化色彩。

18世纪，以哈勒大学和哥廷根大学为代表的德国大学，其大学教育职能逐步实现了从传授既定人类文化知识的教学职能，向教学职能与探索新知识和研究新问题的研究职能并重的转变，研究职能成为大学的主要职能；大学教学目的逐步实现了从传授确定性的神学信条和不可变易的真理性认识，向启发培养学生探索真理的智慧和勇气的转变；大学教学方法也逐步实现了由原来的照本宣科和传统的辩论方法，向综合使用课堂讲授、"学术报告"和"课堂辩论"等教学方法的转变。

18世纪，英国初等教育发展事业与教会势力密切相关，基督教知识促进会和海外福音宣传会兴办慈善学校，在传授基督教教义的同时，向儿童提供基本的读、写、算教育。初等教育国家化色彩还十分微弱。1709年，伦敦市政府仅就慈善学校的基本教育设施做出了一般性规定。不过，为适应英国商业、工业和航海业的发展，教育的实科化倾向开始形成，新型中学和学园注重传授数学、地理学、航海术、军事学和自然科学知识。

18世纪，俄罗斯民族国家教育体系建设事业始于彼得一世的教育改革。彼得一世将教育视为实现经济发展"西方化"和建设海军强国的重要手段，开设了莫斯科炮兵学校、莫斯科数学与航海学校等专门学校，推进初等教育的强制化和义务化，推行教育内容的实用化，为俄罗斯教育发展奠定了较为坚实的基础。此后，俄罗斯历代沙皇延续"教育强国"的发展战略，采取了设立俄罗斯科学院、创设莫斯科大学等致力于发展俄罗斯科学文化教育事业的重大举措。叶卡捷琳娜二世时期颁布实施的《俄国国民学校章程》，将18世纪俄罗斯国民教育事业发展推向了高潮。《俄国国民学校章程》就政府的教育责任、教育经费分担原则、国民学校类型、教学内容等做出了明确规定，为18世纪后期乃至19世纪俄罗斯国民学校体系的建设及国民教育事业的发展提供了坚实的法律基础。

殖民地时期及美利坚合众国成立初期美国教育的任务，一方面是移植欧洲教育传统与学校体系，具体表现为殖民地学院、拉丁文法学校以及其他类型的慈善学校和教会学校的设立，在一定程度上适应了殖民地时期美国社会发展的需求。18世纪中期文实学校的设立，则标志着美国中等教育开始试图摆脱欧洲古典中等教育的藩篱，代表着一种建设具有美国特色的中等教育体系的尝试的开始。美国成立之后，宪法第十修正案为美国实施教育事务地方化发展提供了法律依据，各州依据本州实际开展了包括建设州立小学、州立中学在内的州立教育运动，州立大学的设立则代表着美国政府直接参与教育事业的最高层次。联邦政府则尝试以赠地、拨款、制定教育标准等方式参与各州教育事业的发展。

18 世纪，日本江户时期的教育走出了缓慢、沉闷的发展阶段。历经享保改革、洋书弛禁和 18 世纪后期的"宽政异学之禁"，近百年间，日本教育的第一个发展高潮形成。这一时期，朱子学备受推崇，"兰学"领域拓展，"国学"适时而生，各学派学术自由成长，教育机构数量明显增加，教育新观念、新内容开始传播。幕府和各藩对学校教育机构的重视程度也在不断提高。尽管教育仍以封建教育为主体，但是教育开始注重面向新兴社会阶层实施，教育内容拓展，教育机构多样化，日本教育开始突破封建专制教育，这为江户末年教育进步与变革奠定了基础。

总之，18 世纪人类教育在继承文艺复兴与宗教改革教育理念和教育制度的基础上，在适应民族国家经济发展和社会文化进步的过程中，将"科学"和"理性"嵌入教育思想体系和教育发展实践之中，着重在两个层面上赋予 18 世纪教育发展以具体的内容。在教育思想层面上，倡行发展国民教育是政府的职责，政府应借助专门的国民教育管理机构，通过建立并完善国民教育制度、教育立法、教育经费拨付等手段创建覆盖全体国民的国民教育体系；强调全体国民拥有同等的接受国民教育的权利和义务；逐步消解教会对教育，尤其是初等教育的把持和垄断，强化教育的世俗性建设，强化国家和政府管理，发展国民教育事业的合法性、权威性和强制性；重视借助于国民教育事业的高效率推行，维护人民崇奉的民族国家独立观念，实现民族文化传统与价值观念的有效传承，并切实发挥民族文化传统与价值观念维护国民凝聚力、向心力的教育功能。在教育实践层面上，国民教育运动主要是指民族国家与政府创设国民教育机构，完善国民教育管理体系，建设国民学校教育体系，统一国民学校的教学内容、教育组织和教育评价标准的教育实践活动。

当然，18世纪的教育思想和教育实践成就还带有教育事业革新和尝试不可避免的有限性和局限性，教育思想还需要进一步接受人类教育实践的检验以进一步充实，教育体系的建构还需要进一步完善。所有这些既为19世纪人类教育发展提供了历史基础和必要前提，也为人类下一个历史阶段教育的发展提出了历史使命和发展任务。

18世纪的教育具体呈现在第八卷和第九卷。

第八卷的具体分工如下：导言以及第一、第五、第七章由北京师范大学的朱旭东撰写；第二章由杭州师范大学的陈思颖撰写；第三、第六章由华东师范大学的王保星撰写；第四、第九章由河北师范大学的郭芳撰写；第八章由旅游教育出版社的巨瑛梅撰写；第十章由浙江师范大学的郑崧撰写。

第九卷的具体分工如下：第一章由河南大学的王立撰写；第二章第一、第二节由淮南师范学院的曹丽撰写，第三节由中央民族大学的吴明海撰写，第四、第五节由浙江师范大学的郑崧撰写；第三章由安徽师范大学的杨文静、路宝利合作撰写；第四章、结语由华东师范大学的王保星撰写；第五章由北京师范大学的吴式颖撰写；第六章由济南大学的李福春撰写；第七、第九章由福建农林大学的杨孔炽撰写；第八章由唐山学院的刘双喜撰写；第十章由四川外国语大学的梁云撰写。

参考文献

一、中文文献

《列宁全集》第三十八卷，北京，人民出版社，1959。

《列宁选集》第二卷，北京，人民出版社，1995。

《马克思恩格斯论殖民主义》，北京，人民出版社，1962。

《马克思恩格斯全集》第一卷，北京，人民出版社，1956。

《马克思恩格斯全集》第九卷，北京，人民出版社，1961。

《马克思恩格斯全集》第十三卷，北京，人民出版社，1962。

《马克思恩格斯选集》第二卷，北京，人民出版社，1995。

陈洪捷：《德国古典大学观及其对中国的影响（修订版）》，北京，北京大学出版社，2006。

陈猛：《莱布尼茨与沃尔夫的中国观》，载《北方论丛》，2016(6)。

戴维·拉伯雷：《复杂结构造就的自主成长：美国高等教育崛起的原因》，载《北京大学教育评论》，2010(3)。

单世联：《反抗现代性：从德国到中国》，广州，广东教育出版社，1998。

单中惠：《西方教育思想史》，太原，山西人民出版社，1996。

丁建弘、李霞：《普鲁士的精神和文化》，杭州，浙江人民出版社，1993。

杜美：《德国文化史》，北京，北京大学出版社，1990。

耿华英：《日本江户时代的武士教育》，硕士学位论文，贵州师范大学，2014。

宫盛花、王洪礼：《论维柯的诗性儿童教育观》，载《河南大学学报（社会科学版）》，2012(4)。

顾明远：《教育大辞典》第11卷，上海，上海教育出版社，1991。

郭少棠：《权力与自由：德国现代化新论》，上海，华东师范大学出版社，2001。

贺国庆、王保星、朱文富等：《外国高等教育史（第二版）》，北京，人民教育出版社，2006。

贺国庆：《德国和美国大学发达史》，北京，人民教育出版社，1998。

贺国庆：《近代欧洲对美国教育的影响》，保定，河北大学出版社，1994。

黄心川：《印度近现代哲学》，北京，商务印书馆，1989。

贾泽林等：《二十世纪九十年代的俄罗斯哲学》，北京，商务印书馆，2008。

蒋大椿、陈启能：《史学理论大辞典》，合肥，安徽教育出版社，2000。

雷通群：《西洋教育通史》，北京，东方出版社，2007。

李超：《江户时代的平民教育——寺子屋》，硕士学位论文，东北师范大学，2010。

李福春：《大学理性是中国大学改革与发展之基——读〈大学理性研究〉一书》，载《北京大学教育评论》，2015(3)。

李工真：《普鲁士的启蒙运动》，载《武汉大学学报（人文科学版）》,2001(4)。

李宏图：《西欧近代民族主义思潮研究——从启蒙运动到拿破仑时代》，上海，上海社会科学院出版社，1997。

李庆余、周桂银等：《美国现代化道路》，北京，人民出版社，1994。

李泽厚：《批判哲学的批判——康德述评》，天津，天津社会科学院出版社，2003。

刘姗姗：《那不勒斯音乐文化的兴盛（17世纪末—18世纪初）》，硕士学位论文，天津音乐学院，2007。

刘新利、邢来顺：《德国通史　专制、启蒙与改革时代（1648—1815)》第三卷，南京，江苏人民出版社，2018。

刘新利：《德意志历史上的民族与宗教》，北京，商务印书馆，2009。

刘延勃、张弓长、马乾乐等：《哲学辞典》，长春，吉林人民出版社，1983。

陆世澄：《德国文化与现代化》，沈阳，辽海出版社，1999。

马从祥：《印度殖民时期建筑研究》，硕士学位论文，南京工业大学，2014。

马万华：《多样性与领导力——马丁·特罗论美国高等教育和研究型大学》，北京，教育科学出版社，2011。

彭正梅：《德国教育学概观：从启蒙运动到当代》，北京，北京大学出版社，2011。

饶从满：《日本现代化进程中的道德教育》，济南，山东人民出版社，2010。

沈仁安：《德川时代三大改革的比较研究》，载《日本学刊》，1996(6)。

宋成有：《新编日本近代史》，北京，北京大学出版社，2006。

孙成木、刘祖熙、李建：《俄国通史简编》上册，北京，人民出版社，1986。

孙向晨、孙斌：《复旦哲学评论(第3辑)》，上海，上海人民出版社，2006。

滕大春：《美国教育史》，北京，人民教育出版社，1994。

滕大春：《美国教育史(第二版)》，北京，人民教育出版社，2001。

滕大春、任钟印、李文奎：《外国教育通史》第三卷，济南，山东教育出版社，1990。

滕大春、吴式颖：《外国近代教育史(第二版)》，北京，人民教育出版社，2002。

王桂：《日本教育史》，长春，吉林教育出版社，1987。

王清华：《苏联高等教育的历史和现状》，长春，吉林教育出版社，1985。

王长纯：《印度教育》，长春，吉林教育出版社，2000。

卫道治：《莫斯科大学》，长沙，湖南教育出版社，1995。

吴式颖、褚宏启：《外国教育现代化进程研究》，太原，山西教育出版社，2006。

吴式颖、李明德：《外国教育史教程(第三版)》，北京，人民教育出版社，2015。

吴式颖、任钟印：《外国教育思想通史 18世纪的教育思想》第六卷，长沙，湖南教育出版社，2002。

吴式颖：《俄国教育史——从教育现代化视角所作的考察》，北京，人民教育出版社，2006。

吴廷璆：《日本近代化研究》，北京，商务印书馆，1997。

夏之莲：《外国教育发展史料选粹》上册，北京，北京师范大学出版社，2001。

邢来顺：《德国精神》，武汉，长江文艺出版社，1998。

徐媛：《欧洲音乐教育的历史及其现实意义》，硕士学位论文，东北师范大学，2008。

杨捷：《外国教育史》，开封，河南大学出版社，2010。

杨婧：《日本江户时期教育普及的特征及其启示》，载《现代教育科学》，2007(6)。

杨孔炽：《江户时代日本教育研究——近代日本教育历史基础的初步探索》，博士学位论文，北京师范大学，1997。

杨孔炽:《论江户时代日本教育中的近代因素及其研究意义》,载《日本学刊》,1996(6)。

杨孔炽:《论日本江户时代的教育思想及其近代意义》,载《福建师范大学学报(哲学社会科学版)》,1998(3)。

姚海:《俄罗斯文化之路》,杭州,浙江人民出版社,1992。

叶淑媛:《维柯主要著作及其思想探析》,载《甘肃联合大学学报(社会科学版)》,2008(2)。

叶渭渠:《日本文明》,福州,福建教育出版社,2008。

于洪波:《日本教育的文化透视》,保定,河北大学出版社,2003。

于俊青:《威廉·琼斯与东方学的兴起——兼论其东方文学与世界文学观念》,载《山东社会科学》,2011(10)。

张斌贤、李子江:《美国高等教育变革》,北京,教育科学出版社,2017。

张春晖、杨亚德:《威廉·琼斯与吠檀多哲学思想》,载《佛山科学技术学院学报(社会科学版)》,2015(1)。

张宏儒、梅伟强:《外国历史大事集(近代部分)》第二分册,重庆,重庆出版社,1985。

张建华:《俄国现代化道路研究》,北京,北京师范大学出版社,2002。

张立芳:《英语在印度的传播历程研究》,硕士学位论文,山东大学,2009。

张梅、胡学亮:《江户时代日本藩校教学活动的考察》,载《教育学报》,2014(4)。

张民选:《杰斐逊公立教育思想述评》,载《上海师范大学学报》,1992(4)。

张小勇:《维柯的〈论英雄心灵〉及其教育哲学》,载《哲学分析》,2012(6)。

张小勇:《维柯教育哲学研究》,博士学位论文,复旦大学,2005。

张亚东:《18 世纪英国在印度的贸易统治》,载《湛江师范学院学报》,2004(2)。

赵建民、刘予苇:《日本通史》,上海,复旦大学出版社,1989。

赵林:《莱布尼茨—沃尔夫体系与德国启蒙运动》,载《同济大学学报(社会科学版)》,2005(1)。

中国大百科全书出版社《简明不列颠百科全书》编辑部:《简明不列颠百科全书》第 5 卷,北京,中国大百科全书出版社,1986。

中国大百科全书出版社《简明不列颠百科全书》编辑部:《简明不列颠百科全书》第 8 卷,北京,中国大百科全书出版社,1986。

中国大百科全书总编辑委员会《外国文学》编辑委员会、中国大百科全书出版社编辑部：《中国大百科全书·外国文学Ⅰ》，北京，中国大百科全书出版社，1982。

钟文芳：《西方近代初等教育特性之历史研究》，博士学位论文，华东师范大学，2004。

朱潮：《中外医学教育史》，上海，上海医科大学出版社，1988。

朱光潜：《维柯的〈新科学〉及其对中西美学的影响》，贵阳，贵州人民出版社，2009。

朱光潜：《西方美学史(上)》，北京，中国友谊出版公司，2019。

朱玲莉：《日本江户时期的平民道德教育》，载《伦理学研究》，2010(6)。

朱明忠：《罗姆莫罕·罗易——印度启蒙思想运动的先驱》，载《南亚研究》，2004(1)。

[德]爱克曼辑录：《歌德谈话录(1823—1832年)》，朱光潜译，北京，人民文学出版社，1982。

[德]彼得·克劳斯·哈特曼：《神圣罗马帝国文化史　1648—1806年　帝国法、宗教和文化》，刘新利、陈晓春、赵杰译，北京，东方出版社，2005。

[德]弗·鲍尔生：《德国教育史》，滕大春、滕大生译，北京，人民教育出版社，1986。

[德]弗里德里希·包尔生：《德国大学与大学学习》，张弛、郄海霞、耿益群译，北京，人民教育出版社，2009。

[德]歌德：《浮士德》第一部，郭沫若译，北京，人民文学出版社，1978。

[德]歌德：《浮士德》第二部，郭沫若译，北京，人民文学出版社，1978。

[德]歌德：《维廉·麦斯特的漫游时代》，关惠文译，北京，人民文学出版社，1988。

[德]康德：《纯粹理性批判》，蓝公武译，北京，生活·读书·新知三联书店，1957。

[德]康德：《道德形上学探本》，唐钺重译，北京，商务印书馆，1957。

[德]康德：《康德教育论》，瞿菊农译，上海，商务印书馆，1926。

[德]康德：《判断力批判》上卷，宗白华译，北京，商务印书馆，1985。

[德]马克斯·布劳巴赫、[德]瓦尔特·彼得·福克斯、[德]格哈尔德·厄斯特赖希等：《德意志史从宗教改革至专制主义结束(1500—1800)》第二卷上册，陆世澄、王昭仁译，北京，商务印书馆，1998。

[德]伊曼努尔·康德：《论教育学》，赵鹏、何兆武译，上海，上海人民出版社，2005。

[俄]M.P.泽齐娜、[俄]Л.В.科什曼、[俄]В.С.舒利金：《俄罗斯文化史》，刘文飞、苏玲译，上海，上海译文出版社，1999。

[俄]尼·亚·别尔嘉耶夫：《俄罗斯思想的宗教阐释》，邱运华、吴学金译，北京，东方出版社，1998。

[俄]戈·瓦·普列汉诺夫：《俄国社会思想史》第一卷，孙静工译，北京，商务印书馆，1996。

[俄]戈·瓦·普列汉诺夫：《俄国社会思想史》第二卷，孙静工译，北京，商务印书馆，1996。

[俄]戈·瓦·普列汉诺夫：《俄国社会思想史》第三卷，孙静工译，北京，商务印书馆，1996。

[俄]拉吉舍夫：《从彼得堡到莫斯科旅行记》，汤毓强、吴育群、张均欧译，北京，外国文学出版社，1982。

[法]爱弥尔·涂尔干：《教育思想的演进》，李康译，上海，上海人民出版社，2003。

[法]弗朗索瓦·瓦克：《拉丁文帝国》，陈绮文译，北京，生活·读书·新知三联书店，2016。

[法]托克维尔：《论美国的民主》上卷，董果良译，北京，商务印书馆，1997。

[加]约翰·范德格拉夫等：《学术权力——七国高等教育管理体制比较》，王承绪、张维平、徐辉等译，杭州，浙江教育出版社，2001。

[美]E.P.克伯雷：《外国教育史料》，华中师范大学、西南师范大学、西北师范大学、福建师范大学教育系译，武汉，华中师范大学出版社，1991。

[美]J.布卢姆、[美]S.摩根、[美]L.罗斯等：《美国的历程》上册，杨国际、张儒林译，北京，商务印书馆，1988。

[美]L.迪安·韦布：《美国教育史：一场伟大的美国试验》，陈露茜、李朝阳译，合肥，安徽教育出版社，2010。

[美]S.亚历山大·里帕：《自由社会中的教育：美国历程(第8版)》，於荣译，合肥，安徽教育出版社，2010。

[美]S.E.佛罗斯特：《西方教育的历史和哲学基础》，吴元训、张俊洪、宋富钢等译，北京，华夏出版社，1987。

[美]本杰明·富兰克林：《富兰克林自传》，李瑞林、宋勃生译，北京，国家行政学院出版社，1998。

[美]伯纳德·贝林:《教育与美国社会的形成》,王晨、章欢译,合肥,安徽教育出版社,2013。

[美]戴安娜·拉维奇:《美国读本:感动过一个国家的文字》,林本椿、陈凯、林铮等译,北京,生活·读书·新知三联书店,1995。

[美]丹尼尔·布尔斯廷:《美国人 开拓历程》,中国对外翻译出版公司译,北京,生活·读书·新知三联书店,1993。

[美]卡罗尔·卡尔金斯:《美国文化教育史话》,邓明言、程毓征、彭致斌等译,北京,人民出版社,1984。

[美]肯尼思·W. 汤普森:《宪法的政治理论》,张志铭译,北京,生活·读书·新知三联书店,1997。

[美]劳伦斯 A. 克雷明:《美国教育史(一)殖民地时期的历程(1607—1783)》,周玉军、苑龙、陈少英译,北京,北京师范大学出版社,2003。

[美]罗伯特·K. 迈锡:《通往权力之路:叶卡捷琳娜大帝》,徐海幨译,北京,北京时代华文书局,2014。

[美]罗伊·波特:《剑桥科学史:18世纪科学》第四卷,方在庆主译,郑州,大象出版社,2010。

[美]梅里亚姆:《美国政治学说史》,朱曾汶译,北京,商务印书馆,1988。

[美]乔治·华盛顿:《华盛顿选集》,聂崇信、吕德本、熊希龄译,北京,商务印书馆,1989。

[美]斯塔夫理阿诺斯:《全球通史》,吴象婴、梁赤民译,西宁,青海人民出版社,2003。

[美]苏姗·R. 考米斯、[美]达德利·B. 伍达特等:《学生服务:高校学生事务工作手册(第四版)》,本书译委会译,北京,中国青年出版社,2008。

[美]韦恩·厄本、[美]杰宁斯·瓦格纳:《美国教育:一部历史档案(第三版)》,周晟、谢爱磊译,北京,中国人民大学出版社,2009。

[美]亚瑟·科恩:《美国高等教育通史》,李子江译,北京,北京大学出版社,2010。

[美]约翰·S. 布鲁柏克:《教育问题史》,吴元训主译,合肥,安徽教育出版社,1991。

[美]约翰·S. 布鲁贝克:《高等教育哲学》,王承绪、郑继伟、张维平等译,杭州,浙江

教育出版社，2002。

[摩洛哥]扎古尔·摩西：《世界著名教育思想家》第二卷，梅祖培、龙治芳等译，北京，中国对外翻译出版公司，1995。

[日]阿部重孝：《欧美学校教育发达史》，廖英华译，上海，商务印书馆，1934。

[日]近代日本思想史研究会：《近代日本思想史》第一卷，马采译，北京，商务印书馆，1992。

[日]永田广志：《日本哲学思想史》，陈应年、姜晚成、尚永清等译，北京，商务印书馆，1983。

[苏联]Б.Б.卡芬加乌兹、[苏联]Н.И.巴甫连科：《彼得一世的改革》下册，王忠、刘逢祺等译，北京，商务印书馆，1997。

[苏联]В.В.马夫罗金：《彼得大帝传》，余大钧译，北京，商务印书馆，2013。

[苏联]Н.А.康斯坦丁诺夫等：《苏联教育史》，吴式颖、周蕖、朱宏译，北京，商务印书馆，1996。

[苏联]М.Ф.沙巴耶娃：《教育史学思想与〈教育史〉选读》，北京师联教育科学研究所编译，北京，中国环境科学出版社，2006。

[苏联]Р.伊凡诺夫：《富兰克林传》，伊信、谷鸣译，北京，商务印书馆，1996。

[苏联]列宁：《唯物主义和经验批判主义》，中共中央马克思恩格斯列宁斯大林著作编译局译，北京，人民出版社，1950。

[苏联]沙巴也娃：《教育史》，邰爽秋、邵鹤亭、陈友松等译，北京，人民教育出版社，1955。

[苏联]苏科院历史所列宁格勒分所：《俄国文化史纲(从远古至1917年)》，张开、张曼真、王新善等译，北京，商务印书馆，1994。

[意]维柯：《维柯论人文教育——大学开学典礼演讲集》，张小勇译，桂林，广西师范大学出版社，2005。

[意]维柯：《新科学》上册，朱光潜译，北京，商务印书馆，1989。

[意]维柯：《新科学》下册，朱光潜译，北京，商务印书馆，1989。

[英]А.古德温：《新编剑桥世界近代史美国革命与法国革命：1763—1793年》第8卷，中国社会科学院世界历史研究所组译，北京，中国社会科学出版社，1999。

[英]安迪·格林:《教育与国家形成:英、法、美教育体系起源之比较》,王春华、王爱义、刘翠航译,北京,教育科学出版社,2004。

[英]康蒲·斯密:《康德〈纯粹理性批判〉解义》,韦卓民译,武汉,华中师范大学出版社,2000。

二、外文文献

A. P. Sharma, *Contemporary Problems of Education: with Special Reference to India*, New Delhi, Vikas Publishing House Pvt Ltd. , 1986.

Aparna Basu, *Essays in the History of Indian Education*, New Delhi, Concept Publishing Company, 1982.

B. C. Robertson, *Raja Rammohan Ray, The Father of Modern India*, Delhi, Oxford University Press, 1995.

Charles E. McClelland, *State, Society, and University in Germany 1700–1914*, Cambridge, Cambridge University Press, 1980.

Colonel Francis Parker, *History of Modern Elementary Education*, Boston, Ginn and Company, 1912.

D. H. Bishop, *Thinkers of the Indian Renaissance*, New Delhi, New Age International, 1982.

Fabio Pruneri, Angelo Bianchi, "School Reforms and University Transformations and Their Function in Italy from the Eighteenth to the Nineteenth Centuries," *History of Education*, 2010(1).

Friedrich Paulsen, *The Germen Universities and University Study*, London, Longmans, Green &Co. , 1908.

Garland Cannon, *The Letters of Sir William Jones* Vol. II, Oxford, Clarendon Press, 1970.

Good, H. G. , *A History of American Education*, 2nd Edition, New York, the Macmillan Company, 1962.

H. H. Dodwell, *The Cambridge History of India* Vol. 6, London, Cambridge University Press, 1932.

James A. Leith, *Studies on Voltaire and the Eighteenth Century*, Oxford, The Voltaire Foundation, 1977.

Lawrence A. Cremin, *American Education, The Colonial Experience, 1607—1783*, New York, Harper and Row, 1970.

Lawrence A. Cremin, *American Education, The National Experience, 1783—1876*, New York, Harper and Row, 1982.

Merle Eugene Curti, *The Social Ideas of American Educators, with New Chapter on the Last Twenty-five Years*, Paterson, N. J., Littlefield, Adams & Co., 1959.

Patrick L. Alston, *Education and the State in Tsarist Russia*, Stanford, Stanford University Press, 1969.

R. Freeman Butts, *Public Education in the United States: from Revolution to Reform*, New York, Holt, Rinehart and Winston, 1978.

Randall Curren, *A Companion to the Philosophy of Education*, Oxford, Blackwell Publishing Ltd., 2003.

S. Alexander Rippa, ed., *Educational Ideas in America: A Documentary History*, New York, David Mckay Company, INC, 1969.

S. R. Vashist, Ravi. P. Sharma, *History of Education in India*, New Delhi, Radha Publications, 1997.

Timothy McEvoy, "Finding a Teacher of Navigation Abroad in Eighteenth-Century Venice: A Study of the Circulation of Useful Knowledge," *History of Science*, 2013(1).

Willis Rudy, *The Universities of Europe, 1100–1914: A History*, Cranbury, N. J., Associated University Presses, Inc., 1984.

浜田陽太郎:《近代日本教育の記録上》, 東京, 日本放送出版協会, 1978。

柴田実:《日本思想大系 42:石門心学》, 東京, 岩波書店, 1979。

長田新:《日本教育史》, 東京, 御茶水書房, 1982。

大石慎三郎:《江戸時代》, 東京, 中公新書, 2006。

徳山市史編纂委員会：《徳山市史料》下巻，徳山，徳山市史編纂委員会，1968。

福沢諭吉：《福翁自伝》，東京，角川書店，1953。

宮城県史編纂委員会：《宮城県史⑧》，仙台，宮城県史刊行会，1957。

国民教育研究所：《近代日本教育小史》，東京，草土文化，1985。

海後勝雄等：《近代教育史》，東京，誠文堂新光社，1951。

胡学亮：《近世日本の藩学と中国の県学に関する比較研究》，載《アジア文化研究》，2004(11)。

加藤仁平、工藤泰正、遠藤泰助等：《増補新日本教育史》，東京，協同出版株式会社，1979。

笠井助治：《近世藩校の総合的研究》，東京，吉川弘文館，1982。

奈良本辰也：《近世日本思想史研究》，東京，河出書房新社，1965。

内山克己：《近世日本教育文化史》，東京，学芸図書株式会社，1961。

群馬県教育史研究編纂委員会：《群馬県教育史》第一巻，前橋，群馬県教育委員会，1972。

山口県教育会：《山口県教育史》上巻，山口，山口県教育会，1925。

上倉裕二：《山形教育史》，山形，山形教育研究所，1952。

辻本雅史：《学びの復権》，東京，角川書店，1999。

石川謙：《日本庶民教育史》，東京，刀江書院，1929。

石川謙：《寺子屋》，東京，至文堂，1966。

石川松太郎：《藩校と寺子屋》，東京，株式会社教育社，1978。

水田紀久、有坂隆道：《日本思想大系 43：富永仲基　山片蟠桃》，東京，岩波書店，1979。

唐澤富太郎：《増補日本教育史——近代以前》，東京，誠文堂新光社，1978。

文部省：《日本教育史資料①》，東京，文部省総務局，1889。

文部省：《日本教育史資料②》，東京，文部省総務局，1890。

文部省：《日本教育史資料③》，東京，文部省総務局，1890。

小林澄兄：《労作教育思想史》，東京，玉川大学出版部，1971。

乙竹岩造：《近世教育史》，東京，東京培風館，1952。

源了圓：《徳川思想小史》，東京，中央公論社，1973。